Management Science

Excel을
활용한

경영
과학

경영과학(management science, MS)이란 인간, 기계, 자재, 자금 등 조직의 의사결정 문제에 관한 전문적인 학문의 총칭이다. 산업공학, 인간공학, 시스템공학, 운용과학 (operations research, OR) 등이 포함된다. 이 중에서 특히 운용과학은 수학적, 통계적 모형 등을 활용하여 효율적인 의사결정을 돕는 기법이다. 수학적 기술을 많이 사용하기 때문에 수학의 하위분야로 분류되기도 하며, 문맥에 따라 종종 경영과학이나 의사결정과학으로 불리기도 한다. 요컨대 경영과학의 핵심은 바로 운용과학이라고 할 수 있다.

다시 말하면, 경영과학은 의사결정에 도움을 받기 위해서 수학적 모델, 통계학, 각종 연산법들을 사용하는 것이다. 복잡한 실제 세계의 시스템을 분석하기 위해서 가장 자주 사용되는데, 전형적으로는 성능을 향상시키고 최적화시키기 위한 목적에 사용된다. 주로 수학적 모델링이나 통계분석, 최적화 기법 등을 이용하여 복잡한 의사결정문제에서 최적해 혹은 근사적 최적해를 찾아내며, 이익, 성능, 수익 등을 최대화하거나 손실, 위험, 비용 등을 최소화하는 현실적인 문제를 해결하는 데 사용된다.

OR을 우리말로 직역하면 '작전연구'라 해야 할 것이나, 그 내용이 MS(management science)와 같기 때문에 우리말로는 '경영과학'이라 하고, 따라서 OR/MS로 표기하기도 한다. OR이라는 말이 생기게 된 시기는 제2차 세계대전 중이었다. 즉, 2차 대전 초기부터 영국과 미국의 군사전문가, 공학자 및 과학자들이 팀을 구성하여 레이더의 효율적 운용방법, 대잠수함작전, 상선 호위함대 배치문제 등 군사문제를 연구하였는데, 이것이 바로 OR이라는 단어를 탄생시킨 계기가 되었다. 2차 대전 후 전쟁 중에 개발된 많은 수리적 모형과 그 응용방법들에 대한 연구가 집중되었고, 결국 기업이나 정부와 같은 일반 조직사회로 그 움직임이 확산되어 OR이라는 학문분야가 정립되기 시작하였다.

현재 경영과학은 대학의 경영학과는 물론이고 산업공학 관련학과, 그리고 공대와 경영대의 다른 관련학과에서도 광범위하게 다루고 있다. 그러나 그 내용은 조금씩 변화하고 있다. 즉, 이론과 수식 위주의 내용에서 기본적인 개념을 이해하고 나면 그 다음으로는 이를 실제로 적용할 수 있는 능력을 갖추는 방향으로 바뀌고 있다. 물론 이러한 변화는 컴퓨터를 이용하지 않고는 불가능한 것이다.

경영과학의 가장 중요한 개념은 의사결정에 체계적이고 과학적인 접근방법을 사용한다는 것이다. 여기서 체계적이라는 말은 문제가 발생하면 그 문제를 전체적인 시각에서 파악하여 절차에 따라 가장 좋은 해결책을 추구한다는 것으로 부분적인 문제해결이나 임시방편적인 문제해결과 대응되는 개념이다. 또 과학적이라는 말은 문제해결과정에서 수리적인 모형과 계량적인 정보 등을 근거로 하여 여러 대안을 분석·평가하여 결론을 이끌어낸다고 하는 의미이다. 이와 대조적인 개념으로는 뚜렷한 이유나 근거 없이 이루어지는 육감적 또는 직관적인 의사결정이다.

경영과학의 또 다른 특성으로서는 학제적(interdisciplinary) 접근방법을 지향한다는 것이다. 다시 말하면, 경영과학은 여러 공학 분야를 포함하여 수학, 컴퓨터 과학, 경영학, 경제학, 심리학 등 관련 분야의 전문가들이 하나의 팀을 이루어 문제를 해결하는 방법을 추구한다. 따라서 경영과학의 대상은 어느 특정 산업이나 시스템이 아니고, 전 산업분야와 모든 조직시스템을 포함한다.

이 책은 Excel 2013에 의한 개정판으로 전체 6부로 구성되어 있으며, 각 부 몇 개의 장으로 이루어져 있다.

제1부 수요예측
  제1장 시계열분석
  제2장 시계열 회귀분석
  제3장 중회귀분석에 의한 수요예측
  제4장 수량화이론에 의한 수요예측
제2부 경영정보관리의 분석
  제5장 경제성계산과 공헌도분석
  제6장 차트분석
  제7장 시나리오
  제8장 마코브분석

　이 책의 특징은 계산도구로 대표적인 표계산 소프트웨어인 Excel 2013을 사용하고 있는 점이다. Excel VBA(Visual Basic Applications)를 일부 적용함으로써 Excel의 활용도를 충분히 살리고자 했다.

　이 책의 방침은 Excel만을 이용해서 데이터의 처리를 실행하고자 하는 것이다. 그러나 이 책에서는 Excel의 조작방법에 대해서 필요최소한의 것밖에 설명하고 있지 않다. Excel에 아직 익숙하지 않은 독자는 Excel의 매뉴얼이나 시판되고 있는 입문서를 참고하기 바란다. 그러나 기초지식이 없더라도 단계별로 따라 하다 보면 자기도 모르게 Excel의 조작방법에 익숙해져 있는 자신을 발견할 것이다.

　끝으로 이 책의 출간을 기꺼이 승낙해 주신 한올출판사 임순재 사장님과 관계자 여러분의 노고에 감사의 말씀을 드린다.

2016년 1월

저자 씀

머리말

경영과학이란 생산계획, 재고관리, 판매정책, 수요예측 등 경영관리상의 문제에 대한 해답을 과학적으로 찾아내기 위한 원리 및 기법의 체계이다. 그리고 경영과학의 핵심은 바로 OR(Operations Research)이다. OR은 과학적 방법 및 도구를 체계의 운영방책에 관한 문제에 적용해서 의사결정자에게 문제의 해답을 제공하는 기술이다.

OR은 제2차 세계대전 직전부터 전쟁 중에 미국·영국 등에서 많은 분야의 학자들이 참가하고 문제의 해결에 협력하여 현저한 성과를 거둔 것이 그 발단이라고 할 수 있다. 전후에는 일반관공서나 기업에서도 OR이 사회과학 등의 제기법과 함께 활용됨과 동시에 컴퓨터의 발명에 의한 계산능력의 혁명적인 비약과 더불어 경영과학으로서 다른 나라들에도 널리 보급되었다.

경영은 기업, 지방자치단체, 정부, 국제기관, 비영리법인, 군대 등의 조직체가 그 조직목적에 따라 운영해 가는 것이므로 어떠한 조직에 있어서도 경영과학은 도움이 되는 실학(實學)이다. 또한 조직의 최고경영자로부터 중간관리층, 현장작업자에 이르기까지 활용할 수 있는 강력한 기법체계이다.

우리나라가 한국전쟁 이후 경제를 발전시키고 OECD 회원국의 일원으로서 면모를 갖추게 된 것도 근면한 국민성과 값싸고 좋은 양질의 제품 생산에 힘입은 바가 크며, 그 원동력의 하나가 경영과학이라고 해도 지나치지 않을 것이다.

그러나 작금의 한국 실정은 정치·경제·사회 등 다방면에서 혼란이 거듭되고 장래에 대한 불안이 날로 확산되고 있다. 또한 후발국가들의 육박, 경제의 글로벌화 등 경영환경은 격변하고 있다. 이와 같은 와중에서 그야말로 각 조직이나 계층에서의 정확한 의사결정이 그 어느 때보다도 중요하게 되었다. 따라서 의사결정을 위한 과학의 중요한 일환인 경영과학을 배우는 의의는 정말로 크다고 하지 않을 수 없다.

본서는 경영과학을 Excel을 이용하여 광범위하고 효과적으로 배우기 위한 교재이다. 본서의 특징은 첫 번째로 그 수비범위가 넓다는 데 있다. OR의 필수적·전형적이라고 할 수 있는 기법인 수요예측, PERT/CPM, 대기행렬 이론, 재고관리, 선형계획법, 시뮬레이션, 의사결정론 등을 총망라하고 있다. 뿐만 아니라 통계학, 다변량분석, 앙케트 조사 등 인접과학의 유용한 기법들도 포함하고 있다. 두 번째의 특징은 기법의 실천적 활용을 지향하고 있다는 점에 있다. 경영과학이 실천적 학문인 만큼 이론적인 접근만으로는 불충분하다. 이론과 실천의 조화가 필요한 것이다. 본서의 그 세 번째 특징은 계산도구로서 대표적인 표계산 소프트웨어인 Excel을 사용하고 있다는 점이다. Excel VBA(Visual Basic for Applications)를 일부 적용함으로써 Excel의 활용도를 충분히 살리고자 했다.

본서의 방침은 Excel만을 이용해서 데이터의 처리를 실시하는 것이다. 그러나 본서에서는 Excel의 초보적인 조작방법에 대해서 필요최소한의 것밖에 설명하고 있지 않다. Excel에 아직 익숙하지 않은 독자는 Excel의 매뉴얼이나 시판되고 있는 입문서를 참고하기 바란다. 본서에서 사용하는 소프트웨어는 Excel 2007 버전이다.

끝으로 본서의 출간을 기꺼이 승낙해 주신 한올출판사 임순재 사장님과 관계자 여러분의 노고에 감사의 말씀을 드린다.

2008년 2월
저자 씀

CONTENTS

CONTENTS ......

제2부 경영관리정보의 분석

경제성계산과 공헌도분석 5

Z 차트분석 6

시나리오 7

마코브분석 8

CONTENTS

CONTENTS

CONTENTS

CONTENTS ······

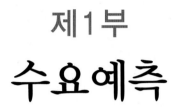

제1부
수요예측

제 1 장

시계열분석

제1절 시계열분석의 기초지식

🔦 시계열분석

시간의 경과와 순서에 맞춰서 관측되는 사상의 조(組)를 시계열이라 부르고, 그것들을 대상으로 한 분석을 시계열분석(time series analysis)이라고 한다. 시계열은 그 종류나 내용도 많아 결코 똑같이 생각할 수는 없다. 시간의 경과에 대해서 대개 불규칙적인 변동을 보이는 경우도 있고, 순환적·정기적 변동을 보이는 경우도 있다. 이와 같은 시계열이 보이는 변동 특징이나 경향으로부터 장기변동, 순환변동, 계절변동 및 불규칙변동 등이 구별되고 있다.

장기변동의 예로서는 개발도상국에 있어서의 인구증가 현상 등이 있으며, 계절변동의 예로서는 계란의 월별 생산량이 있다. 또 불규칙변동의 분석대상 예로서는 생체연속반응으로서의 뇌파나 성문(聲紋) 등을 들 수 있다. 그러나 분석을 중심으로 생각하는 경우, 특정의 경향이나 변동을 수반한 시계열과 일정한 진폭 내에서의 순환 및 불규칙운동 혹은 정상적인 변동을 수반한 시계열로 나누어서 생각하는 것이 편리하다. 인구증가 현상 등을 위한 로지스틱 곡선이나 신뢰성관리에 있어서의 초기고장을 위한 지수곡선(指數曲線) 등이 유명하다. 그 밖에 특정한 경향이나 특징을 가진 현상을 위한 이론곡선은 예전부터 많이 연구되어 왔고, 시계열분석의 실제에 있어서도 도움이 되고 있다.

단순한 수리적 가정이 허용되는 지속 또는 장기적 경향을 갖는 시계열의 분석은 비교적 용이하게 실시되고, 가정되는 이론곡선의 모수추정도 정밀도 있게 실시된다. 로지스틱 곡선이나 지수곡선 게다가 정규 및 대수정규곡선 등이 자주 이용된다. 또 신뢰성공학의 영역에서 오랫동안 사용되어 왔던 와이블(Weibull) 곡선이 인문과학 및 사회과학의 연구영역에서도 최근 화제로 받아들여지고 있다. 그러나 시계열분석의 대상이 되는 현실의 데이터에서는 불규칙적인 소파동(小波動)을 수반하는 경우가 많고, 그 소파동에 혼동되어 더욱 지속적·장기적 경향이나 변동특성의 파악이 곤란해지는 경우도 적지 않다. 그 때문에 국소적 소파동이나 변동으로부터 지속적 경향이나 특징을 분리하고, 기저가 되는 기본경향을 파악하기 위한 계량적 방법이 제안되고 있다. 이동평균법도 그 중 하나이다.

시계열을 몇 개의 항으로 나누어서 평균을 구하고, 그 평균을 이동시켜 가는 것이 이동평균법이다. 가능한 한 짝수 개의 항을 피하고 홀수 개의 항을 취한다. 지금 $2m+1$개의 항을 취했다고 하고 그것에 대한 관측치가 $u_{-m}(t)$, $u_{-m+1}(t)$, ..., $u_0(t)$, ..., $u_{m-1}(t)$, $u_m(t)$였다고 하면, t에 있어서의 평균

$$\frac{1}{2m+1} \sum_{i=-m}^{m} u_i(t)$$

를 구한다. 그 다음 $t+1$, $t+2$, ...에 대한 평균을 구하고 t, $t+1$, $t+2$, ...에 대한 경향선을 타점하면 소파동이 제거된 평균적인 기본경향이나 추세를 그릴 수 있다. 이 이동평균법에 의한 시계열 데이터의 평활화에 의해 장기적·지속적 기본경향의 직관적 파악이 용이해지는 경우가 많고, 가정되는 이론곡선의 추정도 용이해질 가능성이 있다.

장기적·지속적 기본경향을 갖는 시계열 데이터에 이론곡선을 적용하는 방법의 종류도 수없이 많다. 각종 확률지에 의한 방법은 직관적이기는 하지만 실용적으로 보아 유효한 것도 적지 않다. 또 객관적인 방법으로서 가장 많이 보급되어 있는 것이 최소자승법으로, 추정해야 할 모수가 이론곡선에 대해서 선형인 경우에 유효하다.

예를 들면 시간 t_i의 경과에 대해서 선형 시계열변동 $\widetilde{u_i}(t) = \alpha + \beta t_i$가 가정되고 관측치를 $u_i(t)(i=1, 2, ..., m)$로 가정할 때,

$$\sum_{i=1}^{m} [u_i(t) - \widetilde{u_i}(t)]^2 = \sum_{i=1}^{m} [u_i(t) - \alpha - \beta t_i]^2$$

을 최소화하는 모수 α, β를 추정하게 된다. 대수변환을 전제로 한다면 지수곡선의 모수추정 등도 최소자승법의 적용이 가능해진다. 그러나 로지스틱 곡선의 경우는 모수가 이론곡선에 대해서 비선형이 되어 이 방법의 적용에는 어려움이 있다. 실용적이고 간편한 방법으로서 삼점법이라고 불리는 추정법 등을 생각할 수 있다.

순환변동이나 일정한 진폭 내의 정상적 변동을 수반한 시계열에서는 직교함수계 성질의 이용을 전제로 한 분석법이 자주 이용된다. 특히 삼각급수(三角級數)의 전개를 기반으로 한 푸리에 분석법이 유명하다. 지금 연속시간 t의 경과에 대한 시계열곡선을 $u(t)$라 한다. 그 때 이 $u(t)$에 대해서

$$u(t) = \frac{a_0}{2} + \sum_{m=1}^{\infty} (a_m \cos \frac{2\pi mt}{T} + b_m \sin \frac{2\pi mt}{T})$$

를 생각하여 좌변과 우변의 차의 제곱을 최소화하도록 계수 a_m 및 b_m을 결정한다. 삼각함수의 직교성을 이용하면,

$$a_m = \frac{2}{T} \int_{-T/2}^{T/2} u(t) \cos \frac{2\pi mt}{T} dt$$

및

$$b_m = \frac{2}{T} \int_{-T/2}^{T/2} u(t) \sin \frac{2\pi mt}{T} dt$$

가 구해진다. 단, $u(t)$가 도중에서 불연속점을 갖는 경우는

$$u(t) = \frac{1}{2}[u(t+0) + u(t-0)]$$

라고 정의한다. 데이터로서 주어지는 시계열이 위와 같은 연속시간이 아닌 경우는 이산형식(離散形式)에 의한 푸리에 분석의 적용이 필요하게 되며 그것을 위한 계산법도 생각할 수 있다.

제 2 절 시계열분석의 실제

1. 이동평균법

💡 **이동평균법**

시계열 데이터로부터 우연오차에 의한 변동을 제거하고, 시간 $t_j (j = 1, 2, ..., n)$에 관한 매끄러운 트렌드(trend)를 얻기 위한 방법을 이동평균법(moving average method)이라고

한다. 트렌드가 t_{i-k}와 t_{i+k}의 구간에서 선형이라고 가정할 수 있을 때, 이동평균 m_i는

$$m_i = \frac{1}{2k+1} \sum_{j=i-k}^{i+k} x_j$$

에 의해서 주어진다. 단, x_j는 시간 t_j에 있어서의 관측치이다. 또 트렌드가 t_{i-k}로부터 t_{i+k}의 구간에서 비선형일 때는 가중이동평균

$$m_i = \sum_{j=-k}^{k} a_{j+k+1} x_{i+j}$$

가 이용된다. a_j는 $\sum_{j=1}^{2k+1} a_j = 1$의 제약에 따르는 가중치이며, 다항식 모형 등에 의해서 미리 결정된다. 가중이동평균법은 최근의 수치에 더 비중을 주기 위해서 이동평균법을 수정한 것이다.

 그리고 이동평균을 계산하기 위해서는 $2k+1$개의 관측이 필요하므로, 처음 k개의 관측과 마지막 k개의 관측을 제거한 $k+1 \leq i \leq n-k$에 대해서만 계산할 수 있다. 또한 다항식 모형에 의한 a_j의 결정이나 이동평균 m_j의 분산·신뢰한계에 대해서도 연구되고 있다.

[예제 1-1]
 다음의 데이터표는 과거 2년 동안의 매출액을 가리킨다. 이 데이터에 의거해서 3개월 이동평균, 5개월 이동평균, 9개월 이동평균에 의한 예측을 실시하라.

년	월	매출액(만원)
2013	1	27000
	2	23000
	3	24300
	4	29000
	5	26500
	6	28100
	7	23200
	8	24600
	9	26100
	10	27200
	11	28100
	12	24900
2014	1	26700
	2	27500
	3	29100
	4	28100
	5	27800
	6	28500
	7	27000
	8	29500
	9	26500
	10	28000
	11	27500
	12	28300

▶ Excel에 의한 해법

[순서 1] 데이터의 입력 및 준비

다음과 같이 데이터를 입력하고 D, E, F 열에 각각 3개월 이동평균, 5개월 이동
평균, 9개월 이동평균을 구할 수 있는 준비를 한다.

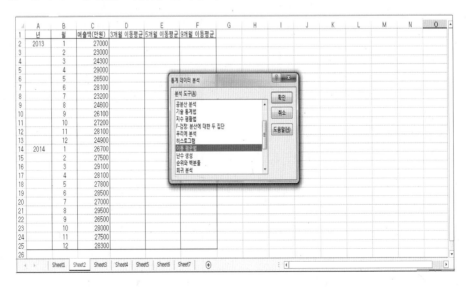

[순서 2] 분석 도구의 선택

메뉴에서 [데이터]–[데이터 분석]을 선택한다. [분석 도구(A)] 중 [이동평균법]
을 선택하고 [확인] 버튼을 클릭한다.

[순서 3] 입력 범위 및 출력 옵션 지정

　[이동평균법] 대화상자에서 다음과 같이 입력하고 [확인] 버튼을 클릭한다.

[순서 4] 3개월 이동평균 예측값과 그래프의 출력

[셀의 입력내용]

D4; = AVERAGE(C2:C4)   (같은 방식으로 D25까지 입력)

D25; = AVERAGE(C23:C25)

[순서 5] 5개월·9개월 이동평균의 예측값 출력

같은 방법으로 5개월·9개월 이동평균의 예측값을 출력한다.

	A	B	C	D	E	F	G	H	I	J	K	L	M	N	O
1	년	월	매출액(만원)	3개월 이동평균	5개월 이동평균	9개월 이동평균									
2	2013	1	27000	#N/A	#N/A	#N/A									
3		2	23000	#N/A	#N/A	#N/A									
4		3	24300	24766.67	#N/A	#N/A									
5		4	29000	25433.33	#N/A	#N/A									
6		5	26500	26600.00	25960.00	#N/A									
7		6	28100	27866.67	26180.00	#N/A									
8		7	23200	25933.33	26220.00	#N/A									
9		8	24600	25300.00	26280.00	#N/A									
10		9	26100	24633.33	25700.00	25755.56									
11		10	27200	25966.67	25840.00	25777.78									
12		11	28100	27133.33	25840.00	26344.44									
13		12	24900	26733.33	26180.00	26411.11									
14	2014	1	26700	26566.67	26600.00	26155.56									
15		2	27500	26366.67	26880.00	26266.67									
16		3	29100	27766.67	27260.00	26377.78									
17		4	28100	28233.33	27260.00	26922.22									
18		5	27800	28333.33	27840.00	27277.78									
19		6	28500	28133.33	28200.00	27544.44									
20		7	27000	27766.67	28100.00	27522.22									
21		8	29500	28333.33	28180.00	27677.78									
22		9	26500	27666.67	27860.00	27855.56									
23		10	28000	28000.00	27900.00	28000.00									
24		11	27500	27333.33	27700.00	28000.00									
25		12	28300	27933.33	27960.00	27911.11									
26															

Sheet1 Sheet2 Sheet3 Sheet4 Sheet5 Sheet6 Sheet7 ⊕

[셀의 입력내용]

  E6; =AVERAGE(C2:C4)   (같은 방식으로 E25까지 입력)

  F10; =AVERAGE(C2:C10)   (같은 방식으로 F25까지 입력)

[순서 6] 이동평균 그래프의 작성

(1) 셀 C1:F25 영역을 지정한 다음 [삽입]에서 [꺾은선형] 네 번째 차트를 선택한다.

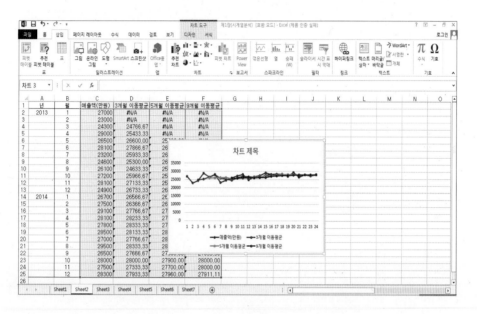

(2) 다음과 같은 그래프가 출력된다.

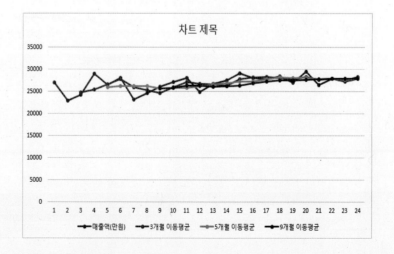

(3) 차트 제목, 축 제목 등을 입력한다.

(4) 그래프 상에서 가로축을 지정하고 마우스 오른쪽 버튼을 클릭한 다음에 [데이터 선택(E)]을 클릭한다.

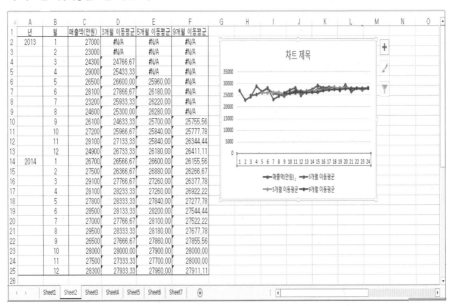

(5) [데이터 원본 선택] 대화상자가 나타난다.

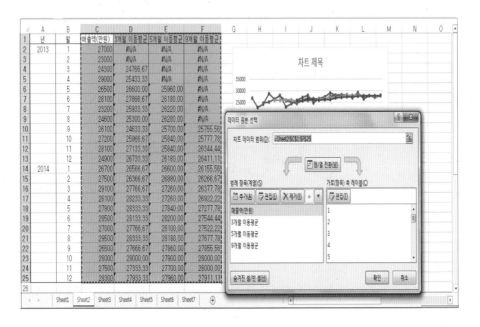

(6) [편집(T)] 버튼을 클릭한다.

(7) [축 레이블] 대화상자가 나타나면 다음과 같이 입력하고 [확인] 버튼을 클릭한다.

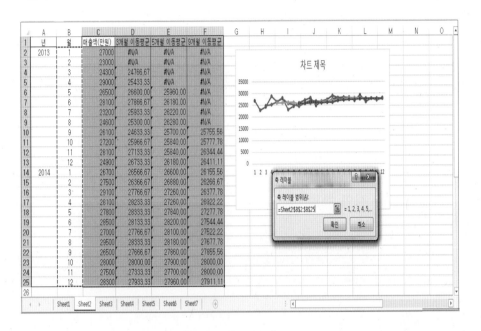

(8) 가로축의 월 번호가 수정되어 있음을 확인할 수 있다.

(9) 범례의 위치를 바꾸고 그래프를 수정·완성한다.

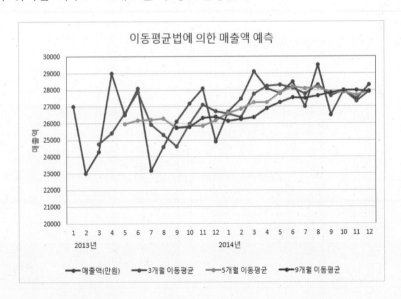

그래프에서 알 수 있듯이 3개월 이동평균보다는 5개월 이동평균이, 5개월 이동평균보다는 9개월 이동평균이 현저하게 매끄러워지고 있다.

[예제 1-2]

[예제 1-1]의 데이터에 대해서 가중이동평균법(weighted moving average)에 의해 3개월 가중이동평균과 5개월 가중이동평균의 예측값을 구하라. 3개월 및 5개월 가중이동평균의 경우 가중치는 각각 다음과 같다.

$$3개월 \ 가중이동평균 : a_1 = 0.5, \ a_2 = 0.3, \ a_3 = 0.2$$
$$5개월 \ 가중이동평균 : a_1 = 0.30, \ a_2 = 0.25, \ a_3 = 0.20, \ a_4 = 0.15, \ a_5 = 0.10$$

▶ Excel에 의한 해법

[순서 1] 데이터의 입력 및 준비

[예제 1-1]의 분석결과에 가중이동평균을 구할 수 있는 E 열과 G 열을 준비하고, 가중치 일람표를 입력해 놓는다.

[순서 2] 가중이동평균값의 계산

(1) 셀 E4를 지정하고, 메뉴에서 [함수 마법사]를 클릭한다. [함수 마법사] 대화
상자가 나타나면,

> 범주 선택(C)　　：　수학/삼각
>
> 함수 선택(N)　　：　SUMPRODUCT

를 선택하고 [확인] 버튼을 클릭한다.

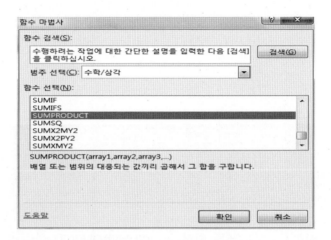

(2) 다음과 같이 입력하고 [확인] 버튼을 클릭한다.

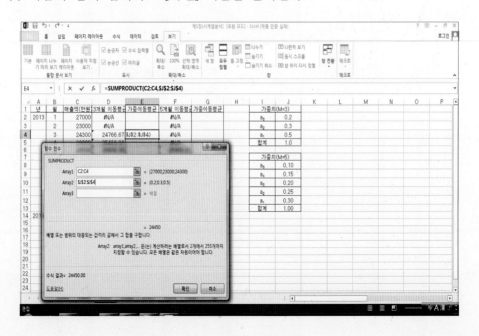

(3) 셀 E4의 산출결과를 E25까지 복사한다.

E4				fx	=SUMPRODUCT(C2:C4,$J$2:$J$4)											
	A	B	C	D	E	F	G	H	I	J	K	L	M	N	O	P
1	년	월	매출액(만원)	3개월 이동평균	가중이동평균	5개월 이동평균	가중이동평균		가중치(M=3)							
2	2013	1	27000	#N/A		#N/A			a_3	0.2						
3		2	23000	#N/A		#N/A			a_2	0.3						
4		3	24300	24766.7	24450.00	#N/A			a_1	0.5						
5		4	29000	25433.33	26390.00	#N/A			합계	1.0						
6		5	26500	26600.00	26810.00	25960.00										
7		6	28100	27866.67	27800.00	26180.00			가중치(M=5)							
8		7	23200	25933.33	25330.00	26220.00			a_5	0.10						
9		8	24600	25300.00	24880.00	26280.00			a_4	0.15						
10		9	26100	24633.33	25070.00	25700.00			a_3	0.20						
11		10	27200	25966.67	26350.00	25840.00			a_2	0.25						
12		11	28100	27133.33	27430.00	25840.00			a_1	0.30						
13		12	24900	26733.33	26320.00	26180.00			합계	1.00						
14	2014	1	26700	26566.67	26440.00	26600.00										
15		2	27500	26366.67	26740.00	26880.00										
16		3	29100	27766.67	28140.00	27260.00										
17		4	28100	28233.33	28280.00	27260.00										
18		5	27800	28333.33	28150.00	27840.00										
19		6	28500	28133.33	28210.00	28200.00										
20		7	27000	27766.67	27610.00	28100.00										
21		8	29500	28333.33	28550.00	28180.00										
22		9	26500	27666.67	27500.00	27860.00										
23		10	28000	28000.00	27850.00	27900.00										
24		11	27500	27333.33	27450.00	27700.00										

Sheet1 Sheet2 Sheet3 Sheet4 Sheet5 Sheet6 Sheet7

(4) 같은 방법으로 셀 G6를 지정하고 [SUMPRODUCT] 함수 입력상자를 호출하여 다음과 같이 입력하고 [확인] 버튼을 클릭한다.

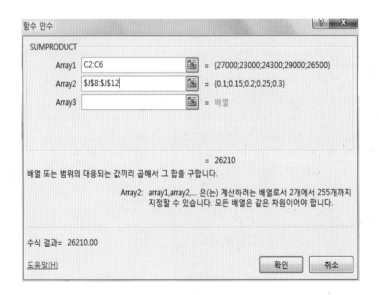

함수 인수

SUMPRODUCT

Array1 [C2:C6] = {27000;23000;24300;29000;26500}

Array2 [$J$8:$J$12] = {0.1;0.15;0.2;0.25;0.3}

Array3 [ ] = 배열

= 26210

배열 또는 범위의 대응되는 값끼리 곱해서 그 합을 구합니다.

Array2: array1,array2,... 은(는) 계산하려는 배열로서 2개에서 255개까지 지정할 수 있습니다. 모든 배열은 같은 차원이어야 합니다.

수식 결과= 26210.00

도움말(H)   확인   취소

(5) 셀 G6의 산출결과를 G25까지 복사한다.

	A	B	C	D	E	F	G	H	I	J
							G6 ▼ fx =SUMPRODUCT(C2:C6,$J$8:$J$12)			
1	년	월	매출액(만원)	3개월 이동평균	가중이동평균	5개월 이동평균	가중이동평균		가중치(M=3)	
2	2013	1	27000	#N/A		#N/A			a3	0.2
3		2	23000	#N/A		#N/A			a2	0.3
4		3	24300	24766.67	24450.00	#N/A			a1	0.5
5		4	29000	25433.33	26390.00	#N/A			합계	1.0
6		5	26500	26600.00	26810.00	25960.00	26210.00			
7		6	28100	27866.67	27800.00	26180.00	26800.00		가중치(M=5)	
8		7	23200	25933.33	25330.00	26220.00	26065.00		a5	0.10
9		8	24600	25300.00	24880.00	26280.00	25675.00		a4	0.15
10		9	26100	24633.33	25070.00	25700.00	25485.00		a3	0.20
11		10	27200	25966.67	26350.00	25840.00	25895.00		a2	0.25
12		11	28100	27133.33	27430.00	25840.00	26460.00		a1	0.30
13		12	24900	26733.33	26320.00	26180.00	26310.00		합계	1.00
14	2014	1	26700	26566.67	26440.00	26600.00	26545.00			
15		2	27500	26366.67	26740.00	26880.00	26840.00			
16		3	29100	27766.67	28140.00	27260.00	27490.00			
17		4	28100	28233.33	28280.00	27260.00	27700.00			
18		5	27800	28333.33	28150.00	27840.00	27980.00			
19		6	28500	28133.33	28210.00	28200.00	28235.00			
20		7	27700	27766.67	27610.00	28100.00	27910.00			
21		8	29500	28333.33	28550.00	28180.00	28280.00			
22		9	26500	27666.67	27500.00	27860.00	27780.00			
23		10	28000	28000.00	27850.00	27900.00	27825.00			
24		11	27500	27333.33	27450.00	27700.00	27675.00			

[셀의 입력내용]

E4; =SUMPRODUCT(C2:C4, $J$2:$J$4)　　(같은 방식으로 E25까지 입력)

G6; =SUMPRODUCT(C2:C6, $J$8:$J$12)　(같은 방식으로 G25까지 입력)

[순서 3] (가중)이동평균 그래프의 작성

위에서와 같은 방법에 의해서,

(1) 셀 C1:E25 영역을 지정하고 3개월 (가중)이동평균 그래프를 작성한다.

(2) 셀 C1:C25 영역과 F1:G25 영역을 지정하고 5개월 (가중)이동평균 그래프를
작성한다.

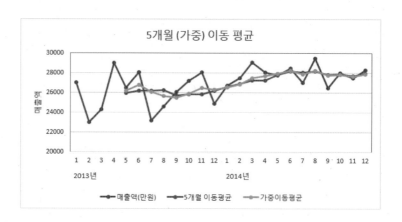

2. 지수평활법

💡 지수평활법

지수평활법(exponential smoothing 'method)은 일종의 가중이동평균법과 같다고 할 수 있으나 가중치를 부여하는 방법이 다르다. 지수평활법에서 예측값을 계산하기 위하여 기간에 부여하는 가중치는 과거로 거슬러 올라갈수록 지수함수적으로 감소한다. 그러므로 지수평활법에서는 가장 가까운 과거에 제일 큰 가중치를 부여하게 된다.

지수평활법은 시계열분석 방법 중에서 단기예측을 실시하는 데에 가장 많이 이용되어 왔는데, 그 이유는 다음과 같다.[1]

① 지수적 모형은 정확성이 매우 높다.

② 지수적 모형의 설정이 비교적 쉽다.

③ 사용자가 모형을 쉽게 이해할 수 있다.

④ 모형을 사용하는 데 필요한 계산이 많지 않다.

⑤ 제한된 역사적 데이터의 사용으로 컴퓨터 기억장소를 많이 요구하지 않는다(이동평균법에서는 장기간의 실제값을 저장할 필요가 있다).

⑥ 모형이 잘 기능하고 있는지 정확성을 시험하기가 쉽다.

지수평활법을 사용하기 위해서는 세 개의 데이터가 필요하다. 즉 이번 달의 수요를 예측한다면 지난 달의 예측값과 실제값 그리고 지수평활계수이다. 단순지수평활법(simple exponential smoothing method)을 사용하여 예측값을 구하는 식은 다음과 같다.

---

1) 강금식, '생산·운영관리', (박영사, 1993), pp. 85~86.

$$F_t = (1-\alpha)F_{t-1} + \alpha D_{t-1}$$

여기에서 F_t : 기간 t의 예측값

$\quad\quad F_{t-1}$: 기간 $(t-1)$의 예측값

$\quad\quad D_{t-1}$: 기간 $(t-1)$의 실제값

$\quad\quad \alpha$: 지수평활계수($0 < \alpha < 1$)

[예제 1-3]

[예제 1-1]의 데이터에 지수평활계수(指數平滑係數) $\alpha = 0.1, \alpha = 0.3, \alpha = 0.7$을 사용하여 단순지수평활법에 의한 예측값을 구하라.

▶ Excel에 의한 해법

[순서 1] 데이터의 입력 및 준비

지수평활계수 $\alpha = 0.1, \alpha = 0.3, \alpha = 0.7$을 사용하여 단순지수평활법에 의한 예측값을 구하기 위한 D, E, F 열을 준비한다(Excel에서의 감쇠인수 $= 1-\alpha$).

	A	B	C	D	E	F	H	J	K	L	M	N	O	P	Q
1				지수평활법											
2	년	월	매출액(만원)	감쇠인수=0.9	감쇠인수=0.7	감쇠인수=0.3									
3	2013	1	27000												
4		2	23000												
5		3	24300												
6		4	29000												
7		5	26500												
8		6	28100												
9		7	23200												
10		8	24600												
11		9	26100												
12		10	27200												
13		11	28100												
14		12	24900												
15	2014	1	26700												
16		2	27500												
17		3	29100												
18		4	28100												
19		5	27800												
20		6	28500												
21		7	27000												
22		8	29500												
23		9	26500												
24		10	28000												
25		11	27500												
26		12	28300												

[순서 2] 지수평활법의 선택

메뉴에서 [데이터]-[데이터 분석]을 선택하고 [분석 도구(A)] 중 [지수평활법]을 선택한다.

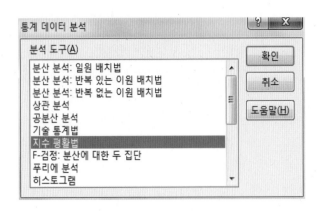

[순서 3] 입력 범위 및 출력 옵션 지정

[지수평활법] 대화상자에서,

　　　　　입력 범위(I) 　: C2:C26

　　　　　감쇠 인수(D) : 0.9

　　　　　이름표(L) 　　: 체크

　　　　　출력 범위(O) : D3

　　　　　차트 출력(C) : 체크

를 입력하고 [확인] 버튼을 클릭한다.

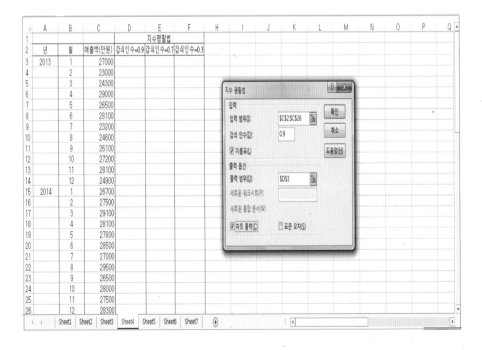

[순서 4] $\alpha = 0.1$(Excel에서의 감쇄인수 = 0.9)일 때의 예측값 및 그래프 출력한다.

	A	B	C	D	E	F
1				지수평활법		
2	년	월	매출액(만원)	감쇄인수=0.9	감쇄인수=0.7	감쇄인수=0.3
3	2013	1	27000	#N/A		
4		2	23000	27000		
5		3	24300	26600		
6		4	29000	26370		
7		5	26500	26633		
8		6	28100	26619.7		
9		7	23200	26767.73		
10		8	24600	26410.957		
11		9	26100	26229.861		
12		10	27200	26216.875		
13		11	28100	26315.188		
14		12	24900	26493.669		
15	2014	1	26700	26334.302		
16		2	27500	26370.872		
17		3	29100	26483.785		
18		4	28100	26745.406		
19		5	27800	26880.866		
20		6	28500	26972.779		
21		7	27000	27125.501		
22		8	29500	27112.951		
23		9	26500	27351.656		
24		10	28000	27266.49		
25		11	27500	27339.841		
26		12	28300	27355.857		

(1) 예측값

    [셀의 입력내용]

        D4;   =C3

        D5;   =0.1*C4+0.9*D4   (같은 방식으로 D26까지 입력)

        D26; =0.1*C25+0.9*D25

(2) 그래프

[순서 5] $\alpha = 0.3, \alpha = 0.7$일 때의 예측값 산출

같은 방법으로 $\alpha = 0.3, \alpha = 0.7$(Excel에서의 감쇠인수는 각각 0.7, 0.3)일 때의 예측값을 산출한다.

년	월	매출액(만원)	감쇠인수=0.9	감쇠인수=0.7	감쇠인수=0.3
			지수평활법		
2013	1	27000	#N/A	#N/A	#N/A
	2	23000	27000.00	27000.00	27000.00
	3	24300	26600.00	25800.00	24200.00
	4	29000	26370.00	25350.00	24270.00
	5	26500	26633.00	26445.00	27581.00
	6	28100	26619.70	26461.50	26824.30
	7	23200	26767.73	26953.05	27717.29
	8	24600	26410.96	25827.14	24555.19
	9	26100	26229.86	25458.99	24586.56
	10	27200	26216.88	25651.30	25645.97
	11	28100	26315.19	26115.91	26733.79
	12	24900	26493.67	26711.14	27690.14
2014	1	26700	26334.30	26167.79	25737.04
	2	27500	26370.87	26327.46	26411.11
	3	29100	26483.78	26679.22	27173.33
	4	28100	26745.41	27405.45	28522.00
	5	27800	26880.87	27613.82	28226.60
	6	28500	26972.78	27669.67	27927.98
	7	27000	27125.50	27918.77	28328.39
	8	29500	27112.95	27643.14	27398.52
	9	26500	27351.66	28200.20	28869.56
	10	28000	27266.49	27690.14	27210.87
	11	27500	27339.84	27783.10	27763.26
	12	28300	27355.86	27698.17	27578.98

[순서 6] 지수평활법에 의한 매출액 예측 그래프의 작성

위에서와 같은 방법에 의해서, 셀 C2:F26 영역을 지정하고 지수평활법에 의한 매출액 예측 그래프를 작성한다.

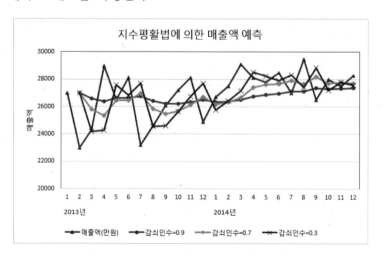

지수평활법에 의한 매출액 예측

[순서 7] 이동평균법과 지수평활법의 비교

(1) G 열에 앞에서 구한 3개월 이동평균법에 의한 예측값을 입력한다.

	A	B	C	D	E	F	G
1				지수평활법			
2	년	월	매출액(만원)	감쇠인수=0.9	감쇠인수=0.7	감쇠인수=0.3	3개월 이동평균
3	2013	1	27000	#N/A	#N/A	#N/A	#N/A
4		2	23000	27000.00	27000.00	27000.00	#N/A
5		3	24300	26600.00	25800.00	24200.00	24766.67
6		4	29000	26370.00	25350.00	24270.00	25433.33
7		5	26500	26633.00	26445.00	27581.00	26600.00
8		6	28100	26619.70	26461.50	26824.30	27866.67
9		7	23200	26767.73	26953.05	27717.29	25933.33
10		8	24600	26410.96	25827.14	24555.19	25300.00
11		9	26100	26229.86	25458.99	24586.56	24633.33
12		10	27200	26216.88	25651.30	25645.97	25966.67
13		11	28100	26315.19	26115.91	26733.79	27133.33
14		12	24900	26493.67	26711.14	27690.14	26733.33
15	2014	1	26700	26334.30	26167.79	25737.04	26566.67
16		2	27500	26370.87	26327.46	26411.11	26366.67
17		3	29100	26483.78	26679.22	27173.33	27766.67
18		4	28100	26745.41	27405.45	28522.00	28233.33
19		5	27800	26880.87	27613.82	28226.60	28333.33
20		6	28500	26972.78	27669.67	27927.98	28133.33
21		7	27000	27125.50	27918.77	28328.39	27766.67
22		8	29500	27112.95	27643.14	27398.52	28333.33
23		9	26500	27351.66	28200.20	28869.56	27666.67
24		10	28000	27266.49	27690.14	27210.87	28000.00
25		11	27500	27339.84	27783.10	27763.26	27333.33
26		12	28300	27355.86	27698.17	27578.98	27933.33

Sheet1　Sheet2　Sheet3　**Sheet4**　Sheet5　Sheet6　Sheet7

(2) 셀 C2:G26 영역을 지정하고 그래프를 작성하여 비교해 본다.

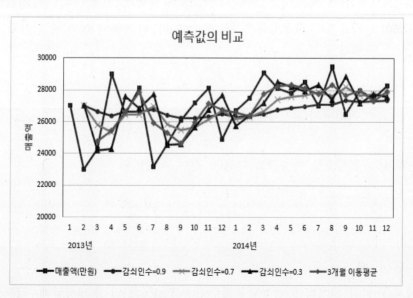

단순지수평활법은 시계열 속에 수요의 상향추세나 하향추세가 없는 경우에 적절한 예측을 가능케 한다. 그러나 만일 장기적인 추세가 있는 경우에 단순지수평활법을 사용하게 되면 상향추세인 경우에는 너무 낮은 예측값을, 그리고 하향추세인 경우에는 너무 높은 예측값을 산출한다. 따라서 어떤 추세가 데이터 속에 존재하게 되면 단순지수평활법보다는 추세조정 지수평활법(trend adjusted exponential smoothing)을 사용해야 한다.

추세조정 예측값을 계산하기 위해서는 다음과 같은 과정을 거친다.

[단계 1] : 단순지수평활법에 의하여 기간 t의 예측값을 계산한다.

$$F_t = (1-\alpha)F_{t-1} + \alpha D_{t-1}$$

여기에서 F_t : 기간 t의 예측값

F_{t-1} : 기간 $(t-1)$의 예측값

D_{t-1} : 기간 $(t-1)$의 실제값

α : 지수평활계수$(0 < \alpha < 1)$

[단계 2] : 다음과 같이 t_t를 구한다.

$$t_t = F_t - F_{t-1}$$

[단계 3] : 기간 t의 지수평활추세(exponentially smoothed trend)를 다음과 같이 계산한다.

$$T_t = T_{t-1} + \beta(t_t - T_{t-1})$$

여기에서 β : 추세평활계수

[단계 4] : 추세조정 예측값을 다음과 같이 계산한다.

$$F_t' = F_t + \frac{1-\beta}{\beta}T_t$$

[예제 1-4]

[예제 1-1]의 데이터에 지수평활계수(指數平滑係數)와 추세평활계수(趨勢平滑係數)

를 각각 $\alpha = 0.2, \beta = 0.2$로 하여 추세조정 지수평활법에 의한 예측값을 구하라.

▶ **Excel에 의한 해법**

[순서 1] 데이터의 입력 및 준비

D 열에 예측값(F_t)

E 열에 t_t

F 열에 T_t

G 열에 추세조정 예측값($F_t{}'$)

추세조정 예측값 $F_t{}'$

$$F_t{}' = F_t + \frac{1-\beta}{\beta} T_t$$

여기에서 β : 추세평활계수

를 구할 수 있는 준비를 한다.

	A	B	C	D	E	F	G
1	년	월	매출액(만원)	예측값(F_t)	t_t	T_t	추세조정 예측값(F_t')
2	2013	1	27000				
3		2	23000				
4		3	24300				
5		4	29000				
6		5	26500				
7		6	28100				
8		7	23200				
9		8	24600				
10		9	26100				
11		10	27200				
12		11	28100				
13		12	24900				
14	2014	1	26700				
15		2	27500				
16		3	29100				
17		4	28100				
18		5	27800				
19		6	28500				
20		7	27000				
21		8	29500				
22		9	26500				
23		10	28000				
24		11	27500				
25		12	28300				

[순서 2] 수식의 입력

	A	B	C	D	E	F	G	H	I	J	K	L	M	N	O
1	년	월	매출액(만원)	예측값(F_t)	t_t	T_t	추세조정 예측값(F_t')								
2	2013	1	27000	#N/A					감쇠인수(1-α)	0.8					
3		2	23000	27000.00	0	0	27000.00		β	0.2					
4		3	24300	26200.00	(800.00)	-160.00	25560.00								
5		4	29000	25820.00	(380.00)	-204.00	25004.00								
6		5	26500	26456.00	636.00	-36.00	26312.00								
7		6	28100	26464.80	8.80	-27.04	26356.64								
8		7	23200	26791.84	327.04	43.78	26966.94								
9		8	24600	26073.47	(718.37)	-108.65	25638.86								
10		9	26100	25778.78	(294.69)	-145.86	25195.33								
11		10	27200	25843.02	64.24	-103.84	25427.66								
12		11	28100	26114.42	271.40	-28.79	25999.25								
13		12	24900	26511.53	397.12	56.39	26737.09								
14	2014	1	26700	26189.23	(322.31)	-19.35	26111.83								
15		2	27500	26291.38	102.15	4.95	26311.18								
16		3	29100	26533.11	241.72	52.31	26742.33								
17		4	28100	27046.48	513.38	144.52	27624.56								
18		5	27800	27257.19	210.70	157.76	27888.21								
19		6	28500	27365.75	108.56	147.92	27957.42								
20		7	27000	27592.60	226.85	163.70	28247.42								
21		8	29500	27474.09	(118.52)	107.26	27903.12								
22		9	26500	27879.26	405.18	166.84	28546.64								
23		10	28000	27603.41	(275.85)	78.30	27916.63								
24		11	27500	27682.73	79.32	78.51	27996.76								
25		12	28300	27646.18	(36.55)	55.50	27868.17								

Sheet1 | Sheet2 | Sheet3 | Sheet4 | Sheet5 | Sheet6 | Sheet7

[셀의 입력내용]

D3; =C2

D4; =0.2*C3+0.8*D3   (D4를 D5에서 D25까지 복사한다)

E3; 0

E4; =D4-D3   (E4를 E5에서 E25까지 복사한다)

F3; 0

F4; =F3+$J$3*(E4-F3)   (F4를 F5에서 F25까지 복사한다)

G3; =D3+(1-$J$3)/$J$3*F3   (G3를 G4에서 G25까지 복사한다)

[순서 3] 그래프의 작성

셀 C1:D25 영역과 G1:G25 영역을 지정하고 그래프를 작성하여, 지수평활법에 의한 예측값과 추세조정 지수평활법에 의한 예측값을 비교한다.

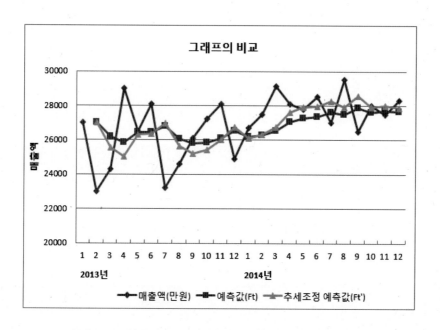

그래프의 비교

위의 그래프에서 추세조정 지수평활법에 의한 예측값이 실제 매출액의 추세를 잘 반영하고 있는 것을 알 수 있다.

제 2 장

시계열 회귀분석

제 1 절 시계열 단회귀분석

[예제 2-1]

　다음의 데이터표는 과거 2년 동안의 매출액을 가리킨다. 이 데이터에 의거해서 단회귀분석을 실시하라([예제 1-1]과 같은 데이터).

년	월	매출액(만원)
2013	1	27000
	2	23000
	3	24300
	4	29000
	5	26500
	6	28100
	7	23200
	8	24600
	9	26100
	10	27200
	11	28100
	12	24900
2014	1	26700
	2	27500
	3	29100
	4	28100
	5	27800
	6	28500
	7	27000
	8	29500
	9	26500
	10	28000
	11	27500
	12	28300

▶ Excel에 의한 해법

[순서 1] 데이터의 입력

　　C 열에 기간(t)을 일련번호로 추가해서 입력한다.

	A	B	C	D	E	F	G	H	I	J	K	L	M	N	O	P	Q
1	년	월	기간(t)	매출액(만원)													
2	2013	1	1	27000													
3		2	2	23000													
4		3	3	24300													
5		4	4	29000													
6		5	5	26500													
7		6	6	28100													
8		7	7	23200													
9		8	8	24600													
10		9	9	26100													
11		10	10	27200													
12		11	11	28100													
13		12	12	24900													
14	2014	1	13	26700													
15		2	14	27500													
16		3	15	29100													
17		4	16	28100													
18		5	17	27800													
19		6	18	28500													
20		7	19	27000													
21		8	20	29500													
22		9	21	26500													
23		10	22	28000													
24		11	23	27500													
25		12	24	28300													
26																	

Sheet1 Sheet2 Sheet3 Sheet4 Sheet5 Sheet6 Sheet7 Sheet8

[순서 2] 회귀분석의 실행

(1) 메뉴의 [데이터]−[데이터 분석]을 선택한다.

(2) [통계 데이터 분석] 대화상자에서 [회귀분석]을 선택하고 [확인] 버튼을 클릭한다.

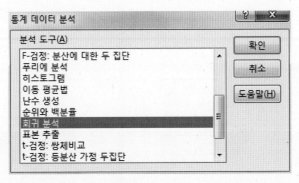

(3) [회귀분석] 대화상자가 나타나면,

Y축 입력 범위(Y)   :   D1:D25

X축 입력 범위(X)   :   C1:C25

이름표(L)   :   체크

출력 범위(O)   :   F1

잔차(R)　　　　　　:　체크

표준 잔차(T)　　　　:　체크

선적합도(I)　　　　 :　체크

를 지정하고 [확인] 버튼을 클릭한다.

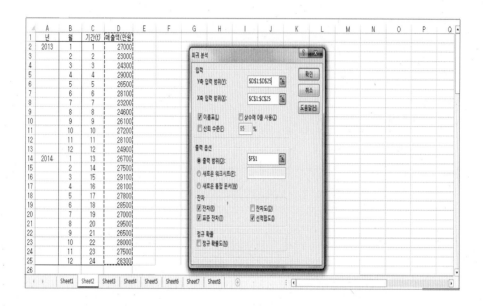

(4) 요약 출력 결과

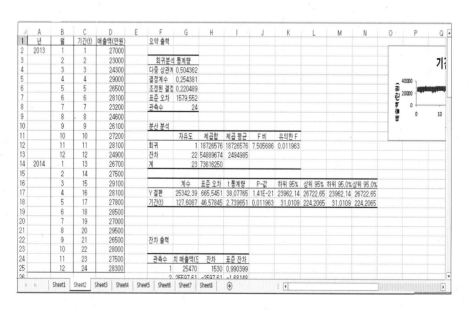

(5) 선적합도

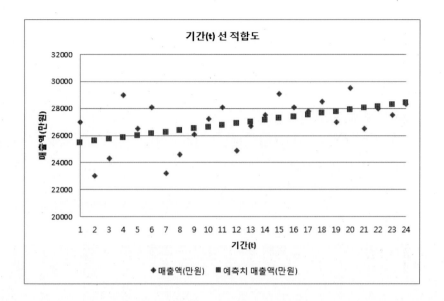

분석결과 회귀식은 $y = 127.61x + 25342.39$ 이며, 분산분석표에서 유의한 $F = 0.01196$ 은 유의수준 $\alpha = 0.05$ 보다 작으므로 회귀식의 유의성은 있다고 할 수 있다.

그러나 결정계수는 $R^2 = 0.2544$ 로서 설명변수의 기여율이 결코 높지 못하다. 따라서 회귀모형으로 적합하지 못함을 알 수 있다.

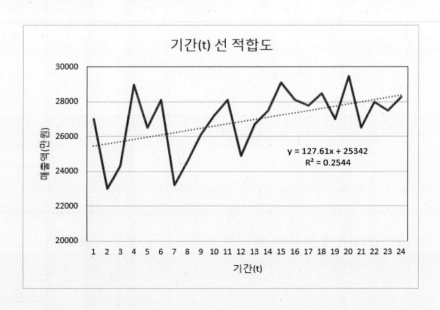

이차 회귀분석의 적용

본 데이터에 대한 선형 회귀식의 모형이 적합하지 않으므로 이차 회귀모형을 적용해 보기로 한다. 먼저 설명변수와 목적변수 사이의 꺾은선형 그래프를 작성한 다음에 추세선 적합을 실시한다.

(1) 데이터의 D2:D25 범위를 지정한 다음에 [삽입]−[꺾은선형]−[2차원 꺾은선형] 첫 번째 유형을 선택한다.

(2) 그래프의 범위를 지정하고, 메뉴의 [디자인]−[차트 요소 추가]−[추세선]−[기타 추세선 옵션(M)]을 선택한다.

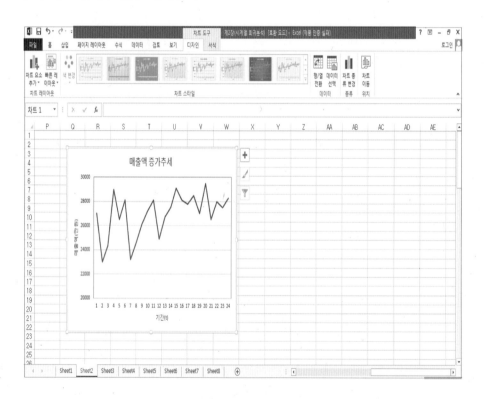

(3) 화면 오른쪽에 [추세선 서식] 대화상자가 나타나면,
    [추세선 옵션]에서 [다항]에 체크하고 [차수]에서 [2]를 선택한다.

(4) [수식을 차트에 표시]와 [R-제곱값을 차트에 표시]에 체크한다.

(5) [닫기] 버튼(x표)을 클릭한다.

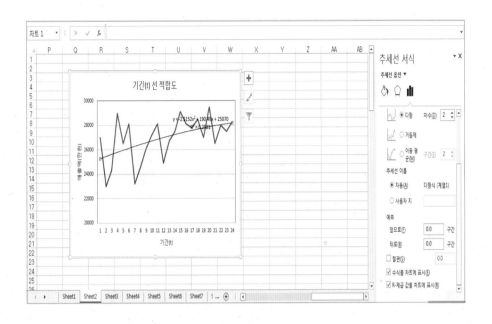

(6) 결과의 출력

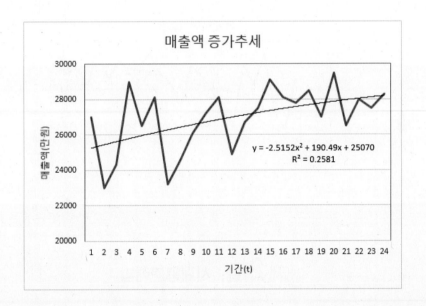

이차 회귀식은 $y = -2.515x^2 + 190.49x + 25070$ 이며, 결정계수는 $R^2 = 0.2581$ 로
서 선형 회귀식의 경우(0.2544)보다는 조금 높아졌지만 아직도 회귀모형으로서 적합
하지 못하다.

참고로 같은 데이터를 3차 회귀모형이나 4차 회귀모형에 적합시켜 보면 결정계수는 더 커지는 것을 확인할 수 있다. 그러나 이 데이터는 전술한 바와 같이 이동평균법이나 지수평활법 등의 시계열분석에 의해서 분석하는 것이 바람직하다.

$$3차 \ 회귀모형의 \ 결정계수 \ R^2 = 0.2787$$
$$4차 \ 회귀모형의 \ 결정계수 \ R^2 = 0.2787$$

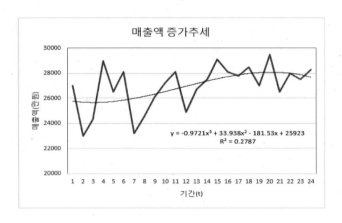

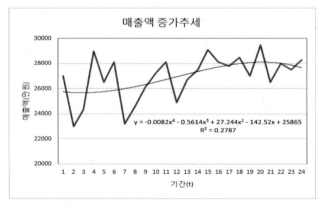

제2절 시계열분해법

[예제 2-2]

다음과 같은 2010년 1사분기부터 2014년 4사분기까지의 분기별 매출액(단위 : 백만원) 데이터에 대하여 계절성 시계열분석 방법을 적용해 보자.

데이터표

연도	분기	매출액
2010	1	353.9
	2	392.6
	3	397.7
	4	430.4
2011	1	391.5
	2	427.8
	3	421.3
	4	454.3
2012	1	404.6
	2	448.7
	3	450.3
	4	474.2
2013	1	419.2
	2	461.7
	3	469.1
	4	495.6
2014	1	432.5
	2	483.4
	3	483.9
	4	507.5

시계열분해법

전통적인 시계열 데이터의 분석방법은 시계열 데이터의 변동에 영향을 주는 요인별로 분해하여 분석하는 것으로 시계열분해법(time series decomposition method)이라고 부른다. 제1장에서 언급한 바와 같이 시계열 데이터의 변동에 영향을 주는 요인으로는 추세요인, 계절요인, 순환요인, 불규칙요인 등이 있다. 시계열 데이터에서 앞의 세 가지 요인으로 설명될 수 없는 부분을 우연요인 혹은 불규칙요인이라고 부르며 이것을 흔히 무작위 오차(random error)라고 한다. 보통 장기예측(2년 이상)을 위해서는 추세요인과 순환요인에, 중기예측(1~2년)을 위해서는 계절요인과 순환요인에, 그리고 단기예측(1~5주일)을 위해서는 불규칙요인에 초점을 맞춘다. 시계열 데이터의 변동에 영향을 주는 네 가지 요소가 어떻게 결합하는가에 관한 모형으로서는 가법모형과 승법모형이 있다. 가법모형(additive model)에서는 실제의 수요를 각 변동요인의 합으로 간주한다. 즉,

$$F_t = T + S + C + R$$

여기에서 F_t : t 시점의 실제수요

T : 추세요인

S : 계절요인

$$C \ : \ 순환요인$$
$$R \ : \ 불규칙요인$$

이 경우에 모든 요인들은 같은 단위로 표시해야 하는데, 실제적으로는 어려움이 많아서 승법모형이 널리 이용된다. 승법모형(multiplicative model)은 실제수요를 각 변동요인들의 곱으로 취급한다. 즉,

$$F_t = T \cdot S \cdot C \cdot R$$

이 경우에 추세요인은 물량이나 금액으로 표시하고 나머지 요인은 각각 추세요인의 퍼센트로 표시한다.

일반적으로 시계열 데이터에서 순환요인을 따로 분해해서 다루기가 어렵기 때문에 시계열 데이터의 장기적인 추세와 순환요인을 합쳐 추세요인으로 나타내는 다음과 같은 모형을 사용하기도 한다.

$$F_t = T + S + R$$

추세요인과 계절요인을 동시에 고려하는 가법모형의 분석방법은 중회귀분석의 분석방법과 같다.

가법모형과 승법모형 중에서 어떤 모형이 주어진 시계열 데이터에 더 적당한 모형인지를 알아 보려면 실제로 데이터에 각각의 모형을 적용하여 비교해 보는 것이 좋다. 승법모형은 로그변환을 통하여 가법모형으로 바꿀 수 있다.

(1) 추세요인분석

과거의 데이터 속에 어떠한 추세가 있는지 개략적으로 파악하기 위해서는 이 데이터를 그래프상에 표시함으로써 가능하다. 표시된 각 점을 연결하고 통계적 방법을 이용하여 과거 데이터의 추세가 직선인지, 2차곡선 모양인지, 지수함수에 따르는지 혹은 로그함수에 따르는지를 결정할 수 있다.

만일 데이터의 추세가 직선적이라면 직선의 추세선을 구하고 이 선을 연장하여 장래의 수요를 예측할 수 있다. 추세선이 직선적이라고 하는 것은 각 기간에 있어서 평균수요의 증가 혹은 감소가 일정함을 의미한다. 직선의 추세선은 다음의 회귀모형과 같이 나타낼 수 있다.

$$y = a + bx$$

다음에는 과거의 데이터를 이용하여 최소자승법에 의해서 절편 a와 기울기 b를 구해야 한다. 절편 a와 기울기 b를 구하는 공식은 다음과 같다.

$$b = \frac{n\sum xy - \sum x \sum y}{n\sum x^2 - (\sum x)^2}$$

$$a = \frac{\sum y - b\sum x}{n}$$

[예제 2-2]의 데이터에 의하여 절편 a와 기울기 b를 구해 보기로 하자.

▶ **Excel에 의한 해법**

	A	B	C	D	E	F	G	H	I	J
1	연도	분기	매출액		연도	x	y	xy	x²	y²
2	2010	1	353.9		2010	1	1574.60	1574.60	1	2479365.16
3		2	392.6		2011	2	1694.90	3389.80	4	2872686.01
4		3	397.7		2012	3	1777.80	5333.40	9	3160572.84
5		4	430.4		2013	4	1845.60	7382.40	16	3406239.36
6	2011	1	391.5		2014	5	1907.30	9536.50	25	3637793.29
7		2	427.8		합계	15	8800.20	27216.70	55	15556656.66
8		3	421.3							
9		4	454.3							
10	2012	1	404.6		b	81.61				
11		2	448.7		a	1515.2				
12		3	450.3							
13		4	474.2							
14	2013	1	419.2							
15		2	461.7							
16		3	469.1							
17		4	495.6							
18	2014	1	432.5							
19		2	483.4							
20		3	483.9							
21		4	507.5							

[셀의 입력내용]

G2; =SUM(C2:C5)

G3; =SUM(C6:C9)

G4; =SUM(C10:C13)

G5; =SUM(C14:C17)

G6; =SUM(C18:C21)

G7;　＝SUM(G2:G6)

H2;　＝F2*G2　　　　　　　(H2를 H3에서 H6까지 복사한다)

H7;　＝SUM(H2:H6)

I2;　＝F2^2　　　　　　　　(I2를 I3에서 I6까지 복사한다)

I7;　＝SUM(I2:I6)

J2;　＝G2^2　　　　　　　　(J2를 J3에서 J6까지 복사한다)

J7;　＝SUM(J2:J6)

F10;　＝(5*H7－F7*G7)/(5*I7－F7^2)

F11;　＝(G7－F10*F7)/5

따라서 구하는 회귀식은 다음과 같다.

$$y = 1515.2 + 81.61x$$

[산점도 작성 및 추세선 추가]

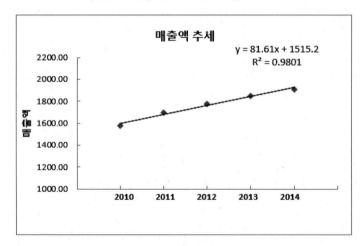

앞에서 최소자승법에 의해서 구한 회귀식과 추세선 추가에 의해서 구한 회귀식이 일치하고 있음을 알 수 있다.

(2) 계절요인분석

다음의 분기별 매출액 추세를 나타내는 그림은 전술한 데이터표에 대한 계절별 매출실적을 그것의 추세선과 함께 표시한 것이다. 그림에서 볼 수 있듯이 2사분기와 4

사분기의 데이터는 대개 추세선 위에 있고, 1사분기의 데이터는 항상 추세선 아래에 있다. 이것은 데이터 속에 분명히 계절적 패턴이 있어 추세선으로부터 계절요인에 의한 변동이 나타나고 있음을 의미한다.

추세선을 결정하기 위하여 이용된 데이터는 계절요인을 포함하고 있으므로 이 추세선에 의거하여 장래를 예측하게 되면 이 예측값을 변화에 따라 조정해야 한다.

시계열의 데이터가 이와 같이 계절요인에 의하여 추세선으로부터 변동하는 정도를 나타내는 것으로 계절지수(seasonal index)가 있다. 계절지수는 추세의 퍼센트로 나타내므로 각 계절에 하나의 지수가 있게 된다. 따라서 월별로 정리된 데이터의 경우에는 12개, 계절별 데이터의 경우에는 4개의 지수가 있게 마련이다. 과거의 데이터를 이용하여 계절지수를 결정하면 이것을 예측된 추세값에 적용하여 계절조정 예측값을 얻을 수 있게 된다.

계절지수를 계산하는 방법 중에서 가장 일반적으로 이용되고 있는 것은 이동평균비율법(ratio-to-moving-average method)이다.[1] 이동평균비율법의 계산절차는 다음과 같다.

① 시계열 데이터의 4계절 이동평균을 구한다.

② 두 개의 이동평균을 다시 이동평균한 중심이동평균(centered moving average : CMA)을 구한다. 이렇게 해서 계산된 값은 계절조정된 계절별 매출액이다. 이것은 장기적 추세와 경기변동의 계절별 매출액에 대한 영향을 포함하고 있다.

③ 각 분기별로 계절변동의 영향을 분리하기 위하여 실제 매출액을 그에 해당하는 중심이동평균으로 나누어 특정계절지수(specific seasonal index : SSI)를 구한다.

---

1) 강금식, 전게서, pp. 93~97.

이들의 값은 특정 분기에 국한되어 있다.

④ 각 분기별 특정계절지수를 연별로 평균하여 우연변동을 고르게 하고 계절영향을 분리시킨다. 예를 들면 1사분기의 대표계절지수(typical seasonal index : TSI) 또는 계절지수(seasonal index : SI)는 다음과 같이 계산한다.

$$TSI_{1/4} = SI_{1/4} = \frac{SSI_{1/4,2011} + SSI_{1/4,2012} + SSI_{1/4,2013} + SSI_{1/4,2014}}{4} = 0.9281$$

각 분기별 대표계절지수 또는 계절지수는 다음과 같고 그 평균의 합이 4.0000이어야 함에도 불구하고 반올림 관계로 4.0018이다. 따라서 각 분기별 계절지수를 하향조정해야 한다. 예컨대 1사분기의 계절지수는

$$0.9281 \times \frac{4.0000}{4.0018} = 0.92768$$

이 된다. 이와 같이 계산한 결과가 다음 표의 수정평균이다.

대표계절지수	평균	수정평균
1분기	0.9281	0.92768
2분기	1.0139	1.01341
3분기	1.0027	1.00227
4분기	1.0571	1.05664
합계	4.0018	4.00000

▶ **Excel에 의한 해법**

	A	B	C	D	E	F	G	H	I
1	연도	분기	매출액	4계절 이동평균	중심이동평균	특정계절지수	대표계절지수	평균	수정평균
2	2010	1	353.9	#N/A			1분기	0.9281	0.9277
3		2	392.6	#N/A			2분기	1.0139	1.0134
4		3	397.7	#N/A	#N/A	0.9984	3분기	1.0027	1.0023
5		4	430.4	393.65	#N/A	1.0563	4분기	1.0571	1.0566
6	2011	1	391.5	403.05	398.35	0.9438	합계	4.0018	4.0000
7		2	427.8	411.85	407.45	1.0168			
8		3	421.3	417.75	414.80	0.9904			
9		4	454.3	423.73	420.74	1.0575			
10	2012	1	404.6	427.00	425.36	0.9283			
11		2	448.7	432.23	429.61	1.0152			
12		3	450.3	439.48	435.85	1.0090			
13		4	474.2	444.45	441.96	1.0544			
14	2013	1	419.2	448.10	446.28	0.9240			
15		2	461.7	451.35	449.73	1.0065			
16		3	469.1	456.05	453.70	1.0130			
17		4	495.6	461.40	458.73	1.0602			
18	2014	1	432.5	464.73	463.06	0.9163			
19		2	483.4	470.15	467.44	1.0170			
20		3	483.9	473.85	472.00	#DIV/0!			
21		4	507.5	476.83	475.34	#DIV/0!			

Excel을 이용하여 계절지수를 계산해 보기로 한다.

[셀의 입력내용]

D5; = AVERAGE(C2:C5)　　　　(D21까지 같은 방식으로 입력된다)

E6; = AVERAGE(D5:D6)　　　　(E21까지 같은 방식으로 입력된다)

F4; = C4/E6　　　　　　　　　(F21까지 같은 방식으로 입력된다)

H2; = (F6+F10+F14+F18)/4　　I2; = H2*4/$H$6

H3; = (F7+F11+F15+F19)/4　　I3; = H3*4/$H$6

H4; = (F4+F8+F12+F16)/4　　I4; = H4*4/$H$6

H5; = (F5+F9+F13+F17)/4　　I5; = H5*4/$H$6

H6; = SUM(H2:H5)　　　　　I6; = SUM(I2:I5)

각 연도별 총매출액에 대한 추세선($y = 81.61x + 1515.2$)을 이용하여 예측한 2015년의 연간 총매출액은 $2004.86(= 81.61 \times 6 + 1515.2)$이다. 그렇다면 2015년 각 분기별 예상매출액은 얼마일까? 같이 계산할 수 있다.

① 먼저 2004.86을 4계절로 나누어 계절조정된 계절별 평균매출액을 계산한다.

$$\frac{2004.86}{4} = 501.215$$

② 앞에서 구한 계절지수를 이용하여 계절조정된 계절별 매출액을 계산한다.

$F_{1/4}$	464.97
$F_{2/4}$	507.94
$F_{3/4}$	502.35
$F_{4/4}$	529.60
합계 F_{2015}	2004.86

[분기별 매출액 추세 그래프]

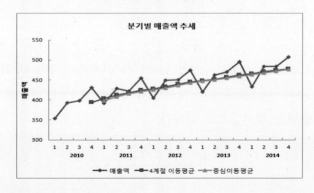

[분기별 특정계절지수의 변화 그래프]

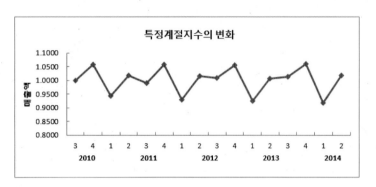

(3) 순환요인분석

경기변동의 기간이나 강도는 예측할 수 없기 때문에 순환요인은 계절요인과 같은 방법으로 분석할 수 없다. 순환요인은 월별, 계절별, 연도별 등의 데이터를 이용하여 분석할 수 있다.

연도별 데이터를 이용할 경우에는 시계열 데이터 속에 추세요인과 순환요인만이 포함되어 있다고 가정하므로, 계절요인이나 불규칙요인을 제거할 필요가 없다. 따라서 이러한 경우에는 순환요인은 추세값으로부터의 변동이 되므로 다음과 같은 방식으로 계산한다.

$$C = \frac{T \cdot C}{T}$$

여기에서 T : 추세요인

C : 순환요인

그러나 월별 또는 계절별 데이터를 이용하는 경우에는 계절요인을 먼저 제거해야 한다. 순환요인을 측정하는 절차는 다음과 같다.

[단계 1] : 분기별(또는 월별) 시계열 데이터를 이용하여 전술한 최소자승법에 의해서 추세선을 구하고 각 분기별 추세값을 구한다. 다음에는 분기별로 실제 매출액을 추세값으로 나눈다.

$$\frac{F}{T} = \frac{T \cdot S \cdot C \cdot R}{T} = S \cdot C \cdot R$$

	A	B	C	D	E	F	G	H	I
1	연도	분기	x	매출액(y)	xy	x²	y²		
2	2010	1	1	353.9	353.9	1	125245.21	b	5.73
3		2	2	392.6	785.2	4	154134.76	a	379.87
4		3	3	397.7	1193.1	9	158165.29		
5		4	4	430.4	1721.6	16	185244.16		
6	2011	1	5	391.5	1957.5	25	153272.25		
7		2	6	427.8	2566.8	36	183012.84		
8		3	7	421.3	2949.1	49	177493.69		
9		4	8	454.3	3634.4	64	206388.49		
10	2012	1	9	404.6	3641.4	81	163701.16		
11		2	10	448.7	4487.0	100	201331.69		
12		3	11	450.3	4953.3	121	202770.09		
13		4	12	474.2	5690.4	144	224865.64		
14	2013	1	13	419.2	5449.6	169	175728.64		
15		2	14	461.7	6463.8	196	213166.89		
16		3	15	469.1	7036.5	225	220054.81		
17		4	16	495.6	7929.6	256	245619.36		
18	2014	1	17	432.5	7352.5	289	187056.25		
19		2	18	483.4	8701.2	324	233675.56		
20		3	19	483.9	9194.1	361	234159.21		
21		4	20	507.5	10150.0	400	257556.25		
22	합계		210	8800.2	96211.0	2870	3902642.24		

Sheet1 Sheet2 Sheet3 Sheet4 Sheet5 **Sheet6** Sheet7 Sheet8 ⊕

최소자승법에 의해서 구한 추세선은 $y = 379.87 + 5.73x$ 이다. 이 추세선에 의해서 추세값을 구할 수 있는데, 예를 들면 2010년 1사분기의 추세값(T)은 추세선에 $x = 1$을 대입하여 구한다. 즉 $379.87 + 5.73 \times 1 = 385.6$ 이다.

[단계 2] : 단계 1에서 구한 값 $S \cdot C \cdot R$을 이미 결정한 계절지수 S로 나눔으로써 계절조정한다.

$$\frac{S \cdot C \cdot R}{S} = C \cdot R$$

즉,

$$\frac{T \cdot S \cdot C \cdot R}{T \cdot S} = C \cdot R$$

예를 들면 2010년 1사분기의 $C \cdot R$은 353.9/(385.60×0.9277)= 0.9893이다.

	A	B	C	D	E	F	G	H	I
1	연도	분기	x	y=TSCR	추세값 T	계절지수 S	CR	순환요인 C	불규칙요인 R
2	2010	1	1	353.9	385.60	0.9277	0.9893	#N/A	
3		2	2	392.6	391.33	1.0134	0.9900	#N/A	
4		3	3	397.7	397.06	1.0023	0.9993	0.9929	1.0065
5		4	4	430.4	402.79	1.0566	1.0113	1.0002	1.0111
6	2011	1	5	391.5	385.60	0.9277	1.0944	1.0350	1.0574
7		2	6	427.8	391.33	1.0134	1.0787	1.0615	1.0162
8		3	7	421.3	397.06	1.0023	1.0586	1.0773	0.9827
9		4	8	454.3	402.79	1.0566	1.0675	1.0683	0.9992
10	2012	1	9	404.6	385.60	0.9277	1.1310	1.0857	1.0418
11		2	10	448.7	391.33	1.0134	1.1314	1.1100	1.0193
12		3	11	450.3	397.06	1.0023	1.1315	1.1313	1.0001
13		4	12	474.2	402.79	1.0566	1.1142	1.1257	0.9898
14	2013	1	13	419.2	385.60	0.9277	1.1719	1.1392	1.0287
15		2	14	461.7	391.33	1.0134	1.1642	1.1501	1.0123
16		3	15	469.1	397.06	1.0023	1.1787	1.1716	1.0061
17		4	16	495.6	402.79	1.0566	1.1645	1.1692	0.9960
18	2014	1	17	432.5	385.60	0.9277	1.2090	1.1841	1.0211
19		2	18	483.4	391.33	1.0134	1.2189	1.1975	1.0179
20		3	19	483.9	397.06	1.0023	1.2159	1.2146	1.0011
21		4	20	507.5	402.79	1.0566	1.1925	1.2091	0.9862

[셀의 입력내용]

E2; =379.87+5.73*B2　　　(회귀식 $y = 379.87 + 5.73x$로부터, E2를 E3에서 E21까지 복사)

F2; 0.9277

F3; 1.0134

F4; 1.0023

F5; 1.0566　　　(앞에서 계산한 계절지수를 이용, 연도 단위로 2014년까지 반복)

G2; =D2/(E2*F2)　　　(G2를 G3에서 G21까지 복사)

H4; =AVERAGE(G2:G4)　　(H4를 H5에서 H21까지 복사)

I4; =G4/H4　　　(I4를 I5에서 I21까지 복사)

[단계 3] : 3분기 이동평균을 구하여 $C \cdot R$을 평활화한다. 이것이 C이므로 단계 2에서 구한 $C \cdot R$을 C로 나누면 R이 남는다. 예를 들면 2010년 3사분기의 순환요인(C)을 구하기 위해서는 2010년 1사분기~3사분기의 $C \cdot R$을 평균하여 구한다. 즉,

$$\frac{0.9893 + 0.9900 + 0.9993}{3} = 0.9929$$

이다. 또한 2010년 3사분기의 불규칙요인 혹은 우연요인(R)은 다음과 같이 구한다.

$$\frac{0.9993}{0.9929} = 1.0065$$

이상의 절차에 따라 본 예제의 데이터를 이용하여 순환요인을 추정하면 위의 산출결과와 같다.

순환요인을 측정하는 것은 시계열분해법에서 가장 어려운 과정이라고 할 수 있다. 예제의 데이터에 의해서 구한 순환요인의 열을 그래프로 나타내면 순환요인의 영향을 알 수 있다. 순환요인의 영향은 별로 크지 않은 것으로 보인다.

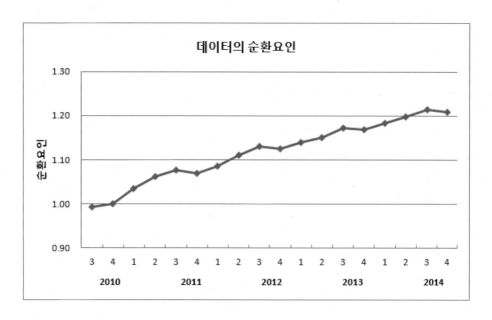

[단계 4] : 위의 산출결과 마지막 열에 계산된 불규칙요인은 전쟁, 이상 기후, 홍수, 지진, 데모 등 전혀 예측이 불가능한 요인에 의해서 발생한다고 볼 수 있다. 그러므로 시계열 데이터의 불규칙요인은 추세요인, 계절요인, 순환요인에 의해서 설명할 수 없는 요인이다. 정상적인 상태에서 불규칙요인의 값은 1.0이다.

예제의 데이터에 의해서 구한 불규칙요인의 열을 그래프로 나타내면 불규칙요인의 영향을 알 수 있다.

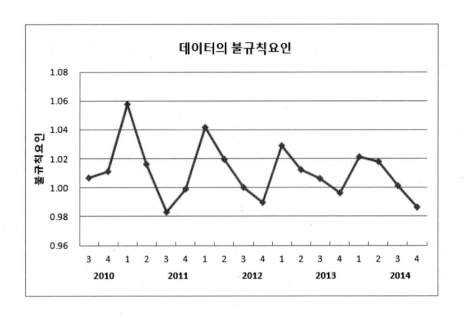

데이터의 불규칙요인

제 3 장

중회귀분석에 의한 수요예측

제 1 절 중회귀분석의 기초지식

1. 중회귀분석이란

단회귀분석에서는 목적변수 y에 대해서 설명변수가 하나인 경우에 대하여 주로 설명하고 있으나, 일반적인 현상을 논할 때에는 설명변수가 두 개 이상인 경우가 많다. 예를 들면 학교의 성적을 분석할 때, 한 과목의 성적을 예측하려면 여러 관련 과목을 설명변수로 할 필요가 있다. 야구의 타자에 대한 평가는 더욱 많은 설명변수를 필요로 하는 것이 명백하다.

지금 하나의 목적변수 y와 p개의 설명변수 $\{x_1, x_2, \cdots, x_p\}$에 관해서 n개의 데이터가 주어져 있다고 하자. 그래서 $\{x_1, x_2, \cdots, x_p\}$로부터 y를 예측할 때의 기본식을 설정하지 않으면 안 된다. 그것이 다음의 식 (3-1)이다.

$$y = b_0 + b_1x_1 + b_2x_2 + \cdots + b_px_p \tag{3-1}$$

이와 같이 y와 $\{x_1, x_2, \cdots, x_p\}$ 간의 관계식을 구하는 것을 중회귀분석(multiple regression analysis)이라고 한다.

2. 중회귀분석의 이론적 배경

이상적으로 말하면 어떤 n개의 모든 데이터의 조(組)가 식 (3-1)에 보이는 공간에 놓이지 않으면 안 된다. 예를 들면 $\{x_1, x_2, \cdots, x_p ; y\}$의 조는

$$y_1 = b_0 + b_1 x_{11} + b_2 x_{21} + \cdots + b_p x_{p1} + e_1$$

이 된다. 일반적으로는

$$y_i = b_0 + b_1 x_{1i} + b_2 x_{2i} + \cdots + b_p x_{pi} + e_i \tag{3-2}$$

가 된다. 이 식을 선형 중회귀 모델, e_i를 잔차라고 부른다. 그리고 미지수 $b_0, b_1, \cdots, b_p$는 잔차 e_i가 전체에 걸쳐서 가능한 한 작게 되도록 정해진다. 그래서 선형 회귀 모델과 같은 방법으로 해서 잔차의 제곱의 합

$$\sum_{i=1}^{n} e_i^{\ 2} = \sum_{i=1}^{n} [y_i - (b_0 + b_1 x_{1i} + b_2 x_{2i} + \cdots + b_p x_{pi})]^2 \tag{3-3}$$

을 최소로 하도록 $b_0, b_1, \cdots, b_p$를 정하게 된다. 이를 위해서는,

$$\frac{\partial}{\partial b_0} \sum_{i=1}^{n} e_i^{\ 2} = 0$$

$$\frac{\partial}{\partial b_1} \sum_{i=1}^{n} e_i^{\ 2} = 0 \tag{3-4}$$

$$\cdots$$

$$\frac{\partial}{\partial b_p} \sum_{i=1}^{n} e_i^{\ 2} = 0$$

을 풀면 된다. 식 (3−4)를 정리하면 $(p+1)$원 연립1차방정식이 얻어진다.

이 연립1차방정식을 정규방정식(正規方程式)이라고 부른다. 이 정규방정식의 제1식을 제2식에서 제$(p+1)$식까지에 대입하여 b_0를 소거하면 다음의 식과 같이 된다.

$$S_{11}b_1 + S_{12}b_2 + \cdots + S_{1p}b_p = S_{y1}$$

$$S_{21}b_1 + S_{22}b_2 + \cdots + S_{2p}b_p = S_{y2} \tag{3-5}$$

$$\cdots\cdots\cdots\cdots$$

$$S_{p1}b_1 + S_{p2}b_2 + \cdots + S_{pp}b_p = S_{yp}$$

그리고 $x_1, x_2, \cdots, x_p$의 분산공분산행렬을,

$$V = \begin{pmatrix} S_{11} & S_{12} & \cdots & S_{1m} & \cdots & S_{1p} \\ S_{21} & S_{22} & \cdots & S_{2m} & \cdots & S_{2p} \\ \hline S_{k1} & S_{k2} & \cdots & S_{km} & \cdots & S_{kp} \\ \hline S_{p1} & S_{p2} & \cdots & S_{pm} & \cdots & S_{pp} \end{pmatrix} \tag{3-6}$$

으로 한다. 단,

$$S_{km} = \frac{1}{n}\sum_{i=1}^{n}(x_{ki} - \overline{x_k})(x_{mi} - \overline{x_m}) \quad (k, m = 1,\ 2,\ \cdots,\ p)$$

더욱이 y와 $x_1,\ x_2,\ \cdots,\ x_p$의 공분산을

$$S_{y1} = \frac{1}{n-1}\sum_{i=1}^{n}(y_i - \overline{y})(x_{1i} - \overline{x_1})$$

$$S_{y2} = \frac{1}{n-1}\sum_{i=1}^{n}(y_i - \overline{y})(x_{2i} - \overline{x_2}) \tag{3-7}$$

$$\cdots\cdots\cdots\cdots$$

$$S_{yp} = \frac{1}{n-1}\sum_{i=1}^{n}(y_i - \overline{y})(x_{pi} - \overline{x_p})$$

로 한다. 그래서 식 (3-5)의 연립방정식을 크레이머(Cramer)의 공식을 사용해서 풀면 다음과 같이 된다.

$$A_k = \frac{\begin{vmatrix} S_{11} & S_{12} & \cdots & S_{y1} & \cdots & S_{1p} \\ S_{21} & S_{22} & \cdots & S_{y2} & \cdots & S_{2p} \\ \cdots\cdots\cdots\cdots\cdots\cdots \\ S_{p1} & S_{p2} & \cdots & S_{yp} & \cdots & S_{pp} \end{vmatrix}}{\begin{vmatrix} S_{11} & S_{12} & \cdots & S_{1k} & \cdots & S_{1p} \\ S_{21} & S_{22} & \cdots & S_{2k} & \cdots & S_{2p} \\ \cdots\cdots\cdots\cdots\cdots\cdots \\ S_{p1} & S_{p2} & \cdots & S_{pk} & \cdots & S_{pp} \end{vmatrix}} \quad (k=1, 2, \cdots, p) \tag{3-8}$$

여기에서 분자는 분모에 대한 행렬식의 k열을 $S_{y1}, S_{y2}, \cdots, S_{yp}$로 치환한 것이다. 이것으로부터 상수항 b_0는,

$$b_0 = \overline{y} - (b_1\overline{x_1} + b_2\overline{x_2} + \cdots + b_p\overline{x_p}) \tag{3-9}$$

가 된다. 단,

$$\bar{y} = \frac{1}{n} \sum_{i=1}^{n} y_i, \ \overline{x_k} = \frac{1}{n} \sum_{i=1}^{n} x_{ki} \quad (k = 1, 2, \cdots, p)$$

이렇게 해서 구한 $b_0, b_1, \cdots, b_p$를 회귀계수라고 부른다.

다음에 목적변수의 실제 관측치(y)와 중회귀식에 의해 구한 예측치(Y)의 상관계수를 y와 $x_1, x_2, \cdots, x_p$의 중상관계수라고 부른다. 즉,

$$r_{y \cdot 12 \cdots p} = \frac{S_{yY}}{\sqrt{S_{yy} S_{YY}}} \tag{3-10}$$

가 된다. 단, $r_{y \cdot 12 \cdots p}$은

$$0 \leq r_{y \cdot 12 \cdots p} \leq 1$$

을 만족한다.

또한 다음과 같이도 표현할 수 있다.

$$r_{y \cdot 12 \cdots p} = \sqrt{1 - \frac{\overline{S}}{S_{yy} \overline{S_{11}}}} \tag{3-11}$$

단,

$$\overline{S} = \begin{vmatrix} S_{yy} & S_{y1} & S_{y2} & \cdots & S_{yp} \\ S_{1y} & S_{11} & S_{12} & \cdots & S_{1p} \\ S_{2y} & S_{21} & S_{22} & \cdots & S_{2p} \\ \multicolumn{5}{c}{\cdots\cdots\cdots\cdots\cdots} \\ S_{py} & S_{p1} & S_{p2} & \cdots & S_{pp} \end{vmatrix}$$

이다. $\overline{S_{ik}}$는 행렬식 $\overline{S}$의 i행 k열의 여인자(cofactor, i행 k열의 요소를 제거하고 만든 행렬식에 $(-1)^{i+k}$를 곱한 것)이다.

그런데 이 중상관계수가 1에 가까울수록 예측의 정밀도가 높다는 것을 나타내고, 설명변수 p개로 목적변수를 잘 설명하고 있다고 말할 수 있다.

제 2 절 중회귀분석의 실제

[예제 3-1]

다음의 데이터는 수요예측이라고 하는 목적에 대해서 매장면적(x_1), 가장 가까운 역으로부터의 거리(x_2), 종업원 수(x_3)라고 하는 세 개의 설명변수로 매출액(y)을 표현하고자 한다. 세 개의 설명변수로 목적변수인 매출액(y)을 어느 정도 설명할 수 있는지 중회귀분석을 실시하라.

데이터표

점포명	매출액(만 원/일) y	매장면적(m^2) x_1	가장 가까운 역 거리(m) x_2	종업원 수(명) x_3
A	1300	336	1050	30
B	877	255	2560	19
C	1203	310	1220	28
D	561	189	2311	18
E	662	198	1215	18
F	1020	303	1780	22
G	795	200	875	18
H	1150	302	2534	25
I	967	277	711	20
J	880	260	1600	18
K	1545	408	500	34
L	1003	287	820	23
M	798	245	1960	17
N	865	260	2450	20
O	1235	320	1005	28

▶ Excel에 의한 회귀분석

[순서 1] 데이터의 입력

	A	B	C	D	E
1	점포명	매출액(y)	매장면적(x_1)	가장 가까운 역 거리(x_2)	종업원수(x_3)
2	A	1300	336	1050	30
3	B	877	255	2560	19
4	C	1203	310	1220	28
5	D	561	189	2311	18
6	E	662	198	1215	18
7	F	1020	303	1780	22
8	G	795	200	875	18
9	H	1150	302	2534	25
10	I	967	277	711	20
11	J	880	260	1600	18
12	K	1545	408	500	34
13	L	1003	287	820	23
14	M	798	245	1960	17
15	N	865	260	2450	20
16	O	1235	320	1005	28

Sheet1 Sheet2 Sheet3 Sheet4 Sheet5

[순서 2] 분석 도구의 호출

메뉴에서 [데이터]−[데이터 분석]을 선택한다.

[순서 3] 회귀분석의 선택

(1) [통계 데이터 분석] 대화상자가 나타난다.

(2) [통계 데이터 분석] 대화상자에서,

　　　　분석 도구(A)　:　회귀분석

을 선택하고 [확인] 버튼을 클릭한다.

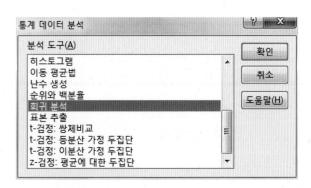

(3) [회귀분석] 대화상자가 나타나면, 다음 사항을 지정하고 [확인] 버튼을 클릭한다.

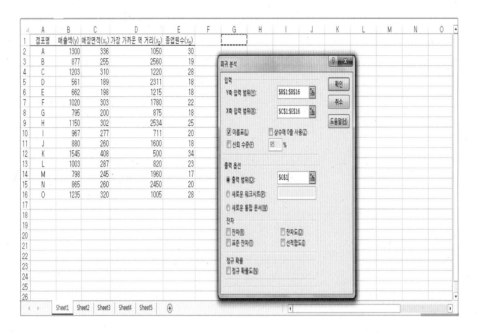

[순서 4] 실행결과

[요약 출력]

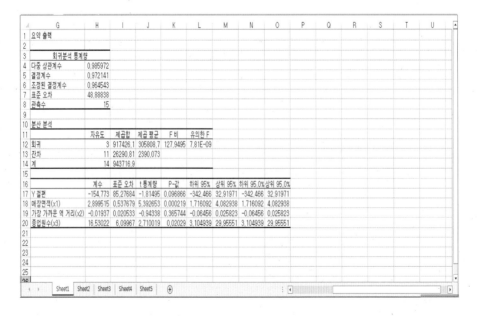

결과의 해석방법

(1) 결정계수

회귀식의 유효성을 보는 지표로서 결정계수(coefficient of determination)가 있다는 것은 단회귀분석의 경우에서 설명했다. 중회귀분석의 경우에 결정계수는 다음과 같은 문제점이 있다. 그것은 결정계수는 설명변수의 수를 늘릴수록 그 변수가 유용한 것이든 아니든 높아져 간다는 성질이 있다는 점이다.

그래서 회귀식에 무의미한 변수가 설명변수로서 사용되었을 때에는 계수의 값이 오히려 내려가도록 조정한 결정계수가 사용된다. 이것을 조정된 결정계수라고 한다. 조정된 결정계수를 R^{*2}라고 표기하면 결정계수 R^2과는 다음과 같은 관계가 성립한다.

$$R^{*2} = 1 - \frac{n-1}{n-p-1}(1-R^2)$$

여기에서 n : 표본의 크기

p : 설명변수의 수

본 예제에서는

$$R^{*2} = 1 - \frac{n-1}{n-p-1}(1-R^2)$$

$$= 1 - \frac{15-1}{15-3-1}(1-0.9721)$$

$$= 0.9645$$

로 계산된다.

(2) 유의한 F

단회귀분석의 경우에서 설명한 바와 같이 회귀식의 유의성(有意性)을 판단하기 위한 방법이 통계적 가설검정이다. 중회귀식의 통계적 유의성은 분산분석표에 의해서 판정할 수 있다. 이를 위한 가설의 설정은 다음과 같이 한다.

귀무가설 H_0 : $\beta_1 = \beta_2 = \beta_3 = 0$ (회귀식에는 의미가 없다.)

대립가설 H_1 : 적어도 하나의 j에 대해서 $\beta_j \neq 0$ (회귀식에는 의미가 있다.)

위의 분석결과 중 분산분석표의 '유의한 F'에 의거하여 귀무가설의 기각 여부를

판정한다. '유의한 F'는 실제로 앞에서 나왔던 유의확률 p와 같은 내용이다. 따라서

$$\text{유의한 } F\text{값} = \text{유의확률 } p \ \leq \ \text{유의수준 } \alpha \ \rightarrow \ \text{귀무가설 } H_0\text{를 기각한다.}$$
(회귀식에 의미가 있다)

$$\text{유의한 } F\text{값} = \text{유의확률 } p \ > \ \text{유의수준 } \alpha \ \rightarrow \ \text{귀무가설 } H_0\text{를 채택한다.}$$
(회귀식에 의미가 없다)

본 예제에서는

$$\text{유의한 } F\text{값} = 7.81 \times 10^{-9} \ \leq \ \text{유의수준 } \alpha \ = 0.05$$

이므로 귀무가설 H_0를 기각한다. 따라서 회귀식에는 의미가 있다고 할 수 있다.

🔆 회귀식

분석결과 얻어진 회귀식은 다음과 같다.

$$y = -154.773 + 2.8995x_1 - 0.0194x_2 + 16.5302x_3$$

따라서 가령 매장면적(x_1) = 300(m^2), 가장 가까운 역 거리(x_2) = 2000(m), 종업원수 (x_3) = 30(명)인 학생이 실시한 매출액(y)은 다음과 같이 예측할 수 있다.

$$y = -154.773 + 2.899 \times 300 - 0.0194 \times 2000 + 16.5302 \times 30$$
$$= 1172.183(\text{만 원/일})$$

🔆 편회귀계수의 t통계량과 p값

각 설명변수의 목적변수에 대한 영향력의 대소는 편회귀계수의 대소로 판단해서는 안 되고 t통계량이나 p값에 의해서 판단해야 한다.

t통계량의 값이 큰 변수일수록 목적변수를 예측 혹은 설명하는 데에 공헌도가 높다고 생각한다. 여기에서 t통계량은 다음과 같이 계산된다.

$$t\,\text{통계량} = \frac{\text{편회귀계수의 값}}{\text{계수의 표준오차}}$$

본 예제에서 매장면적(x_1), 가장 가까운 역 거리(x_2), 종업원 수(x_3)의 t통계량은 각

각 다음과 같이 계산된다.

$$매장면적(x_1)의\ t통계량 = \frac{2.8995}{0.5377} = 5.3927$$

$$가장\ 가까운\ 역\ 거리(x_2)의\ t통계량 = \frac{-0.0194}{0.0205} = -0.9434$$

$$종업원\ 수(x_3)의\ t통계량 = \frac{16.5302}{6.0997} = 2.7100$$

따라서 매장면적(x_1)이 매출액(y)에 가장 영향력을 많이 미치고 있음을 알 수 있다.

t통계량의 값 대신에 F값을 이용하는 경우도 있는데 이들 사이에는 다음과 같은 관계가 있다.

$$F값 = (t\ 값)^2$$

경험적으로 F값이 2 이상이면 유효한 변수이고, 2 미만이면 유효하지 않은(불필요한) 변수로서 간주한다. 설명변수의 유효성 판단은 중회귀분석에 있어서 변수선택의 문제로서 중요한 의미를 갖는다.

P값은 '위험도'라고도 불리며, 이 값이 크면 그 설명변수는 채택하지 않는 편이 좋다는 것을 의미한다. 이것은 중회귀식의 계산치와 실측치에 대한 산포의 정도를 나타내고 있기 때문에, 작을수록 목적변수(y)와의 관련성이 강한 것으로 된다. 통상 0.5 이상이라면 위험하다고 판단한다.

편회귀계수의 부호가 상식과 어긋날 때에는 그 원인의 하나로 설명변수 간의 상관이 높음으로 인해서 발생하는 다중공선성(multicollinearity)을 생각할 수 있다.

결정계수의 값은 중회귀식에 의해서 예측되는 (A점에서 O점까지 15개의) 각 계산치와 실제 데이터의 평균치와의 변동(= 중회귀식에 의한 각 계산치 - 실제 매출액의 평균치)의 제곱합을 구하여, 실제 데이터의 변동(= 각 매출액 - 매출액의 평균치)의 제곱합과 어느 정도 일치하고 있는지를 비율로 나타내고 있다. Excel의 분석도구 '회귀분석'을 실행하면 결정계수가 간단히 구해지지만, 다음과 같은 방법으로 계산할 수도 있다.

	Q	R	S	T	U	V	W	X	Y	Z	AA	AB	A
1	계산치	오차의 변동	계산치의 변동	전변동	오차 변동의 제곱	계산치 변동의 제곱	전변동의 제곱						
2	1295.0312	4.9688	304.2979	309.2667	24.6887	92597.2109	95645.8711						
3	849.0883	27.9117	-141.6450	-113.7333	779.0636	20063.3184	12935.2711						
4	1183.2904	19.7096	192.5570	212.2667	388.4695	37078.2126	45057.1378						
5	646.0134	-85.0134	-344.7200	-429.7333	7227.2722	118831.8567	184670.7378						
6	693.3393	-31.3393	-297.3940	-328.7333	982.1510	88443.2175	108065.6044						
7	1052.9648	-32.9648	62.2315	29.2667	1086.6804	3872.7599	856.5378						
8	705.7244	89.2756	-285.0090	-195.7333	7970.1403	81230.1162	38311.5378						
9	1085.0505	64.9495	94.3171	159.2667	4218.4400	8895.7243	25365.8711						
10	965.2243	1.7757	-25.5091	-23.7333	3.1532	650.7122	563.2711						
11	865.6515	14.3485	-125.0818	-110.7333	205.8790	15645.4612	12261.8711						
12	1580.5711	-35.5711	589.8378	554.2667	1265.3035	347908.5972	307211.5378						
13	1041.6987	-38.6987	50.9654	12.2667	1497.5883	2597.4672	150.4711						
14	798.6551	-0.6551	-192.0782	-192.7333	0.4292	36894.0432	37146.1378						
15	882.2469	-17.2469	-108.4865	-125.7333	297.4544	11769.3137	15808.8711						
16	1216.4502	18.5498	225.7169	244.2667	344.0942	50948.1146	59666.2044						
17	제곱합	26290.8075	917426.1258	943716.9333									
18													
19													
20						결정계수 :	0.972141						
21													
22													
23													
24													
25													

[셀의 입력내용]

Q2;   =H$17+H$18*C2+H$19*D2+H$20*E2

(Q2를 Q3에서 Q16까지 복사한다)

R2;   =B2-Q2   (R2를 R3에서 R16까지 복사한다)

S2;   =Q2-B$17   (S2를 S3에서 S16까지 복사한다)

T2;   =B2-B$17   (T2를 T3에서 T16까지 복사한다)

U2;   =R2*R2   (U2를 U3에서 U16까지 복사한다)

V2;   =S2*S2   (V2를 V3에서 V16까지 복사한다)

W2;   =T2*T2   (W2를 W3에서 W16까지 복사한다)

R17; =SUM(U2:U16)

S17; =SUM(V2:V16)

T17; =SUM(W2:W16)

W20; =S17/T17

예를 들면 A점포의 경우에 매장면적, 가장 가까운 역 거리, 종업원 수는 각각 336m², 1050m, 30명이므로 회귀식

$$y = -154.773 + 2.8995x_1 - 0.0194x_2 + 16.5302x_3$$

의 우변에 대입하면 1295.0312라고 하는 중회귀식에 의한 계산치가 얻어진다(위 그림의 셀 Q2). 매출액의 실제 데이터에 대한 평균치를 셀 B17에 구해 놓으면 (AVERAGE(B2:B16)=990.7333), 계산치의 변동과 전변동(실제 데이터의 변동)이 다음과 같이 계산된다.

$$\text{계산치의 변동} : 1295.0312 - 990.7333 = 304.2979$$
$$\text{전변동} : 1300 - 990.7333 = 309.2667$$

이와 같이 해서 각 점포에 대한 계산치의 변동과 전변동을 구하고, 각각의 제곱합 (셀 S17과 셀 T17)에 대한 비율을 계산함으로써 결정계수를 구할 수 있다(셀 W20).

제 3 절 중회귀분석의 제문제

1. 설명변수의 선택

변수선택의 문제

앞에서는 선형 중회귀 모델에 포함되는 설명변수 $\{x_1, x_2, \cdots, x_p\}$가 정해져 있는 것으로 해서 회귀식의 추정을 실시했다. 그러나 실제로 데이터 분석을 실시하고자 하는 상황에 있어서는 설명변수로서 사용할 수 있을 듯한 변수는 많이 있으며, 그 중에서 목적변수의 예측에 도움이 되는 주요한 변수를 골라 분석을 실시하고 싶다고 하는 경우가 많다.

설명변수를 부적절하게 선택한 경우의 영향은 다음과 같다.

① 회귀 모델에 쓸데없는 변수(모회귀계수가 0이 되도록 하는 변수)가 포함될 때, 회귀계수의 추정치나 y의 예측치는 불편(不偏)이지만 오차분산의 추정치 V_e의 자유도($n-p-1$)가 작아지기 때문에 추정의 정밀도가 나쁘다.

② 필요한 변수(모회귀변수가 0이 아닌 변수)가 회귀 모델에서 빠져 있는 경우, 회귀계수의 추정치나 y의 예측치는 편의(偏倚)를 갖게 되고 오차분산의 추정치 V_e는 과대평가하게 된다.

③ 설명변수 중에 서로 상관이 높은 변수가 포함되어 있는 경우에는 분산공분산행

렬의 행렬식이 거의 제로가 되기 때문에 역행렬 요소의 값이 크게(또한 수치계산적으로도 불안정하게) 되어 회귀계수 추정치의 추정 정밀도가 나빠진다. 이와 같은 경우에 다중공선성(multicollinearity)의 문제가 있다고 한다.

유효한 변수를 가능한 한 간과하지 않도록 하면 불필요한 변수를 채택할 위험성이 커지고, 한편 불필요한 변수를 가능한 한 채택하지 않도록 하면 유효한 변수를 간과할 위험성이 증가한다.

변수선택의 방법

선형 회귀식 $y = b_0 + b_1 x_1 + b_2 x_2 + \cdots + b_p x_p$에 있어서 큰 문제 중의 하나는 설명변수의 선택(selection of regressor)이다. 모델의 정식화(어느 변수에 의해서 목적변수의 변동을 설명할 것인가)가 추정(推定) 이전에 분명히 정해져 있지 않은 경우, 몇 개의 후보변수가 주어지고 그 중에서 최량으로 생각되는 변수의 편성을 골라 최종적으로 하나의 회귀식에 도달한다. 이 시행착오의 과정에 있어서는 분석대상에 대한 주관적 판단과 통계학적 기준에 의거한 객관적 판단이 뒤섞이는 것이 실제의 데이터 분석에서는 보통이다.

회귀분석에서는 여분의 설명변수를 포함시키면 예측의 평균 자승 오차가 늘어나고, 또 타당한 설명변수가 빠져 있으면 편의(偏倚)가 커지게 된다. 그 때문에 설명변수가 늘어나면 설명변수 간에 높은 종속관계가 생기기 쉬워진다. 인적(人的) 혹은 연산적인 제약으로부터 보더라도 설명변수의 개수가 큰 것은 하나의 난점이 된다.

이용 가능한 전 설명변수의 개수를 p_0로 나타내기로 한다. 또 그 중에서 모델에 포함되는 설명변수의 개수를 p라고 한다.

이후의 기술에서 모든 가능한 p항의 모델 중에서 최소의 잔차 제곱합을 갖는 모델을 사이즈 p의 최량 모델이라고 부르는 것이 편리하다. '최량'이란 이러한 의미에 한해서 정의되고, 그 모델이 실제로 이용하고자 하는 기능으로서 최량이 아닌 경우도 있다. 더욱이 이 최량의 정의는 당장의 표본만에 적용되며, 그 같은 관계가 모집단에 대해서 성립하는 것을 의미하지 않는다. 목적은 최종적으로 모델에 포함될 설명변수를 잘 선택하는 것이다.

(1) 모든 가능한 회귀(all possible regression)

p_0가 과대하지 않으면, 모든 가능한 모델을 적용시키는 것을 생각할 수 있다. 적어

도 하나의 설명변수를 포함하는 가능한 모델의 수는 $2^{p_0} - 1$개이다. 오늘날 모든 가능한 회귀를 평가하는 일련의 효율적인 연산법이 존재한다.

이 방법은 설명변수의 수가 적을 때에는 가장 좋은 방법이다. 그러나 설명변수의 수가 늘어나면 계산양은 방대해져 검토할 회귀식의 수도 많아져 버린다. 예를 들면 설명변수의 수가 5일 때에는 회귀식은 $2^5 - 1 = 31$가지 산출된다. 6일 때에는 63가지나 된다.

(2) 축차변수선택법(step-wise regression)

변수선택할 때 후보가 될 설명변수는 반드시 무차별적이 아니라 어떠한 선험적 기준에 의해서 변수의 순서 매김에 의미가 있는 경우가 있다. 축차변수선택법은 각 편회귀계수의 유의성에 의거해서 유효한 변수와 불필요한 변수를 양분하는 방법이다. 이 방법에는 변수증가법 또는 전진선택(forward selection)과 변수감소법 또는 후퇴소거(backward elimination)의 기본적인 두 가지 방법이 있다.

변수증가법과 변수감소법의 가장 중대한 결함은 주어진 사이즈의 최량 부분집합이 발견될 보증이 없다는 것이다. 이러한 결함을 수정한 것이 변수증감법과 변수감증법이다.

변수증감법은 먼저 목적변수와 가장 관계가 강한 설명변수를 하나 선택한다. 다음에 그 변수와 짝을 지었을 때에 가장 결정계수가 높아지는 변수를 선택한다. 이것을 순차적으로 반복한다. 이 과정에서 일단 선택된 변수 중에 불필요한 변수가 나왔을 때에는 그 변수를 제거한다고 하는 방법이다.

변수감증법은 먼저 모든 설명변수를 이용한 회귀 모델을 작성한다. 다음에 목적변수와 가장 관계가 약한 설명변수를 하나 제거한다. 이것을 순차적으로 반복한다. 이 과정에서 일단 제거한 변수 중에 유효한 변수가 나왔을 때에는 그 변수를 다시 선택하는 방법이다.

[예제 3-2]

[예제 3-1]의 데이터에 모든 가능한 회귀를 적용하여 회귀식을 음미해 보라.

▶ Excel에 의한 해법

Excel에 의해 모든 가능한 회귀를 실천하는 데는 통계함수를 이용하는 것이 편리하다.

[순서 1] 데이터의 입력

예제 [3-1]의 데이터를 다음과 같이 입력한다.

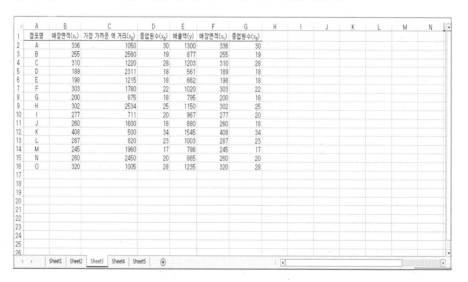

[순서 2] 데이터의 복사

모든 설명변수의 편성을 생각해서 회귀식을 만들지 않으면 안 되므로 인접하지 않은 변수의 데이터를 다음과 같이 복사해서 인접시킨다.

[순서 3] 결과 일람표의 준비

분석결과를 일목요연하게 볼 수 있도록 다음과 같은 일람표를 만들어 놓는다.

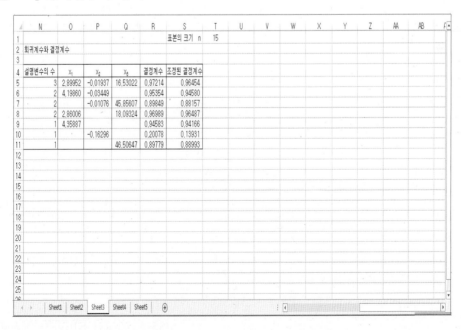

[순서 4] 통계함수의 입력

[셀의 입력내용]

　<회귀계수>

　　　O5;　=INDEX(LINEST($E$2:$E$16, $B$2:$D$16, TRUE, TRUE), 1, 3)

　　　P5;　=INDEX(LINEST($E$2:$E$16, $B$2:$D$16, TRUE, TRUE), 1, 2)

　　　Q5;　=INDEX(LINEST($E$2:$E$16, $B$2:$D$16, TRUE, TRUE), 1, 1)

　　　O6;　=INDEX(LINEST($E$2:$E$16, $B$2:$C$16, TRUE, TRUE), 1, 2)

　　　P6;　=INDEX(LINEST($E$2:$E$16, $B$2:$C$16, TRUE, TRUE), 1, 1)

　　　P7;　=INDEX(LINEST($E$2:$E$16, $C$2:$D$16, TRUE, TRUE), 1, 2)

　　　Q7;　=INDEX(LINEST($E$2:$E$16, $C$2:$D$16, TRUE, TRUE), 1, 1)

　　　O8;　=INDEX(LINEST($E$2:$E$16, $F$2:$G$16, TRUE, TRUE), 1, 2)

　　　Q8;　=INDEX(LINEST($E$2:$E$16, $F$2:$G$16, TRUE, TRUE), 1, 1)

　　　O9;　=INDEX(LINEST($E$2:$E$16, $B$2:$B$16, TRUE, TRUE), 1, 1)

　　　P10;　=INDEX(LINEST($E$2:$E$16, $C$2:$C$16, TRUE, TRUE), 1, 1)

　　　Q11;　=INDEX(LINEST($E$2:$E$16, $D$2:$D$16, TRUE, TRUE), 1, 1)

　<결정계수>

　　　R5;　=INDEX(LINEST($E$2:$E$16, $B$2:$D$16, TRUE, TRUE), 3, 1)

　　　R6;　=INDEX(LINEST($E$2:$E$16, $B$2:$C$16, TRUE, TRUE), 3, 1)

　　　R7;　=INDEX(LINEST($E$2:$E$16, $C$2:$D$16, TRUE, TRUE), 3, 1)

　　　R8;　=INDEX(LINEST($E$2:$E$16, $F$2:$G$16, TRUE, TRUE), 3, 1)

　　　R9;　=INDEX(LINEST($E$2:$E$16, $B$2:$B$16, TRUE, TRUE), 3, 1)

　　　R10;=INDEX(LINEST($E$2:$E$16, $C$2:$C$16, TRUE, TRUE), 3, 1)

　　　R11;=INDEX(LINEST($E$2:$E$16, $D$2:$D$16, TRUE, TRUE), 3, 1)

　<조정된 결정계수>

　　　S5;　=1−($T$1−1)*(1−R5)/($T$1−N5−1)

(S5를 S6에서 S16까지 복사한다)

함수 LINEST

함수 LINEST는 회귀분석에 있어서 회귀식을 구하거나 회귀식을 평가하는 데 필요한 여러 가지의 통계량을 산출하기 위한 함수이다.

(1) 함수 LINEST는 [함수 마법사] 대화상자에서,

함수 범주(C) : 모두

함수 이름(N) : LINEST

를 선택하여 실행할 수 있다.

(2) 입력서식은 다음과 같다.

(입력서식) = LINEST(y의 범위, x의 범위, 논리값, 조정)

논리값(Const) : TRUE → 상수항이 있는 회귀식

FALSE → 상수항이 없는 회귀식

을 상정하여 계산을 실시한다.

조정(Stats) : TRUE → 회귀에 관한 여러 가지의 통계량

FALSE → 회귀계수와 상수항만

이 계산된다.

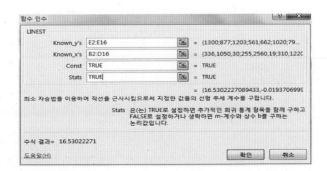

<예>

$$LINEST(\$E\$2:\$E\$16, \ \$B\$2:\$D\$16, \ TRUE, \ TRUE) = 16.530223$$

함수 INDEX

LINEST의 계산결과는 배열로 되어 있다. 결과를 표시하려면 INDEX라고 하는 함수와 편성해서 이용할 필요가 있다.

함수 INDEX는 배열의 각 요소 값을 표시하기 위한 함수이다. 배열의 행번호와 열번호를 지정하면, 행번호와 열번호가 교차하는 점에 있는 배열의 값이 원상대로 표시된다.

(1) 함수 INDEX는 [함수 마법사] 대화상자에서,

함수 범주(C) : 모두

함수 이름(N) : INDEX

를 선택하여 실행할 수 있다.

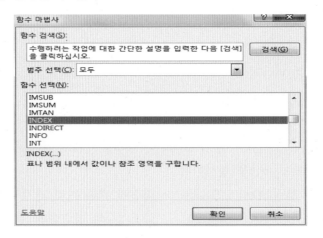

(2) 함수 INDEX의 인수를 지정하는 방법은 여러 가지가 있다.

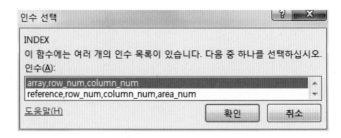

(3) 입력서식은 다음과 같다.

　　(입력서식) = INDEX(배열, 행번호, 열 번호)

　　배열 : LINEST(y의 범위, x의 범위, 논리값, 조정)

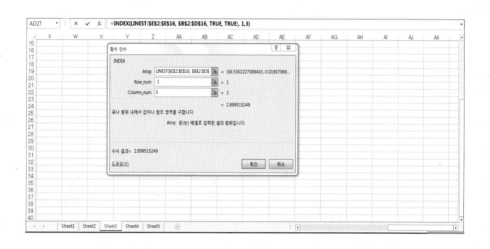

행번호와 열번호를 입력하기 위해서는 다음을 참고하면 된다.

열번호 행번호	1	2	3	4	5
1	회귀계수 b_4	회귀계수 b_3	회귀계수 b_2	회귀계수 b_1	상수항 b_0
2	b_4의 표준오차	b_3의 표준오차	b_2의 표준오차	b_1의 표준오차	b_0의 표준오차
3	결정계수 R^2				
4	회귀식의 F값	자유도			
5	회귀의 제곱합	잔차의 제곱합			

　이상의 분석결과로부터 수요예측을 위하여 최종적으로 어느 회귀식을 사용하면 좋을까? 결정계수의 값만을 보면 3변수의 경우가 가장 좋다. 그러나 전술한 바와 같이 설명변수의 수를 많게 하면 할수록 일반적으로 결정계수의 값은 커지므로, 이것만을 기준으로 하는 것은 바람직하지 못하다.

　따라서 조정된 결정계수 R^{*2}의 값이 가장 큰(0.96487) 2변수(x_1, x_3)인 경우의 중회귀식($y = -208.2515 + 2.8601x_1 + 18.0932x_3$)이 수요예측에 가장 적절한 모델이라고 할 수 있을 것이다.

2. 다중공선성

💡 다중공선성

중회귀식

$$y = b_0 + b_1 x_1 + b_2 x_2 + \cdots + b_p x_p$$

에 있어서 $\{x_1, x_2, \cdots, x_p\}$ 중 몇 개의 설명변수 사이에 선형관계, 예를 들면

$$3x_1 - 2x_2 + x_3 = 0$$

과 같은 관계식이 성립할 때 공선성이 있다고 한다. 이러한 선형관계가 두 개 이상 있을 때 다중공선성(multicollinearity)이 있다고 한다.

다중공선성이 존재할 때는 분산공분산행렬의 역행렬에 곤란한 일이 생기므로 편회귀계수 $b_0, b_1, \cdots, b_p$를 구할 수 없다. 중회귀분석에서는 편회귀계수를 구할 때에 분산공분산행렬의 역행렬을 계산하지 않으면 안 된다. 그런데 상관계수가 1에 가까운 설명변수가 존재하면 분산공분산행렬의 역행렬이 존재하지 않거나 역행렬을 계산할 수 있더라도 대단히 오차가 커진다거나 해서 신뢰성이 낮은 중회귀식이 구해지는 경우가 있다.

따라서 다중공선성을 피하기 위해서는 상관행렬을 관찰해서 상관계수가 1에 가까운 설명변수가 발견되면 그 중 어느 변수를 버리도록 한다.

💡 다중공선성의 진단

중회귀분석의 설명변수를 $x_1, x_2, \cdots, x_p$라고 하자. 만일 어떤 설명변수 x_i가 아무래도 마음에 걸리면 x_i를 목적변수, $x_1, x_2, \cdots, x_{i-1}, x_{i+1}, \cdots, x_p$를 설명변수로 해서 중회귀분석을 실시해 본다. 이때의 중상관계수를 R_i라고 했을 때

$$1 - R_i^{\,2}$$

을 설명변수 x_i의 허용도(tolerance)라고 한다. x_i의 허용도 $1 - R_i^{\,2}$이 작을 때는 중상관계수 R_i가 1에 가까우므로 x_i는 다른 설명변수 $x_1, x_2, \cdots, x_{i-1}, x_{i+1}, \cdots, x_p$의 선형결합으로 표현할 수 있다. 즉 다중공선성이 있다고 하게 되는 것이다.

허용도와 분산확대계수(variance inflation factor, VIF) 사이에는 다음과 같은 관계가

성립한다.

$$VIF = \frac{1}{\text{허용도}} = \frac{1}{1 - R_i^2}$$

설명변수 x_i의 VIF가 1보다 충분히 클 때, 설명변수 x_i에 공선성의 가능성이 있다. 또 이때 편회귀계수 b_i의 표준오차는 커진다.

다중공선성의 원인

다중공선성의 문제는 특히 사회과학적 데이터의 회귀분석에 최대의 두통거리이다. 이 문제는 어떤 의미에서 '데이터 관측상의 문제'이며, 능동적인 관측 또는 실험이 불가능한 분야에 있어서 불가피한 문제라고도 할 수 있다. 실험계획이 가능한 분야에서는 설명변수 행렬을 자유자재로 설계할 수가 있다. 그 때문에 다중공선성의 문제는 거의 일어나지 않는다.

설명변수 간의 다중공선의 관계는 주어진 표본 데이터에 있어서 간혹 인정되는 데에 지나지 않는 것인가 혹은 좀더 본질적인 구조적 이유에 의한 것인가를 구별해 둘 필요가 있다. 전자의 경우에는 관측치 데이터를 늘림으로써 혹은 관측을 다시 함으로써 문제를 회피할 수 있다. 그러나 후자의 경우에는 관측치의 개수를 아무리 늘리더라도 문제의 해결은 되지 않는다. 예를 들면 두 변수 X_1과 X_2는 Y의 변동을 규정하는 요인으로서는 '독립'이지만 그것들의 변동은 독립이 아니다. 즉 제3의 변수 X_3가 배후에 존재하고 있어 X_1과 X_2의 변동의 대부분은 X_3의 변동에 의해서 규정되고 있다고 하는 입장이 있을 수 있다. 이러한 경우 X_1과 X_2 사이의 공선성은 '구조적'이고 그만큼 문제의 처리는 번거롭다.

다중공선성에 대처하기 위한 하나의 가능한 추정상의 궁리로서 릿지 회귀라고 하는 방법이 있다. 중회귀분석의 편회귀계수 $b_0, b_1, \cdots, b_p$는

$$\begin{bmatrix} b_1 \\ b_2 \\ \cdot \\ b_p \end{bmatrix} = \begin{bmatrix} s_{11} & s_{12} & \cdots & s_{1p} \\ s_{21} & s_{22} & \cdots & s_{2p} \\ \cdot & \cdot & \cdots & \cdot \\ s_{p1} & s_{p2} & \cdots & s_{pp} \end{bmatrix}^{-1} \begin{bmatrix} s_{1y} \\ s_{2y} \\ \cdot \\ s_{py} \end{bmatrix}$$

$$s_{ii} = s_i^2 = x_i \text{의 분산}$$
$$s_{ij} = x_i \text{와 } x_j \text{의 공분산}$$

으로 구해진다. 그런데 다중공선성이 있으면 분산공분산행렬의 역행렬에 곤란한 일

이 일어나므로, 이대로는 편회귀계수가 구해지지 않는다. 그래서

$$
\begin{bmatrix} b_1(k) \\ b_2(k) \\ \cdot \\ b_p(k) \end{bmatrix} = \begin{bmatrix} s_{11}+k & s_{12} & \cdots & s_{1p} \\ s_{21} & s_{22}+k & \cdots & s_{2p} \\ \cdot & \cdot & \cdots & \cdot \\ s_{p1} & s_{p2} & \cdots & s_{pp}+k \end{bmatrix}^{-1} \begin{bmatrix} s_{1y} \\ s_{2y} \\ \cdot \\ s_{py} \end{bmatrix}
$$

와 같이 $b_1(k), b_2(k), \cdots, b_p(k)$를 구하는 것을 릿지 회귀(ridge regression)라고 한다.

다중공선성에 대처하기 위해서 통상 자주 이용되는 것은 다중공선관계에 있는 변수군의 일부를 제거한다고 하는 방법이다. 가령 X_1과 X_2가 높은 다중공선관계에 있다고 하자. X_1이 이미 식에 포함되어 있을 때, X_2를 추가함으로써 초래되는 '설명력'의 증가는 그렇게 크지 않다고 예상된다. 따라서 X_2의 추가는 결코 의미가 있다고 판단되지 않는다. 그 결과 X_2의 Y에 대한 영향은 X_1의 그것에 흡수되어 버리게 된다. 회귀분석의 목적이 예측이며, X_1과 X_2의 다중공선성이 구조적인 것이라면 X_2를 제거함으로써(모델의 정식화에 잘못이 있음에도 불구하고) 더욱 정밀도가 높은 예측이 이루어지게 된다. 결국 다중공선의 문제는 공선관계에 있는 변수의 일부를 제거함으로써 처리되고 있다고 하는 것이 현상이라고 해도 지장이 없을 것이다.

[예제 3-3]

다음의 데이터표에서 설명변수 x_1, x_2, x_3 사이에는 강한 다중공선성이 존재한다고 한다. 다중공선성이 회귀식의 추정에 어느 정도의 곤란을 가져오는지 중회귀분석을 통해서 밝혀 보라.

데이터표

No.	x_1	x_2	x_3	y	No.	x_1	x_2	x_3	y
1	0,9058	0,7032	0,9122	3,3969	16	-0,7657	-0,5887	-0,9011	-2,1265
2	-1,2412	-0,5561	-1,1962	-0,3080	17	0,5347	0,1881	0,3307	2,6529
3	-2,0597	-1,6159	-1,9354	-6,3585	18	1,3280	1,1656	1,0959	5,0004
4	1,2744	1,5220	0,8931	6,4611	19	0,0108	-0,6710	-0,5096	-0,0384
5	-0,1614	-0,1057	0,2681	0,2937	20	-0,2672	0,0047	-0,0680	0,8022
6	-1,5733	-1,3272	-1,3775	-5,0308	21	0,2831	0,2834	0,1107	3,4818
7	0,2498	0,3383	-0,1730	1,5801	22	1,3401	1,2898	1,3038	6,7089
8	0,7747	0,8368	0,9919	4,8025	23	-1,8143	-1,5703	-1,2902	-6,5048
9	-0,6027	0,0268	0,0878	1,7319	24	-0,4386	-0,5724	-0,6075	0,0824
10	-0,6211	-0,5603	-0,4230	-2,6825	25	-0,4300	-0,7227	-0,9668	-0,1089
11	-0,6197	-0,2043	-0,5523	-0,0131	26	0,3104	0,5535	0,5141	1,5196
12	-0,5850	0,1953	-0,4545	0,5272	27	0,4720	0,2344	0,3979	1,1541
13	1,4753	0,8339	1,7095	5,5834	28	-0,7847	-0,4588	-0,1298	-2,4874
14	0,6292	0,5757	0,4698	2,2575	29	-0,6901	-0,7513	-0,7630	-2,4128
15	0,4562	0,6753	0,5587	2,9447	30	0,2091	0,3651	0,5264	1,6498

▶ Excel에 의한 해법

(1) 상관분석

설명변수 간의 상관계수를 구하면 다음과 같다.

표 3-1 설명변수 간의 상관행렬

	X_1	X_2	X_3
x_1	1	0.9323	0.9423
x_2	0.9323	1	0.9261
x_3	0.9423	0.9261	1

<표 3-1> 의 상관행렬에서 알 수 있듯이 세 변수 간의 상관은 대단히 높다.

(2) 먼저 No. 1~20의 20개에 대한 관측치를 이용해서 중회귀분석을 실시하면 <표 3-2>와 같은 결과가 얻어진다.

표 3-2 중회귀분석 Ⅰ

변 수	계 수	표준오차	t 통계량
Y 절편	0.9080	0.1998	4.5443
x_1	0.5654	0.7236	0.7813
x_2	2.7613	0.6501	4.2477
x_3	0.6027	0.7285	0.8274

$n=20$ 　　　결정계수=0.9468　　　　표준오차=0.8443

다음에 30개 전체의 관측치를 이용해서 중회귀 분석을 실시하면 결과는 <표 3-3>과 같다.

표 3-3 중회귀분석 Ⅱ

변 수	계 수	표준오차	t 통계량
Y 절편	0.9274	0.1750	5.2982
x_1	1.8183	0.6281	2.8948
x_2	2.8089	0.6463	4.3462
x_3	-0.7301	0.6403	-1.1403

$n=30$ 　　　결정계수=0.9329　　　　표준오차=0.929

30개의 관측치는 동일한 구조로부터 생성되었음에도 불구하고 전체를 사용한 추정결과와 일부분을 사용한 추정결과에 큰 차이가 나고 있다. 특히 x_3의 회귀계수는 부호가 반대로 나타나고 있다. 그런데 설명변수 간의 상관계수는 모두 높은 양의 값을 갖고 있다. 이러한 사실은 곧 다중공선성이 존재할 때 추정치가 '불안정'하게 된다는 것을 말해 주고 있는 것이다.

[예제 3-4]

다음 [수치 예]로 다중공선성을 설명해 보자.

수 치 예

x_1	x_2	y
21	13	25
38	30	39
23	15	24
21	13	27
31	21	29
36	27	33
20	12	21
20	13	25
34	24	36
34	28	38

위의 데이터에 중회귀분석을 적용하기 전에 x_1과 y, x_2와 y의 관계를 살펴보자.

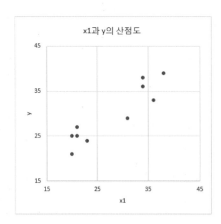
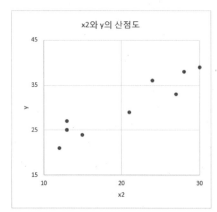

산점도로부터 x_1과 y 사이에는 플러스의 상관, x_2와 y 사이에도 플러스의 상관이 있다는 것을 알 수 있다. 또한 x_1과 y의 단회귀분석, x_2와 y의 단회귀분석을 각각 실시하면, 다음과 같은 회귀식이 얻어진다.

$$y = 7.6889 + 0.7918x_1 \qquad (\text{결정계수 } 0.8486)$$
$$y = 13.2485 + 0.8394x_2 \qquad (\text{결정계수 } 0.8937)$$

그런데 x_1과 x_2를 사용해서 중회귀분석을 실시해 보자. 다음과 같은 분석결과가 얻어진다.

	E	F	G	H	I	J	K	L	M	N
39	요약 출력									
40										
41	회귀분석 통계량									
42	다중 상관계수	0.9478								
43	결정계수	0.8984								
44	조정된 결정계수	0.8693								
45	표준 오차	2.3056								
46	관측수	10								
47										
48	분산 분석									
49		자유도	제곱합	제곱 평균	F 비	유의한 F				
50	회귀	2	328.889	164.4445	30.9347	0.000335				
51	잔차	7	37.21102	5.315859						
52	계	9	366.1							
53										
54		계수	표준 오차	t 통계량	P-값	하위 95%	상위 95%	하위 95.0%	상위 95.0%	
55	Y 절편	16.0379	5.4020	2.9689	0.0208	3.2642	28.8116	3.2642	28.8116	
56	x1	-0.3563	0.6291	-0.5664	0.5888	-1.8438	1.1312	-1.8438	1.1312	
57	x2	1.2024	0.6499	1.8503	0.1067	-0.3342	2.7391	-0.3342	2.7391	
58										

$$y = 16.0379 - 0.3563x_1 + 1.2024x_2 \qquad (\text{결정계수 } 0.8984)$$

라고 하는 회귀식이 얻어지고 있다. 산점도나 단회귀분석의 결과에서는 x_1과 y의 관계는 플러스의 관계였지만, 편회귀계수를 보면 x_1의 관계가 마이너스로 되어 있다고 하는 불가해(不可解)한 결과가 얻어지고 있다.

이와 같은 부호역전이 일어난 것은 x_1과 x_2의 상관이 강하다고 하는 사실에 원인이 있다. x_1과 x_2의 상관계수를 구하면 0.9864로 되어 있어, 중회귀분석에서는 이와 같은 강한 상관관계에 있는 설명변수끼리를 동시에 이용하면 분석결과가 불가해한 것이 된다. 이와 같이 설명변수끼리 강한 상관관계가 존재하는 상태를 다중공선성이 있다고 한다.

제4장 수량화이론에 의한 수요예측

제1절 수량화이론 Ⅰ류

1. 수량화이론 Ⅰ류와 회귀분석

🔆 수량화이론

수량화이론(quantification theory)이라고 불리는 것은 L. Guttman의 예측이론으로부터 출발하여 일본의 하야시(林知己夫)에 의해서 전개된 독창적인 이론이다. 결과적으로는 더미변수법과 극히 유사한 것인데, 더미변수가 아직 보급되어 있지 않았던 1950년대 초에 이미 오늘날의 체계적인 형태를 갖추고 있었다는 점에서 높이 평가할 만하다. 더미변수의 경우와 마찬가지로 양적변수를 질적변수와 나란히 함께 쓸 수가 있다.

수량화이론은 단지 질적인 것에 1, 2, 3, 4 등 수치를 기계적으로 범주 내용의 단계 순으로 부여하여 해석하는 것이 아니라, 질적인 것에 어떻게 수치를 부여하면 더욱 최적의 데이터 분석이 가능한 것인가에 대한 사고방식에 의거하여 개발되었다.

수량화이론의 처음 발단은 1947년 형무행정(刑務行政)에 통계를 활용한 가석방의 연구이며 그 후 심리학자, 사회학자 등에 의해 계승·발전되어 왔다. 수량화이론에는 Ⅰ류, Ⅱ류, Ⅲ류, Ⅳ류 등 네 종류가 있는데 Ⅰ~Ⅳ류 등으로 명명한 것은 하야시 본인이 아니고 그 후의 이용자측에서 이름 붙여 현재에 이르고 있다.

특히 수량화이론 Ⅲ류에 대해서는 하야시의 흐름과는 독립적으로 프랑스에서는 J. P. Benzecri 및 그의 제자들이 대응분석(correspondence analysis)이라고 하는 수법을 개발하여 다방면에 걸쳐 응용하고 있다는 점에서 주목할 가치가 있다.

또한 1950년대부터 미국에서 발달해 오고 있고 현재도 전세계에서 사용되고 있는 다차원척도법(multidimensional scaling, MDS)의 목적과 똑같은 수량화이론 Ⅳ류는 다차원척도법의 선구적인 수법이라고도 할 수 있다.

수량화이론 Ⅰ류

수량화이론 Ⅰ류는 명목척도의 카테고리 변수로 되는 몇 개의 항목에 의해서 설명변수의 조가 구성되는 경우에, 외적기준(목적변수) 변수에 대한 합성변수의 예측오차를 최소로 하는 가중치를 각 카테고리에 부여하는 방법이다. 형식적으로는 설명변수가 명목척도로 되는 더미변수의 데이터를 이용한 중회귀분석이라고 해도 좋다. 그러나 각 항목에 포함되는 모든 카테고리에 주어진 득점의 총합은 항상 1이 되므로 각 열의 성분에 평균을 빼는 조작을 가하면 각 카테고리에 대응하는 열 벡터가 1차종속이 되어 버린다. 따라서 실제로 계산할 때는 각 항목에서 하나씩의 카테고리를 제거하고 분석하며 제거한 카테고리 변수에는 가중치 0을 부여하면 된다.

이와 같이 해서 얻어진 각 카테고리의 가중치의 최대값과 최소값의 차를 범위(range)라고 부르며, 각 항목이 외적기준 변수에 어느 정도 영향을 주고 있는지를 추정하는 하나의 기준을 부여한다. 그리고 설명변수가 연령, 수입 등의 간격척도인 경우에도 이들 변수가 예측의 대상으로 되어 있는 기준변수와 곡선적 상관을 갖는 경우, 예를 들어 연령이라면,

① 10세 이하, ② 11~20세, ③ 21~30세, ④ 31~40세, ⑤ 41~50세, ⑥ 51세 이상과 같은 여섯 개의 카테고리로 구분하고 각 카테고리에 외적기준과의 예측오차를 최소로 하는 최적의 가중치를 정할 수 있다.

[예제 4-1]

제약회사 K사는 신제품의 시판을 앞두고 TV 방송을 통한 광고를 위해서 13개의 TV 프로에 대한 시청률과 프로의 내용, 시간대를 조사했다. 다음의 데이터표(1)은 그 조사결과이다. 이 13개의 TV 프로는 월요일에서 금요일까지 방영되는 것이며, 여기에서 시청률을 외적기준(목적변수)으로 하고 프로의 내용과 시간대를 설명변수로 한다. 두 개의 설명변수는 다음과 같이 각각 네 개의 범주를 갖는다.

프로의 내용 : ① 뉴스 ② 연속극 ③ 만화 ④ 가요·오락
시간대   : ① 오후 7~8시, ② 오후 8~9시, ③ 오후 9~10시, ④ 오후 10~11시

데이터표(1)

No.	프로의 내용(x_1)	시간대(x_2)	시청률(y)
1	3	1	7.2
2	4	1	7.1
3	4	3	4.4
4	2	4	6.5
5	1	1	4.2
6	2	2	14.6
7	3	1	2.3
8	4	1	4.9
9	1	2	6.2
10	1	3	8.5
11	3	1	2.9
12	3	1	3.5
13	2	3	13.8

이와 같은 데이터가 얻어졌을 때에 프로의 내용(x_1)과 시간대(x_2)로부터 시청률을 예측하는 식을 만들고자 하는 것이 수량화이론 Ⅰ류이다. 수량화이론의 세계에서는 프로의 내용(x_1)이나 시간대(x_2)를 아이템(item)이라 부르고 있다. 그리고 선택지인 1, 2, 3, 4 등을 카테고리(category)라고 부른다.

(0, 1) 데이터

앞의 데이터표(1)을 다음의 데이터표(2)와 같이 바꿔 써 본다. 데이터표(2)에서는 각 아이템의 네 개의 카테고리 중 응답한 하나에만 1이 입력되고 나머지에는 0이 입력되어 있다.

이와 같이 (0, 1) 데이터를 사용해서 표현함으로써 질적 데이터를 수치화할 수 있다.

데이터표(2)

아이템	프로의 내용(x_1)				시간대(x_2)				시청률(y)
No.	1	2	3	4	1	2	3	4	%
1	0	0	1	0	1	0	0	0	7.2
2	0	0	0	1	1	0	0	0	7.1
3	0	0	0	1	0	0	1	0	4.4
4	0	1	0	0	0	0	0	1	6.5
5	1	0	0	0	1	0	0	0	4.2
6	0	1	0	0	0	1	0	0	14.6
7	0	0	1	0	1	0	0	0	2.3
8	0	0	0	1	1	0	0	0	4.9
9	1	0	0	0	0	1	0	0	6.2
10	1	0	0	0	0	0	1	0	8.5
11	0	0	1	0	1	0	0	0	2.9
12	0	0	1	0	1	0	0	0	3.5
13	0	1	0	0	0	0	1	0	13.8

(0, 1) 데이터의 중회귀분석

프로의 내용(x_1)과 시간대(x_2)로부터 시청률을 예측하는 식을 만들고자 하는 문제는 (0, 1) 데이터로 바꿔 쓴 데이터표(2)에 있어서 프로의 내용(x_1)과 시간대(x_2)에 대한 각각의 카테고리를 x_{11}, x_{12}, x_{13}, x_{14}, x_{21}, x_{22}, x_{23}, x_{24}로 바꿔 표현하면 x_{11}에서 x_{24}까지를 설명변수, 시청률 y를 목적변수로 하는 중회귀분석의 문제로 바꿔 놓을 수 있다.

이렇게 하면 데이터표(2)를 그대로 중회귀분석에 적용하면 될 듯 싶은데 실은 그렇게 잘 되지 않는다. 왜냐하면 설명변수 사이에는

$$x_{11} + x_{12} + x_{13} + x_{14} = 1$$
$$x_{21} + x_{22} + x_{23} + x_{24} = 1$$

이라고 하는 선형관계가 성립하고 있어, 바로 다중공선성 때문에 해가 구해지지 않는 것이다. 그래서 x_{11}, x_{12}, x_{13}, x_{14} 중의 하나(여기에서는 x_{14})를 삭제하고, x_{21}, x_{22}, x_{23}, x_{24} 중의 하나(여기에서는 x_{24})를 삭제한다. 데이터표(2)를 이와 같이 해서 바꿔 쓰면 데이터표(3)이 얻어진다. 이 데이터에 중회귀분석을 적용하면 되는 것이다.

데이터표(3)

아이템	프로의 내용(x_1)			시간대(x_2)			시청률
No.	x_{11}	x_{12}	x_{13}	x_{21}	x_{22}	x_{23}	y
1	0	0	1	1	0	0	7,2
2	0	0	0	1	0	0	7,1
3	0	0	0	0	0	1	4,4
4	0	1	0	0	0	0	6,5
5	1	0	0	1	0	0	4,2
6	0	1	0	0	1	0	14,6
7	0	0	1	1	0	0	2,3
8	0	0	0	1	0	0	4,9
9	1	0	0	0	1	0	6,2
10	1	0	0	0	0	1	8,5
11	0	0	1	1	0	0	2,9
12	0	0	0	1	0	0	3,5
13	0	1	0	0	0	1	13,8

더미변수

중회귀분석에서는 더미변수(dummy variable)라고 하는 것이 종종 도입되고 있다. 데이터표(3)은 데이터표(1)에서 다음과 같은 더미변수를 도입하여 바꿔 쓴 것에 지나지

않는다.

	x_{11}	x_{12}	x_{13}
1	1	0	0
2	0	1	0
3	0	0	1
4	0	0	0

이와 같이 실은 수량화이론 Ⅰ류라고 하는 수법은 설명변수가 모두 더미변수로 되어 있는 중회귀분석이라고 생각하면 된다. 여기에서 카테고리 4를 기준으로 해서 (0, 0, 0)로 했지만 기준이 되는 카테고리는 임의로 정할 수 있다.

2. Excel의 활용

▶ Excel에 의한 해법

[순서 1] 데이터의 입력

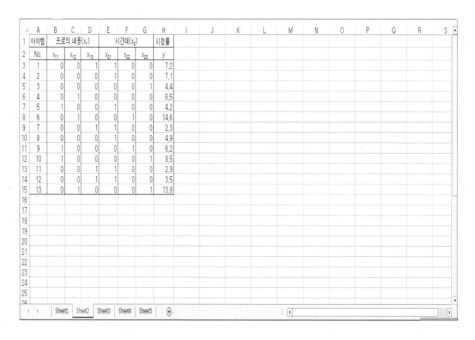

[순서 2] 중회귀분석의 실행과 결과

[분석 도구]의 대화상자 중에서 [회귀분석]을 선택하여 실행한다. 실행순서는 중회귀분석의 경우와 같으며, 그 실행결과는 다음과 같다.

(1) [회귀분석]의 선택

(2) 입력 범위 및 출력 옵션 지정

(3) 출력결과

	A	B	C	D	E	F	G	H	I	J	K	L	M	N	O	P	Q	R	S
1	아이템	프로의 내용(x_1)			시간대(x_2)			시청률		요약 출력									
2	No.	x_{11}	x_{12}	x_{13}	x_{21}	x_{22}	x_{23}	y											
3	1	0	0	1	1	0	0	7.2		회귀분석 통계량									
4	2	0	0	0	1	0	0	7.1		다중 상관계	0.9183								
5	3	0	0	0	0	0	1	4.4		결정계수	0.8434								
6	4	0	1	0	0	0	0	6.5		조정된 결정	0.6867								
7	5	1	0	0	1	0	0	4.2		표준 오차	2.1406								
8	6	0	0	0	0	1	0	14.6		관측수	13								
9	7	0	0	1	1	0	0	2.3											
10	8	0	0	0	1	0	0	4.9		분산 분석									
11	9	1	0	0	0	1	0	6.2			자유도	제곱합	제곱평균	F 비	유의한 F				
12	10	1	0	0	0	0	0	8.5		회귀	6	148.011	24.669	5.384	0.030				
13	11	0	0	1	0	0	0	2.9		잔차	6	27.492	4.582						
14	12	0	0	0	0	0	0	3.5		계	12	175.503							
15	13	0	1	0	0	0	1	13.8											
16											계수	표준 오차	t 통계량	P-값	하위 95%	상위 95%	하위 95.0%	상위 95.0%	
17										Y 절편	-1.7038	3.2245	-0.5284	0.6162	-9.5940	6.1863	-9.5940	6.1863	
18										x11	0.5654	1.9237	0.2939	0.7787	-4.1419	5.2726	-4.1419	5.2726	
19										x12	8.2038	2.4115	3.4019	0.0145	2.3030	14.1047	2.3030	14.1047	
20										x13	-1.2365	1.7561	-0.7041	0.5077	-5.5336	3.0606	-5.5336	3.0606	
21										x21	6.9154	3.2517	2.1267	0.0776	-1.0413	14.8721	-1.0413	14.8721	
22										x22	7.7192	2.8161	2.7411	0.0337	0.8285	14.6099	0.8285	14.6099	
23										x23	7.6808	2.8161	2.7275	0.0343	0.7901	14.5715	0.7901	14.5715	
24																			
25																			

Sheet1 Sheet2 Sheet3 Sheet4 Sheet5

위의 실행결과로부터

$$y = 0.5654x_{11} + 8.2038x_{12} - 1.2365x_{13} + 6.9154x_{21} + 7.7192x_{22} + 7.6808x_{23} - 1.7038$$

라고 하는 회귀식이 얻어졌다.

여기에서 만일 새로운 프로를 택하여 조사해 본 결과 프로의 내용은 2. 연속극, 시간대는 4. 오후 10~11시라고 응답했을 때의 시청률은

$$y = 0.5654x_{11} + 8.2038x_{12} - 1.2365x_{13} + 6.9154x_{21} + 7.7192x_{22} + 7.6808x_{23} - 1.7038$$
$$= 0.5654 \times 0 + 8.2038 \times 1 - 1.2365 \times 0 + 6.9154 \times 0 + 7.7192 \times 0 + 7.6808 \times 0 - 1.7038$$
$$= 8.2038 - 1.7038 = 6.5(\%)$$

로 예측할 수 있다. 여기에 수량화이론 I류의 의미가 있다.

그리고 결정계수는

$$R^2 = 0.8434$$

이므로 설명변수의 변동으로 설명할 수 있는 정보는 84.34%로 비교적 위의 회귀식이 잘 들어맞고 있음을 알 수 있다. 분산분석표에서

$$유의한 \ F = 0.03 < 유의수준 \ \alpha = 0.05$$

이므로 회귀식에는 의미가 있다고 할 수 있다.

제 2 절 수량화이론 II류

1. 수량화이론 II류와 회귀분석

🖈 수량화이론 II류

수량화이론 I류에서는

설명변수는 질적변수, 목적변수는 양적변수

라고 하는 형식의 데이터를 다루었다. 이에 비해서

설명변수는 질적변수, 목적변수도 질적변수

라고 하는 형식의 데이터를 다루는 것이 수량화이론 Ⅱ류이다. 즉 수량화이론 Ⅰ류의 경우와 마찬가지로 명목척도의 카테고리 변수로 되는 몇 개의 항목에 의해서 설명변수의 조가 구성되어 있는 경우, 각 카테고리에 가중치를 부여해서 각 그룹 간의 차를 최대로 하는 합성변수를 정하는 수법이다.

　형식적으로는 설명변수가 명목척도인 질적 데이터를 이용한 판별분석의 방법이라고 해도 무방하다. 그룹의 수가 r개 있는 경우에는 중판별분석의 경우와 마찬가지로 이론적으로는 전부 해서 $(r-1)$ 종류의 합성변수가 얻어지게 되지만, 실용적으로는 상관비의 값이 작은 합성변수는 의미가 없다. 또 얻어진 각 카테고리의 가중치는 일의적으로 정해지지 않으므로 수량화이론 Ⅰ류에서 설명되고 있는 순서에 따라서 각 카테고리의 가중치를 정하지 않으면 안 된다.

　그리고 설명변수의 각 카테고리가 순서척도로 되고 게다가 각 카테고리에 주어지는 가중치 $a_1, a_2, \cdots, a_r$이 $a_1 \geq a_2 \geq \cdots \geq a_r$라고 하는 순서를 만족시키지 않으면 안 된다고 생각하는 경우에는, 선형계획법(linear programming)의 수법을 이용해서 위의 제한 하에 군 간의 분리를 최대로 하는 합성변수를 발견할 수 있다.

[예제 4-2]

　다음과 같은 제품검사 항목이 있다. (항목 1)과 (항목 2)는 중간검사 항목이고 (항목 3)은 최종검사 항목으로 합격 여부를 가리는 것이다. 데이터표(1)은 검사성적표를 나타내고 있다.

<blockquote>
(항목 1) 부품의 생산방식은 어떻게 이루어졌습니까?
 (가) 수작업
 (나) 자동생산

(항목 2) 부품의 조립과정에서 어느 점이 가장 중요합니까?
 (가) 공차
 (나) 도금
 (다) 조립
</blockquote>

(항목 3) 조립 완제품의 합격 여부는?

　　　　(가) 합격

　　　　(나) 불합격

(항목 1)과 (항목 2)의 응답으로부터 (항목 3)의 응답인 합격 여부를 예측(판별)하고 싶다. 이 문제에 대해서는 수량화이론 Ⅱ류를 적용하여 해결할 수 있다. 수량화이론 Ⅱ류는 정준판별분석에 있어서 모든 설명변수가 질적변수인 경우에 해당된다.

수량화이론 Ⅱ류는 2군의 판별과 3군 이상의 다군판별(多群判別)로 나누어서 생각할 수 있는데, 여기에서는 2군의 판별만 다루기로 한다.

데이터표(1)

No.	항목 1	항목 2	항목 3
1	가	가	가
2	가	가	가
3	가	가	가
4	가	가	가
5	가	나	가
6	가	나	가
7	가	나	가
8	가	나	가
9	나	가	가
10	나	가	가
11	가	나	나
12	가	다	나
13	나	나	나
14	나	나	나
15	나	나	나
16	나	다	나
17	나	다	나
18	나	다	나
19	나	다	나
20	나	다	나

💡 **수량화이론 Ⅱ류에서 중회귀분석으로**

수량화이론 Ⅱ류를 2군의 판별문제로 국한해서 생각하면, 중회귀분석을 이용해서 해결할 수 있다. 즉 설명변수 (항목 1)과 (항목 2)는 수량화이론 Ⅰ류에서와 마찬가지로 (0, 1) 데이터로 바꿔 쓰고 질적인 목적변수 (항목 3)은 수치화 함으로써 중회귀분석을 적용할 수 있다. 먼저 데이터표(1)을 데이터표(2)로 바꿔 쓴다.

데이터표(2)

아이템	항목 1		항목 2			항목 3
No.	가	나	가	나	다	y
1	1	0	1	0	0	가
2	1	0	1	0	0	가
3	1	0	1	0	0	가
4	1	0	1	0	0	가
5	1	0	0	1	0	가
6	1	0	0	1	0	가
7	1	0	0	1	0	가
8	1	0	0	1	0	가
9	0	1	1	0	0	가
10	0	1	1	0	0	가
11	1	0	0	1	0	나
12	1	0	0	0	1	나
13	0	1	0	1	0	나
14	0	1	0	1	0	나
15	0	1	0	1	0	나
16	0	1	0	0	1	나
17	0	1	0	0	1	나
18	0	1	0	0	1	나
19	0	1	0	0	1	나
20	0	1	0	0	1	나

(0, 1) 데이터의 중회귀분석

(항목 1)(x_1)과 (항목 2)(x_2)로부터 (항목 3)(y)을 예측하는 식을 만들고자 하는 문제는 (0, 1) 데이터로 바꿔 쓴 데이터표(2)에 있어서 (항목 1)과 (항목 2)에 대한 각각의 카테고리를 x_{11}, x_{12}, x_{21}, x_{22}, x_{23}로 바꿔 표현하면 x_{11}에서 x_{23}까지를 설명변수, (항목 3)인 y를 목적변수로 하는 중회귀분석의 문제로 바꿔 놓을 수 있다.

이렇게 하면 데이터표(2)를 그대로 중회귀분석에 적용하면 될 듯 싶은데 실은 그렇게 잘 되지 않는다. 왜냐하면 설명변수 사이에는

$$x_{11} + x_{12} \qquad = 1$$
$$x_{21} + x_{22} + x_{23} = 1$$

이라고 하는 선형관계가 성립하고 있어, 바로 다중공선성 때문에 해가 구해지지 않는 것이다. 그래서 x_{11}, x_{12} 중의 하나(여기에서는 x_{12})를 삭제하고, x_{21}, x_{22}, x_{23} 중의 하나(여기에서는 x_{23})를 삭제한다. 데이터표(2)를 이와 같이 해서 바꿔 쓰면 데이터표(3)이 얻어진다.

수량화이론 Ⅰ류에서도 더미변수(dummy variable)라고 하는 것을 소개한 바 있다. 데이터표(3)은 데이터표(1)에서 다음과 같은 더미변수를 도입하여 바꿔 쓴 것에 지나

지 않는다.

	x_{21}	x_{22}
가	1	0
나	0	1
다	0	0

여기에서 '다'를 기준으로 해서 (0, 0)로 했지만 기준이 되는 카테고리는 임의로 정할 수 있다.

그런데 데이터표(2)에서는 목적변수 y도 질적변수이기 때문에 수치화하지 않으면 안 된다. '가' 그룹(합격)에 속하는 대상의 수를 n_1, '나' 그룹에 속하는 대상의 수를 n_2라고 할 때,

$$'가' \ 그룹 \ \rightarrow \ y = 1$$

$$'나' \ 그룹 \ \rightarrow \ y = -\frac{n_1}{n_2}$$

로 수치화한다. 본 예제에서는 $n_1 = n_2 = 10$이므로,

$$'가' \ 그룹 \ \rightarrow \ y = \ 1$$

$$'나' \ 그룹 \ \rightarrow \ y = -1$$

로 수치화하면 된다. 이와 같이 해서 바꿔 쓴 데이터표(3)에 중회귀분석을 적용하면 되는 것이다.

데이터표(3)

아이템	항목 1	항목 2		항목 3
No.	x_{11}	x_{21}	x_{22}	y
1	1	1	0	1
2	1	1	0	1
3	1	1	0	1
4	1	1	0	1
5	1	0	1	1
6	1	0	1	1
7	1	0	1	1
8	1	0	1	1
9	0	1	0	1
10	0	1	0	1
11	1	0	1	-1
12	1	0	0	-1
13	0	0	1	-1
14	0	0	1	-1
15	0	0	1	-1
16	0	0	0	-1
17	0	0	0	-1
18	0	0	0	-1
19	0	0	0	-1
20	0	0	0	-1

2. Excel의 활용

▶ Excel에 의한 해법 II류

[순서 1] 데이터의 입력

설명변수의 데이터를 셀 B3:D22 영역에 입력한다.

목적변수 y의 데이터를 셀 E3:E22 영역에 입력한다.

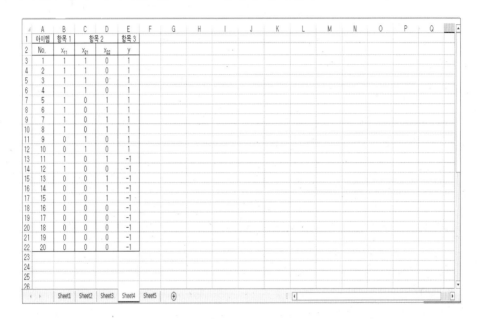

[순서 2] 중회귀분석의 실행과 결과

[분석 도구]의 대화상자 중에서 [회귀분석]을 선택하여 실행한다. 실행순서는 중회귀분석의 경우와 같으며, 그 실행결과는 다음과 같다.

(1) [회귀분석]의 선택

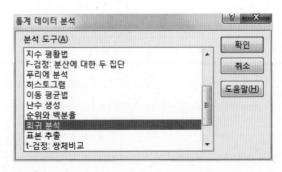

(2) 입력 범위 및 출력 옵션 지정

[회귀분석] 대화상자에서,

Y축 입력 범위(Y)	:	E2:E22
X축 입력 범위(X)	:	B2:D22
이름표(L)	:	체크
출력 범위(O)	:	G1

를 지정하고 [확인] 버튼을 클릭한다.

(3) 출력결과

회귀분석 통계량

다중 상관계수	0.8434
결정계수	0.7113
조정된 결정계수	0.6572
표준 오차	0.6007
관측수	20

분산분석

	자유도	제곱합	제곱 평균	F 비	유의한 F
회귀	3	14.2268	4.7423	13.1429	0.0001
잔차	16	5.7732	0.3608		
계	19	20			

	계수	표준 오차	t 통계량	P-값	하위 95%	상위 95%	하위 95.0%	상위 95.0%
Y 절편	-1.1237	0.2502	-4.4906	0.0004	-1.6542	-0.5932	-1.6542	-0.5932
x11	0.7423	0.2988	2.4842	0.0244	0.1089	1.3757	0.1089	1.3757
x21	1.6289	0.3776	4.3135	0.0005	0.8284	2.4294	0.8284	2.4294
x22	0.6598	0.3521	1.8737	0.0794	-0.0867	1.4063	-0.0867	1.4063

위의 실행결과로부터

$$y = 0.7423x_{11} + 1.6289x_{21} + 0.6598x_{22} - 1.1237$$

라고 하는 회귀식(판별식)이 얻어졌다. 이 식을 선형 판별식으로 사용하여,

$y > 0$이면 검사대상은 '가' 그룹(합격)에 속한다

$y < 0$이면 검사대상은 '나' 그룹(불합격)에 속한다

고 판별하면 된다. 분산분석표에서

유의한 $F = 0.0001 <$ 유의수준 $\alpha = 0.05$

이므로 판별식에는 의미가 있다고 할 수 있다.

그리고 결정계수는 $R^2 = 0.7113$이므로 설명변수의 변동으로 설명할 수 있는 정보는 71.13%로 비교적 위의 판별식이 잘 들어맞고 있다고 생각할 수 있으나, 이 경우에는 결정계수보다는 오판별률을 볼 필요가 있다.

[순서 3] 판별의 실행과 오판별률의 계산

회귀분석에 관한 통계함수 **TREND**를 이용해서 목적변수의 값을 예측하고 그 값의 양수·음수 부호에 의해서 그룹의 판별을 실시한다. 즉,

y의 검사결과 xy의 예측치 $< 0 \rightarrow$ 오판별

y의 검사결과 xy의 예측치 $\geq 0 \rightarrow$ 정판별

으로 판별한다.

(1) 마우스 포인터로 셀 **F3**를 지정한 다음 메뉴에서 [함수 마법사]를 선택한다.

(2) [함수 마법사] 대화상자에서 통계함수 [**TREND**]를 선택하고, [확인] 버튼을 클릭한다.

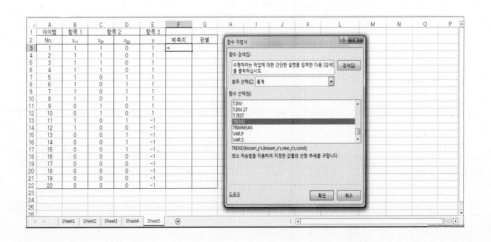

(3) [TREND] 함수 입력상자에서,

      Known_y's   : $E$3:$E$22

      Known_x's   : $B$3:$D$22

      New_x's   :   B3:D3

      Const   :   TRUE

를 입력하고 [확인] 버튼을 클릭한다.

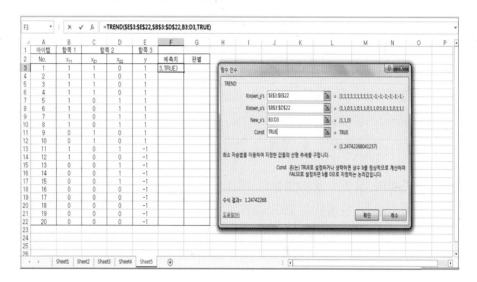

(4) 셀 F3를 F4에서 F22까지 복사한다.

(5) 판별

　　셀 G3에

　　　　$=IF(E3*F3<0, \text{"오판별"}, \text{"OK"})$

라고 입력하고, G3를 G4에서 G22까지 복사한다.

	A	B	C	D	E	F	G	H	I	J	K	L	M	N	O	P
	아이템	항목 1		항목 2	항목 3											
1	No.	x_{11}	x_{21}	x_{22}	y	예측치	판별									
3	1	1	1	0	1	1.247423	OK									
4	2	1	1	0	1	1.247423	OK									
5	3	1	1	0	1	1.247423	OK									
6	4	1	1	0	1	1.247423	OK									
7	5	1	0	1	1	0.278351	OK									
8	6	1	0	1	1	0.278351	OK									
9	7	1	0	1	1	0.278351	OK									
10	8	1	0	1	1	0.278351	OK									
11	9	0	1	0	1	0.505155	OK									
12	10	0	1	0	1	0.505155	OK									
13	11	1	0	1	-1	0.278351	오판별									
14	12	1	0	0	-1	-0.38144	OK									
15	13	0	0	1	-1	-0.46392	OK									
16	14	0	0	1	-1	-0.46392	OK									
17	15	0	0	1	-1	-0.46392	OK									
18	16	0	0	0	-1	-1.12371	OK									
19	17	0	0	0	-1	-1.12371	OK									
20	18	0	0	0	-1	-1.12371	OK									
21	19	0	0	0	-1	-1.12371	OK									
22	20	0	0	0	-1	-1.12371	OK									

(6) 오판별률의 계산

　　No. 11의 판별대상이 실제는 불합격인데 합격이라고 잘못 판별되어 있다. 따라서 오판별률은 다음과 같이 계산된다.

$$\text{오판별률} = \frac{1}{20} = 0.05$$

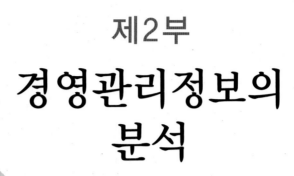

제2부
경영관리정보의 분석

제5장

경제성계산과 공헌도분석

제1절 경제성의 분석

모든 경영에 있어서 일정기간의 성과는 재무제표로서 총괄된다. 그 중에서도 손익계산서(P/L : Profit and Loss statement)와 대차대조표(B/S : Balance Sheet)의 두 가지는 중요하다. 아무리 연간 매출액이 매우 높았다고 하더라도 제품의 원가가 높다거나 인건비가 너무 많이 드는 등, 비용이 많으면 그 회사는 무조건 기뻐할 수만은 없는 것이다. 손익계산서로부터는 이와 같은 수익과 비용의 관계를 알 수 있다.

또한 같은 매출액이더라도 많은 빚이 있는지 없는지, 기업이 소유하는 토지 건물 기계장치(설비) 등과 같은 고정자산의 차이도 회사의 경영상태를 비교할 때의 요점이 된다. 이와 같은 부채나 자산 등의 균형에 대해서는 대차대조표를 통해서 알 수 있다. 따라서 이들 두 가지의 결산서(재무제표)는 기업의 경영상태를 설명할 때에 기본이 되는 정보로서 주목을 받는다.

경영관리를 행할 때 위와 같은 균형감각이 중요하다는 것은 더 말할 나위도 없는데, 그러기 위해서는 경제성의 분석이라고 불리는 사고방식을 마스터해 놓는 것이 바람직하다.

경제성분석에서는 일반적으로 복수의 대체안을 비교·검토할 때 어느 것이 정말로 경제적인 안(案)인지, 비용 부분을 두 종류로 나누어서 그 우열을 생각한다. 복사기의 리스(lease) 대금과 같이 사용하거나 사용하지 않거나 항상 변화하지 않는 비용(고정비 또는 무관련원가라고 한다)인가 혹은 복사용지나 토너 대금 등과 같은 사용량에 따라서 변화하는 비용(변동비 또는 관련원가라고 한다)인가를 체계적으로 구별해서 생각하는 것이 중요하다.

제 2 절 경제성계산의 실제

[예제 5-1]

어떤 회사에서는 지금까지 가까운 편의점에서 1장에 50원씩 복사를 해 왔는데, 리스 회사로부터 매월 15만원의 리스 대금으로 복사 1회당 10원이 드는 기종을 추천 받았다. 지금까지와 마찬가지로 편의점을 이용할 것인지, 리스 복사기를 도입할 것인지, 어느 쪽이 상책일까?

우열분기점분석

	A	B	C	D	E	F	G	H	I	J	K	L
2	대체안 \ 복사회수	500	1000	1500	2000	2500	3000	3500	4000	4500	5000	5500
3	편의점 이용 코스트	25000	50000	75000	100000	125000	150000	175000	200000	225000	250000	275000
4	리스 복사기 코스트	155000	160000	165000	170000	175000	180000	185000	190000	195000	200000	205000
8	편의점 복사비(원/회)	50										
9	리스 기계 복사비(원/회)	10										
10	리스 요금(원/월)	150000										
12	복사회수	0										
13	편의점 이용 코스트	0										
14	리스 기계 이용 코스트	150000										
15	우열의 차	-150000										

[셀의 입력내용]

B2; 500   C2; 1000 … K2; 5000 L2; 5500

B3; =$B8*B2   (B3를 C3에서 L3까지 복사한다)

B4; =$B9*B2+$B10   (B4를 C4에서 L4까지 복사한다)

B8; 50   B9; 10   B10; 150000

B12; 0   (임의의 값 "0"을 입력한다)

B13; =B12*B8

B14; =B9*B12+B10

B15; =B13-B14

이 문제는 복사를 했을 때에 발생하는 변동비에 의해서 전체의 비용이 달라지므로 복사의 사용횟수에 따라서 전체의 비용이 어떻게 되는지를 조사하지 않으면 안 된다. 리스의 복사기를 도입했을 경우 리스 요금이 고정비로서 항상 지출된다는 사실에 주의를 요한다. 물론 이 문제는 수학적으로 풀 수도 있지만, 위와 같이 Excel의 시트 상에서는 복사 이용횟수에 대한 비용의 변화 모습을 간단히 확인할 수 있다.

위의 표에서 셀의 수치(예를 들면 리스 요금)를 여러 가지로 바꾸면 결과가 어떻게 변화하는지를 알아볼 수 있는 시뮬레이션의 원리는 Excel과 같은 표계산 소프트웨어의 큰 이점이다.

다음의 <그림 5-1>과 같은 우열분기도(優劣分岐圖)를 작성해 보자.

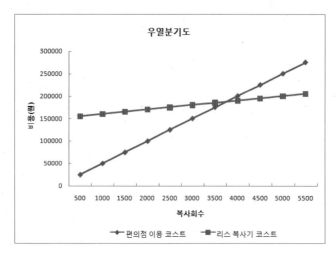

그림 5-1 우열분기도

복사 이용횟수에 대한 비교표와 우열분기도를 살펴보면, 두 개의 꺾은선 그래프의 분기점은 3500 이상 4000 미만의 지점에 있다. 이러한 사실로부터 이 점의 횟수보다도 많이 이용하게 되면 리스 기계를 도입하는 편이 낫다는 것을 알 수 있다. 이것의 정확한 답을 구하기 위해서 횟수의 셀 부분을 "3550", "3600", "3650", "3700". "3750" … "3950"으로 바꾸어 본다. 그러면 3750회가 그 분기점이 된다는 것을 알 수 있다. 따라서 1개월 간에 3750회 이상 복사기를 이용한다면, 리스 기계를 도입해야 마땅하다는 것을 알 수 있다.

해가 되는 수치를 시뮬레이션이 아니라 방정식을 풀어서 구하고 싶을 때, Excel에서는 「목표값 찾기」, 「해 찾기」라고 하는 기능을 사용할 수 있다. 여기에서는 「목표값 찾기」를 이용해서 해를 구해 보도록 하자. 그 준비로서 위의 비교표에 제12행 이후에 추가한다.

「목표값 찾기」실행 후에 해가 표시되게 될 복사회수 셀 B12에는 임의의 값(여기에서는 우선 "0")을 입력해 놓는다.

준비가 끝나면 Excel의 메뉴에서 [데이터]−[가상분석]−[목표값 찾기(G)]의 실행을 한다.

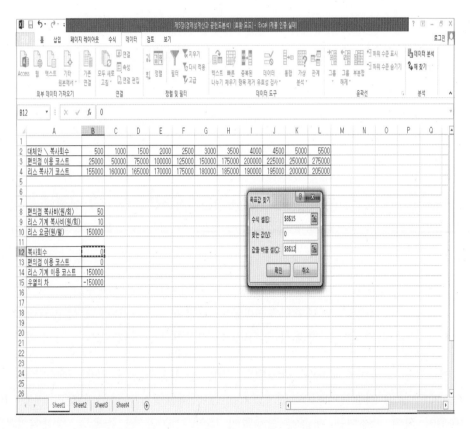

「목표값 찾기」대화상자에서 위와 같이 설정하고 [확인] 버튼을 클릭하면, 셀 B12에 목표값 찾기에 의해서 구해진 해 "3750"이, 셀 B13~B15에는 그 해의 확정에 관련해서 재계산된 값이 각각 표시된다.

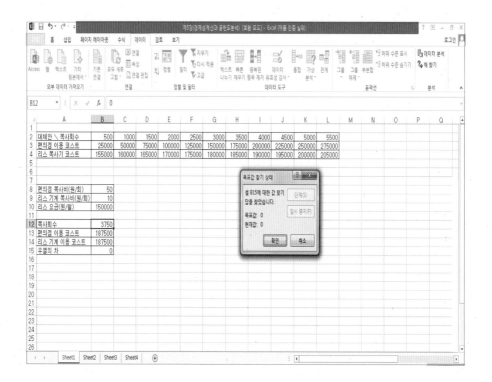

손익분기점분석

이상의 분석법을 이해할 수 있으면, 손익분기점분석도 Excel로 실행할 수 있다. 문제를 간결하게 하기 위해서 손익계산서에서 볼 수 있는 항목을 다음과 같이 단순화해서 생각한다.

① 매출원가 = 매출액 × 변동비율, 변동비 = 매출원가

② 한계이익 = 매출액 − 변동비, 고정비 = 판매비 + 일반관리비

③ 총 비 용 = 변동비 + 고정비, 경상이익 = 한계이익 − 고정비

여기에서 변동비율을 65%, 판매비와 일반관리비를 합쳐서 15억 7,500만 원으로 한다. 예를 들면 매출액이 10억 원일 때, 변동비(매출원가)는 6억 5,000만 원(= 10억 × 0.65)이 되며 고정비는 매출에 관계없이 15억 7,500만 원 들므로, 경상이익은 12억 2,500만 원의 적자(10억 − 6억 5,000만 − 15억 7,500만 = −12억 2,500만)가 된다.

복사기의 우열분석과 마찬가지로 매출액의 값을 크게 하면, 결국은 경상이익이 적자에서 흑자로 전환되는 점이 있는데 그곳이 손익분기점이 된다.

Excel의 조작방법은 복사기 때와 같다.

	A	B	C	D	E	F	G	H	I
1							(단위 : 1000만원)		
2	매출액	0	100	200	300	400	500	600	700
3	매출원가(변동비)	0	65	130	195	260	325	390	455
4	한계이익	0	35	70	105	140	175	210	245
5	판매비 등(고정비)	157.5	157.5	157.5	157.5	157.5	157.5	157.5	157.5
6	총비용	157.5	222.5	287.5	352.5	417.5	482.5	547.5	612.5
7	경상손익	-157.5	-122.5	-87.5	-52.5	-17.5	17.5	52.5	87.5
8									
9	변동비율	0.65							
10									
11									
12	매출액	0							
13	매출원가(변동비)	0							
14	한계이익	0							
15	판매비 등(고정비)	157.5							
16	경상손익	-157.5							

[셀의 입력내용]

B2; 0 　 C2; 100 　　 … 　　 H2; 600 　 I2; 700

B3; ＝$B9*B2 　　　　　 (B3를 C3에서 I3까지 복사한다)

B4; ＝B2-B3 　　　　　 (B4를 C4에서 I4까지 복사한다)

B5; 157.5 　 … 　 I5; 157.5

B6; ＝B3+B5 　　　　　 (B6를 C6에서 I6까지 복사한다)

B7; ＝B4-B5 　　　　　 (B7를 C7에서 I7까지 복사한다)

B9; 0.65

B12; 0 　　　　　　　　 (임의의 값 "0"을 입력한다)

B13; ＝B12*B9

B14; ＝B12-B13

B15; 157.5

B16; ＝B14-B15

「목표값 찾기」 대화상자에서 아래와 같이 설정하고 [확인] 버튼을 클릭한다.

셀 B12에 목표값 찾기에 의해서 구해진 해 "450"이, 셀 B13, B14, B16에는 그 해의 확정에 관련해서 재계산된 값이 각각 표시된다. 손익분기점의 매출액은 45억 원이 된다.

이제 손익분기도를 작성해 보자. 선택할 데이터가 2개소(매출액 셀 A2:I2, 총비용 셀 A6:I6)밖에 없으므로 차트 마법사로 그래프를 그렸을 때, 매출액의 데이터가 X축의 설정에 쓰여서 '총비용'의 데이터만이 꺾은선으로 되고 만다. 매출액의 꺾은선이 표시되도록 하려면 차트 마법사의 두 번째 화면의 [계열] 탭에서 계열을 추가하는 조작이 필요하다. 그 순서는 다음과 같다.

① 셀 A2~I2와 셀 A6~I6를 동시에 선택한다(Ctrl 키를 누르면서 동시에 택한다).
② [삽입]에서 2차원 꺾은선형 중 네 번째 하위 종류를 선택한다.

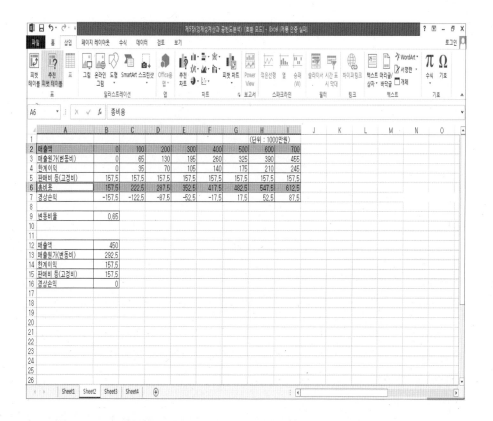

③ 다음과 같은 그래프가 출력된다.

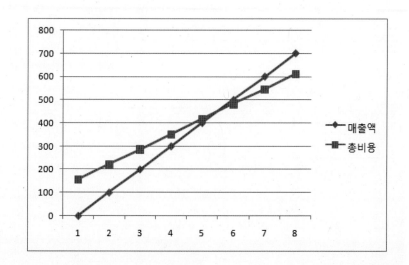

④ 차트 제목, 축 제목 등을 입력한다.

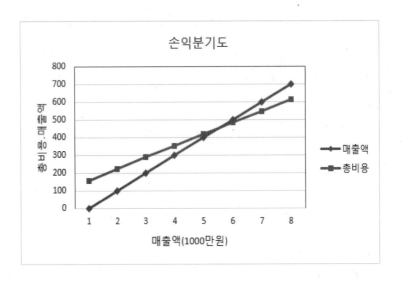

⑤ 가로축의 눈금 상에서 마우스 오른쪽 버튼을 눌러 [데이터 선택]을 클릭한다.

⑥ [데이터 원본 선택] 대화상자에서 [편집(T)] 버튼을 클릭한다.

⑦ [축 레이블] 대화상자에서 가로축의 눈금을 조정한다.

⑧ [확인]을 클릭한다.

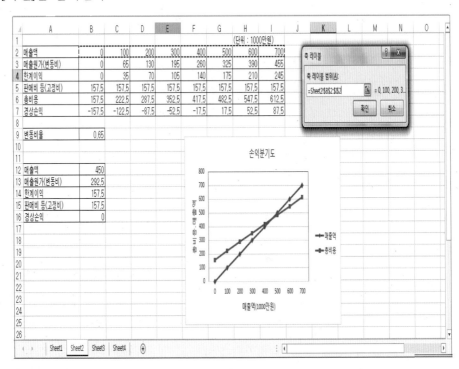

⑨ 완성된 손익분기도는 다음과 같다.

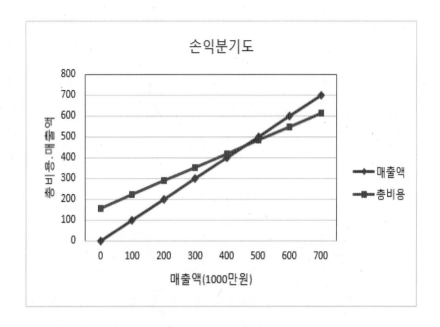

이와 같이 계열의 변경이 가능하게 되면 차트 마법사로 나타내고 싶은 그래프가 되지 않았을 때, 원하는 바의 그래프로 변경할 수 있다.

제 3 절 공헌도분석의 기초지식

앞에서 같은 매출액의 회사이더라도 비용의 차이로 경영상태의 평가가 달라진다는 것을 경제성의 개념이나 손익분기점분석 등으로부터 알 수 있다.

본 절에서도 같은 관점에서 취급하는 상품이 어떻게 경영에 공헌하고 있는가에 대해서 생각하기로 한다.

경제성의 관점에서 상품의 공헌도를 조사하려면, 단지 매출액을 비교하는 것만으로는 불충분하다. 선전비, 인건비, 관리비 등의 비용을 고려하지 않으면 안 된다. 상품의 공헌도분석이라고 불리는 개념에서는 이들 비용 중에서 특히 재고에 관한 부분에 주목한다.

그렇다면 재고에 관한 비용이란 도대체 무엇을 말하는가? 당연히 상품을 보관하기 위한 코스트를 제일 먼저 들 수 있을 것이다. 수많은 상품을 재고로서 가지고 있으려면 경우에 따라서 보관용 공간을 별도로 빌리는 일도 있다. 또한 부패하기 쉬운 상품이라면 냉동창고와 같은 설비도 필요하다.

보관비를 억제하기 위해서 재고량을 지나치게 적게 하면, 수요가 있는데도 상품을 팔 수가 없는 품절손실로 이어진다. 품절은 판매할 기회를 잃어버릴 뿐만 아니라 그 판매점이나 메이커의 이미지를 나쁘게 할 우려도 있으므로, 항상 적정재고가 되도록 주의할 필요가 있다.

어떻게 효율적으로 재고관리가 되고 있는지를 나타내기 위해서 다음과 같이 계산되는 회전수를 구하는 식이 있다.[2]

$$재고회전수 \ = \ 매출액 \div 재고량$$

여기에서의 데이터는 일정기간에 대한 관측치, 예를 들면 연간 매출액, 연간 평균 재고량이다. 물론 재고회전수의 수치는 클수록 효율이 좋다는 것을 나타내고 있지만, 그렇다고 해서 분모의 재고량을 지나치게 줄이면 실제로는 품절이 발생하여 그 상품이 공헌했다고는 말하기 어려운 상황이 되고 만다. 프로 야구선수의 팀에 대한 공헌도를 예로 들어 보자. 한 시합밖에 출장하고 있지 않은 선수의 연간 성적이 2타수 1안타인 경우에, 이 선수의 타율은 5할이 된다. 그러나 모든 시합에 출장해서 타율 3할을 기록한 선수 쪽이 분명히 공헌도는 높게 마련이다.

이러한 사실로부터도 회전수만으로는 진정한 공헌도를 생각하는 데 불충분하다. 그래서 상품의 매출액에서 매출원가를 뺀 매출총이익, 상품의 매출액이 총매출액에서 차지하는 비율인 매출구성비의 두 가지 요소를 고려함으로써 다음과 같이 공헌도를 계산한다.

$$
\begin{aligned}
매출총이익 \quad &= \ 매출액 \ - \ 매출원가 \\
매출총이익률 &= \ 매출총이익 \div 매출액 \\
매출구성비 \quad &= \ 매출액 \div 매출액의 \ 합계 \\
교차비율 \quad &= \ 매출총이익 \times 재고회전수 \\
공헌비율 \quad &= \ 교차비율 \times 매출구성비 \\
공헌도 \quad &= \ 공헌비율 \div 공헌비율의 \ 합계
\end{aligned}
$$

---

[2] 회전수란, 총자본회전수(＝매출액÷총자본) 등에도 쓰인다. 운용효율(수익성)을 재기 위한 개념이다.

[예제 5-2]

지금 두 가지 상품 A와 B가 있고 매출액 등의 데이터가 <표 5-1>과 같이 정리되어 있을 때, 각각의 공헌도를 계산해 보자.

표 5-1 상품 A와 B의 비교

상품명	매출액	매출원가	재고량
A	3800	1900	3800
B	1600	800	800

매출총이익률은 양쪽 모두 0.5이지만, 재고회전수는 A의 1.0에 비해서 B는 2.0으로 상품 B쪽이 두 배 효율이 좋은 재고관리가 이루어진 셈이 된다. 그러나 매출구성비가 약 7할인 상품 A의 공헌도는 0.543(약 3할인 상품 B는 0.457)이 되어, 재고회전수에서는 우수한 상품 B보다도 상품 A쪽이 경영에 공헌하고 있다는 것을 알 수 있다(다음의 계산식 참조).

재고회전수　　A : 3800 ÷ 3800 = 1.0　　　　　　B : 1600 ÷ 800 = 2.0

매출총이익　　A : 3800 − 1900 = 1900　　　　　B : 1600 − 800 = 800

매출총이익률　A : 1900 ÷ 3800 = 0.5　　　　　　B : 800 ÷ 1600 = 0.5

매출구성비　　A : 3800 ÷ (3800 + 1600) = 0.704

　　　　　　　B : 1600 ÷ (3800 + 1600) = 0.296

교차비율　　　A : 0.5 × 1.0 = 0.5　　　　　　　B : 0.5 × 2.0 = 1.0

공헌비율　　　A : 0.5 × 0.704 = 0.352　　　　　B : 1.0 × 0.296 = 0.296

공헌도　　　　A : 0.352 ÷ (0.352 + 0.296) = 0.543

　　　　　　　B : 0.296 ÷ (0.352 + 0.296) = 0.457

제4절 공헌도분석의 실제

공헌도분석에 필요한 계산이 대충 이해되었다면, Excel 시트 상에서 공헌도분석을 실시해 보자. 먼저 매출액 매출원가 재고량에 대한 데이터를 다음과 같이 입력한다.

⊿	A	B	C	D	E	F	G	H	I	J	K
1										(단위 : 만원)	
2	상품명	매출액	매출원가	재고량	재고회전수	매출총이익	매출총이익률	매출구성비	교차비율	공헌비율	공헌도
3	A	850	425	300							
4	B	1236	800	1310							
5	C	1598	600	750							
6	D	2410	2210	520							
7	E	3790	3640	4500							
8	F	4755	4500	3330							
9	G	5931	5000	5550							
10	합계	20570	–	–							

Sheet1 Sheet2 Sheet3 Sheet4 ⊕

분석결과는 다음과 같다.

⊿	A	B	C	D	E	F	G	H	I	J	K
1										(단위 : 만원)	
2	상품명	매출액	매출원가	재고량	재고회전수	매출총이익	매출총이익률	매출구성비	교차비율	공헌비율	공헌도
3	A	850	425	300	2,8333	425	0,5000	0,0413	1,4167	0,0585	0,1957
4	B	1236	800	1310	0,9435	436	0,3528	0,0601	0,3328	0,0200	0,0668
5	C	1598	600	750	2,1307	998	0,6245	0,0777	1,3307	0,1034	0,3455
6	D	2410	2210	520	4,6346	200	0,0830	0,1172	0,3846	0,0451	0,1506
7	E	3790	3640	4500	0,8422	150	0,0396	0,1842	0,0333	0,0061	0,0205
8	F	4755	4500	3330	1,4279	255	0,0536	0,2312	0,0766	0,0177	0,0592
9	G	5931	5000	5550	1,0686	931	0,1570	0,2883	0,1677	0,0484	0,1617
10	합계	20570	–	–	–	3395	–	1,0000	–	0,2992	1,0000

Sheet1 Sheet2 Sheet3 Sheet4 ⊕

[셀의 입력내용]

셀	입력내용	복사
E3;	=B3/D3	(E3를 E4에서 E9까지 복사한다)
F3;	=B3−C3	(F3를 F4에서 F9까지 복사한다)
G3;	=F3/B3	(G3를 G4에서 G9까지 복사한다)
H3;	=B3/B$10	(H3를 H4에서 H9까지 복사한다)
I3;	=G3*E3	(I3를 I4에서 I9까지 복사한다)
J3;	=I3*H3	(J3를 J4에서 J9까지 복사한다)
K3;	=J3/J$10	(K3를 K4에서 K9까지 복사한다)
F10;	=SUM(F3:F9)	
H10;	=SUM(H3:H9)	
J10;	=SUM(J3:J9)	
K10;	=SUM(K3:K9)	

완성된 표로부터 재고효율이 가장 좋은 상품 D는 매출총이익률이 낮기 때문에 공헌도는 4위의 상품으로 되어 있다. 또한 매출구성비가 가장 좋은 상품 G는 매출총이익률 및 재고회전수도 좋은 수치는 아니므로 전체 3위의 공헌도를 보이고 있다. 공헌도 1위의 상품은 C가 되었는데, 매출총이익률이 매우 높았다는 사실이 좋은 결과를 초래한 제1의 요인이라고 생각된다. 완성된 표의 수치(셀 B3에서 D9까지의 데이터)를 여러 가지로 바꾸어 보면, 공헌도가 어떻게 변하는지 확인할 수 있다. 이와 같은 시뮬레이션을 반복하는 과정에서 공헌도가 낮은 상품의 개선점은 어디인지, 만일 그것이 재고회전수라면 어느 정도로 해야 할 것인지 등 공헌도분석의 본질적인 이해와 함께 의사결정지원 도구로서 활용하기 위한 센스가 익숙하게 될 것이다.

제 6 장

Z 차트분석

제 1 절   Z 차트분석의 기초지식

제5장에서는 결산서로서의 데이터, 요컨대 연간 매출액, 연간 평균재고량 등의 값에 의거하여 일정기간을 통해서 어떠한 결과였는가라고 하는 분석을 실시했다. 여기에서는 당해연도만이 아니라 전년도도 포함한 2년간에 걸쳐서 월별로 집계된 데이터에 Z 차트분석을 적용하여 전년도와 비교해서 금년도는 어떠했는가라고 하는 분석을 실시한다.

Z 차트분석에서는 2년간의 판매 월별집계 데이터로부터 이동연계치(移動年計値)와 그 누적치를 구하여 이것들을 금년도의 판매수와 함께 꺾은선 그래프로 표현한다.

이동연계치의 '이동'이란 1년 전까지 소급해서 12개월 분 데이터의 합계치를 구하고, 이 계산을 매월 각각 순차계산하면 합계되는 대상이 이동해 간다는 것을 나타내고 있다. 이것을 계산식으로 기술하기 위해서 다음의 기호를 도입하기로 한다.

금년의 달(현재 생각하고 있는 달)을 i, 그 1개월 전의 달을 $i-1$, 2개월 전을 $i-2$, …, 전년의 같은 달을 $i-12$로 나타내기로 하고, i달의 판매수 집계치를 M_i라고 한다. 그러면 어떤 달 i의 연계치(年計値) Y_i는, i월을 포함해서 과거 12개월 분의 합계치로서 계산되므로

$$Y_i = M_i + M_{i-1} + \cdots + M_{i-11} \tag{6-1}$$

이 되고, 다음의 식과 같이 바꾸어 쓸 수 있다.

$$Y_i = M_i + Y_{i-1} - M_{i-12} \tag{6-2}$$

예를 들면, 2014년 6월의 연계치를 생각할 때 식 (6-1)을 적용하면 다음과 같이 계산된다.

$$Y_6 = M_6 + M_{6-1} + \cdots + M_{6-11} \tag{6-3}$$

여기에서 M_{6-11}은 2013년 7월의 판매수이다. 한편, 식 (6-2)에 적용하면

$$Y_6 = M_6 + Y_{6-1} - M_{6-12} \tag{6-4}$$

가 되고, $Y_5 = M_5 + M_{5-1} + \cdots + M_{5-11} = M_{6-1} + M_{6-2} + \cdots + M_{6-12}$(양쪽 모두 2013년 6월부터 2014년 5월까지의 판매수 합계)이므로, 이들 두 개의 식은 등가(等價)라고 하는 사실이 증명된다. 실제로 이동연계치를 구할 때는 식 (6-1)보다도 식 (6-2)를 이용하는 편이 수식의 항수가 적은 만큼 쉽게 계산된다.

제 2 절 이동연계치 계산의 실제

[예제 6-1]
그러면 다음 같은 데이터를 Excel에 입력해서 이동연계치를 계산해 보자.

판매액의 데이터

월	전년도	금년도	월	전년도	금년도
4	695	626	10	750	761
5	622	586	11	674	689
6	781	470	12	582	553
7	418	483	1	730	639
8	653	506	2	512	571
9	407	670	3	472	461

▶ **Excel에 의한 해법**

　[**순서 1**] 데이터의 입력 및 준비

	A	B	C	D	E	F	G
1			Z차트 분석				
2	월	전년도 판매액	금년도 판매액	이동연계치	누적판매치		
3	4	695	626				
4	5	622	586				
5	6	781	470				
6	7	418	483				
7	8	653	506				
8	9	407	670				
9	10	750	761				
10	11	674	689				
11	12	582	553				
12	1	730	639				
13	2	512	571				
14	3	472	461				
15	합계	7296	7015				
16							
17							
18							
19							
20							

[순서 2] 이동연계치 및 누적판매치의 계산

	A	B	C	D	E	F	G
1			Z차트 분석				
2	월	전년도 판매액	금년도 판매액	이동연계치	누적판매치		
3	4	695	626	7227	626		
4	5	622	586	7191	1212		
5	6	781	470	6880	1682		
6	7	418	483	6945	2165		
7	8	653	506	6798	2671		
8	9	407	670	7061	3341		
9	10	750	761	7072	4102		
10	11	674	689	7087	4791		
11	12	582	553	7058	5344		
12	1	730	639	6967	5983		
13	2	512	571	7026	6554		
14	3	472	461	7015	7015		
15	합계	7296	7015				
16							
17							
18							
19							
20							

[셀의 입력내용]

D3; =C3+B15−B3

D4; =C4+D3−B4   (D4를 D5에서 D14까지 복사한다)

E3; =C3

E4; =E3+C4   (E4를 E5에서 E14까지 복사한다)

[순서 3] Z차트의 작성

(1) 셀 C2에서 E14까지 범위를 지정한 다음에 [삽입]을 클릭한다.

(2) 2차원 꺾은선형 네 번째 유형을 선택한다.

(3) 차트 제목, 축 제목 등을 입력한다.

(4) 범례의 위치를 정하고 적당히 수정하여 그래프를 완성한다.

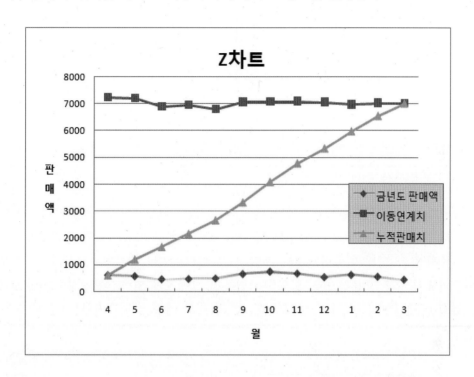

완성된 Z차트는 금년도의 판매상황이 전년도와 비교해서 어떠했는가를 한눈으로 판단할 수 있다. Z차트를 보는 방법을 이해하기 위해서 몇 가지의 전형적인 패턴을 소개하고자 한다.

Z차트의 패턴

(1) 현상유지형

금년도의 판매액은 매월 일정액 증가했으므로 금년도 판매액의 꺾은선은 오른쪽으로 올라간다. 그러나 그 증분량은 작년과 같기 때문에 각 달의 이동연계치에 차이가 나지 않고, 그 꺾은선은 가로축과 평행하게 된다. 따라서 내년도도 금년도와 같은 정도의 연간 판매액이 될 것이 예상된다.

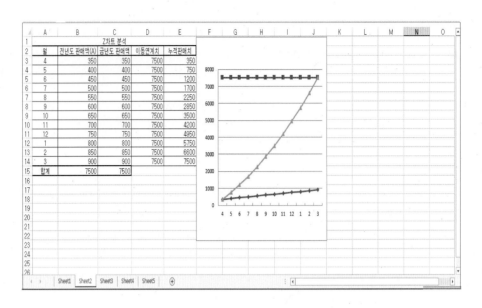

	A	B	C	D	E
1			Z차트 분석		
2	월	전년도 판매액(A)	금년도 판매액	이동연계치	누적판매치
3	4	350	350	7500	350
4	5	400	400	7500	750
5	6	450	450	7500	1200
6	7	500	500	7500	1700
7	8	550	550	7500	2250
8	9	600	600	7500	2850
9	10	650	650	7500	3500
10	11	700	700	7500	4200
11	12	750	750	7500	4950
12	1	800	800	7500	5750
13	2	850	850	7500	6600
14	3	900	900	7500	7500
15	합계	7500	7500		

(2) 순조상승형

금년도의 판매액은 현상유지형과 완전히 같지만 전년도의 같은 달과 비교하면 매월 작년보다 50씩 상승하고 있으므로, 연간 600의 매출증가로 되어 있다.

연동해서 각 달의 이동연계치도 전달의 그것보다 50씩 증가하므로 금년도 판매액, 이동연계치 모두 오른쪽으로 올라가는 꺾은선 그래프가 된다. 이 경향이 내년도까지 계속되면 내년도의 연간 판매액은 금년도와 같은 매출증가가 된다는 것을 엿볼 수 있다.

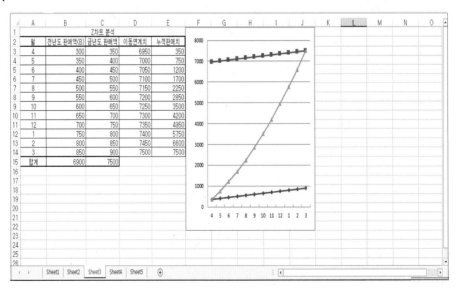

	A	B	C	D	E
1			Z차트 분석		
2	월	전년도 판매액(B)	금년도 판매액	이동연계치	누적판매치
3	4	300	350	6950	350
4	5	350	400	7000	750
5	6	400	450	7050	1200
6	7	450	500	7100	1700
7	8	500	550	7150	2250
8	9	550	600	7200	2850
9	10	600	650	7250	3500
10	11	650	700	7300	4200
11	12	700	750	7350	4950
12	1	750	800	7400	5750
13	2	800	850	7450	6600
14	3	850	900	7500	7500
15	합계	6900	7500		

(3) 부조하강형(不調下降型)

금년도의 판매액이 (2)의 패턴과는 거꾸로 전년도의 같은 달과 비교하면 매월 50씩 감소하고 있으므로, 각 달의 이동연계치도 전달의 그것보다 50씩 감소하게 된다. 따라서 금년도 판매액은 오른쪽으로 올라가고 있는데, 이동연계치는 오른쪽으로 내려가는 경향을 보이는 꺾은선이 된다. 내년도는 연간 판매액의 감소가 예상된다.

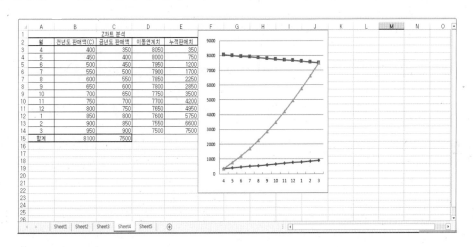

(4) 대약진급상승형

전년도의 같은 달과 비교하면 4월 : 10 상승, 5월 : 20 상승, 6월 : 30 상승, … 하는 식으로 증분치가 점점 증가해 간다.

그 결과 증분치가 일정했던 (2) 패턴보다도 급 커브로 이동연계치의 꺾은선이 그려지고 있다. 이 경향이 지속되면 내년도 연간 판매액은 대폭적인 증가가 기대된다.

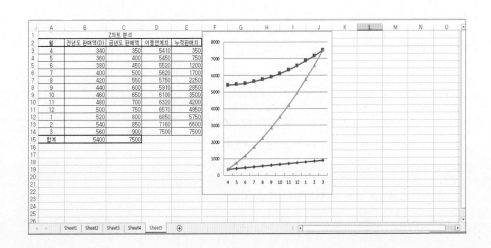

이상의 네 가지 패턴에서는 모두 금년도 데이터가 상승하는 경우에서 생각했다. 하강하는 경우나 더욱 복잡한 경우(예를 들면, 봄에서 여름에 걸쳐 상승하고 그 후는 하강하는 등)에 대해서도 생각해 볼 수 있다.

힌 트

Z차트

Z차트란 월별 실적, 누계 실적, 이동 합계 실적 등 세 가지 꺾은선 차트를 하나의 차트로 표시한 것으로, 그 생긴 모양이 영어 알파벳 'Z'와 비슷하게 생겨서 붙여진 이름이다.

그 특징은 첫째, 단순한 월별 추이뿐만 아니라, 더 장기적인 관점에서 흐름 분석이 가능하다. 둘째, 제품의 매출 트랜드가 예측 가능하다.

제1절 시나리오의 개념

[예제 7-1]

매달 일정 금액을 저축하여 20년 동안 100,000,000원을 모으려 하고 저축금에 6%의 이자가 붙는다고 가정할 때 이자율에 따른 매월 저축 금액을 계산해 보자.

	A	B
1		
2	이자율	6%
3	기간(월)	240
4	목표액	100,000,000
5	저축액	-₩216,431
6		
7		
8		

B5 = PMT(B2/12,B3,0,B4,0)

시나리오

시나리오는 여러 가상의 상황에 맞추어 값을 변화시켰을 때 결과값의 변화를 what-if 분석에 따라 분석 예측해 보는 가상분석 기능이다. 예를 들어 이자율의 변화에 따른 저축액 분석, 급여 인상분에 따른 총급여액의 변화, 수량에 의한 할인율 변화에 따른 매출액 변화 등을 가상으로 설정하여 예측할 수 있는 가상분석 기능이다.

PMT 함수

정기적으로 일정 금액을 불입하고 일정한 이율이 적용되는 대출에 대해 매회 불입액을 계산하는 함수이다.

$$(입력형식) = PMT(rate,\ nper,\ pv,\ fv,\ type)$$

Rate : 기간당 이율

Nper : 대출 불입의 총횟수(rate와 nper는 같은 단위를 사용한다. 즉, 이율
이 10%이고, 5년 만기 대출금에 대한 월 상환액을 계산하려면 rate
는 10%/12, nper는 5*12=60이다.)

Pv : 현재 가치나 앞으로 지불할 일련의 불입금이 현재 가지고 있는 가
치의 총합(원금)

Fv : 미래 가치 또는 최종 불입 후의 현금 잔고로 Fv를 생략하면 0으로 간
주됨. 단, 대출금의 미래가치는 0이므로 대출금 계산시에는 생략함

Type : 0 또는 1로 지불하는 시점을 표시(기말은 0, 기초는 1)

제 2 절 시나리오 작성

재무함수 PMT를 이용하여 [예제 7-1]의 지불액을 구해 보자.

[순서 1] 데이터의 입력

	A	B	C	D	E	F	G	H
1								
2	이자율	6%						
3	기간(월)	240						
4	목표액	100,000,000						
5	저축액							
6								
7								

[셀의 입력내용]

B2; 6%

B3; 240(20년*12개월=240)

B4; 100,000,000

[순서 2] 저축액 계산

셀 B5에 매월 저축할 금액을 PMT 재무함수를 사용하여 구한다. PMT(이자율/12,
기간(월), 0, 목표액, 0 또는 1)의 형식을 이용해 '=PMT(6%/12, 20*12, 0,

100000000, 0)'를 입력한다. 이때 이자율은 B2, 기간(월)은 B3, 목표액은 B4에 입력되어 있으므로 '=PMT(B2/12, B3, 0, B4, 0)'와 같이 입력해도 된다. 그러면 −216,431이 나오며, 매달 216,431원씩 20년간 지불하면 100,000,000원을 저축할 수 있다.

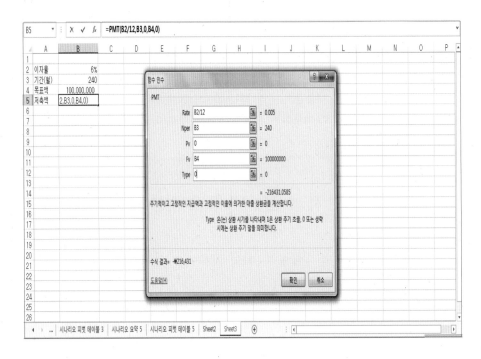

[셀의 입력내용]

    B5;= PMT(6%/12, 20*12, 0, 100000000, 0) 또는 PMT(B2/12, B3, 0, B4)

마지막 난의 Type은 0 또는 1로 지급기일을 표시(기말은 0, 기초는 1)하는데, 0은 생략해도 무방하다.

[확인] 버튼을 클릭하면 다음과 같은 결과가 나타난다.

[순서 3] 이자율의 변화에 따른 저축액 분석

이자율은 여러 환경요인에 따라 유동적이므로 이자율 변화에 따른 매월 저축액을 가상으로 분석해 본다. 시나리오 요약 보고서를 작성하면 셀 주소로 항목 이름이 표시되기 때문에 시나리오로 분석할 이자율과 저축액의 셀 주소 B2, B5를 각각 '이자율'과 '저축액'이란 셀 이름으로 정의한 후 시나리오 요약 보고서를 만들어야 한다.

(1) 셀 A2:B2 영역을 지정하고, 메뉴에서 [수식]-[선택 영역에서 만들기]를 선택한다.

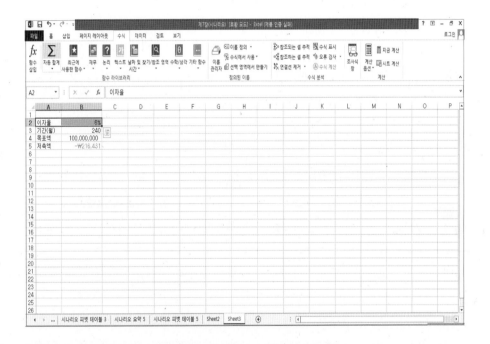

(2) [선택 영역에서 이름 만들기] 대화상자가 나타난다.

(3) [왼쪽 열(L)]을 선택하고 [확인] 버튼을 클릭한다.

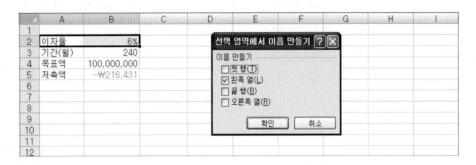

(4) 셀 A5:B5 영역을 지정한 후 메뉴에서 [수식]−[선택 영역에서 만들기]를 선택한다.

(5) [선택 영역에서 이름 만들기] 대화상자가 나타난다. 위와 같은 방법으로 [왼쪽 열(L)]을 선택하고 [확인] 버튼을 클릭한다.

[순서 4] 시나리오 작성

(1) 메뉴에서 [데이터]−[가상분석]−[시나리오 관리자(S)]를 선택한다.

(2) [시나리오 관리자] 대화상자가 나타난다.

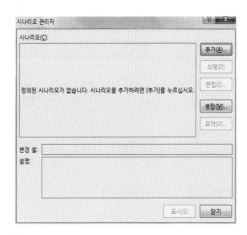

　　[추가(A)] 버튼을 클릭한다.

(3) [시나리오 추가] 대화상자가 나타나면,

　　　시나리오 이름(N) : 이자율 상승
　　　변경 셀(C)　　　 : B2

　　를 입력하고 [확인] 버튼을 클릭한다.

(4) [시나리오 값] 대화상자가 나타나면(B2의 셀 이름으로 앞서 셀 이름을 정의했
　　기 때문에 '이자율'로 표시된 것이다),

　　　이자율 : 8%

를 입력한다.

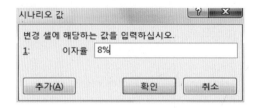

[추가(A)] 버튼을 클릭한다. 계속해서 이자율 감소 시나리오 값을 만들기 위함
이다.

(5) [시나리오 추가] 대화상자가 나타나면,

　　　시나리오 이름(N)　:　이자율 감소

　　　변경 셀(C)　　　　:　B2

를 입력하고 [확인] 버튼을 클릭한다.

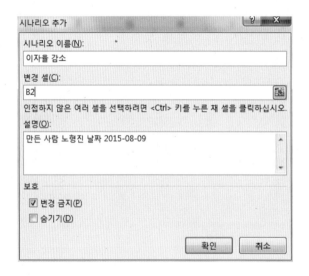

(6) [시나리오 값] 대화상자가 나타나면,

　　　이자율　:　4%

를 입력한다.

여기에서 [확인] 버튼을 클릭한다. 더 많은 이자율의 변화를 분석하고자 한다
면 계속해서 시나리오를 추가하면 되나 여기서는 8%와 4%의 두 가지 경우만
살펴보자.

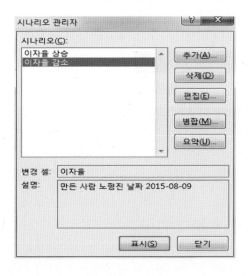

(7) [시나리오 관리자] 대화상자로 돌아오면, [요약(U)] 버튼을 클릭한다.

(8) [시나리오 요약] 대화상자가 나타나면,

　　　보고서 종류 : 시나리오 요약(S)

　　　결과 셀(R)   :   B5

를 선택·입력한 후 [확인] 버튼을 클릭한다.

(9) [시나리오 요약] 시트가 만들어지면서 이자율 4%와 8% 때의 저축액이 구해진다.

변경 셀과 결과 셀

변경 셀은 셀의 값을 변경하여 결과를 얻게 해 주는 셀로 이자율을 4%, 6%, 8%로 각각 변경했을 때의 결과값인 저축액을 계산하는 것이다. 결과 셀은 변경 셀의 값의 변화에 따른 결과값이 구해지는 셀로 여기서는 저축액이 구해지는 셀 B5가 결과 셀이 된다.

시나리오 피벗 테이블

시나리오 요약 결과를 요약하고 분석하는 대화형 테이블인 피벗 테이블을 작성한다.

(1) 메뉴에서 [데이터]−[가상분석]−[시나리오 관리자(S)]를 선택한다.

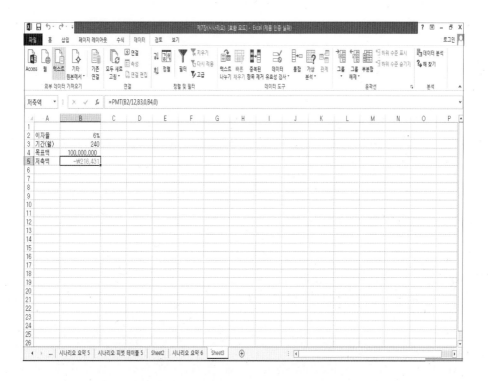

(2) [시나리오 관리자] 대화상자에서 [요약(U)] 버튼을 클릭한다.

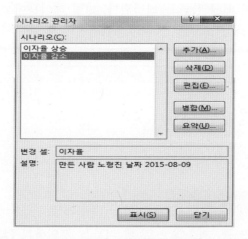

(3) [시나리오 요약] 대화상자가 나타나면,

　　　　보고서 종류 :　시나리오 피벗 테이블 보고서(P)

　　　　결과 셀(R)　　 :　B5

　　를 선택·입력한 후 [확인] 버튼을 클릭한다.

(4) 시나리오 피벗 테이블 시트가 만들어진다.

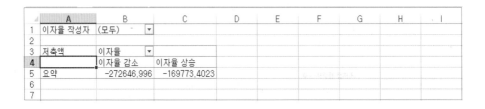

(5) 셀 A4를 마우스 왼쪽 버튼을 누른 채 셀 B3로 마우스를 움직인 후 마우스에서 손을 뗀다.

(6) 피벗 테이블의 배열 상태가 변경된다. 피벗 테이블에 대한 사항은 피벗 테이블 편을 참조하기 바란다.

	A	B	C	D	E	F	G	H	I
1	이자율 작성자	(모두)							
2									
3	저축액	이자율							
4		이자율 감소	이자율 상승						
5	요약	-272646,996	-169773,4023						
6									
7									

셀 이름을 정의하지 않았을 경우

셀 B2를 '이자율', B5를 '저축액'으로 셀 이름을 정의하지 않고 시나리오를 작성하면 변경 셀에는 $B$2, 결과 셀에는 $B$5와 같이 셀 주소로 표시된다. 따라서 시나리오를 작성할 때는 변경 셀과 결과 셀을 셀 이름으로 정의한 후 만드는 것이 바람직하며, 그렇지 못한 경우에는 직접 $B$2와 같이 셀 주소로 표기된 셀을 클릭한 후 '저축액'과 같은 셀 이름을 직접 입력해도 된다.

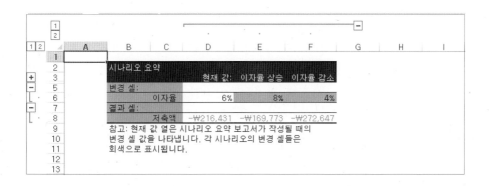

	A	B	C	D	E	F	G	H	I
1									
2		시나리오 요약							
3				현재 값:	이자율 상승	이자율 감소			
5		변경 셀:							
6			이자율	6%	8%	4%			
7		결과 셀:							
8			저축액	-₩216,431	-₩169,773	-₩272,647			
9		참고: 현재 값 열은 시나리오 요약 보고서가 작성될 때의							
10		변경 셀 값을 나타냅니다. 각 시나리오의 변경 셀들은							
11		회색으로 표시됩니다.							
12									
13									

제 3 절 시나리오의 활용

[예제 7-2]

다음과 같은 A회사의 급여명세서표가 있다. 이 중 직급수당표를 참조하여 직급수당과 총수령액을 구한 후 사원 직급을 대리 직급으로 상향조정하였을 경우의 총수령액의 변화를 시나리오로 작성해 보자.

데이터표

급여명세서					
사원이름	직급명	부서명	판매금액	직급수당	총수령액
이명희	사원	인사팀	2,988,000		
장정길	과장	기획팀	2,498,000		
박은희	대리	생산팀	3,250,000		
이미경	사원	R&D팀	1,500,000		
조영길	과장	경리팀	2,580,000		
윤상훈	과장	인사팀	2,300,000		
김성호	사원	관리팀	1,200,000		
박일호	대리	인사팀	1,860,000		
서은혜	대리	기획팀	2,450,000		
강남길	과장	경리팀	3,400,000		
한상호	과장	생산팀	2,700,000		
		합계	26,726,000		

직급	직급수당
과장	500,000
대리	400,000
사원	250,000

[순서 1] 직급수당 계산

셀 F4의 직급수당은 셀 B18:C20 영역까지의 직급수당표를 참조해 수당을 구해야 하므로 셀 F4를 클릭한 후 '=VLOOKUP(C4, $B$18:$C$20, 2)'이라고 입력한다. 이는 VLOOKUP 함수를 사용해 셀 C4에 입력된 '사원'이란 문자열과 셀 B18부터 C20까지의 범위 중 첫 번째 열인 직급의 문자열들과 비교해 동일한 문자열을 찾은 후, 찾은 문자열인 '사원'이란 문자열과 동일한 행 20행과 2번째 열 C열인 C20 셀의 '250,000'을 셀 F4에 입력하라는 함수 명령을 사용해 구한다. 나머지는 자동 채우기 기능을 이용하여 구하기 위해 B18:C20 영역을 절대참조로 입력해야 한다. VLOOKUP 함수는 다음과 같이 접근하여 입력한다.

(1) [함수 마법사] 아이콘을 클릭한다. 대화상자에서 다음과 같이 선택하고 [확인] 버튼을 클릭한다.

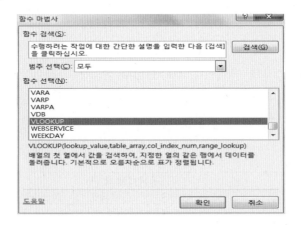

(2) VLOOKUP 함수 입력상자에서 다음과 같이 입력하고 [확인]을 클릭한다.

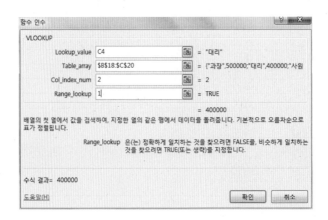

[순서 2] 총수령액 계산

총수령액은 판매금액＋직급수당으로 구한 후 나머지 총수령액은 자동채우기로 구한다.

	A	B	C	D	E	F	G	H	I	J	K	L	M	N	O	P
F4				fx	=VLOOKUP(C4,$B$18:$C$20,2,1)											
1																
2				급여명세서												
3		사원이름	직급명	부서명	판매금액	직급수당	총수령액									
4		이명희	사원	인사팀	2,988,000	250,000	3,238,000									
5		장정길	과장	기획팀	2,498,000	500,000	2,998,000									
6		박은희	대리	생산팀	3,250,000	400,000	3,650,000									
7		이미경	사원	R&D팀	1,500,000	250,000	1,750,000									
8		조연길	과장	경리팀	2,580,000	500,000	3,080,000									
9		윤상후	과장	인사팀	2,300,000	500,000	2,800,000									
10		김성호	사원	관리팀	1,200,000	250,000	1,450,000									
11		박일호	대리	인사팀	1,860,000	400,000	2,260,000									
12		서은혜	대리	기획팀	2,450,000	400,000	2,850,000									
13		강남길	과장	경리팀	3,400,000	500,000	3,900,000									
14		한상호	과장	생산팀	2,700,000	500,000	3,200,000									
15			합계		26,726,000											
16																
17		직급	직급수당													
18		과장	500,000													
19		대리	400,000													
20		사원	250,000													

시나리오 피벗 테이블 5 | Sheet2 | 시나리오 요약 6 | 시나리오 피벗 테이블 6 | Sheet3

[셀의 입력내용]

F4; ＝VLOOKUP(C4, $B$18:$C$20, 2, 1)　　　　(F4를 F14까지 복사)

G4; ＝E4＋F4　　　　　　　　　　　　　　(G4를 G14까지 복사)

[순서 3] 직급 변화에 따른 총수령액 변화분석

총수령액은 판매금액과 직급수당의 합으로 구하게 된다. 변화를 예상할 수 있는 값은 직급수당과 판매금액이나 판매금액은 변화를 예상할 수 있는 기준이 없고, 직급수당은 직급에 따른 변화를 예상할 수 있는 기준이 셀 B18:C20 영역까지 마련되어 있으므로 직급을 변화시킴에 따라 변하는 총수령액의 변화를 분석해 볼 수 있다. 여기서는 사원 직급을 대리로 상향조정할 경우의 총수령액 변화만 추적해 보자.

[순서 4] 시나리오 작성

(1) 메뉴에서 [데이터]－[가상분석]－[시나리오 관리자(S)]를 선택한다.

(2) [시나리오 관리자] 대화상자가 나타나면, [추가(A)] 버튼을 클릭한다.

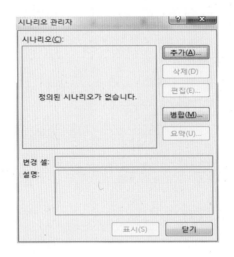

(3) [시나리오 추가] 대화상자가 나타나면,

시나리오 이름(N) :   사원 –> 대리

변경 셀(C)   :   C4, C7, C10

을 입력하고 [확인] 버튼을 클릭한다.

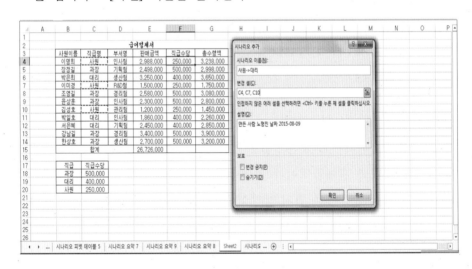

(4) [시나리오 값] 대화상자가 나타나면,

1 : $C$4   : 대리

2 : $C$7   : 대리

3 : $C$10 : 대리

를 입력하고 [확인] 버튼을 클릭한다.

(5) [시나리오 관리자] 대화상자로 돌아오면, [요약(U)] 버튼을 클릭한다.

(6) [시나리오 요약] 대화상자가 나타나면,

　　　보고서 종류 : 시나리오 요약(S)

　　　결과 셀(R) : G4, G7, G10

을 입력하고, [확인] 버튼을 클릭한다.

(7) [시나리오 요약] 시트가 만들어지면서 사원을 대리로 직급을 상향조정하였을 경우의 총수령액 변화가 구해진다.

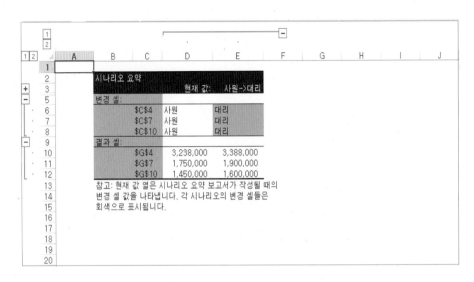

💡 변경 셀과 결과 셀의 이름 변경

변경 셀은 셀의 값을 변경하여 결과를 얻게 해 주는 셀로 직급이 사원인 셀 C4, C7, C10이며, 이를 대리로 변경하였을 경우의 결과값인 총수령액은 셀 G4, G7, G10의 변화를 계산하는 것이다. 현재 이름은 셀 주소로 표시되어 있으므로 이를 변경해 보자.

(1) 셀 C6를 클릭한 후 '직급'이라 입력하고, Enter↵ 키를 친다.

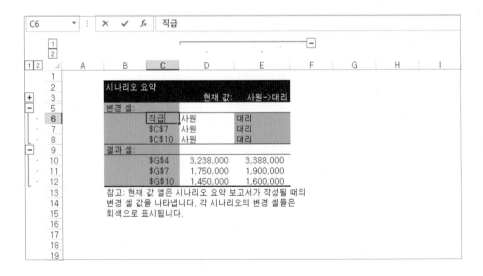

(2) 셀 C7, C8은 셀 C6를 자동채우기 기능으로 채우면 된다.

(3) 셀 C10을 클릭한 후 '총수령액'이라 입력한다(사원의 이름을 사용하여 '이명희 총수령액'과 같이 수정하면 더욱 알아보기 수월할 것이다).

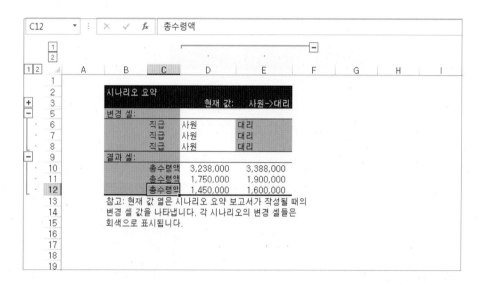

(4) 셀 C11, C12는 셀 C10을 자동채우기 기능으로 채우면 된다.

(5) 셀의 너비가 좁아 총수령액이 잘려서 나타나면 C 열과 D 열의 열 너비를 넓혀 준다. 마우스를 C와 D의 열이름 사이에 위치한 후 마우스 왼쪽 버튼을 누른 채 너비값이 '7.00' 이상 되도록 오른쪽으로 끌어 주면 된다.

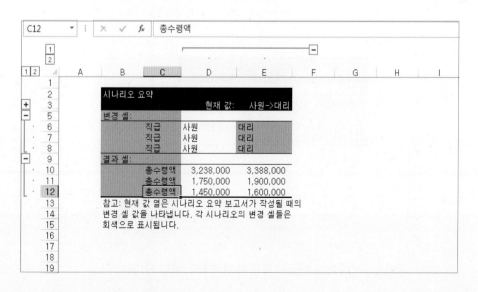

(6) 시나리오표 하단의 문자열을 삭제하는 것이 보기 좋으므로 셀 B13부터 B15까지 지정한 후 키보드의 Delete 키를 쳐서 삭제한다.

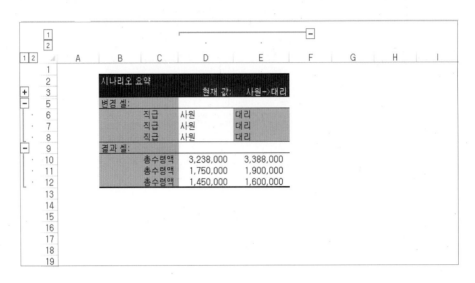

시나리오 보고서 편집

시나리오 요약 보고서는 피벗 테이블처럼 하위수준 보이기·감추기가 가능하다.

(1) 변경 셀의 값을 화면에서 숨기려면, 행번호 5번 왼쪽의 하위수준 감추기 기호인 □를 클릭한다.

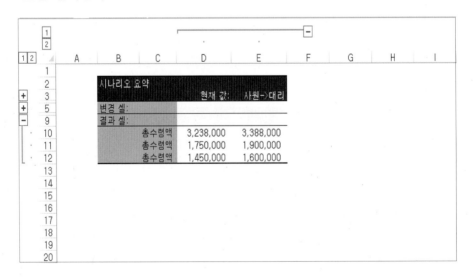

(2) 변경 셀을 표시하려면 ⊞를 클릭하면 다시 나타난다.

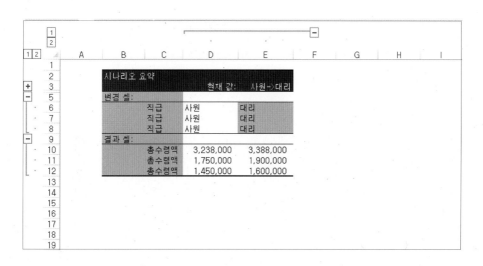

- ─ : 하위수준 감추기　　　　　　＋ : 하위수준 보이기
- ─ : 하위수준 모두 감추기　　　　＋ : 하위수준 모두 보이기

시나리오 피벗 테이블

시나리오 요약 결과의 데이터를 요약하고 분석하는 대화형 테이블인 피벗 테이블을 작성한다.

(1) [시나리오 관리자] 대화상자에서 [요약(U)] 버튼을 클릭한다.

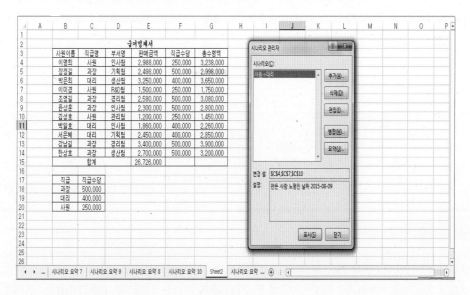

(2) [시나리오 요약] 대화상자가 나타나면,

보고서 종류 : 시나리오 피벗 테이블 보고서(P)

결과 셀(R) : G4, G7, G10

을 선택·입력한 후 [확인] 버튼을 클릭한다.

(3) 시나리오 피벗 테이블 시트가 만들어진다.

	A	B	C	D	E	F	G	H
1	$C$4,$C$7,$C$10 작성자	(모두) ▼						
2								
3		결과 셀						
4	$C$4,$C$7,$C$10 ▼	$G$4	$G$7	$G$10				
5	사원->대리	3388000	1900000	1600000				
6								
7								

(4) 다음과 같이 각 셀을 클릭한 후 입력하여 피벗 테이블을 수정한다.

A1; 직급 작성자   B4; 이명희 총수령액

A4; 직급   C4; 이미경 총수령액

                                      D4; 김성호 총수령액

	A	B	C	D	E	F	G	H
1	직급 작성자	(모두) ▼						
2								
3		결과 셀						
4	직급 ▼	이명희 총수령액	이미경 총수령액	김성호 총수령액				
5	사원->대리	3388000	1900000	1600000				
6								
7								

시나리오 변경 금지

(1) 메뉴의 [데이터]-[가상분석]-[시나리오 관리자(S)]를 선택한다.

(2) [시나리오 관리자] 대화상자에서 시나리오 이름 선택 후 [편집(E)]을 선택한다.

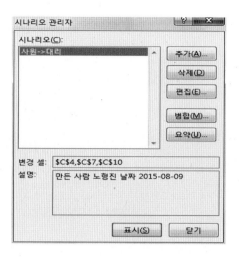

(3) 시나리오를 변경하지 못하게 하기 위해 [변경 금지(P)]를 체크한 후 [확인] 버튼을 클릭한다.

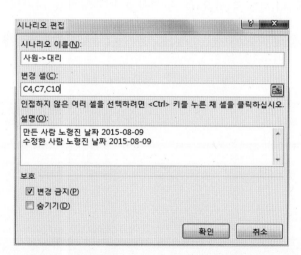

(4) [시나리오 값] 대화상자에서 [확인] 버튼을 클릭한다.

(5) [시나리오 관리자] 대화상자로 되돌아오면, [닫기]를 클릭한다.

(6) 메뉴에서 [검토]-[시트 보호]를 선택하면 대화상자가 나타난다.

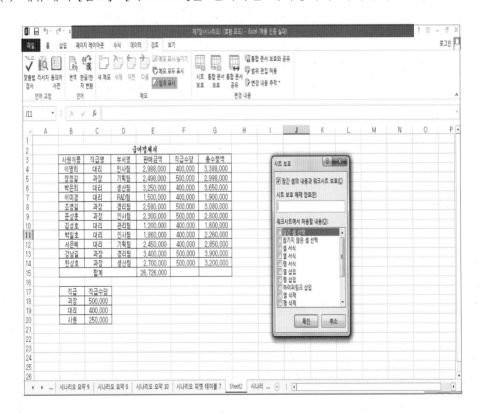

(7) [시트 보호] 화면에서 [시나리오 편집]을 선택한 후 [확인] 버튼을 클릭한다.

(8) 시트 보호 상태가 되면 [시나리오 관리자] 대화상자에서 만들어진 시나리오를 편집하거나 삭제할 수 없다. 그래서 삭제·편집 버튼이 사용 불가능하도록 변해 있다.

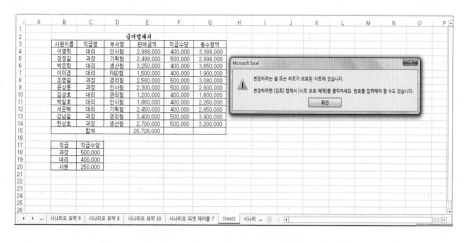

제 4 절 목표값 찾기

목표값 찾기는 수식에서 얻으려는 값은 알고 있지만 그 결과값을 얻기 위해 필요한 입력값을 모를 경우에 사용하는 기능이다.

[예제 7-3]
매달 일정 금액을 저축하여 18년 동안 5,000,000원을 모으려 하고 저축금에 8%의

이자가 붙는다고 가정할 때 이자율에 따른 매월 저축액은 10,415원이 된다. 이때 저축액이 20,000원이 되기 위한 이자율의 값이 얼마인지 계산해 보자.

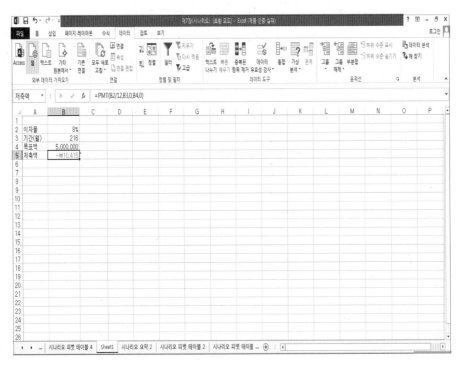

(1) 메뉴의 [데이터]−[가상 분석]−[목표값 찾기(G)]를 선택한다.

(2) [목표값 찾기] 대화상자가 나타나면,

      수식 셀(E)　　　：　B5

      찾는 값(V)　　　：　−20000

      값을 바꿀 셀(C)　：　B2

를 입력하고, [확인] 버튼을 클릭한다.

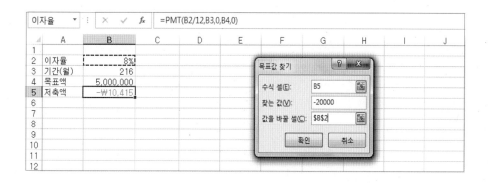

(3) [목표값 찾기 상태] 대화상자가 나타나면 [확인] 버튼을 클릭한다.

(4) 그러면 저축액 20,000원에 대한 이자율 2%를 구해서 셀에 입력해 준다.

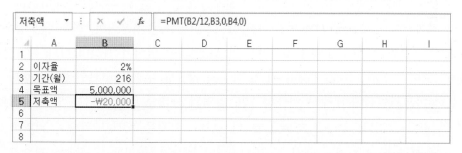

제 8 장

마코브분석

제1절 마코브분석의 기초

마코브분석

마코브분석(Markov analysis)이란 시간을 두고 확률적으로 상태가 변하는 과정과 그 결과를 파악하는 데 유용한 기법으로 러시아의 수학자 마코브(A. A. Markov)에 의해서 연구·개발된 기법이다. 마코브에 이어 위너(N. Wiener)에 의해서 수리적 모형이 구축되었으며 일반적 이론은 1930년대와 1940년대 콜모고르프(A. N. Kolmogorov), 도블린(W. Doeblin) 등에 의해서 확립되었다.

마코브분석에 있어서 중요한 개념 중의 하나라고 할 수 있는 마코브연쇄(Markov chain)는 확률과정의 일종으로 시계열을 이산적으로 나타내는 경우이며, 연속적인 경우에는 마코브과정(Markov process)이라고 한다. 마코브연쇄에 있어서 사상이 나타나는 상태가 유한집합이면 유한 마코브연쇄라 하고, 그렇지 않으면 무한 마코브연쇄라고 한다.

유한 마코브연쇄에 대해서 언급하자면, 임의의 상태 S_i로부터 다른 임의의 상태 S_j로 변환하는 확률을 $P(S_j \mid S_i) = q_{ij}$로 나타낸다. 이것은 조건부 확률을 의미하고 있다. 이것은 임의의 시점 t_n에서 다음 시점 t_{n+1}으로의 변환을 나타내는 것으로 변환확률 혹은 추이확률(transition probability)이라고 하며, 모든 추이확률은 행렬에 의해서 표시할 수 있다. 따라서 이러한 행렬을 추이행렬(transition matrix)이라고 한다. 세 가지 상태의 마코브연쇄에 대한 추이행렬은 다음과 같이 된다.

$$Q = \begin{bmatrix} q_{11} & q_{12} & q_{13} \\ q_{21} & q_{22} & q_{23} \\ q_{31} & q_{32} & q_{33} \end{bmatrix}$$

여기에서 임의의 행에 대한 합은 1이 된다.

$$q_{i1} + q_{i2} + q_{i3} = 1$$

이 행렬에 대해서 어떤 시점 t_n에서 일어나는 각 사상의 확률을 벡터

$$\overline{p_n} = (p_1^{(n)} \ p_2^{(n)} \ p_3^{(n)})$$

로 해서 곱하면 다음 시점 t_{n+1}에서의 확률 벡터가 표시된다. 식으로 나타내면 다음과 같이 된다. $\overline{p_n}Q = \overline{p_{n+1}}$, 즉 이것은 바로 벡터의 선형변환인 것이다.

실제의 응용으로서는 생물학에 있어서의 유전인자의 배합, 심리학에 있어서의 학습과정, 사회학에 있어서의 의견의 변용과 같은 예를 들 수 있다.

추이행렬

마코브연쇄에 있어서 상태 간의 추이확률을 전체적으로 표시한 행렬을 말한다. 추이행렬에 표시된 상태의 집합은 흡수상태와 경과상태로 나누어진다. 흡수상태는 대각선상에 위치를 차지하는 확률이 1이 되는 경우이다. 경과상태는 임의의 확률이다. 두 가지 상태의 경우를 예시하면 다음과 같이 된다.

$$\begin{bmatrix} 1 & 0 \\ \theta & 1-\theta \end{bmatrix}$$

상태확률

마코브분석에서는 상태가 변하는 과정을 나타내는 추이행렬 외에 특정 시점에서 발생하는 상태에 대한 확률 $P(X_t = j)$이 필요하다. 이것을 상태확률(state probability)이라고 한다. 마코브분석의 결과 중 하나는 일정 시점 후 시스템의 상태를 나타내는 상태확률이다. 이를 구하기 위해서는 분석이 시작되는 시점인 $t = 0$에서의 상태를 나타내는 확률 $P(X_0 = i)$가 필요하다. 따라서 마코브분석은 현재의 상태를 나타내는 상태확률과 변화과정을 나타내는 추이행렬을 곱함으로써 장래의 상태확률을 구하는 것이라고 할 수 있다. 상태확률의 합은 1이다.

안정상태

안정상태(steady state)란 추이행렬을 변화시키지 않는 한 상태확률에 추이행렬을 곱해도 상태확률이 바뀌지 않는 상태를 일컫는다. 현재의 상태와는 무관하게 장기간 후에는 더 이상 상태확률이 바뀌지 않는 경우가 대부분 존재한다.

흡수상태

추이행렬의 원소인 추이확률에서 $p_{ii}=1$이 있을 때, 즉 주대각선상에 1이 있는 경우에 1이 있는 열이 나타내는 상태 i를 흡수상태(absorbing state)라고 한다. 일단 이 상태에 이르게 되면 이 상태에서 벗어날 수 없게 된다. 흡수상태가 존재하는 마코브과정을 흡수마코브과정 혹은 흡수마코브연쇄라고 한다. 흡수마코브과정에서 흡수상태가 아닌 다른 상태는 결국에 흡수상태에 흡수되어 존재하지 않게 되므로 흡수상태가 아닌 상태는 경과상태(transient state)라고 하며, 안정상태에서 경과상태의 확률은 0이 된다. 다음 <표 8-1>의 추이행렬을 살펴보도록 하자.

표 8-1 **흡수상태의 추이행렬**

	A	B	C
A	1.0	0	0
B	0.2	0.6	0.2
C	0.2	0.3	0.5

<표 8-1>에서 추이확률 $p_{11}=1$이므로 상태 A가 흡수상태이다. A의 상태에서는 B나 C 상태로의 변환은 일어나지 않고, B와 C 상태에서는 A 상태로 계속해서 변환이 일어나므로 결국에는 B와 C 상태는 A 상태로 흡수되어 존재하지 않게 된다. 위의 추이행렬이 구매자의 구매행위를 반영한다고 가정하면 결국 이 시장은 A가 독점하게 된다. 이와 같이 하나의 상태로 마코브과정이 정착되는 것을 한 상태의 정착(sink or basin of one state)이라고 한다. 경과상태가 흡수마코브과정에만 존재하는 것은 아니다. 다음 <표 8-2>의 추이행렬을 보도록 하자.

표 8-2 **경과상태의 추이행렬**

	A	B	C
A	0.6	0.2	0.2
B	0	0.8	0.2
C	0	0.3	0.7

<표 8-2>에서 상태 A로부터 상태 B나 C로의 변환은 계속해서 일어나지만 상태 B 나 C로부터 A로의 변환은 일어나지 않기 때문에, A는 결국에 B나 C로 흡수되는 경과상태이나 B나 C가 흡수상태는 아니다. 이와 같이 경과상태는 흡수상태가 없는 경우에도 존재하는 것이다.

<표 8-2>에서 안정상태는 경과상태인 상태 A를 제외한 상태 B와 C의 추이행렬만을 이용하여 구할 수 있다. 상태 A를 제외한 추이행렬은 다음과 같다.

	B	C
B	0.8	0.2
C	0.3	0.7

위의 추이행렬에서 안정상태를 구하기 위한 방정식을 유도하면 다음과 같다.

$$0.8x_2 + 0.3x_3 = x_2$$
$$0.2x_2 + 0.7x_3 = x_3$$
$$x_2 + x_3 = 1$$

위의 방정식을 풀면 $x_2 = 0.6, x_3 = 0.4$이므로 <표 8-2>의 추이행렬에 대한 안정상태는 (A=0, B=0.6, C=0.4)가 된다. 이와 같이 두 상태에서 마코브과정이 안정상태를 갖게 되는 것을 두 상태의 정착(sink or basin of two states)이라고 한다. 여기서 만일 <표 8-2>가 구매자의 구매행위를 반영한다고 가정하면, 결국 이 시장은 B와 C에 의해서 60 : 40으로 나누어지는 과점상태가 되어 A는 사라지고 만다는 것을 의미한다.

제 2 절 마코브분석의 실제

[예제 8-1]

국내 가전 3사 A, B, C의 현재 시장점유율은 각각 40%, 35%, 25%이다. 다음의 추이행렬을 이용하여 물음에 답하라.

데이터표

	A	B	C
A	0.6	0.2	0.2
B	0.1	0.8	0.1
C	0.3	0.0	0.7

(1) 3기간 후의 시장점유율을 구하라.

(2) A, B, C의 안정상태를 구하라.

▶ Excel에 의한 해법

[순서 1] 데이터의 입력

	A	B	C	D	E	F	G	H	I
1									
2		추이행렬	A	B	C				
3		A	0.6	0.2	0.2				
4		B	0.1	0.8	0.1				
5		C	0.3	0.0	0.7				
6									
7		현재시점	0.40	0.35	0.25				
8									
9									

[순서 2] 1기간 후의 시장점유율 계산

    (1) 셀 C8:E8 영역을 지정한 다음 메뉴에서 [함수 마법사] 아이콘을 클릭한다.

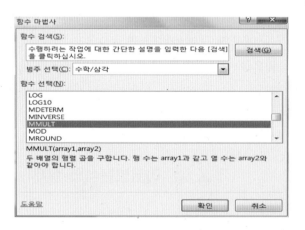

    (2) [함수 마법사] 대화상자에서, [수학/삼각]의 [MMULT]를 선택하고 [확인] 버튼을 클릭한다.

    (3) MMULT 함수 대화상자에서,

Array1 :   C7:E7

Array2 :   C3:E5

를 입력하고, Ctrl + Shift + Enter↵ 키를 동시에 누른다.

(4) 1기간 후의 시장점유율이 산출된다.

[순서 3] 2기간 후의 시장점유율 계산

(1) 셀 C9:E9 영역을 지정한다.

(2) 이번에는 키보드로 직접 다음과 같이 입력한다.

'=MMULT(C8:E8, C3:E5)'

(3) Ctrl + Shift + Enter↵ 키를 동시에 누른다.

(4) 2기간 후의 시장점유율이 산출된다.

C9		fx	{=MMULT(C8:E8,C3:E5)}						
	A	B	C	D	E	F	G	H	I
1									
2		추이행렬	A	B	C				
3		A	0.6	0.2	0.2				
4		B	0.1	0.8	0.1				
5		C	0.3	0.0	0.7				
6									
7		현재시점	0.40	0.35	0.25				
8		1기간후	0.35	0.36	0.29				
9		2기간후	0.3330	0.3580	0.3090				
10									
11									

[순서 4] 3기간 후의 시장점유율 계산

같은 방법으로 3기간 후의 시장점유율을 구할 수 있다.

C10		fx	{=MMULT(C9:E9,C3:E5)}						
	A	B	C	D	E	F	G	H	I
1									
2		추이행렬	A	B	C				
3		A	0.6	0.2	0.2				
4		B	0.1	0.8	0.1				
5		C	0.3	0.0	0.7				
6									
7		현재시점	0.40	0.35	0.25				
8		1기간후	0.35	0.36	0.29				
9		2기간후	0.3330	0.3580	0.3090				
10		3기간후	0.3283	0.3530	0.3187				
11									
12									

[순서 5] 30기간 후의 시장점유율 계산

(1) 우선 3기간 후에 이어서 4기간 후의 시장점유율을 구하는데, 추이행렬을 절대주소로 하여 산출한다.

C11		fx	{=MMULT(C10:E10, $C$3:$E$5)}						
	A	B	C	D	E	F	G	H	I
1									
2		추이행렬	A	B	C				
3		A	0.6	0.2	0.2				
4		B	0.1	0.8	0.1				
5		C	0.3	0.0	0.7				
6									
7		현재시점	0.40	0.35	0.25				
8		1기간후	0.35	0.36	0.29				
9		2기간후	0.3330	0.3580	0.3090				
10		3기간후	0.3283	0.3530	0.3187				
11		4기간후	0.3279	0.3481	0.3241				
12									

(2) 셀 B11:E11 영역을 30기간 후까지 복사한다.

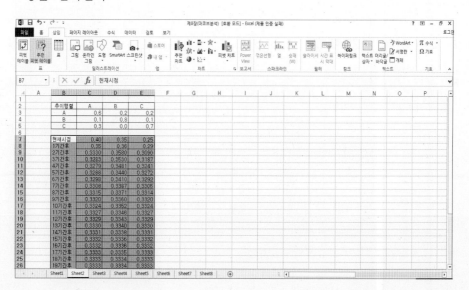

	추이행렬	A	B	C
	A	0.6	0.2	0.2
	B	0.1	0.8	0.1
	C	0.3	0.0	0.7
	현재시점	0.40	0.35	0.25
	1기간후	0.35	0.36	0.29
	2기간후	0.3330	0.3580	0.3090
	3기간후	0.3283	0.3530	0.3187
	4기간후	0.3279	0.3481	0.3241
	22기간후	0.3333	0.3334	0.3333
	23기간후	0.3333	0.3334	0.3333
	24기간후	0.3333	0.3333	0.3333
	25기간후	0.3333	0.3333	0.3333
	26기간후	0.3333	0.3333	0.3333
	27기간후	0.3333	0.3333	0.3333
	28기간후	0.3333	0.3333	0.3333
	29기간후	0.3333	0.3333	0.3333
	30기간후	0.3333	0.3333	0.3333

(3) 24기간 이후에 시장은 가전 3사에 의해서 3등분(시장점유율이 각각 1/3)되고 있음을 확인할 수 있다.

[순서 6] 그래프에 의한 확인

(1) 셀 B7:E37 영역을 범위지정하고, 메뉴에서 [삽입]-[2차원 영역형] 세 번째 유형을 선택한다.

(2) 제목을 입력하고 그래프를 적당히 수정하여 완성한다.

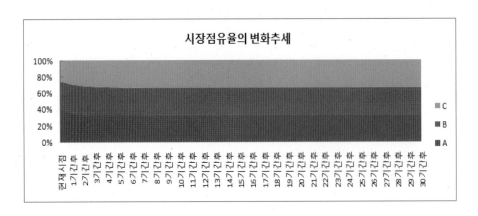

[예제 8-2]

어떤 학원의 영어강사 A, B, C 세 사람에 대한 현재의 수강신청률은 각각 40%, 30%, 30%이다. 다음의 추이행렬을 이용하여 수강신청률 변화추세를 구하라.

데이터표

	A	B	C
A	1.0	0.0	0.0
B	0.3	0.6	0.1
C	0.2	0.1	0.7

▶ Excel에 의한 해법

[순서 1] 데이터의 입력

	A	B	C	D	E	F	G	H	I
1									
2		추이행렬	A	B	C				
3		A	1.0	0.0	0.0				
4		B	0.3	0.6	0.1				
5		C	0.2	0.1	0.7				
6									
7		현재시점	0.4	0.3	0.3				
8									
9									
10									
11									
12									

[순서 2] 수강신청률 변화추세의 산출

(1) 셀 C8:E8 영역을 지정하고 함수 '=MMULT(C7:E7, $C$3:$E$5)'를 입력한다.

| C8 | ▼ | ✕ | ✓ | f_x | =MMULT(C7:E7,C3:E5) |

◢	A	B	C	D	E	F	G	H	I
1									
2		추이행렬	A	B	C				
3		A	1.0	0.0	0.0				
4		B	0.3	0.6	0.1				
5		C	0.2	0.1	0.7				
6									
7		현재시점	0.4	0.3	0.3				
8		1기간후	,C3:E5)						
9									
10									

(2) [Ctrl] + [Shift] + [Enter↵] 키를 동시에 누른다.

(3) 1기간 후의 수강신청률이 산출된다.

| C8 | ▼ | ✕ | ✓ | f_x | {=MMULT(C7:E7,$C$3:$E$5)} |

◢	A	B	C	D	E	F	G	H	I
1									
2		추이행렬	A	B	C				
3		A	1.0	0.0	0.0				
4		B	0.3	0.6	0.1				
5		C	0.2	0.1	0.7				
6									
7		현재시점	0.4	0.3	0.3				
8		1기간후	0.5500	0.2100	0.2400				
9									
10									

(4) 셀 B8:E8 영역을 흡수상태에 이를 때까지 복사한다.

	A	B	C	D	E	F	G	H	I	J	K	L	M	N	O	P
1																
2		추이행렬	A	B	C											
3		A	1.0	0.0	0.0											
4		B	0.3	0.6	0.1											
5		C	0.2	0.1	0.7											
6																
7		현재시점	0.4	0.3	0.3											
8		1기간후	0.550	0.210	0.240											
9		2기간후	0.661	0.150	0.189											
10		3기간후	0.744	0.109	0.147											
11		4기간후	0.806	0.080	0.114											
12		5기간후	0.853	0.059	0.088											
13		6기간후	0.888	0.044	0.067											
14		7기간후	0.915	0.033	0.052											
27		20기간후	0.998	0.001	0.002											
28		21기간후	0.998	0.001	0.001											
29		22기간후	0.999	0.001	0.001											
30		23기간후	0.999	0.000	0.001											
31		24기간후	0.999	0.000	0.001											
32		25기간후	0.999	0.000	0.000											
33		26기간후	1.000	0.000	0.000											
34																
35																
36																
37																
38																

Sheet1　Sheet2　Sheet3　Sheet4　Sheet5　Sheet6　Sheet7　Sheet8　⊕

[순서 3] 그래프에 의한 확인

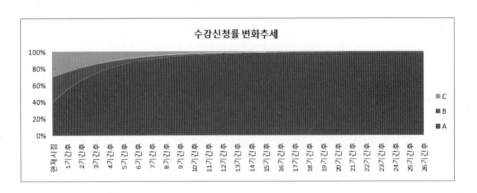

수강신청률 변화추세

26기간 이후 A 강사에 의해서 완전히 독점상태에 이르게 되는 것을 확인할 수 있다.

[예제 8-3]

다음의 추이행렬은 어떤 상태의 추이행렬인가?

데이터표

	A	B	C	D
A	1.0	0.0	0.0	0.0
B	0.0	1.0	0.0	0.0
C	0.2	0.2	0.3	0.3
D	0.3	0.2	0.1	0.4

(1) 초기의 상태확률을 A : B : C : D = 0.4 : 0.4 : 0.1 : 0.1로 했을 때의 변화추세를 산출한다.

	A	B	C	D	E	F	G	H	I
1									
2		추이행렬	A	B	C	D			
3		A	1.0	0.0	0.0	0.0			
4		B	0.0	1.0	0.0	0.0			
5		C	0.2	0.2	0.3	0.3			
6		D	0.3	0.2	0.1	0.4			
7									
8		현재시점	0.400	0.400	0.100	0.100			
9		1기간후	0.450	0.440	0.040	0.070			
10		2기간후	0.479	0.462	0.019	0.040			
11		3기간후	0.495	0.474	0.010	0.022			
12		4기간후	0.503	0.480	0.005	0.012			
13		5기간후	0.508	0.483	0.003	0.006			
14		6기간후	0.510	0.485	0.001	0.003			
15		7기간후	0.511	0.486	0.001	0.002			
16		8기간후	0.512	0.487	0.000	0.001			
17		9기간후	0.512	0.487	0.000	0.000			
18		10기간후	0.513	0.487	0.000	0.000			
19		11기간후	0.513	0.487	0.000	0.000			
20		12기간후	0.513	0.487	0.000	0.000			
21		13기간후	0.513	0.487	0.000	0.000			
22									
23									

10기간 이후에 A와 B로 완전히 흡수되고 있음을 볼 수 있다.

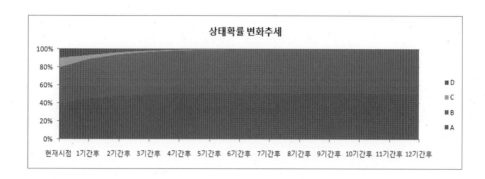

(2) 초기의 상태확률을 A : B : C : D = 0.25 : 0.25 : 0.25 : 0.25로 했을 때 변화추세를 산출한다.

	A	B	C	D				
추이행렬	A	B	C	D				
A	1.0	0.0	0.0	0.0				
B	0.0	1.0	0.0	0.0				
C	0.2	0.2	0.3	0.3				
D	0.3	0.2	0.1	0.4				
현재시점	0.250	0.250	0.250	0.250				
1기간후	0.375	0.350	0.100	0.175				
2기간후	0.448	0.405	0.048	0.100				
3기간후	0.487	0.435	0.024	0.054				
4기간후	0.508	0.450	0.013	0.029				
5기간후	0.519	0.459	0.007	0.015				
6기간후	0.525	0.463	0.004	0.008				
7기간후	0.528	0.465	0.002	0.004				
8기간후	0.530	0.467	0.001	0.002				
9기간후	0.531	0.467	0.001	0.001				
10기간후	0.532	0.468	0.000	0.001				
11기간후	0.532	0.468	0.000	0.000				
12기간후	0.532	0.468	0.000	0.000				
13기간후	0.532	0.468	0.000	0.000				

11기간 이후에 A와 B로 완전히 흡수되고 있음을 볼 수 있다.

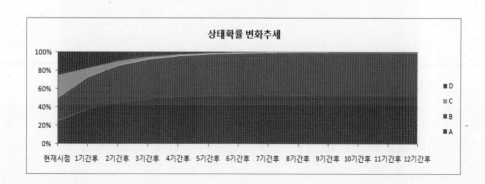

(3) 초기의 상태확률을 A : B : C : D = 0.1 : 0.1 : 0.4 : 0.4로 했을 때의 변화추세를 산출한다.

	A	B	C	D	E	F	G	H	I
1									
2		추이행렬	A	B	C	D			
3		A	1.0	0.0	0.0	0.0			
4		B	0.0	1.0	0.0	0.0			
5		C	0.2	0.2	0.3	0.3			
6		D	0.3	0.2	0.1	0.4			
7									
8		현재시점	0.100	0.100	0.400	0.400			
9		1기간후	0.300	0.260	0.160	0.280			
10		2기간후	0.416	0.348	0.076	0.160			
11		3기간후	0.479	0.395	0.039	0.087			
12		4기간후	0.513	0.420	0.020	0.046			
13		5기간후	0.531	0.434	0.011	0.025			
14		6기간후	0.541	0.441	0.006	0.013			
15		7기간후	0.546	0.444	0.003	0.007			
16		8기간후	0.548	0.446	0.002	0.004			
17		9기간후	0.550	0.448	0.001	0.002			
18		10기간후	0.550	0.448	0.000	0.001			
19		11기간후	0.551	0.448	0.000	0.001			
20		12기간후	0.551	0.449	0.000	0.000			
21		13기간후	0.551	0.449	0.000	0.000			
22									
23									
24									

12기간 이후에 A와 B로 완전히 흡수되고 있음을 볼 수 있다.

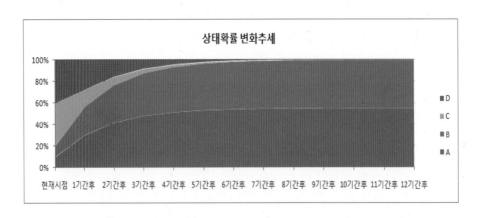

(4) 초기의 상태확률을 A : B : C : D = 0.0 : 0.0 : 0.5 : 0.5로 했을 때의 변화추세를 산출해 본다.

	A	B	C	D	E	F	G	H	I
1									
2		추이행렬	A	B	C	D			
3		A	1.0	0.0	0.0	0.0			
4		B	0.0	1.0	0.0	0.0			
5		C	0.2	0.2	0.3	0.3			
6		D	0.3	0.2	0.1	0.4			
7									
8		현재시점	0.000	0.000	0.500	0.500			
9		1기간후	0.250	0.200	0.200	0.350			
10		2기간후	0.395	0.310	0.095	0.200			
11		3기간후	0.474	0.369	0.049	0.109			
12		4기간후	0.516	0.400	0.025	0.058			
13		5기간후	0.539	0.417	0.013	0.031			
14		6기간후	0.551	0.426	0.007	0.016			
15		7기간후	0.557	0.431	0.004	0.009			
16		8기간후	0.560	0.433	0.002	0.005			
17		9기간후	0.562	0.434	0.001	0.002			
18		10기간후	0.563	0.435	0.001	0.001			
19		11기간후	0.564	0.435	0.000	0.001			
20		12기간후	0.564	0.436	0.000	0.000			
21		13기간후	0.564	0.436	0.000	0.000			
22									
23									

이때에도 12기간 이후에는 A와 B로 완전히 흡수되고 있음을 볼 수 있다.

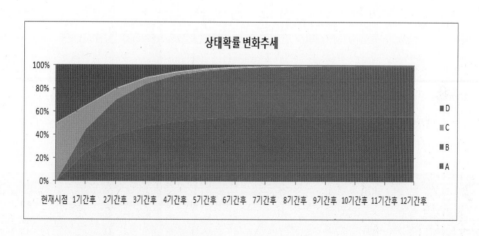

이상의 결과로부터 초기의 상태확률에 관계없이 대략 10기간 이후에는 A와 B로 완전히 흡수되고 있음을 볼 수 있다.

[예제 8-4]

J 신용카드 회사에서는 연체대금이 결제되고 있는 동향을 조사해서 다음과 같은 결과를 얻었다.

① 1회 연체금액의 65%가 그 다음 달에 지불되고 있다.

② 2회 연체금액의 80%가 그 다음 달에 지불되고 있다.

③ 3회 연체금액의 55%가 그 다음 달에 지불되고 있다.

④ 연체횟수가 3회를 초과하게 되면 악성계좌로 처리한다.

현재 1회 연체금액 9억 원, 2회 연체금액 7억 원, 3회 연체금액 3억 원이다. 연체금액 중 회수가능한 금액은 얼마인가?

이 예제에서 발생가능한 상태는 1회, 2회, 3회의 연체와 회수완료(c로 표시), 회수불능(i로 표시) 등 5개의 상태이다. 결국에 연체금액은 회수가 완료되거나 회수불가능한 악성계좌로 처리될 것이므로, 회수완료와 회수불능은 흡수상태가 되고 연체횟수는 경과상태가 된다. 이 예제에 대한 추이행렬을 작성하면 다음과 같다.

	S_c	S_1	S_2	S_3	S_i
S_c	1	0	0	0	0
S_1	0.65	0	0.35	0	0
S_2	0.80	0	0	0.20	0
S_3	0.55	0	0	0	0.45
S_i	0	0	0	0	1

이것을 행렬 P로 나타내기로 한다. 이 행렬과 같이 흡수상태가 존재하면 행렬을 분할하여 간단한 행렬로 해서 유용한 정보를 얻을 수 있다. 이를 위해 다음과 같은 순서로 진행한다.

(1) 먼저 위의 행렬을 새로 정렬하여 네 부분으로 분할한다.

	S_c	S_i	S_1	S_2	S_3
S_c	1	0	0	0	0
S_i	0	1	0	0	0
S_1	0.65	0	0	0.35	0
S_2	0.80	0	0	0	0.20
S_3	0.55	0.45	0	0	0

이 행렬을 P'로 나타내면, $P' = \begin{bmatrix} I & O \\ R & Q \end{bmatrix}$

여기에서

$$I = \begin{bmatrix} 1 & 0 \\ 0 & 1 \end{bmatrix} \qquad\qquad : 단위행렬$$

$$O = \begin{bmatrix} 0 & 0 & 0 \\ 0 & 0 & 0 \end{bmatrix} \qquad\qquad : O행렬$$

$$R = \begin{bmatrix} 0.65 & 0 \\ 0.80 & 0 \\ 0.55 & 0.45 \end{bmatrix} \qquad : 다음\ 기간에\ 흡수될\ 추이행렬$$

$$Q = \begin{bmatrix} 0 & 0.35 & 0 \\ 0 & 0 & 0.20 \\ 0 & 0 & 0 \end{bmatrix} \qquad : 모든\ 비흡수상태의\ 이동을\ 나타내는\ 추이행렬$$

(2) 분할된 행렬에서 다음의 공식을 이용하여 기본행렬 N을 구한다.

$$N = (I - Q)^{-1}$$
$$= \left(\begin{bmatrix} 1 & 0 & 0 \\ 0 & 1 & 0 \\ 0 & 0 & 1 \end{bmatrix} - \begin{bmatrix} 0 & 0.35 & 0 \\ 0 & 0 & 0.20 \\ 0 & 0 & 0 \end{bmatrix} \right)^{-1}$$
$$= \begin{bmatrix} 1 & -0.35 & 0 \\ 0 & 1 & -0.20 \\ 0 & 0 & 1 \end{bmatrix}^{-1}$$
$$= \begin{bmatrix} 1 & 0.35 & 0.07 \\ 0 & 1 & 0.20 \\ 0 & 0 & 1 \end{bmatrix}$$

기본행렬 N의 원소는 현재의 상태에서 흡수상태로 변환되기 전에 경과상태에서 머무르게 될 기대횟수를 의미한다.

	S_1	S_2	S_3
S_1	1	0.35	0.07
S_2	0	1	0.20
S_3	0	0	1

가령 현재 1회 연체계좌가 회수가 완료되거나 회수불가능한 악성계좌로 처리되기까지 2회 연체상태에서 평균 0.35기간, 3회 연체상태에서 평균 0.07기간 존재하게 된다는 것을 뜻한다.

(3) 기본행렬 N과 행렬 R을 곱한다.

$$NR = \begin{bmatrix} 1 & 0.35 & 0.07 \\ 0 & 1 & 0.20 \\ 0 & 0 & 1 \end{bmatrix} \times \begin{bmatrix} 0.65 & 0 \\ 0.80 & 0 \\ 0.55 & 0.45 \end{bmatrix}$$

$$= \begin{bmatrix} 0.969 & 0.032 \\ 0.910 & 0.090 \\ 0.550 & 0.450 \end{bmatrix}$$

NR 행렬의 원소는 초기상태에서 결과적으로 흡수상태로 변환되는 비율 또는 확률을 나타낸다. NR 행렬의 1행에 있는 원소 0.969와 0.032는 1회 연체상태에 있는 금액에서 최종적으로 96.9%는 회수가 완료되고 3.2%는 회수불가능한 악성계좌로 처리된다는 것을 의미한다. 같은 원리로 2행에 있는 0.910과 0.090은 2회 연체상태에 있는 금액 중 91%는 회수가 완료되고 9%는 회수불가능한 악성계좌로 처리된다는 것을 의미하며, 3행에 있는 0.550과 0.450은 3회 연체상태의 금액 중 55%는 회수가 완료되고 45%는 회수불가능한 악성계좌로 처리된다는 것을 의미한다.

NR 행렬에 현재의 연체상태에 있는 금액을 나타내는 행 벡터 B를 곱하게 되면 전체의 회수가능한 금액과 회수불가능한 금액을 알 수 있다.

즉 BNR을 계산하면 된다.

$$BNR = \begin{bmatrix} 9 & 7 & 3 \end{bmatrix} \times \begin{bmatrix} 0.969 & 0.032 \\ 0.910 & 0.090 \\ 0.550 & 0.450 \end{bmatrix} = \begin{bmatrix} 16.74 & 2.26 \end{bmatrix}$$

S_c	S_i
16.74	2.26

따라서 현재의 총연체금액 19억 원 중에서 16.74억 원은 회수되고, 2.26억 원은 회수되지 않아 악성계좌로 처리될 것으로 예상된다.

▶ Excel에 의한 해법

[순서 1] 데이터의 입력

	A	B	C	D	E	F	G	H
1								
2		P'	S_c	S_i	S_1	S_2	S_3	
3		S_c	1	0	0	0	0	
4		S_i	0	1	0	0	0	
5		S_1	0.65	0	0	0.35	0	
6		S_2	0.80	0	0	0	0.20	
7		S_3	0.55	0.45	0	0	0	
8								
9								

[순서 2] $N = (I - Q)^{-1}$의 계산

  (1) 행렬 I와 Q의 입력

	A	B	C	D	E	F	G	H	I	J	K	L	M	N	O	P
1																
2		P'	S_c	S_i	S_1	S_2	S_3			1	-0.35	0				
3		S_c	1	0	0	0	0		I−Q=	0	1	-0.2				
4		S_i	0	1	0	0	0			0	0	1				
5		S_1	0.65	0	0	0.35	0									
6		S_2	0.80	0	0	0	0.20		N=	1	0.35	0.07				
7		S_3	0.55	0.45	0	0	0		$(I-Q)^{-1}$=	0	1	0.20				
8										0	0	1				
9																
10																
11		P'=	I	O												
12			R	Q												
13																
14			1	0	0											
15		I=	0	1	0											
16			0	0	1											
17																
18			0	0.35	0											
19		Q=	0	0	0.2											
20			0	0	0											
21																

  (2) 행렬 $(I-Q)$의 계산

    셀 J2:L4 영역을 지정하고, 식 '=C14:E16−C18:E20'을 입력한 다음에 Ctrl + Shift + Enter↵ 키를 동시에 누른다.

  (3) 행렬 $N = (I-Q)^{-1}$의 계산

    셀 J6:L8 영역을 지정하고, 식 '=MINVERSE(J2:L4)'를 입력한 다음 Ctrl + Shift + Enter↵ 키를 동시에 누른다.

[순서 3] $NR = (I - Q)^{-1}R$의 계산

  셀 J10:K12 영역을 지정하고, 식 '=MMULT(J6:L8, C5:D7)'을 입력한 다음 Ctrl + Shift + Enter↵ 키를 동시에 누른다.

	A	B	C	D	E	F	G	H	I	J	K	L	M
1													
2		P'	S_c	S_i	S_1	S_2	S_3			1	-0.35	0	
3		S_c	1	0	0	0	0		I−Q=	0	1	-0.2	
4		S_i	0	1	0	0	0			0	0	1	
5		S_1	0.65	0	0	0.35	0						
6		S_2	0.80	0	0	0	0.20		N=	1	0.35	0.07	
7		S_3	0.55	0.45	0	0	0		$(I-Q)^{-1}$=	0	1	0.20	
8										0	0	1	
9													
10										0.9685	0.0315		
11		P'=	I	O					NR=	0.910	0.090		
12			R	Q						0.550	0.450		
13													
14			1	0	0								
15		I=	0	1	0								
16			0	0	1								
17													
18			0	0.35	0								
19		Q=	0	0	0.2								
20			0	0	0								
21													
22													

[순서 4] BNR의 계산

(1) 행렬 B의 입력

행렬 B를 셀 J14:L14 영역에 입력한다.

(2) 셀 J16:K16 영역을 지정한다.

(3) 식 '=MMULT(J14:L14, J10:K12)'을 입력한다.

(4) $\boxed{\text{Ctrl}}$ + $\boxed{\text{Shift}}$ + $\boxed{\text{Enter↵}}$ 키를 동시에 누른다.

$$BNR = \begin{bmatrix} 9 & 7 & 3 \end{bmatrix} \times \begin{bmatrix} 0.969 & 0.032 \\ 0.910 & 0.090 \\ 0.550 & 0.450 \end{bmatrix} = \begin{bmatrix} 16.74 & 2.26 \end{bmatrix}$$

S_c	S_i
16.74	2.26

즉 현재의 총연체금액 19억 원 중에서 16.74억 원은 회수되고, 2.26억 원은 회수되지 않을 것으로 예상된다.

◢	A	B	C	D	E	F	G	H	I	J	K	L	M	N	O	P
1																
2		P'	S_c	S_i	S_1	S_2	S_3			1	-0.35	0				
3		S_c	1	0	0	0	0		I-Q=	0	1	-0.2				
4		S_i	0	1	0	0	0			0	0	1				
5		S_1	0.65	0	0	0.35	0									
6		S_2	0.80	0	0	0	0.20		N=	1	0.35	0.07				
7		S_3	0.55	0.45	0	0	0		$(I-Q)^{-1}$=	0	1	0.20				
8										0	0	1				
9																
10										0.9685	0.0315					
11		P'=	I	O					NR=	0.910	0.090					
12			R	Q						0.550	0.450					
13																
14			1	0	0				B =	9	7	3				
15		I=	0	1	0											
16			0	0	1				BNR=	16.74	2.26					
17																
18			0	0.35	0											
19		Q=	0	0	0.2											
20			0	0	0											
21																
22																
23																

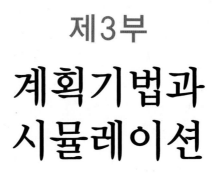

제3부

계획기법과
시뮬레이션

제9장

PERT에 의한 일정계획

제1절 그래프/네트워크의 기초지식

일정계획에 쓰이는 PERT(Program Evaluation and Review Technique)라고 하는 기법에서는 작업 간에 존재하는 선행관계를 애로우 다이어그램(arrow diagram)이라고 불리는 그림으로 나타내서 스케줄을 관리한다. 그 때문에 경영과학의 기법을 체계적으로 분류할 때, 일정계획이라고 하는 내용으로부터 PERT는 스케줄링 이론에 속하는 것으로서 취급된다. 그러나 애로우 다이어그램의 구조가 노드(점 : node)와 아크(실선 : arc)로 구성되는 「그래프/네트워크」이기 때문에 그래프 이론의 응용으로서 분류되는 경우도 있다.

그래프 이론의 그래프(graph)는 원 그래프나 꺾은선 그래프 등과 같은 「통계 그래프」와는 달리 노드와 아크로 구성되는 구조체(構造體) 그 자체(접속·관련의 상황)를 가리킨다. 노드는 활동의 시작과 종료를 나타내고 아크는 활동의 수행을 나타낸다. 그리고 이 그래프의 아크에 거리나 용량과 같은 어떠한 수치 데이터가 부수적으로 추가된다거나 그래프 전체에 어떠한 물건이 흐른다거나 할 때(예를 들면, 도로망의 그

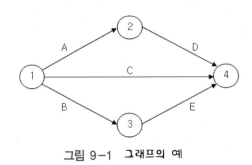

그림 9-1 그래프의 예

래프라면 자동차, 전기회로의 그래프라면 전류), 이 그래프를 네트워크(network)라고 부르는 것이 일반적이다. 그러므로 PERT의 일정계획을 생각하기 전에 간단히 「그래프/네트워크」에 대해서 살펴보기로 하자.

<그림 9-1>은 4개의 노드와 5개의 아크로 구성되는 그래프인데, 아크에 방향이 있으므로 엄밀히 말하면 유향 그래프(directed graph)라고 부른다. 이제 노드 i에서 j로의 유향 아크를 'arc(i, j)'라고 표기하기로 한다. 이 표기법을 사용하면 <그림 9-1>에서 5개의 아크는 arc(1, 2), arc(1, 3), arc(1, 4), arc(2, 4), arc(3, 4)가 된다.

그래프를 그림으로서가 아니라 수치로서 다루고 싶을 때, 그래프의 부수행렬(附隨行列)이 이용된다. <그림 9-1>의 그래프에는 노드가 4개 있으므로 그 부수행렬은 식(9-1)과 같이 4x4 행렬이 된다. 행에 배치된 노드에서 열에 배치된 노드로 아크가 존재할 때에는 '1'이, 존재하지 않을 때에는 '0'이 기술된다. 예를 들어 첫 번째 행의 요소라면, 노드 1이 기점이 되어 나가는 방향의 아크가 존재하느냐 하지 않느냐를 나타내므로 1행 1열은 0, arc(1, 2), arc(1, 3), arc(1, 4)에 상당하는 1행 2, 3, 4열의 요소는 1이 된다.

$$\begin{bmatrix} 0 & 1 & 1 & 1 \\ 0 & 0 & 0 & 1 \\ 0 & 0 & 0 & 1 \\ 0 & 0 & 0 & 0 \end{bmatrix} \tag{9-1}$$

지금 <그림 9-1>에서 노드를 도시, 아크를 도시 간 거리라 하고 노드 1을 소스(source node : 출발점), 노드 4를 싱크(sink node : 도착점)로 하는 최단 경로를 탐색할 경우에 세 가지의 경로(path) 'P1 : 1→2→4', 'P2 : 1→4', 'P3 : 1→3→4'를 생각할 수 있다. 이때, 식 (9-1)과 마찬가지로 각각의 아크에 다음 식 (9-2)의 행렬(구조행렬이라고 부른다)로 각 도시 간의 거리가 주어졌을 때, 세 개의 경로에 대한 총거리는 각각 P1 : 3+4 = 7, P2 : 5, P3 : 4+2 = 6이 되므로 경로 P2가 최단경로가 된다.

$$\begin{bmatrix} 0 & 3 & 4 & 5 \\ 0 & 0 & 0 & 4 \\ 0 & 0 & 0 & 2 \\ 0 & 0 & 0 & 0 \end{bmatrix} \tag{9-2}$$

위와 같은 그래프/네트워크의 기초에 의거해서 PERT에 의한 일정계획을 생각하기로 한다.

제2절 PERT에 의한 일정계획

PERT에서 이용되는 그래프는 각 작업 간에 존재하는 선행관계를 나타낸다. 지금 작업 A가 완료되기까지 작업 B가 시작될 수 없다고 하는 선행관계를 'A < B'로 표시하기로 하면, <그림 9-1>로부터 'A < D', 'B < E'라고 하는 두 개의 선행관계가 존재한다는 것을 알 수 있다. PERT에서 이용되는 애로우 다이어그램의 아크는 작업에 상당하고, 노드는 작업을 연결하는 결합점이 된다.

앞에서 최단경로를 생각했을 때 각 아크의 거리를 나타내는 식 (9-2)를, 이번에는 각 작업을 완료하는 데 필요한 작업시간이라고 하면 이 애로우 다이어그램은 다음의 <표 9-1>과 같이 요약할 수 있다.

표 9-1 작업시간과 선행관계(1)

작업	시간	선행작업
A	3	–
B	4	–
C	5	–
D	4	A
E	2	B

가장 시간이 많이 걸리는 경로는, 노드로 표시하면 '1→2→4'의 총시간 7이며 작업으로서는 'A→D'가 된다. 이러한 사실은 작업 A, D의 어느 쪽인가 조금이라도 늦어지면 전체의 완료시각에 영향을 미치므로, 경로 '1→2→4(A→D)'를 주요경로(critical path)라고 부른다. 경로 '1→3→4(B→E)'라면 총시간 6이므로 1시간 늦어져도 경로 '1→2→4(A→D)'와 같은 시각에 완료될 수 있어 'critical'(중대한) 경로는 되지 않는다고 하는 것이다.

이상으로부터 PERT의 개략적인 내용을 이해할 수 있을 것이다.

[예제 9-1]

다음의 <표 9-2>와 같은 작업시간과 선행관계에 대해서 PERT에 의한 일정계획을 생각해 보자.

표 9-2 작업시간과 선행관계(2)

작업	시간	선행작업
A	4	–
B	5	–
C	3	A
D	2	B, C
E	6	D
F	11	D
G	3	E

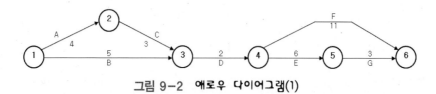

그림 9-2 애로우 다이어그램(1)

<표 9-2>의 데이터를 애로우 다이어그램으로 표현하면 <그림 9-2>와 같은 그래프가 된다. 일반적으로 PERT에 의한 일정계획에서는 다음과 같은 세 가지에 대해서 생각한다.

① 각 결합점에 있어서의 최조시각(最早時刻, ENT : Earliest Node Time)

② 각 결합점에 있어서의 최지시각(最遲時刻, LNT : Latest Node Time)

③ 주요경로(主要經路, CP : Critical Path)

최조결합점시각(ENT)

시각 0에서 작업이 개시한다고 하고, 각 결합점 i에서의 최조시각 t_i를 생각한다. 예를 들면 <그림 9-2>의 애로우 다이어그램에서는 노드 1에서의 최조시각은 $t_1 = 0$(작업 A는 시각 0에서 개시 가능), 노드 2에서는 작업 A가 끝나지 않으면 다음의 작업 C로 이동할 수 없으므로 $t_2 = 4$(시각 4에서 작업 B가 개시 가능)가 된다.

그렇다면 노드 3에서는 어떻게 되겠는가. 노드 3으로는 두 개의 작업 B와 C가 연결되어 있다. 작업 B가 개시될 수 있는 가장 빠른 시각인 최조개시시각(最早開始時刻, ES : Earliest Start time)은 0, 작업 B가 종료될 수 있는 가장 빠른 시각인 최조종료시각(最早終了時刻, EF : Earliest Finish time)은 5이다. 한편, 작업 C의 최조개시시각은 4, 최조종료시각은 7이다.

그 때문에 노드 3에 있어서의 최조결합점시각은 두 개 작업에 대한 최조종료시각의 비교, 즉 $t_3 = \max\{5, 7\} = 7$이 되며 이 결과는 작업 D가 아무리 빨라도 시각 7이 되지 않으면 시작될 수 없다는 것을 시사하고 있다.

이하 같은 방법으로 생각해서

$$t_4 = 7 + 2 = 9, \ t_5 = 9 + 6 = 15, \ t_6 = \max\{15 + 3, \ 9 + 11\} = 20$$

이라고 하는 최조결합점시각이 얻어진다.

결과는 <그림 9-3>에 도시되어 있다. 각 아크 부근에 있는 ☐☐의 왼쪽이 그 작업의 최조개시시각, 오른쪽이 최조종료시각이며 각 노드의 가까이에 있는 하나의 ☐는 그 결합점에 있어서의 최조시각을 나타낸다.

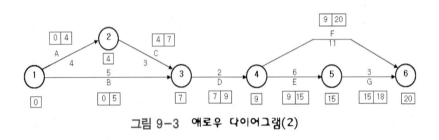

그림 9-3 애로우 다이어그램(2)

이상을 근거로 하여 Excel에서 최조결합점시각이 자동적으로 계산될 수 있도록 해 보자.

▶ Excel에 의한 해법

[순서 1] 데이터의 입력

먼저 <표 9-2>의 작업시간과 선행관계를 다음과 같이 구조행렬로서 입력한다. 여기에서 PERT의 계산상 사용되지 않는 셀(대각요소의 왼쪽 아래 부분)에는 잘못 입력하는 것을 막기 위해서 미리 적당한 색으로 셀을 메워 놓는다.

⊿	A	B	C	D	E	F	G	H	I	J
1				구조행렬						
2	i ＼ j	1	2	3	4	5	6			
3	1		4	5						
4	2			3						
5	3				2					
6	4					6	11			
7	5						3			
8	6									
9										
10										
11										
12										

[순서 2] 최조시각 및 최조결합점시각의 계산

(1) 구조행렬의 입력이 끝나면 최조시각 및 최조결합점시각을 계산하기 위한 표를 준비한다. 우선 구조행렬의 표를 복사해서 셀 A11:G17에 붙여 넣고 18행에 최조결합점시각의 행을 추가한다.

	A	B	C	D	E	F	G	H	I	J
1				구조행렬						
2	i＼j	1	2	3	4	5	6			
3	1		4	5						
4	2			3						
5	3				2					
6	4					6	11			
7	5						3			
8	6									
9										
10				최조결합점시각						
11	i＼j	1	2	3	4	5	6			
12	1		4	5						
13	2			3						
14	3				2					
15	4					6	11			
16	5						3			
17	6									
18	ENT									
19										
20										

(2) 최초의 노드 1에서는 시각 0에서 개시되므로($t_1 = 0$), 최조결합점시각의 $j = 1$에 해당하는 셀 B18에 '0'을 입력해 놓는다. 이로써 B열의 입력은 끝난다.

	A	B	C	D	E	F	G	H	I	J
1				구조행렬						
2	i＼j	1	2	3	4	5	6			
3	1		4	5						
4	2			3						
5	3				2					
6	4					6	11			
7	5						3			
8	6									
9										
10				최조결합점시각						
11	i＼j	1	2	3	4	5	6			
12	1		4	5						
13	2			3						
14	3				2					
15	4					6	11			
16	5						3			
17	6									
18	ENT	0								
19										
20										

(3) 각 결합점에 있어서의 최조종료시각의 계산식을 각 행마다 입력해 간다. 최초의 행($i=1$)에서는 작업 A(1→2의 아크)에 대응하는 셀 C12를 클릭하고(그 셀에는 앞에서 구조행렬을 복사했을 때의 수치 '4'가 들어 있는데, 이에 개의

치 말고), 다음 식을 입력한다.

$$\text{셀 C12; } = IF(C3 = "", "", C3 + \$B18)$$

C12	▼	:	✕	✓	fx	=IF(C3="","", C3+$B18)			
	A	B	C	D	E	F	G	H	I	J
1				구조행렬						
2	i＼j		1	2	3	4	5	6		
3		1		4	5					
4		2			3					
5		3				2				
6		4					6	11		
7		5						3		
8		6								
9										
10				최조결합점시각						
11	i＼j		1	2	3	4	5	6		
12		1		4	5					
13		2			3					
14		3				2				
15		4					6	11		
16		5						3		
17		6								
18	ENT	0								
19										
20										

요컨대, 구조행렬의 셀 C3에 데이터(노드 1에서 2로의 아크)가 존재하지 않으면 최조종료시각의 계산결과를 표시하는 셀 C12에는 아무것도 표시하지 말고, 구조행렬에 데이터가 있을 때만 계산해서 결과가 표시되도록 하는 것이다. 또한 최조종료시각을 구하기 위한 식 'C3+$B18'은 「작업 A의 시간+ 결합점 1의 최조개시시각」을 셀의 수식으로 기입하고 있다.

(4) 셀 C12의 수식내용을 셀 D12:G12에 일괄 복사한다.

G12	▼	:	✕	✓	fx	=IF(G3="","", G3+$B18)			
	A	B	C	D	E	F	G	H	I	J
1				구조행렬						
2	i＼j		1	2	3	4	5	6		
3		1		4	5					
4		2			3					
5		3				2				
6		4					6	11		
7		5						3		
8		6								
9										
10				최조결합점시각						
11	i＼j		1	2	3	4	5	6		
12		1		4	5					
13		2			3					
14		3				2				
15		4					6	11		
16		5						3		
17		6								
18	ENT	0								
19										
20										

(5) 이하 같은 방법으로 두 번째 행 이후의 셀에도 다음과 같은 IF 함수식을 입력하고, 같은 행의 나머지 셀에 각각 복사해 붙여 넣는다.

G16 | =IF(G7="","",G7+$F18)

구조행렬

i\j	1	2	3	4	5	6
1		4	5			
2			3			
3				2		
4					6	11
5						3
6						

최조결합점시각

i\j	1	2	3	4	5	6
1		4	5			
2			3			
3				2		
4					6	11
5						3
6						
ENT	0					

[셀의 입력내용]

C12; =IF(C3="", "", C3+$B18)   (C12를 D12에서 G12까지 복사한다)

D13; =IF(D4="", "", D4+$C18)   (D13를 E13에서 G13까지 복사한다)

E14; =IF(E5="", "", E5+$D18)   (E14를 F14에서 G14까지 복사한다)

F15; =IF(F6="", "", F6+$E18)   (F15를 G15까지 복사한다)

G16; =IF(G7="", "", G7+$F18)

(6) 결합점에 있어서의 최조가능시각은 그 노드에 들어오는 아크의 작업시간을 조사해서, 복수의 아크가 있다면 그 중 최대치로 하면 된다.

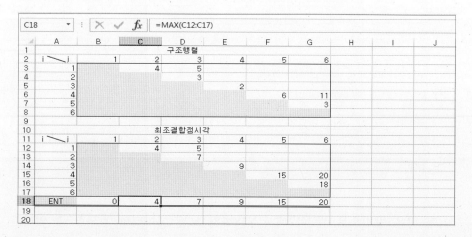

[셀의 입력내용]

  C18; =MAX(C12:C17)   (C18를 D18에서 G18까지 복사한다)

Excel에서는 셀의 내용이 변화하면 즉시 관련된 모든 셀에서 재계산이 이루어지므로, 각 작업의 최종종료시각이 정확히 표시된다.

최조개시시각(ES)은 작업 아크의 기점(起點)으로 되어 있는 결합점의 최조시각에 상당하므로 18번째 행에 나와 있는 'ENT'의 결과를 참조하면 된다. 예를 들면, 작업 D인 경우에는 그 기점으로 되어 있는 노드는 3이므로, $t_3 = 7$이라고 하는 결과가 표시되어 있는 셀 D18로부터 그곳의 계산결과 '7'을 끌어온다고 하는 식이다(검색치 3에 대응하는 인용치가 7).

이와 같이 검색하고 싶은 값에 대응하는 수치를 표로부터 인용하려면, Excel에서는 LOOKUP 함수를 사용한다.

셀 N15; =HLOOKUP(K15, B11:G18, 8)

이 함수는 HLOOKUP(검색할 값, 검색범위, 행 번호)을 이용하고 있으므로 작업 A의 아크 'arc(3, 4)'의 기점 노드 $i = 3$이 표시되어 있는 노드 K15가 「검색할 값」이 된다. 이 값 '3'이 「검색범위」에 설정된 B11:G18의 제일 위 행인 11번째 행의 B열로부터 오른쪽을 향해서(수평방향으로; 'H'orizontally) 검색(LOOKUP)된다. 그러면 D11에서 찾게 되므로, 그 셀로부터 헤아려서 「행 번호」에서 지정된 8번째 행의 데이터 '7'이 셀 N15에 대입된다.

	A	B	C	D	E	F	G	H	I	J	K	L	M	N	O	P	Q
1				구조행렬													
2	i \ j	1	2	3	4	5	6										
3	1			4	5												
4	2				3												
5	3					2											
6	4					6	11										
7	5						3										
8	6																
9																	
10				최조결합점시각													
11	i \ j	1	2	3	4	5	6			작업	i	j	t_i	ES	EF		
12	1			4	5					A	1	2	4				
13	2				7					B	1	3	5				
14	3					9				C	2	3	3				
15	4					15	20			D	3	4	2				
16	5						18			E	4	5	6				
17	6									F	4	6	11				
18	ENT	0	4	7	9	15	20			G	5	6	3				
19																	
20																	

이와 같은 방법으로 셀 N12에서 N18까지 모든 데이터를 검색할 수 있다.

N12 ▾ : ✕ ✓ *fx* =HLOOKUP(K12, B$11:G$18, 8)

구조행렬 / 최조결합점시각 (Excel screenshot)

작업	i	j	t_ij	ES	EF
A	1	2	4	0	
B	1	3	5	0	
C	2	3	3	4	
D	3	4	2	7	
E	4	5	6	9	
F	4	6	11	9	
G	5	6	3	15	

[셀의 입력내용]

N12; ＝HLOOKUP(K12, B$11:G$18, 8)   (N12를 N13에서 N18까지 복사한다)

이번에는 최조종료시각(EF)이다. 이것은 셀 B12:G17의 범위에 있는 6x6 행렬의 요소를 그대로 인용하면 되므로, INDEX(배열, 행 번호, 열 번호) 함수를 사용한다.

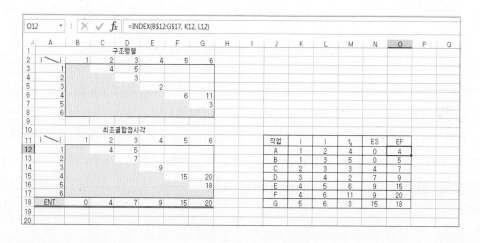

O12 ▾ : ✕ ✓ *fx* =INDEX(B$12:G$17, K12, L12)

작업	i	j	t_ij	ES	EF
A	1	2	4	0	4
B	1	3	5	0	5
C	2	3	3	4	7
D	3	4	2	7	9
E	4	5	6	9	15
F	4	6	11	9	20
G	5	6	3	15	18

[셀의 입력내용]

O12; ＝INDEX(B$12:G$17, K12, L12)   (O12를 O13에서 O18까지 복사한다)

💡 최지결합점시각(LNT)

지금까지의 계산결과만으로는 주요경로를 구할 수 없다. 각 노드에 있어서의 최지시각(最遲時刻)의 계산이 필요하다. 최조시각(最早時刻)을 생각할 때는 노드 1, 2, …, 6의 순으로 구해 갔는데, 최지시각에서는 그 역순 6, 5, …, 1로 생각한다.

다시 한번 <그림 9-3>을 살펴보자. 노드 6의 최조결합점시각은 $t_6 = 20$이었다. 노드 6에 연결되어 있는 arc(5, 6)은 작업 G에 상당하고 그 작업시간은 3이므로, 노드 5에 있어서는 시각 17(=20-3)에서 작업 G가 개시되면 최조결합점시각 20에 늦지 않게 댄다. 다시 말하면 작업 G는 늦어도 시각 17에서 작업을 개시하지 않으면 안 되고 이 시각을 바로 최지개시시각(最遲開始時刻, LS : Latest Start time)이라고 한다. 관점을 바꾸면 작업 G는 시각 15에서 개시할 수 있으므로, 2(=17-15)의 여유가 있다고도 말할 수 있어

여유시간 = 최지개시시각(LS) － 최조개시시각(ES)

라고 하는 관계가 성립한다.

작업 G의 최지개시시각 17은, 동시에 작업 E가 늦어도 이 시각에 끝나지 않으면 안 되는 최지종료시각(最遲終了時刻, LF : Latest Finish time)도 된다. 작업 E의 최조종료시각은 15였으므로, 종료시각끼리(최지와 최조)를 비교해도 여유시간이 구해지게 된다.

여유시간 = 최지종료시각(LF) － 최조종료시각(EF)

그러면 두 개의 아크의 기점으로 되어 있는 노드 4에 있어서는 어떻게 생각하면 좋겠는가. 작업 E의 최지개시시각은 11(=20-3-6)이지만, 작업 F는 9(=20-11)이다. 당연히 시각 20에서 모든 일이 끝나려면 작업 F를 늦어도 시각 9에서 개시하지 않으면 안 되고, 이 시각을 최지결합점시각(最遲結合點時刻, LNT : Latest Node Time)이라고 한다. 따라서 노드 4의 최지결합점시각 'T4'는 두 개 작업의 최지종료시각에 대한 비교, 즉 T4=min {11, 9}=9가 된다.

이상을 근거로 하여 Excel에서 최지시각의 계산을 해 보자.

▶ Excel에 의한 해법

[순서 1] 표의 준비

먼저 다음과 같은 표를 준비하는데, 최조시각을 구할 때와는 달리 최지개시시각이 계산되는 행렬(B22:G27)의 오른쪽 열(H열)에 최지결합점시각 'LNT'의 열이 추가되어 있다.

	A	B	C	D	E	F	G	H	I	J	K	L	M	N	O	P	Q	R	S
20			최지결합점시각																
21	i\j	1	2	3	4	5	6	LNT		작업	i	j	t_j	LS	LF				
22	1									A	1	2	4						
23	2									B	1	3	5						
24	3									C	2	3	3						
25	4									D	3	4	2						
26	5									E	4	5	6						
27	6									F	4	6	11						
28										G	5	6	3						
29																			

[순서 2] 최지개시시각의 계산

각 결합점에 있어서의 최지개시시각을 계산한다.

G26 = IF(G7="", "", H$27-G7)

	A	B	C	D	E	F	G	H	I	J	K	L	M	N	O	P	Q	R	S
20			최지결합점시각																
21	i\j	1	2	3	4	5	6	LNT		작업	i	j	t_j	LS	LF				
22	1		-4	-5						A	1	2	4						
23	2			-3						B	1	3	5						
24	3				-2					C	2	3	3						
25	4					-6	9			D	3	4	2						
26	5						17			E	4	5	6						
27	6							20		F	4	6	11						
28										G	5	6	3						
29																			

[셀의 입력내용]

G26; =IF(G7="", "", H$27−G7)　　(G26을 G25에서 G22까지 복사한다)

F25; =IF(F6="", "", H$26−F6)　　(F25를 F24에서 F22까지 복사한다)

E24; =IF(E5="", "", H$25−E5)　　(E24를 E23에서 E22까지 복사한다)

D23; =IF(D4="", "", H$24−D4)　　(D23을 D22까지 복사한다)

C22; =IF(C3="", "", H$23−C3)

[순서 3] 최지결합점시각의 계산

먼저 셀 H27에 노드 6의 최지결합점시각 '=G18'을 입력한다. 최지결합점시각의 미입력 부분(셀 H22:H26)을 계산한다.

H22 =MIN(C22:G22)

i\j	1	2	3	4	5	6	LNT		작업	i	j	t	LS	LF
1		0	2				0		A	1	2	4		
2			4				4		B	1	3	5		
3				7			7		C	2	3	3		
4					11	9	9		D	3	4	2		
5						17	17		E	4	5	6		
6							20		F	4	6	11		
									G	5	6	3		

최지결합점시각

[셀의 입력내용]

H22; =MIN(C22:G22)　　　　(H22를 H23에서 H26까지 복사한다)

[순서 4] 최지종료시각의 계산

각 작업의 최지종료시각은 그 아크의 기점이 아니라 종점으로 되어 있는 노드의 최지결합점시각에 상당하므로, H열의 'LNT' 결과를 이용해서 다음과 같은 식으로 구한다.

$$셀\ O22;\ =VLOOKUP(L22,\ A\$22{:}H\$27,\ 8)$$

O22 =VLOOKUP(L22, A$22:H$27, 8)

i\j	1	2	3	4	5	6	LNT		작업	i	j	t	LS	LF
1		0	2				0		A	1	2	4		4
2			4				4		B	1	3	5		7
3				7			7		C	2	3	3		7
4					11	9	9		D	3	4	2		9
5						17	17		E	4	5	6		17
6							20		F	4	6	11		20
									G	5	6	3		20

최지결합점시각

[셀의 입력내용]

O22; =VLOOKUP(L22, A$22:H$27, 8)

　　　　　　　(O22를 O23에서 O28까지 복사한다)

여기에서는 HLOOKUP 함수와 마찬가지로 VLOOKUP(검색할 값, 검색범위, 열 번호) 함수를 이용하고 있는데, 수평방향이 아니라 수직방향('V'ertically)의 검색이 된다. 예를 들면, 작업 D의 최지종료시각(LF)라면

$$셀\ O25;\ =VLOOKUP(L25,\ A\$22{:}H\$27,\ 8)$$

로 되어 있으므로, 작업 D의 아크 'arc(3, 4)'의 종점 노드 $j=4$가 표시되어 있는 노드 L25가 「검색할 값」이 된다. 이 값 "4"가 「검색범위」에 설정된 A22:H27의 가장 왼쪽 열인 A열의 22번째 행으로부터 아래를 향해서 수직방향으로 검색되므로, 셀 A25에서 검색할 값 '4'가 발견된다. 그리고 이 셀로부터 헤아려서 「열 번호」에서 지정된 8열 오른쪽의 데이터(셀 H25의 값 '9')가 셀 O25에 대입된다.

[순서 5] 최지개시시각의 계산

이 계산은 예를 들어 작업 D의 경우라면 그 최지종료시각으로부터 작업시간을 빼면 되므로 9−2=7이 된다.

N22			:	X	✓	f_x	=O22-M22										
◢	A	B	C	D	E	F	G	H	I	J	K	L	M	N	O	P	Q	R	S
20			최지결합점시각																
21	i \ j	1	2	3	4	5	6	LNT		작업	i	j	t_{ij}	LS	LF				
22	1		0	2				0		A	1	2	4	0	4				
23	2			4				4		B	1	3	5	2	7				
24	3				7			7		C	2	3	3	4	7				
25	4					11	9	9		D	3	4	2	7	9				
26	5						17	17		E	4	5	6	11	17				
27	6							20		F	4	6	11	9	20				
28										G	5	6	3	17	20				
29																			

[셀의 입력내용]

N22;＝O22−M22　(N22를 N23에서 N28까지 복사한다)

지금까지의 계산결과를 애로우 다이어그램으로 나타내면 <그림 9-4>와 같다.

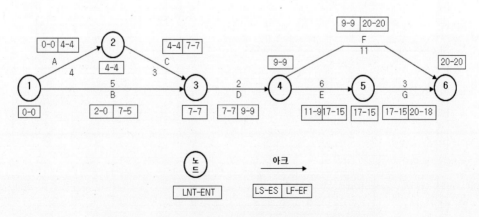

그림 9-4　최지·최조시각이 계산된 애로우 다이어그램

드디어 최종단계로서 주요경로(CP : Critical Path)의 도출이다. 주요경로는 각 작업에 있어서 여유가 있는지 없는지를 체크하면 되므로, 각 아크에 있어서의 최지시각과 최조시각의 차를 구하여(「LS-ES」 혹은 「LF-EF」가) 0이 되면 그곳이 'critical'(주요한) 작업이라고 판정한다.

▶ Excel에 의한 해법

[순서 1] 표의 준비

다음과 같은 표를 추가로 작성한다.

	A	B	C	D	E	F	G	H	I	J	K	L
29												
30			작업	i	j	LF-EF	CP					
31			A	1	2							
32			B	1	3							
33			C	2	3							
34			D	3	4							
35			E	4	5							
36			F	4	6							
37			G	5	6							
38												
39												

[순서 2] 주요경로의 도출

G31				fx	=IF(F31=0, "*", "")										
	A	B	C	D	E	F	G	H	I	J	K	L	M	N	O	P
10				최조결합점시각												
11	i \ j	1	2	3	4	5	6			작업	i	j	t_{ij}	ES	EF
12	1		4	5						A	1	2	4	0	4
13	2			7						B	1	3	5	0	5
14	3				9					C	2	3	3	4	7
15	4					15	20			D	3	4	2	7	9
16	5						18			E	4	5	6	9	15
17	6									F	4	6	11	9	20
18	ENT	0	4	7	9	15	20			G	5	6	3	15	18
19															
20				최지결합점시각												
21	i \ j	1	2	3	4	5	6	LNT		작업	i	j	t_{ij}	LS	LF
22	1		0	2				0		A	1	2	4	0	4
23	2			4				4		B	1	3	5	2	7
24	3				7			7		C	2	3	3	4	7
25	4					11	9	9		D	3	4	2	7	9
26	5						17	17		E	4	5	6	11	17
27	6							20		F	4	6	11	9	20
28										G	5	6	3	17	20
29															
30			작업	i	j	LF-EF	CP								
31			A	1	2	0	*								
32			B	1	3	2									
33			C	2	3	0	*								
34			D	3	4	0	*								
35			E	4	5	2									
36			F	4	6	0	*								
37			G	5	6	2									
38															
39															
40															

[셀의 입력내용]

    F31; =O22−O12   (F31을 F32에서 F37까지 복사한다)

    G31; =IF(F31=0, "*", "")   (G31을 G32에서 G37까지 복사한다)

위의 결과로부터 경로 'A→C→D→F(1→2→3→4→6)'가 주요경로인 것을 알 수 있다.

제10장

대기행렬 이론

제1절 대기행렬 이론의 기초지식

　은행의 자동현금인출기(ATM)나 편의점의 금전출납계, 싸고 맛있는 레스토랑, 바겐세일 하는 백화점 입구 등 일상생활의 여러 곳에서 행렬을 볼 수 있다. 대기행렬 이론(queueing theory)에서는 이와 같은 혼잡시에 생기는 손님의 줄을 대기행렬(queue)이라 부르고, 체계적으로 분류된 과학적인 수리 모형으로 생각한다.

　일반적으로 대기행렬 시스템은 'D/D/1', 'M/M/1' 등과 같은 켄달(Kendal) 기호라고 부르는 표기법으로 분류된다. 이것은 대기행렬 시스템이 「손님의 도착/서비스 시간/창구의 수」 라고 하는 세 가지 요인으로 특징지어지기 때문인데 'D'는 결정론적(Deterministic), 즉 확률적이 아닌 규칙 바른 모습을, 'M'은 마코브과정(Markov process)이라고 불리는, 포아송 분포, 지수분포 등으로 대표되는 랜덤한 모습을 의미하고 있다.

　어떤 모형에 있어서도 손님은 서비스를 받기 위해서 창구에 도착하는 것인데, 할인판매라든가 경품이 주어진다고 하는, 평소 사용하는 서비스와는 조금 의미가 다르다. 레스토랑이라면 식사, 주유소라면 급유 등 그곳에서 이루어지는 접객의 내용 그 자체가 서비스에 상당한다.

제2절 D/D/1 모형

　이 모형에서는, 손님은 규칙 바르게 도착하고(일정도착) 받는 서비스의 시간도 일정한 값으로 생각한다. 예를 들면, 5분마다 손님이 1명씩 도착하고 하나의 창구에서

3분간의 서비스를 받는다고 하면 대기의 행렬은 일체 일어나지 않는다. 그러나 2분마다 도착하고 서비스 시간이 3분이라면, 두 번째 이후에 도착한 손님에게는 반드시 대기시간이 발생하여 1분, 2분, 3분, … 늘어나므로(<그림 10-1> 참조), n번째로 도착한 손님은 $n-1$분간의 「대기」가 되면 일반화해서 대기시간을 나타낼 수 있다. 더욱이 일반화해서 손님의 도착간격을 i, 서비스 시간을 j라고 하면(단 $i<j$로 한다), n번째 손님의 대기시간은 $(j-1)×(n-1)$로 계산된다.

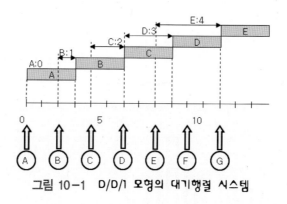

그림 10-1 D/D/1 모형의 대기행렬 시스템

제3절 랜덤 도착 및 랜덤 서비스

1. 포아송형 도착

확률적인 요인이 전혀 포함되지 않는다고 하는 결정론적 모형 'D/D/1'에서는 시스템 내의 행동이 이해하기 쉽고, 대기시간 등의 계산도 용이하지만 현실성이 부족하기 때문에 실용적인 모형이라고는 말하기 어렵다.

그래서 등장하는 것이 랜덤 도착이라고 하는 개념으로, 구체적으로는 포아송형 도착이 유명하다. 포아송형 도착이란 랜덤하게 도착하는 단위시간당 손님의 수가 포아송 분포(Poisson distribution)라고 불리는 다음의 식 $P(x)$에 의해서 특징지어지는 도착의 방식을 말한다.

$$P(x) = \frac{\lambda^x e^{-\lambda}}{x!} \qquad (10-1)$$

여기에서 λ는 단위시간당 도착하는 손님 수의 평균치(평균 도착률이라고 한다)를,

e는 자연대수의 밑(약 2.71828…)을, $x!$는 x의 계승(階乘)을 나타내고 있다. 예를 들면 단위시간당 평균 6명($\lambda = 6$)의 포아송 분포에 따라서 손님이 도착한다고 할 때, 8명의 손님($x = 8$)이 찾아 올 확률은,

$$P(8) = \frac{6^8 \times 2.71828^{-6}}{8!} = \frac{6^8 \times \dfrac{1}{2.71828^6}}{8 \times 7 \times \cdots \times 1} \fallingdotseq 0.10326$$

이므로 약 10.3%가 된다.

이와 같은 포아송 도착을 구체적인 이미지로 이해하기 위해서, Excel을 이용하여 <그림 10-2>에 보이는 바와 같은 포아송 분포의 막대그래프를 그려 보기로 한다.

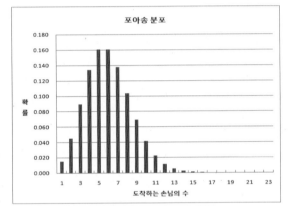

그림 10-2 포아송 분포($\lambda = 6$)

위와 같은 그래프를 그리기 위한 확률 계산은 다음과 같이 한다.

C4; =POISSON.DIST(B4, B$1, 0   (C4를 C5에서 C26까지 복사한다)

D4; =POISSON.DIST(B4, B$1, 1)   (D4를 D5에서 D26까지 복사한다)

확률 $P(x)$와 누적치에 대한 그래프를 동시에 그리면 다음과 같다.

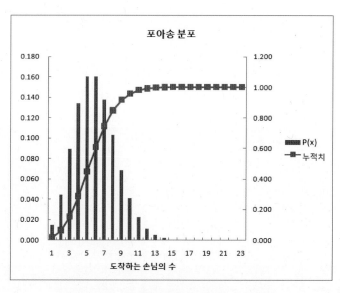

그림 10-3 포아송 분포($P(x)$와 누적치)

2. 지수형 서비스

보다 현실적인 대기행렬 모형으로 하려면 도착한 손님이 받는 서비스의 시간도 도착시간과 마찬가지로 결정론적이 아니라 확률론적으로 생각할 필요가 있다. 서비스 시간을 지수형 서비스로서 생각하는 것이 일반적이다. 이때, 단위시간당 처리할 수 있는 서비스의 수(＝서비스를 받는 손님의 수)에 대한 평균치를 μ 라고 했을 때 손님 1인당 받은 서비스 시간의 평균치는 $1/\mu$ 가 된다. 전자인 μ 를 평균 서비스율(단위 : 인/시간), 후자인 $1/\mu$ 을 평균 서비스 시간(단위 : 시간/인)이라고 한다. 예를 들면, 평균 서비스 시간 $1/\mu$ ＝2(분/인)인 경우에 평균 서비스율은 μ ＝1/2＝0.5(인/분)가 되어, 이들이 역수의 관계가 된다는 것은 분명하다. 평균 서비스율 μ 를 알면, 지수형(指數型) 서비스에서는 손님 1인당의 서비스가 임의의 시간 t에서 완료될 확률을 다음의 지수분포(exponential distribution)[1])에 대한 식 $F(t)$로 계산할 수 있다.

$$F(t) = 1 - e^{-\mu t} \qquad\qquad (10-2)$$

예를 들면, 평균 서비스 시간 $1/\mu$ 이 2(분/인)일 때($\mu = 1/2$), $t = 3$인 경우를 계산해 보면,

$$F(3) = 1 - 2.71828^{-0.5 \times 3} = 0.77687$$

이 되므로, 평균 서비스 시간이 1인당 2분인 서비스는 3분간이면 약 77.7%의 확률로 완료된다는 것을 알 수 있다. 거꾸로 말하면 3분간 경과했을 때에 끝나지 않을 확률은 약 22.3%가 된다. 이 결과는 여러 번 서비스를 받았을 때에 약 77.7%의 확률로 3분간의 서비스가 출현하는 것이 아니라는 사실에 주의할 필요가 있다.

그렇다면 평균 서비스 시간이 2분인 창구에서 3분간의 서비스를 받을 확률은 어떻게 될까?

이와 같은 확률은 다음 식의 확률밀도함수[2]

$$\begin{aligned} f(t) &= \mu e^{-\mu t} \quad ; \quad t \neq 0 \\ &= 0 \qquad ; \quad t = 0 \end{aligned} \qquad (10-3)$$

을 이용해서

$$f(3) = \frac{1}{2} \times 2.71828^{-0.5 \times 3} = 0.115652$$

로부터 약 11.6%로 계산된다.

Excel을 이용해서 $\mu = 1/2 = 0.5$(인/분)일 때의 확률밀도함수 $f(t)$와 확률누적분포함수 $F(t)$를 구하면 다음과 같은 지수분포표가 된다.

---

1) 지수분포란, 어떤 사건이나 사상이 포아송 분포에 따라 발생할 때, 일정한 시점으로부터 이 사건이나 사상이 발생할 때까지 걸리는 시간의 확률분포를 말한다.
2) 서비스의 시간은 주사위의 점 1, 2, 3, 4, 5, 6과 같은 이산치(離散値)가 아니라 연속적인 양이다. 따라서 이 수는 무한으로 이산치의 확률과 동등하게 취급하는 데는 무리가 있고, 확률밀도라고 하는 개념으로 다루어진다.

| C4 | ▾ | : | ✕ ✓ | f_x | =EXPONDIST(B4,C$1,0) | | | | | | | | |

	A	B	C	D	E	F	G	H	I	J	K	L	M
1	평균 서비스율 μ =		0.5										
2													
3		t	f(t)	F(t)									
4		0.0	0.50000	0.00000									
5		0.5	0.38940	0.22120									
6		1.0	0.30327	0.39347									
7		1.5	0.23618	0.52763									
8		2.0	0.18394	0.63212									
9		2.5	0.14325	0.71350									
10		3.0	0.11157	0.77687									
11		3.5	0.08689	0.82623									
12		4.0	0.06767	0.86466									
13		4.5	0.05270	0.89460									
14		5.0	0.04104	0.91792									
15		5.5	0.03196	0.93607									
16		6.0	0.02489	0.95021									
17		6.5	0.01939	0.96123									
18		7.0	0.01510	0.96980									
19		7.5	0.01176	0.97648									
20		8.0	0.00916	0.98168									
21		8.5	0.00713	0.98574									
22		9.0	0.00555	0.98889									
23		9.5	0.00433	0.99135									
24		10.0	0.00337	0.99326									
25		10.5	0.00262	0.99475									
26		11.0	0.00204	0.99591									
27		11.5	0.00159	0.99682									
28		12.0	0.00124	0.99752									
29													

[셀의 입력내용]

C4; =EXPON.DIST(B4,C$1,0)   (C4를 C5에서 C28까지 복사한다)

D4; =EXPON.DIST(B4,C$1,1)   (D4를 D5에서 D28까지 복사한다)

μ =0.5(1/μ =2)일 때의 확률밀도함수 $f(t)$ 와 확률누적분포함수 $F(t)$ 를 그래프로 나타내면 다음과 같다.

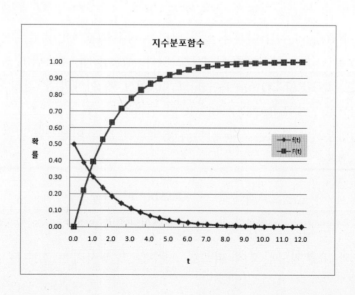

3. 난수의 발생법

랜덤한 도착과 서비스 시간의 개념을 이해할 수 있다면 다음은 시뮬레이션을 통해서 여러 가지 상황을 실험적으로 탐색할 수 있다. 그에 앞서 먼저 난수의 취급방법에 대해서 설명하기로 한다. 몬테 칼로법으로 대표되는 시뮬레이션 기법에서는 난수(random number)를 이용해서 문제의 모형을 모의 실험적으로 표현하는 것이 일반적이다.

Excel에서는 난수를 RAND 함수나 분석도구를 이용해서 발생시킬 수가 있는데, 여기에서는 RAND 함수를 이용한 방법을 생각하기로 한다. 이것은 본격적으로 시뮬레이션(모의실험) 시스템으로 발전시킬 때를 의식하기 때문이며, VBA(Visual Basic for Applications) 등과 같은 프로그래밍에서 시뮬레이션 시스템을 설계할 때에 난수의 소스 코드를 자유자재로 설정할 수 있도록 하기 위한 준비가 되기 때문이다.

워크시트 상의 임의의 셀에 '=RAND()'라고 입력한 후 Enter↵ 키를 누르면 0 이상 1 미만의 난수가 표시된다. 다음에 F9 키를 몇 번 반복해서 눌러 보면 재계산이 이루어져서 별개의 난수가 차례차례 표시된다. 시뮬레이션을 위한 표가 완성되었을 때에 모형의 거동을 반복해서 실험·확인할 수 있으므로, RAND 함수와 F9 키에 의한 재계산의 테크닉은 매우 유용하다.

그리고 보다 일반적인 정수치(整數値)의 난수를 발생시키기 위해서는 다음의 식 (17−4)를 참고로 하면 된다.

$$=INT(RAND()*n)+a \qquad\qquad (10-4)$$

여기에서 INT()는 소수점 이하를 잘라 버리는 정수화(整數化)의 함수이고 n은 난수 종류의 수, a는 난수의 최소치를 나타내고 있다. 예를 들면, 주사위의 점이라면 $n=6$, $a=1$이므로 '=INT(RAND()*6)+1'이 되고, 10 이상 99 이하의 두 자리 난수라면 $n=90$, $a=10$이므로 '=INT(RAND()*90)+10'이 된다.

그리고 일양분포에 따르는 $a \sim b$ 사이의 연속적인 값과 이산적인 값을 구하는 함수는 다음과 같다.

연속적인 값 : =RAND()*(b−a)+a
이산적인 값 : =INT(RAND()*(b−a+1)+a)

정규분포와 표준정규분포에 따르는 난수를 발생시키는 함수는 각각 다음과 같다.

정규분포　　　: =NORM.INV(RAND(), 평균치, 표준편차)

표준정규분포 : =NORM.INV(RAND(), 0, 1)

마지막으로 이항분포에 따르는 난수를 발생시키는 함수는 누적 이항분포 함수 CRITBINOM()과 RAND()를 사용해서 다음과 같이 입력한다.

이항분포 : =CRITBINOM(x, p, RAND())

여기에서 x는 시행 횟수, p는 성공확률을 나타낸다.

이상의 내용을 Excel 워크시트 상에서 실행하면 다음과 같다.

4. 포아송 도착 모형

시뮬레이션을 실시하는 의의는 이론상 얻어지는 결과, 예를 들면 평균 대기시간의 값만으로는 알 수 없는 상황 등을 실험적으로 탐색하는 데 있다고 할 수 있다. 따라서 대기행렬 시뮬레이션의 경우에 손님이 창구에 도착해서 서비스를 받는다고 하는 일련의 과정을 어느 정도의 횟수 이상은 반복하지 않으면 안 된다. 그 때문에 우선은 포아송 도착하는 손님을 시간변화 속에서 어떻게 표현할 것인가에 대해서 생각해 보기로 한다.

포아송 분포의 식 (10−1)에서는 평균 도착률 λ를 부여함으로써 단위시간당 도착하는 손님의 사람수가 x가 될 확률 $P(x)$가 구해졌다. 그러나 지금 Excel로 만들고자 하는 시뮬레이션에서 원하는 것은 그와 같은 사람 수의 확률이 아니라 랜덤하게 도착하는 손님의 시간간격이다.

실은 단위시간당 도착하는 손님의 사람 수에 대한 평균치가 포아송 분포에 따를 때, 손님의 도착시간은 지수분포에 따른다는 사실이 알려져 있다. 이것을 수식으로 나타내면 지수형 서비스 시간에서 이용했던 식 (10−2)와 같은 다음의 식

$$F(t) = 1 - e^{-\lambda t} \tag{10-5}$$

가 되어 어떤 손님이 도착하고 나서 다음 손님이 시간 t까지 도착할 확률이 계산된다. 여기에서 λ는 평균도착률(단위 : 인/시간), $1/\lambda$이 평균도착시간간격(단위 : 시간/인)이 된다는 사실에 주의를 요한다.

이번의 시뮬레이션에서는, 반대로, 난수로 확률이 주어졌을 때에 그 값에 대응하는 시간간격의 수치가 계산되어 나오도록 하고 싶기 때문에, 식 (10−5)를 t에 대해서 푼다.

$$t = -\frac{1}{\lambda} ln(1 - F(t)) \tag{10-6}$$

여기에서 ln은 $e = 2.71828\cdots$ 을 밑으로 하는 자연대수이며, Excel에서는 LN 함수로 계산된다.

이상으로 포아송 도착 시뮬레이션의 준비가 끝났다. 평균도착시간간격의 값을 식 (10−6)의 $1/\lambda$에 대입하고, 확률값 $F(t)$를 Excel의 RAND 함수로 부여한다. 그 난수값에 따른 시간간격 t(이것을 지수난수(指數亂水)라고 부른다)가 얻어지므로, 다음과 같은 시뮬레이션을 위한 표가 만들어진다.

No.	포아송 도착			지수 서비스				평가	
	난수	지수난수	도착시각	난수	지수난수	개시시각	종료시각	대기시간	대기 사람수
1	0.6287	14.8601	14.8601						
2	0.1468	2.3818	17.2419						
3	0.5942	13.5279	30.7698						
4	0.0728	1.1342	31.9041						
5	0.7885	23.3013	55.2053						
6	0.9212	38.1080	93.3133						
7	0.0718	1.1170	94.4303						
8	0.3895	7.4011	101.8315						
9	0.6538	15.9094	117.7409						
10	0.6079	14.0445	131.7854						
11	0.2551	4.4182	136.2036						
12	0.5270	11.2301	147.4337						
13	0.9794	58.2009	205.6346						
14	0.9063	35.5155	241.1501						
15	0.2541	4.3983	245.5484						
16	0.6184	14.4491	259.9975						
17	0.8134	25.1782	285.1757						
18	0.5102	10.7074	295.8831						
19	0.1395	2.2532	298.1363						
20	0.2101	3.5372	301.6735						
							평균		

$1/\lambda =$ 15 (분/인) $1/\mu =$ 10 (분/인)

[셀의 입력내용]

　　C2; 15

　　B5; =RAND()　　　　　　　(B5를 B6에서 B24까지 복사한다)

　　C5; =−C$2*LN(1−B5)　　(C5를 C6에서 C24까지 복사한다)

　　D5; =C5

　　D6; =D5+C6　　　　　　　(D6를 C7에서 C24까지 복사한다)

이상이 완성되면 F9 키에 의한 재계산을 실시해서 포아송 도착의 모습을 확인할 수 있다. 더욱이 평균도착시간간격 $1/\lambda$의 값을 변경하는 등 여러 가지 시도가 가능하다.

5. M/M/1 시뮬레이션

포아송 도착의 시뮬레이션이 완성되면 위의 준비된 표에서 지수 서비스의 열을 작성해 보자. 서비스 시간은 원래 지수분포에 따른다고 생각하고 있었기 때문에 앞에서 구한 지수난수의 식 (10−6)에 있어서, λ를 μ로 바꾸는 것뿐이다(여기에서 $1/\mu$은 평균 서비스 시간이다).

$$t = -\frac{1}{\mu}ln(1-F(t)) \qquad\qquad (10-7)$$

따라서 미리 셀 F2에 1인당 서비스 시간의 평균치(예를 들면 '10')를 입력해 놓고 진행한다.

포아송 도착일 때는 출력된 지수난수의 값을 그대로 차례차례 가산해서 도착시각을 결정할 수 있었지만, 이번에는 사정이 조금 다르다. 서비스를 받고 있는 손님이 없으면 즉시 지수난수의 값을 개시시각에 가산해서 종료시각이 구해지지만, 서비스를 받고 있는 손님이 앞에 있으면 그 손님의 서비스가 종료하는 시각을 현재의 손님의 서비스 개시시각으로 하지 않으면 안 된다. 이와 같은 판단은 다음 식과 같은 IF 함수로 간단히 처리할 수 있다.

　　　　　셀 G6; =IF(H5<D6, D6, H5)

즉, No.2의 손님에 대한 서비스 개시시각(셀 G6)은, No.1의 손님에 대한 서비스 종료시각보다도 No.2의 손님에 대한 도착시각 쪽이 늦으면(H5<D6), 즉시 서비스를 받

을 수 있으므로 도착시각(D6)이 되고, 그렇지 않으면(No.1의 손님이 서비스를 받고 있으므로) No.1의 손님에 대한 서비스 종료시각(H5)이 된다. 또한 최초의 손님은 그 전에 손님이 존재하는 일 없이 도착 후 즉시 서비스를 받게 되므로 「서비스 개시시각=도착시각」이 된다. 따라서 셀 G5에는 '=D5'라고 입력한다.

손님의 서비스 개시시각이 결정되면, 각각의 도착시각과 비교해서 「도착시각이 개시시각보다 빠르면 대기시간=개시시각-도착시각, 그렇지 않으면 대기시간=0」라고 판정하는 다음의 식을 셀 I6에 입력하고, 그 이후 복사한다.

셀 I6; =IF(D6<G6, G6-D6, 0)

마지막으로 대기 사람 수가 각각의 접객 중에 어느 정도 존재하는지, J열에 표시되도록 한다. 예를 들면, No.1의 손님이 서비스를 받고 있을 때의 「대기 사람 수」라면 그 종료시각(셀 H5)을 「기준치」로 해서 No.2 이후의 손님에 대한 도착시각(D6:D24) 중에 기준치보다 빨리 도착하고 있는 손님의 수를 조사한다. 그를 위해서 도수를 조사하기 위한 FREQUENCY 함수가 이용된다.

=FREQUENCY(데이터의 범위, 기준치)

이와 같이 인수를 설정하면, 데이터 범위 중에 기준치 이하의 데이터가 몇 개 있는지, 그 개수가 출력된다. 따라서 No.1의 손님이 서비스를 받고 있을 때의 「대기 사람 수」는 다음 식으로 얻어진다.

셀 J5; =FREQUENCY(D6:D$24, H5)

이 함수식으로 대부분의 경우에 올바르게 대기 사람 수가 표시되지만, i번째 손님의 서비스 종료시각과 $(i+1)$번째 손님의 도착시각이 일치했을 때, $(i+1)$번째의 손님은 도착과 동시에 서비스를 받게 됨에도 불구하고 대기 사람 수가 '1'로 카운트되고 만다. 이것은 FREQUENCY 함수가 첫 번째 인수에서 지정된 데이터 범위 몇 개 있는지 카운트할 때, 기준치(두 번째의 인수) '미만'이 아니라 기준치 '이하'의 수를 채택하기 때문이다.

그래서 이점을 고려하여 다음과 같은 IF 함수를 이용해서 대처하기로 한다.

셀 J5; =IF(H5=D6, "0", FREQUENCY(D6:D$24, H5))

완성된 **M/M/1** 모형의 시뮬레이션 결과는 다음과 같다.

No.	포아송 도착			지수 서비스				평가	
1/λ = 15 (분/인)			1/μ = 10 (분/인)						
	난수	지수난수	도착시각	난수	지수난수	개시시각	종료시각	대기시간	대기 사람수
1	0.5522	12.0501	12.0501	0.9338	27.1470	12.0501	39.1970	-	1
2	0.5780	12.9423	24.9924	0.7892	15.5689	39.1970	54.7660	14.2047	0
3	0.9335	40.6650	65.6573	0.1536	1.6681	65.6573	67.3255	0.0000	1
4	0.0654	1.0139	66.6713	0.2734	3.1945	67.3255	70.5199	0.6542	0
5	0.9497	44.8439	111.5152	0.5113	7.1596	111.5152	118.6748	0.0000	0
6	0.6247	14.6993	126.2145	0.5138	7.2123	126.2145	133.4268	0.0000	0
7	0.8066	24.6485	150.8630	0.7402	13.4796	150.8630	164.3426	0.0000	3
8	0.3262	5.9219	156.7849	0.6972	11.9455	164.3426	176.2881	7.5577	2
9	0.0001	0.0011	156.7860	0.6663	10.9739	176.2881	187.2620	19.5021	2
10	0.2924	5.1875	161.9735	0.4806	6.5504	187.2620	193.8125	25.2885	3
11	0.7726	22.2163	184.1898	0.9006	23.0820	193.8125	216.8945	9.6226	3
12	0.3921	7.4665	191.6563	0.7160	12.5893	216.8945	229.4838	25.2382	2
13	0.0055	0.0828	191.7390	0.6598	10.7829	229.4838	240.2667	37.7447	2
14	0.3912	7.4449	199.1840	0.0320	0.3254	240.2667	240.5921	41.0827	1
15	0.9002	34.5733	233.7573	0.4598	6.1573	240.5921	246.7494	6.8348	0
16	0.8655	30.0918	263.8491	0.7792	15.1052	263.8491	278.9543	0.0000	1
17	0.1575	2.5716	266.4207	0.7768	14.9988	278.9543	293.9531	12.5336	0
18	0.8608	29.5724	295.9931	0.3694	4.6106	295.9931	300.6037	0.0000	0
19	0.3785	7.1353	303.1283	0.4287	5.5982	303.1283	308.7265	0.0000	1
20	0.1848	3.0647	306.1931	0.9460	29.1793	308.7265	337.9058	2.5334	1
							평균	10.6735	1.1500

Sheet1 Sheet2 Sheet3 Sheet4

[셀의 입력내용]

E5; =RAND()   (E5를 E6에서 E24까지 복사한다)

F5; =-F$2*LN(1-E5)   (F5를 F6에서 F24까지 복사한다)

G5; =D5

G6; =IF(H5<D6, D6, H5)   (G6를 G7에서 G24까지 복사한다)

H5; =F5+G5   (H5를 H6에서 H24까지 복사한다)

I6; =IF(D6<G6, G6-D6, 0)   (I6를 I7에서 I24까지 복사한다)

J5; =IF(H5=D6, "0", FREQUENCY(D6:D$24, H5))

(J5를 J6에서 J24까지 복사한다)

I25; =AVERAGE(I6:I24)

J25; =AVERAGE(J5:J24)

표의 완성은 시뮬레이션의 시작이다. F9 키에 의한 재계산, 평균도착시간이나 평균 서비스 시간을 변경하는 등, 여러 가지 실험을 실시해서 **M/M/1** 모형의 이해를 깊이 할 수 있을 것이다.

제1절 재고관리의 기초지식

재고(inventory)란 생산이나 판매 등을 위해서 보유하고 있는 물품(상품, 중간제품, 재료 등)을 말한다. 지금 편의점의 상품 진열장에 여러 종류의 요구르트가 진열되어 있는데, 마시는 요구르트는 2개 있고 떠먹는 요구르트는 10개 있다고 한다. 여기에 어떤 손님이 찾아와서 마시는 요구르트를 모두 사 버렸다면, 재고는 0이 된다. 그 직후에 마시는 요구르트를 사고 싶은 손님이 온다면 상품이 없어 팔 수 없다. 떠나가 버리든지 아니면 불평을 하면서 떠먹는 요구르트나 다른 상품을 구입하게 된다. 이와 같이 품절이 되면 편의점에서는 매상이 오르지 않을 뿐만 아니라 그 손님이 다시 찾아오지 않는 원인을 만들게 되고 만다.

따라서 품절을 일으키지 않도록 어느 정도의 재고를 가지고 있지 않으면 안 된다. 한편, 재고가 너무 많으면 넓은 보관장소가 필요할 뿐만 아니라 상품이 팔리지 않고 남는다든지 유효기간이 지나서 폐기하지 않으면 안 되는 경우가 발생한다. 혹은 신상품이 나왔기 때문에 처분하지 않으면 안 되는 등의 손실이 발생하는 경우로도 이어진다.

만일 언제나 실제의 수요량과 같은 수량의 상품이 가게에 있다면, 팔리지 않고 남는 일이나 품절이 생기지 않고 최대의 이익을 올릴 수 있다. 이것은 이상적인 상태이다. 이 이상상태의 이익으로부터 실제의 이익을 뺀 차액을 기회손실액이라고 한다. 이 기회손실액이 가능한 한 적게 되도록 재고관리를 행하지 않으면 안 된다.

또한 제조공장에서는 통상 몇 개의 공정을 거쳐서 하나의 제품을 완성시킨다. 각 공정에서는 몇 종류의 원재료나 부품을 사용하게 되는데, 그것이 하나라도 부족하면 그 공정은 멈추고 다른 공정으로 나아갈 수가 없다. 필요한 원재료나 부품이 부족했기 때문에 생산이 막히는 일이 있어서는 안 되기 때문에 어느 정도 준비해 두지 않으면 안 된다. 이 준비를 위한 원재료나 부품도 재고이며, 재고를 줄이는 일은 제품원가의 저감을 위해서 매우 중요하다.

재고는 구입과 판매, 원재료 조달과 제조 등 두 가지 활동 사이를 조정하기 위해서 필요한 자원으로, 너무 많아도 안 되고 너무 적어도 안 된다. 재고가 너무 많으면 조달비용이나 재고유지비용이 커지고 때로는 과잉재고비용도 발생한다. 조달비용이란 1회의 조달 때마다 드는 비용으로, 구매할 때 상품의 발주비용이나 생산할 때 공장에서의 제조준비비용 등이 해당된다. 재고유지비용에는 재고를 보관하기 위해서 드는 비용이나 손모(損耗) 혹은 가치저하 등에 의해서 생기는 손실, 차입금을 재고에 투하하고 있는 경우의 금리, 재고에 든 화재보험이나 도난보험의 손해보험료 등이 포함된다. 과잉재고비용이란 상품에 대한 수요가 없어져 버렸는데도 여전히 재고가 있을 때에 생기는 손실 혹은 비용을 말한다. 조달비용, 재고유지비용, 과잉재고비용을 모두 합친 비용을 재고비용이라고 하며, 재고가 많아질수록 재고비용은 커지게 된다.

한편, 재고가 너무 적으면 재고품절비용이 발생한다. 필요한 원재료가 부족했기 때문에 생산이 막힌 경우나 손님이 사려고 왔는데도 불구하고 상품이 없었기 때문에 팔 수가 없었던 경우에 손실(이것을 기회비용이라고 한다)이 발생한 셈이 된다. 급히 조달하여 어떻게든 수요의 시간에 늦지 않게 댄 경우이더라도 통상은 특별한 비용이 든다. 또한 고객의 신용저하도 손실이라고 생각하지 않으면 안 된다. 이들 재고품절비용은 재고가 적을수록 커진다.

재고비용과 재고품절비용을 합친 총비용이 최소가 되는 재고량이 최적재고량이다. 이 최적재고량을 결정하는 것이 재고관리에서는 중요한 문제가 된다.

제 2 절 재고문제의 기본적인 패턴

재고문제에서는 장래의 수요가 확정적인지 어떤지(불확실성), 또한 발주에 즈음해서 이전의 발주가 영향을 미치는지 어떤지(독립성)에 따라서 취급이 다르다. 이것을 도시하면 <그림 11-1>과 같다. 장래의 수요가 확정되어 있고 독립적인 발주가 가능한 경우는 발주시기나 발주량을 명확히 결정할 수 있다(<그림 11-1>의 ①). 그러나 실제로 그와 같은 경우는 매우 드물다. 장래의 수요가 불확정적인 경우에는 수요의 확률분포를 생각해서 재고문제의 최적해를 찾게 된다. 이전의 발주에 의한 상품의 재고가 남아 있는 경우에는, 이번에는 그 부분만큼 고려해서 발주량을 정하지 않으면 안 된다. 즉, 발주가 독립이 아닌 경우에는 재고량의 추이를 고려해서 발주량을 결정하지 않으면 안 된다. <그림 11-1>의 ②~④의 경우에 대해서 각각 설명하기로 한다.

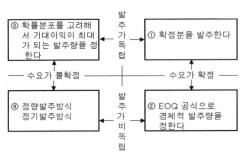

그림 11-1 재고문제의 기본적인 패턴

1. 확정적인 수요하에서 발주가 독립이 아닌 경우의 최적발주량
(<그림 11-1>의 ②인 경우)

매월 정한 양을 생산하기 위해서 원재료에 대하여 매회 정한 양을 발주하는 경우를 생각한다. 원재료의 연간사용량은 1,800이며 900씩 2회로 나누어서 발주하는 경우나 600씩 3회로 나누어서 발주하는 경우, 더 나아가서 매월 100씩 발주하는 경우 등을 생각할 수 있다. 이와 같은 경우에 가로축에 시간을 취하고 세로축에 재고량을 취한 그래프를 그리면, <그림 11-2>와 같이 날이 가지런한 톱 모양이 된다. 여기에서 매회의 발주량을 Q라고 하면 연간을 통해서 평균적으로 Q/2의 재고가 존재하게 된다. 또한 왼쪽 그림과 오른쪽 그림을 비교하면 발주량 Q를 작게 한 경우, 그것에 비례해서 평균재고량은 작아지며 발주횟수는 반비례해서 많아진다는 것을 알 수 있다.

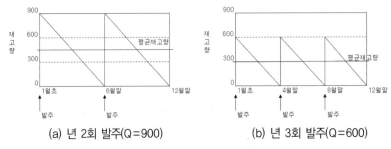

| (a) 년 2회 발주(Q=900) | (b) 년 3회 발주(Q=600) |

그림 11-2 재고량의 움직임

[예제 11-1] 평준생산의 재고비용

매월 같은 양의 제품을 생산하고 있는 공장이 있다. 그 생산을 위한 원재료에 대해서 다음과 같은 조건으로 여러 가지 발주횟수에 대한 연간총비용을 계산하고 최적의 발주횟수와 발주량을 구해 보자.

데이터표

연간필요량	1800개
발주비용	2000원/회
재고비용	50원/(개·년)

재고비용계산표로부터 최적발주량을 구한다. Excel을 이용하면 다음 그림과 같은 재고비용계산표를 작성할 수 있다. 이 표에서는 발주횟수를 입력하면 1회당 발주비용, 연간재고비용, 양쪽을 합친 총비용이 계산된다. 이것을 그래프로 나타내면 <그림 11-3>과 같이 된다. 이 표와 그래프로부터 발주횟수가 5회일 때(발주량이 360일 때), 총비용이 가장 적게 된다는 것을 알 수 있다.

	A	B	C	D	E
1	재고관리		연간필요량		1800
2			1회당 발주비용		₩2,000
3			1개당 연간재고비용		₩50
4					
5	발주횟수	1회의 발주량	발주비용	재고비용	총비용
6	1	1800	₩2,000	₩45,000	₩47,000
7	2	900	₩4,000	₩22,500	₩26,500
8	3	600	₩6,000	₩15,000	₩21,000
9	4	450	₩8,000	₩11,250	₩19,250
10	5	360	₩10,000	₩9,000	₩19,000
11	6	300	₩12,000	₩7,500	₩19,500
12	7	257	₩14,000	₩6,429	₩20,429
13	8	225	₩16,000	₩5,625	₩21,625
14	9	200	₩18,000	₩5,000	₩23,000
15	10	180	₩20,000	₩4,500	₩24,500
16	11	164	₩22,000	₩4,091	₩26,091
17	12	150	₩24,000	₩3,750	₩27,750
18	13	138	₩26,000	₩3,462	₩29,462
19	14	129	₩28,000	₩3,214	₩31,214
20	15	120	₩30,000	₩3,000	₩33,000
21	16	113	₩32,000	₩2,813	₩34,813
22	17	106	₩34,000	₩2,647	₩36,647
23	18	100	₩36,000	₩2,500	₩38,500
24	19	95	₩38,000	₩2,368	₩40,368
25	20	90	₩40,000	₩2,250	₩42,250
26	21	86	₩42,000	₩2,143	₩44,143
27	22	82	₩44,000	₩2,045	₩46,045
28	23	78	₩46,000	₩1,957	₩47,957
29	24	75	₩48,000	₩1,875	₩49,875
30	25	72	₩50,000	₩1,800	₩51,800

Sheet1 Sheet2 Sheet3 Sheet4 Sheet5 Sheet6

[셀의 입력내용]

B6; ＝$E$1/A6　　(B6를 B7에서 B30까지 복사한다)

C6; ＝$E$2*A6　　(C6를 C7에서 C30까지 복사한다)

D6; $=(B6/2)*\$E\$3$ (D6를 D7에서 D30까지 복사한다)

E6; $=C6+D6$ (E6를 E7에서 E30까지 복사한다)

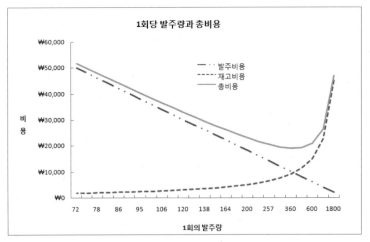

그림 11-3 1회당 발주량과 총비용

이때, 가로축의 눈금을 오름차순으로 바꾸기 위해서 가로축의 눈금 상에서 마우스 오른쪽 버튼을 클릭한 다음 [축 서식(F)]을 선택하고 대화상자가 나타나면, 다음과 같이 선택·입력하고 [닫기] 버튼을 클릭한다.

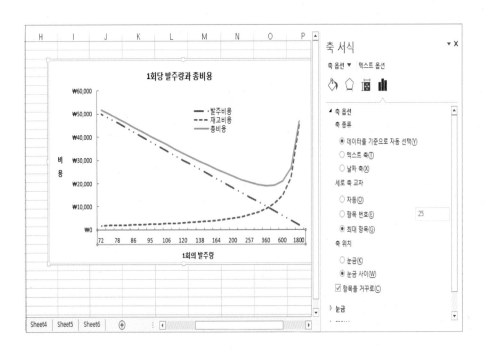

EOQ 공식으로부터 최적발주량 구하기

재고에 관한 총비용을 최소로 하는 발주량을 경제적 발주량(EOQ : Economic Order Quantity)이라고 한다. 이 경제적 발주량은 다음의 EOQ 공식에 의해서 구할 수 있다.

$$경제적\ 발주량(EOQ) = \sqrt{\frac{2 \times 1년간의\ 수요량 \times 1회당\ 발주비용}{1개당\ 연간재고유지비용}}$$

EOQ 공식은 다음과 같이 증명할 수 있다. 다음과 같이 기호를 정의하고 생각하기로 한다.

> Q : 1회당 발주량[개]
> D : 1년간 수요량[개/년]
> C : 1년당 연간재고유지비용[원/(개·년)]
> H : 1회당 발주비용[원]

1회당 발주량을 Q라고 하면 평균재고량은 Q/2이므로, 1년간 재고비용은 CQ/2가 된다. 또한 1년간 수요량은 D이므로 발주횟수는 D/Q가 되어 발주비용은 HD/Q가 된다. 따라서 연간재고총비용 Z는 다음 식으로 표현된다.

$$Z = \frac{CQ}{2} + \frac{HD}{Q}$$

Z를 최소로 하는 Q를 구하려면 Z를 미분해서 0으로 하는 방법도 있지만, <그림 11-3>에서도 알 수 있듯이 「발주비용＝재고비용」일 때라고 하는 것을 알 수 있다. 즉,

$$\frac{CQ}{2} = \frac{HD}{Q}$$

일 때 Z가 최소가 되어, 구하는 경제적 발주량은 다음 식이 된다.

$$Q = \sqrt{\frac{2HD}{C}}$$

그리고 경제적 발주량 Q를 재고총비용의 식에 대입해서 경제적 발주량일 때의 재고총비용을 다음의 식으로 구할 수 있다.

$$Z= \sqrt{2HDC}$$

본 예제에서는 D＝1800개/년, H＝2000원, C＝50원/(개 · 년)이므로

경제적 발주량 $Q= \sqrt{\dfrac{2 \times 1800 \times 2000}{50}} = 379.4733 \cdots$ 이 되고

발주횟수 ＝ 1800/Q ＝ 4.7434… ≒ 5회라고 구할 수 있다.

2. 불확정적인 수요하에서 발주가 독립인 경우의 최적발주량
(<그림 11-1>의 ③인 경우)

수요가 얼마만큼 있을지 확정할 수는 없지만 어느 정도의 수요를 예상할 수 있다는 것을 알 수 있고, 발주가 독립일(이전의 발주량 상태의 영향을 받지 않는) 경우가 있다. 이것은 신문팔이 문제 혹은 크리스마스 트리 문제라고도 불리며, 각 시점에서 1회분의 발주량을 결정하지 않으면 안 된다. 이와 같은 경우에는 수입과 비용의 차인 이익을 최대로 하는 발주량을 최적발주량으로 생각한다.

여기에서 수요에 대하여 어떤 확률분포를 가정한다. 이것은 과거의 실적에 의거해서 수요의 예측을 세우고, 각각의 수요량이 일어날 수 있는 확률을 정리한 것이다. 한편 이익에 대해서, 예를 들면 소매점에서 판매하는 상품의 경우 다음과 같이 나타낼 수 있다.

수요량 > 발주량의 경우
　이익 ＝ (판매가격 − 구입가격) × 발주량 − 기회손실액

수요량 ≤ 발주량의 경우
　이익 ＝ 판매가격 × 수요량 − 구입가격 × 발주량
　　　＋ 처분가격 × (발주량 − 수요량)

[예제 11-2] 상품의 최적발주량(기대치에 의한 분석)
어떤 소매 의료점에서 여름용 T셔츠를 판매하고자 한다. 다음과 같이 구입가격, 판매가격, 처분가격에 대해서 세 가지 케이스를 생각한다.

표 11-1 상품의 판매조건 (단위 : 원)

	케이스 A	케이스 B	케이스 C
구입가격	8000	8000	10000
판매가격	12000	12000	12000
처분가격	7000	5000	5000

다음의 조건에서 최적발주량을 구해 보자. 이 상품은 시즌이 종료된 후에는 재고처분을 위해서 처분가격으로 판매하지 않으면 안 된다. 상품의 발주는 10매 단위로 되어 있고, 추가주문은 불가능하다. 단, 여기에서는 기회손실이 불분명하기 때문에 기회손실 = 0라고 생각한다.

지금 시즌에 몇 매의 T셔츠가 팔릴지 알 수 없지만, 이 의료점에서는 과거에 T셔츠를 판매한 경험으로부터 <표 11-2>와 같은 수요량의 확률분포를 예상했다. 이것은 T셔츠 40매가 팔릴 확률이 0.15이며, 50매가 팔릴 확률이 0.35라고 하는 것을 나타내고 있다.

표 11-2 수요의 확률분포

수요	확률	누적확률
40	0.15	0.15
50	0.35	0.50
60	0.22	0.72
70	0.15	0.87
80	0.10	0.97
90	0.03	1.00

(1) 기대치로부터 최적발주량을 구하기

발주량 x일 때의 기대이익 $Q(x)$는 각 수요량의 이익에 그 수요량이 일어날 수 있는 확률을 곱한 값을 산출하고, 그것을 모두 더함으로써 구할 수 있다. 먼저 Excel을 이용해서 발주량과 수요량의 편성마다 이익을 계산하고 표로 정리한다.

B7		fx	=IF(($A7-B$6)<0, $A7*$D$3-$A7*$B$3, B$6*$D$3-$A7*$B$3+($A7-B$6)*$F$3)				

	A	B	C	D	E	F	G
1	기대치로부터 최적발주량의 결정						
2							
3	구입가격 =	₩8,000	판매가격 =	₩12,000	처분가격 =	₩7,000	
4							
5	발주량			수요량			
6		40	50	60	70	80	90
7	40	160000	160000	160000	160000	160000	160000
8	50	150000	200000	200000	200000	200000	200000
9	60	140000	190000	240000	240000	240000	240000
10	70	130000	180000	230000	280000	280000	280000
11	80	120000	170000	220000	270000	320000	320000
12	90	110000	160000	210000	260000	310000	360000
13							
14							

[셀의 입력내용]

B7; =IF(($A7−B$6)<0, $A7*$D$3−$A7*$B$3, B$6*$D$3−$A7*$B $3
+($A7−B$6)*$F$3)   (B7을 C7에서 G12까지 복사한다)

당연한 일이지만 각 수요량에 있어서 발주량과 일치할 때, 이익이 최대가 된다. 또한 이익은 수요량이 많아질수록 커진다. 그러나 수요가 어느 정도 있는지는 불확정적이며 <표 11−2>와 같은 확률분포가 예측되고 있다. 그래서 위의 Excel 워크시트에서 구한 이익에 확률을 곱하여 이익의 기대치를 구한다.

수요와 발주량의 모든 편성에 대해서 이익의 기대치를 구하고, 발주량마다 기대치를 집계한 다음에 수요량마다의 확률분포를 그래프로 나타내면 다음과 같다.

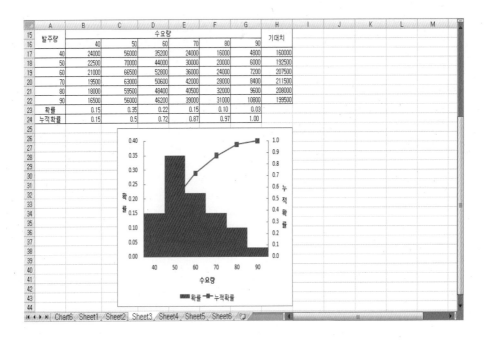

[셀의 입력내용]

B17; =B7*B$23   (B17를 C17에서 G22까지 복사한다)

B24; =SUM($B$23:B23)   (B24를 C24에서 G24까지 복사한다)

H17; =SUM(B17:G17)   (H17를 H18에서 H22까지 복사한다)

셀 B3, D3, F3의 구입가격, 판매가격, 처분가격의 값을 바꾼다든지 셀 B23에서 G23까지의 확률을 바꾸는 것만으로 기대치가 다시 계산된다. 이와 같이 Excel에서는 전체를 살피면서 조건을 바꾸어 시행착오를 행함으로써 최적해를 탐색할 수 있다고 하는 장점이 있다.

<표 11-1>의 케이스 A~C에 대한 이익의 기대치를 정리하면 <표 11-3>과 같다. 기대치가 최대가 될 때의 발주량이 최적발주량이다. 따라서 케이스 A에서는 70, 케이스 B에서는, 60, 케이스 C에서는 50이 된다.

표 11-3 케이스 A~C의 비교

	케이스 A	케이스 B	케이스 C
구입가격	8000원	8000원	10000원
판매가격	12000원	12000원	12000원
처분가격	7000원	5000원	5000원
이익률	0.8000	0.5714	0.2857
발주량 40의 기대치	160000원	160000원	80000원
발주량 50의 기대치	192500원	189500원	89500원
발주량 60의 기대치	207500원	194500원	74500원
발주량 70의 기대치	211500원	184100원	44100원
발주량 80의 기대치	208000원	163200원	3200원
발주량 90의 기대치	199500원	135300원	-44700원
최적발주량	70	60	50

$$(주)\ 이익률\ =\ \frac{이익}{이익 + 손실}$$

$$이익\ =\ 판매가격\ -\ 구입가격$$

$$손실\ =\ 구입가격\ -\ 처분가격$$

(2) 수요량 분포함수(누적확률) $F(x)$로부터 최적발주량 구하기

넓은 의미에서의 이익률(k)로서

$$k = \frac{이익 + 기회손실}{이익 + 손실 + 기회손실}$$

을 정의한다.

전술한 예제에서는 이익 = 판매가격 - 구입가격, 손실 = 구입가격 - 처분가격이며, 케이스 A의 이익률 $k = \dfrac{4000}{4000 + 1000} = 0.8000$이 된다. 같은 방법으로 계산하면 케이스 B는 $k = \dfrac{4000}{4000 + 3000} = 0.5714$이 되고, 케이스 C에서는 $k = \dfrac{2000}{2000 + 5000} = 0.2857$이

된다(기회손실은 생각하지 않는다).

이 이익률 k가 수요량 분포함수(누적확률) $F(x)$와의 사이에 다음과 같은 관계를 만족할 때의 x가 최적발주량이 된다는 것을 알 수 있다.

$$F(x-1) < = k < = F(x)$$

이 관계를 이용하면 위의 Excel 워크시트로부터 $F(40) = 0.15$, $F(50) = 0.50$, $F(60) = 0.72$, $F(70) = 0.87$이므로 다음과 같이 최적발주량을 구할 수 있다.

케이스 A $F(60) < 0.8000 < F(70)$로부터   최적발주량 = 70
케이스 B $F(50) < 0.5714 < F(60)$로부터   최적발주량 = 60
케이스 C $F(40) < 0.2857 < F(50)$로부터   최적발주량 = 50

3. 불확정적인 수요하에서 발주가 독립이 아닌 경우의 최적발주량
(<그림 11-1>의 ④인 경우)

일반적으로 발주하고 나서 입하하기까지 요하는 시간을 조달시간 또는 리드 타임이라고 부른다. 수요가 불확정적인 상황에서 조달시간을 생각한 발주를 행하지 않으면 안 되는 경우는 적지 않다. 즉, 조달시간 사이에 품절이 되지 않도록 어떤 타이밍에 얼마만큼 발주할 것인가에 대해서 결정하지 않으면 안 된다. 이 결정방법에 정량발주시스템(발주점방식)과 정기발주시스템의 두 가지가 있다. 다음의 예제를 이용해서 이들 두 가지의 방법에 대해서 설명하기로 하자.

[예제 11-3]
어떤 수퍼마켓에서 건전지의 구입과 판매를 행함에 있어서 다음과 같은 비용이 든다. 또한 발주하고 나서 입하하기까지 6일간의 조달시간이 걸린다.
　　　재고비용(1개를 1년간 재고관리하는 비용)　　50원
　　　발주비용(1회의 발주에 드는 비용)　　　　　400원
다음의 두 가지 조건 ①, ②를 전제로 한 경우의 각각에 대해서 최적발주량을 생각해 보자.
조건 ① : 연간 총수요량은 확정적이며 2700개이다. 또한 조달시간에 대한 수요의 확률분포는 다음의 <표 11-4>와 같다.

표 11-4 조달시간(6일간)에 대한 수요량과 확률

수요량	확률	누적확률
15	0.10	0.10
30	0.20	0.30
45	0.35	0.65
60	0.30	0.95
75	0.05	1.00

조건 ② : 며칠간 수요의 실적 데이터가 다음 표와 같다(연간 총수요량은 불분명하다).

표 11-5 며칠 간 수요의 실적 데이터

월일	수요량	월일	수요량
6월 1일	5	6월 8일	3
6월 2일	2	6월 9일	5
6월 3일	6	6월 10일	6
6월 4일	4	6월 11일	8
6월 5일	7	6월 12일	12
6월 6일	11	6월 13일	7
6월 7일	9	6월 14일	6

정량발주시스템(발주점방식)에서의 재고관리

정량발주시스템은 재고가 일정수준까지 줄었을 때에 일정량을 발주하는 방식이다. 발주하는 기준이 되는 재고수준을 발주점이라고 부른다. 품절을 일으키지 않는 범위에서 재고량이 최소가 되도록 조달시간을 고려하여 발주점을 정하지 않으면 안 된다. 연간 수요량으로부터 EOQ 공식을 적용하여 최적발주량을 구할 수 있다. 발주점에 대해서는 일반적으로 다음의 식과 같이 안전여유를 생각해서 결정한다.

발주점 = 조달시간중의 평균수요 + 안전여유

이하 [예제 11-3]을 정량발주시스템(발주점방식)으로 생각한다.

조건 ① : 연간 총수요량과 조달시간에 대한 수요의 확률분포를 알고 있다

연간 총수요량은 2700으로 확정적이므로, EOQ 공식을 적용해서 다음과 같이 최적 발주량을 구한다.

$$최적발주량 = \sqrt{\frac{2 \times 2700 \times 400}{50}} = 207.8460 \fallingdotseq 208$$

또한 연간 수요량이 2700이므로, 조달시간인 6일간의 평균수요량은

$$2700 \div 365 \times 6 = 44.3836 \fallingdotseq 44$$

가 된다. 만일 발주점을 44개로 하면, 재고가 44개 되었을 때에 발주하게 되므로 그리고 나서 입하하기까지의 6일간(조달시간 중)에 45개 이상의 수요가 있다면 품절이 되어 버린다. 품절이 될 확률은 조달시간 중에 수요가 45개 이상일 확률이며, <표 11-4>로부터 1 - 0.65 = 0.35가 된다. 이 품절이 될 확률 (=품절률)을 좀더 낮게 하고 싶은 경우에는 발주점을 높일 필요가 있다. 예를 들어 품절률이 5% 이하가 되도록 하고 싶다면, 발주점은 59개가 된다(<표 11-4>에서 누적확률 0.95의 수요량이 60이므로, 59개에서 발주하면 품절률이 5% 이하가 된다).

조건 ② : 며칠간만 수요의 실적 데이터를 알고 있다

실적 데이터를 기초로 수요의 확률분포에 대해서 정규분포(또는 포아송 분포 등)을 가정한다. 단위기간에 대한 수요의 표준편차를 알면, 그것을 기초로 안전여유(안전재고)를 계산할 수 있다. 안전계수는 품절률을 어느 정도 예상하느냐에 따라서 다르다.

$$안전여유 = 안전계수 \times \sqrt{조달시간} \times 단위기간의\ 수요의\ 표준편차$$

Excel을 이용해서 며칠간만의 수요 데이터로부터 발주점을 구해 보자. 여기에서는 품절률이 5% 이하가 되도록 하는 발주점을 구한다. 수요량이 평균치와 분산(=표준편차의 제곱)의 정규분포에 따른다고 가정한다. 안전계수는 품절이 일어날 수요량(품절이 5% 이하를 생각하는 경우에는 정규분포에서 확률 누계가 0.95가 되는 수요량)과 평균수요량과의 차를 표준편차로 나누어서 구할 수 있다.

이 예제에서는 최종적으로 다음과 같은 해를 구할 수 있다.

연간 총수요량 예측(= 1일당의 평균수요량 × 365) = 6.5 × 365 ≒ 2373

EOQ 공식으로부터

$$최적발주량 = \sqrt{\frac{2 \times 2373 \times 400}{50}} \fallingdotseq 195$$

$$안전여유 = 안전계수 \times \sqrt{조달시간} \times 표준편차$$

$$= 1.645 \times \sqrt{6} \times 2.82162 \fallingdotseq 11$$

$$\text{발주점} = \text{평균수요} + \text{안전여유} = 6.5 \times 6 + 11 \fallingdotseq 50$$

	A	B	C	D	E	F
1	며칠간만의 데이터로부터 발주점 구하기					
2						
3	데이터			조건		
4	월일	수요량		재고비용(원/개·년)	50	
5	6월 1일	5		발주비용(원/회)	400	
6	6월 2일	2		구입가격(원)	500	
7	6월 3일	6		판매가격(원)	800	
8	6월 4일	4		조달시간(일)	6	
9	6월 5일	7		품절률	5%	
10	6월 6일	11				
11	6월 7일	9		품절률	안전계수	
12	6월 8일	3		0%	#NUM!	
13	6월 9일	5		1%	2.3263	
14	6월 10일	6		3%	1.8808	
15	6월 11일	8		5%	1.6449	
16	6월 12일	12		10%	1.2816	
17	6월 13일	7		15%	1.0364	
18	6월 14일	6		20%	0.8416	
19						
20	평균	6.5				
21	표준편차	2.82162				
22						
23	연간 총수요량 예측(=1일당의 평균수요량·365)				2373	
24	최적발주량(EOQ 공식으로부터)				195	
25	안전여유(=안전계수·조달시간의 제곱근·표준편차)				11	
26	발주점(=평균수요+안전여유)				50	

[셀의 입력내용]

B20; =AVERAGE(B5:B18)

B21; =STDEV(B5:B18)

E12; =(NORMINV(1−D12, $B$20, $B$21)−$B$20)/$B$21

(E12를 E13에서 E18까지 복사한다)

E23; =B20*365

E24; =SQRT(2*E23*E5/E4)

E25; =((NORMINV(1−E9, $B$20, $B$21)−$B$20)/$B$21)*SQRT(E8)* B21

E26; =B20*E8+E25

이와 같은 Excel의 워크시트를 사용하면 수요의 실적이나 조달시간 등 여러 가지의 조건을 바꾼 계산결과를 즉시 볼 수가 있다.

정기발주시스템에서의 재고관리

정기발주시스템은 발주시점을 정기적으로 고정하고, 발주시점마다 존재하고 있는 재고량과 기준이 되는 재고량(재고기준량)과의 차만큼을 발주한다고 하는 방식이다. 발주간격은 1주간, 1개월, 3개월 등으로 일정하게 되며 변동하는 수요에 맞춰서 발주할 수 있다. 이 방식에서는 발주간격과 재고기준량의 결정방식이 요점이 된다. 발주간격의 결정에는 다음의 식이 자주 이용되고 있다.

$$발주간격 = \frac{연간일수}{연간발주횟수} = 연간일수 \times \frac{경제적\ 발주량}{연간\ 총수요량}$$

$$기준재고량 = 발주간격에\ 대한\ 평균수요량$$
$$+ 조달시간에\ 대한\ 평균수요량 + 안전여유$$

이하 [예제 11-3]을 이번에는 정기발주시스템에서 생각하기로 한다.

조건 ① : 연간 총수요량과 조달시간에 대한 수요의 확률분포를 알고 있다.
발주간격을 구하면 다음과 같이 28일이 된다.

$$발주간격\ 365 \times 208/2700 ≒ 28$$

품절률이 5% 이하가 되도록 하고 싶다면, 조달시간인 6일간에 대한 안전여유를 포함하는 재고는 <표 11-4>로부터 60개가 된다. 따라서 발주간격인 28일간의 평균수요량에 60개를 더한 것이 기준재고량이 된다. 이 경우에 28일마다 발주를 반복하게 되며,

$$1일의\ 평균수요량\quad 2700 \div 365 = 7.3973\cdots$$
$$기준재고량\qquad\quad 28 \times 7.3973 + 60 ≒ 267$$

이 된다.

조건 ② : 며칠간만 수요의 실적 데이터를 알고 있다
발주간격은 다음의 식으로부터 30일이 된다.

$$발주간격\quad 365 \times 195 / 2373 ≒ 30$$

여기에서 수요가 <표 11-5>의 실적 데이터를 근거로 한 정규분포에 따른다고 가정한 경우, 품절률이 5% 이하가 되는 안전여유는 이미 설명한 바와 같이 다음의 식으로 계산할 수 있다.

$$안전여유 \ = \ 안전계수 \times \ 조달시간의 \ 제곱근 \times \ 표준편차$$
$$= \ 1.645 \times \ \sqrt{6} \times 2.82162 \ ≒ \ 11$$

따라서

$$기준재고량(30 \ + \ 6) \times \ 6.5 \ + \ 11 \ ≒ \ 245$$

가 된다.

4. 시뮬레이션에 의한 정량발주법과 정기발주법의 비교

정량발주시스템(발주점방식)과 정기발주시스템에는 각각 장점과 단점이 있다. 정량발주시스템은 번거롭지 않고 재고량도 적게 되지만, 생산이나 회계 기간의 구분과 일치하지 않는다고 하는 문제가 있다. 정기발주시스템은 판매근거 정보가 정확히 파악되며 기간계획과 일치한 발주가 가능해지지만, 번거롭고 재고가 많아진다.

전술한 [예제 11 – 3]에서 조건 ②(며칠간만의 수요실적을 알고 있는 경우)에 대하여 정량발주시스템(발주점방식)과 정기발주시스템에서 어떠한 차이가 나타날 것인가. 난수를 이용해서 근사적인 해를 구할 수 있는 몬테 칼로법을 이용하여 양자를 시뮬레이션해 보자. 몬테 칼로법이란 확률적 변동요소가 포함되어 있을 때에 난수를 이용해서 시뮬레이션을 행하는 수법으로 도박으로 유명한 모나코의 몬테 칼로(Monte Carlo)에서 그 이름이 붙여졌다고 전해지고 있다.

먼저 정규난수를 발생시켜서 수요의 값을 의사적(擬似的)으로 작성한다. 그리하여 그 수요량을 사용해서 정량발주시스템과 정기발주시스템의 재고량 추이를 구한다.

그 순서는 다음과 같다.

▶ Excel에 의한 해법

[순서 1] 표의 준비

다음과 같은 표를 준비하고 표본(며칠 간의 수요 실적 데이터)으로부터 기준이 되는 평균치 μ, 표준편차 σ를 결정한다.

앞의 분석결과로부터 $\mu \ = \ 6.5$, $\sigma \ = \ 2.82162$를 각각 입력한다.

	A	B	C	D	E	F	G
1							
2		기준이 되는 값	난수로부터 얻어진 값				
3	평균 μ	6.5					
4	표준편차 σ	2.82162					
5							
6							
7							
8	[0, 1]의 일양난수	N(0, 1)의 정규난수	N(μ, σ²)				
9							
10							
11							
12							
13							
14							
15							
16							
17							
18							
19							
20							

[순서 2] 난수의 발생

정규분포 $N(\mu, \sigma^2)$에 따르는 정규난수를 생성한다. 먼저 함수 RAND()를 이용해서 일양난수를 생성한다(셀 A9~A16). 다음에 N(0, 1)에 따르는 정규난수를 박스·뮬러(Box－Muller)법에 의해서 생성한다(셀 B9~B16). 즉, 두 개의 일양난수 U1, U2로부터

$$Z_1 = \sqrt{-2\ln(U_1)}\,cos(2\pi U_2), \quad Z_2 = \sqrt{-2\ln(U_1)}\,sin(2\pi U_2)$$

	A	B	C	D	E	F	G
1							
2		기준이 되는 값	난수로부터 얻어진 값				
3	평균 μ	6.5	6				
4	표준편차 σ	2.82162	1.72689				
5							
6							
7							
8	[0, 1]의 일양난수	N(0, 1)의 정규난수	N(μ, σ²)				
9	0.544288	-0.576772	5				
10	0.662421	-0.940153	4				
11	0.849841	-0.570289	5				
12	0.496223	0.013538	7				
13	0.617971	-0.311666	6				
14	0.301448	0.930319	9				
15	0.736399	-0.601265	5				
16	0.389524	0.500446	8				
17							
18							
19							
20							

[셀의 입력내용]

A9; ＝RAND()(A9를 A10에서 A16까지 복사한다)

B9; ＝SQRT(－2*LN(A9))*COS(2*3.14159*A10)

B10; =SQRT(−2*LN(A9))*SIN(2*3.14159*A10)

      (B9:B10을 B15:B16까지 복사한다)

C9; =ROUND($B$4*B9+$B$3, 0)(C9를 C10에서 C16까지 복사한다)

C3; =AVERAGE(C9:C16)

C4; =STDEV(C9:C16)

에 의해 두 개의 독립적인 표준정규난수를 생성한다. 그리고 표준정규난수를 μ = 6.5, σ = 2.82162가 되도록 변환해서 C열의 셀에 $N(\mu, \sigma^2)$의 난수를 생성한다. 즉, $x = \sigma \times Z + \mu$를 구한다. 여기에서는 함수 ROUND($x$, 소수점 이하의 자리수)를 사용하여 정수가 되도록 사사오입하고 있다.

생성한 $N(\mu, \sigma^2)$ 난수의 평균치와 표준편차를 구하여, 기준으로 한 원래의 값과 비교한다거나 히스토그램으로 표시한다거나 해서 난수의 상태를 확인해 본다.

[순서 3] 정량발주법과 정기발주법의 재고 계산

앞에서 구한 $N(\mu, \sigma^2)$의 정규난수를 매일의 수요량으로 해서 정량발주법과 정기발주법의 재고추이를 구한다.

이 예에서는 발주일과 입하일을 알기 위해서 I열과 M열에 조달시간 flag라고 하는 항목을 마련했다. 정량발주법에서는 재고가 발주점보다 작아졌을 때 발주하는데, I열에 그 발주 후의 경과일수를 표시하도록 하고 있다. 정기발주법에서는 M열에 발주일의 발주량을 표시하고, 조달시간의 최종일만 표시되도록 하고 있다. 다음은 120일간의 시뮬레이션을 실시한 예이다. 각 셀의 내용은 다음과 같다.

H10;   정량발주법 : 재고량 = 전날의 재고−판매수

       입하시(조달시간 최종일 다음 날)에는 발주량을 더한다.

       =IF(I9=$H$5, H9−J10+$H$3, H9−J10)

I10;   정량발주법 : 발주개시후의 경과일수(조달시간 flag)

       =IF(H10<$H$4, I9+1, 0)

J10;   정량발주법 : 판매수(전날의 재고 ≥ 당일의 수요량일 때는 판매수 = 수요량, 전날의 재고 < 당일의 수요량일 때는 판매수 = 전날의 재고)

       =IF(H9>G10, G10, H9)

K10;   정량발주법 : 품절수(전날의 재고 ≥ 당일의 수요량일 때는 0, 전날의 재고 < 당일의 수요량일 때는 품절수 = 전날의 재고 − 당일의 수요량

$$=IF(H9>G10,\ 0,\ H9-G10)$$

L10; 정기발주법 : 재고량(입하시에는 발주량을 더한다. 발주량은 M열에 계산된다. 즉, 입하시에는 M열에서 「현재의 행 번호 조달시간」에 해당되는 셀에 격납되어 있는 발주량을 OFFSET 함수로 구한다. 단, 최초의 발주일까지는 입하를 고려할 필요가 없다)

$$=IF(F10<\$I\$6,\ L9-N10,\ IF(M9=\$I\$5,\ L9-N10$$
$$+OFFSET(M9,\ -\$I\$5,\ 0,\ 1,\ 1),\ L9-N10))$$

M10; 정기발주법 : 정기발주시의 발주량 또는 조달시간 경과일수(최종일만)

$$=IF(MOD(F10,\ \$I\$6)=0,\ \$I\$3-L10,\ IF(F10<\$I\$6,\ 0,\ IF(MOD\ (F10,\ \$I\$6)$$
$$=\$I\$5,\ \$I\$5,\ 0)))$$

여기에서 MOD(a, b)는 a ÷ b의 나머지를 구하는 함수이다.

N10; 정기발주법 : 판매수(전날의 재고 ≥ 당일의 수요량일 때는 판매수 = 수요량, 전날의 재고 < 당일의 수요량일 때는 판매수 = 전날의 재고)

$$=IF(H9>G10,\ G10,\ H9)$$

O10; 정기발주법 : 품절수(전날의 재고 ≥ 당일의 수요량일 때는 0, 전날의 재고 < 당일의 수요량일 때는 품절수 = 전날의 재고 − 당일의 수요량

$$=IF(H9>G10,\ 0,\ H9-G10)$$

	F	G	H	I	J	K	L	M	N	O
1										
2			정량발주법	정기발주법						
3		발주량	195	245						
4		발주점	50	-						
5		조달시간	6	6						
6		발주간격	-	30						
7										
8	일수	난수로부터 구한 수요	정량발주법의 재고	조달시간 flag		판매수	품절수	정기발주법의 재고	조달시간 flag(발주량)	판매수	품절수
9	초기치	-	195	-		-	-	245	-	-	-
10	1	6	189	0		6	0	239	0	6	0
11	2	8	181	0		8	0	231	0	8	0
12	3	12	169	0		12	0	219	0	12	0
13	4	4	165	0		4	0	215	0	4	0
14	5	6	159	0		6	0	209	0	6	0
15	6	9	150	0		9	0	200	0	9	0
16	7	5	145	0		5	0	195	0	5	0
17	8	3	142	0		3	0	192	0	3	0
18	9	9	133	0		9	0	183	0	9	0
19	10	8	125	0		8	0	175	0	8	0
20	11	10	115	0		10	0	165	0	10	0
21	12	5	110	0		5	0	160	0	5	0
22	13	9	101	0		9	0	151	0	9	0
23	14	9	92	0		9	0	142	0	9	0

[셀의 입력내용]

H9; 195

L9; 245

G10; =ROUND($B$4*B9+$B$3, 0) (G10을 G11에서 G129까지 복사한다)

H10; =IF(I9=$H$5, H9−J10+$H$3, H9−J10)

(H10을 H11에서 H129까지 복사한다)

I10; =IF(H10<$H$4, I9+1, 0)   (I10을 I11에서 I129까지 복사한다)

J10; =IF(H9>G10, G10, H9)   (J10을 J11에서 J129까지 복사한다)

K10; =IF(H9>G10, 0, H9−G10)   (K10을 K11에서 K129까지 복사한다)

L10; =IF(F10<$I$6, L9−N10, IF(M9=$I$5, L9−N10 +OFFSET(M9,

−$I$5, 0, 1, 1), L9−N10)) (L10을 L11에서 L129까지 복사한다)

M10; =IF(MOD(F10, $I$6)=0, $I$3−L10, IF(F10<$I$6, 0,

IF(MOD(F10, $I$6)=$I$5, $I$5, 0)))

(M10을 M11에서 M129까지복사한다)

N10; =IF(L9>G10, G10, L9)   (N10을 N11에서 N129까지 복사한다)

O10; =IF(L9>G10, 0, L9−G10) (O10을 O11에서 O129까지 복사한다)

정량발주법과 정기발주법에서의 재고계산 결과 다음과 같은 사실을 알 수 있다.

	F	G	H	I	J	K	L	M	N	O
1										
2			정량발주법	정기발주법						
3		발주량	195	245						
4		발주점	50	−						
5		조달시간	6	6						
6		발주간격	−	30						
7										
8	일수	난수로부터 구한 수요	정량발주법의 재고	조달시간 flag		판매수	품절수	정기발주법의 재고	조달시간 flag(발주량)	판매수	품절수
9	초기치	−	195	−		−	−	245		−	−
10	1	4	191	0	4	0	241	0	4	0
11	2	6	185	0	6	0	235	0	6	0
12	3	5	180	0	5	0	230	0	5	0
13	4	9	171	0	9	0	221	0	9	0
32	23	6	61	0	6	0	111	0	6	0
33	24	4	57	0	4	0	107	0	4	0
34	25	8	49	1	8	0	99	0	8	0
35	26	11	38	2	11	0	88	0	11	0
36	27	2	36	3	2	0	86	0	2	0
37	28	7	29	4	7	0	79	0	7	0
38	29	4	25	5	4	0	75	0	4	0
39	30	2	23	6	2	0	73	172	2	0
40	31	4	214	0	4	0	69	0	4	0
41	32	7	207	0	7	0	62	0	7	0
42	33	9	198	0	9	0	53	0	9	0
43	34	11	187	0	11	0	42	0	11	0
44	35	7	180	0	7	0	35	0	7	0
45	36	9	171	0	9	0	26	6	9	0
46	37	9	162	0	9	0	189	0	9	0
47	38	6	156	0	6	0	183	0	6	0
48	39	7	149	0	7	0	176	0	7	0
49	40	7	142	0	7	0	169	0	7	0

Sheet1 / Sheet2 / Sheet3 / Sheet4 / Sheet5 / Sheet6 /

셀 F38	: 정기발주일	셀 I34~I39	: 발주후의 경과일수
셀 H34	: 발주점 이하	셀 L46	: 입하
셀 H40	: 입하	셀 M39	: 발주량

위의 재고계산 결과 재고량의 추이를 그래프로 나타내면 다음과 같다.

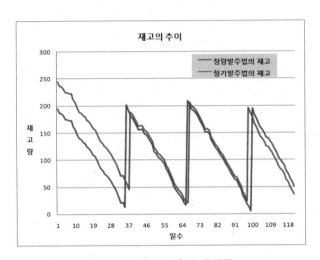

그림 11-4　재고의 추이 그래프

정량발주법과 정기발주법에서의 재고계산 결과에 대해서 F9 키를 누르면 몇 번이고 재계산이 이루어진다. 이 경우에 정량발주법 쪽이 정기발주법보다 1일당 평균재고가 적다는 것을 알 수 있다.

제12장

선형계획법

제1절 선형계획법의 기초지식

생산계획이나 판매계획을 생각할 때, 어떤 제약조건 아래에서 최대한의 효과를 내도록 관련된 각 항목의 값을 정하고 싶은 경우가 있다. 예를 들면, 어떤 빵집에서는 딸기 케이크 x개와 스페셜 케이크 y개를 만들어서 400원/개 × x개와 500원/개 × y개의 이익을 예상하고 있다. 딸기 케이크에는 밀가루를 200g, 딸기를 2개 사용하고 스페셜 케이크에는 밀가루를 300g, 딸기를 1개 사용한다. 지금 이 빵집에는 밀가루는 10kg, 딸기는 60개밖에 없으며 이 만큼의 재료로 케이크를 만들지 않으면 안 된다. 만든 케이크는 모두 팔릴 것으로 가정하고 최대의 이익 z를 올리기 위해서는 각각의 케이크를 몇 개 만들면 좋겠는가?

이와 같은 문제를 풀 수 있는 수학적 방법으로서 선형계획법(LP : Linear Programming)이 있다. 선형계획법에서는 구하려고 하는 수량(이익, 코스트의 합계 등)을 몇 개의 변수(각 상품의 개수, 각 재료의 중량 등)에 의한 1차식으로 나타낸다(이것을 목적함수라고 부른다). 동시에 이들 변수가 취할 수 있는 범위에 대해서도 등식 또는 부등식으로 나타낸다(이것을 제약조건이라고 부른다).

앞에서 언급했던 케이크의 이익문제에서는 $z = 400x + 500y$가 목적함수이고, $200x + 300y \leq 10000$과 $2x + y \leq 60$이 제약조건이 된다. 이와 같은 목적함수와 제약조건을 식으로 나타내는 것을 정식화라고 한다. 정식화가 되면 이 식을 기초로 도식해법이나 수치해법으로 해를 구한다. 어느 해법으로든 해는 같다. 이 예제에서는 딸기 케이크를 20개, 스페셜 케이크를 20개 만들었을 때 이익이 18000원으로 최대가 된다고 하는 해가 구해진다.

선형계획법은 서로 관련된 몇 가지의 활동에 있어서 종합적으로 보아 가장 좋은 계획을 세우기 위한 하나의 계산기술로서, 1차식의 제약조건 아래에서 1차식을 최적화하는 문제라고 하는 것을 알 수 있다. 구해진 해를 최적해라고 부른다. 도식해법은 제약조건과 목적함수의 관계를 시각적으로 파악하여 문제의 이해를 깊게 할 수 있다. 그러나 도식해법에서는 2변수까지밖에 취급할 수 없다고 하는 문제가 있다.

실제의 문제를 풀기 위한 수치해법으로서는 G. B. Dantzig에 의해서 제안된 단체법(simplex method)이라고 불리는 방법이 유명하다. 단체법을 손으로 계산한다는 것은 어려우므로, 이전부터 몇 가지의 소프트웨어가 개발되어 이용되어 왔다. 한편, Excel에는 선형계획법을 위한 도구로서 「해 찾기」가 준비되어 있어 간단히 이용할 수 있다. 여기에서는 도식해법에 대해서 이해한 다음, Excel의 「해 찾기」에 의해서 몇 가지 대표적인 문제를 풀어 보기로 한다.

제 2 절 최대화 · 최소화 문제

최대화 문제란 목적변수 z가 식 (12-1)에서 보이는 바와 같은 몇 개의 계획변수 x_j, $j = 1, \cdots, n$과 이익계수 c_j, $j = 1, \cdots, n$의 1차식으로 표현되어 있고 식 (12-2)~(12-5)의 제약조건 아래에서 z를 최대화하는 해를 얻는 것이다. 식 (12-1)~(12-5)는 최대화 문제를 일반적인 형태로 기술한 것이다.

$$\text{목적변수} \quad : z = \sum_{j=1}^{n} c_j x_j \qquad\qquad (12-1)$$

$$(\text{이 } z \text{를 최대화하기 위한 } x_j \text{를 구한다})$$

$$\text{제약조건 1} : \sum_{j=1}^{n} c_{ij} x_{ij} \leq b_i \qquad j = 1, \cdots, m_1 \qquad (12-2)$$

$$\text{제약조건 2} : \sum_{j=1}^{n} c_{ij} x_{ij} = b_i \qquad j = m_1 + 1, \cdots, m_2 \qquad (12-3)$$

$$\text{제약조건 3} : \sum_{j=1}^{n} c_{ij} x_{ij} \geq b_i \qquad j = m_2 + 1, \cdots, m \qquad (12-4)$$

$$x_j \geq 0 \qquad j = 1, \cdots, n \qquad x_j \text{가 음이 아닌 조건} \qquad (12-5)$$

$$b_i \geq 0 \qquad i = 1, \cdots, m$$

$$\text{식 } (12-2) \text{~} (12-4) \text{의 bi가 음이 아닌 조건} \qquad (12-6)$$

최소화 문제의 경우에는 식 (12-1)의 목적함수에 −1을 곱해서 최대화 문제와 마찬가지로 다룰 수 있다.

일반적인 형태로 나타내면 어렵게 보이지만 구체적인 예를 들어 생각하면 극히 일상생활에서 일어나고 있는 친숙한 문제라는 것을 알 수 있다.

[예제 12-1] 최대화 문제

어떤 회사에서 제품 A와 제품 B를 생산하고자 한다. 제품 A를 10kg 만들기 위해서는 원료가 9kg, 전력이 4kw, 인력이 3인/일 만큼 필요하다. 또한 제품 B를 10kg 만들기 위해서는 원료가 4kg, 전력이 5kw, 인력이 10인/일 만큼 필요하다. 그런데 지금 이회사에서 이용할 수 있는 것은 원료가 360kg, 전력이 200kw, 인력이 300인/일까지라고 하는 제한이 있다. 제품 A는 10kg에 대해서 7만원의 이익을 낳고, 제품 B는 10kg에 대해서 12만원의 이익을 낳는다는 것을 알고 있다. 이와 같은 조건에서 이익이 최대가 되도록 제품 A와 제품 B의 생산량 x, y를 정해 보자.

생산량 x, y를 10kg 단위로 생각하면 이익을 나타내는 목적함수 z는 다음과 같이 된다.

$$z = 7x + 12y \qquad \cdots \quad \text{(a)}$$

또한 원료, 전력, 인력의 제약조건은 다음과 같이 된다.

$$9x + 4y \leq 360 \qquad \cdots \quad \text{(b)}$$
$$4x + 5y \leq 200 \qquad \cdots \quad \text{(c)}$$
$$3x + 10y \leq 300 \qquad \cdots \quad \text{(d)}$$

당연한 사실이지만 생산량은 음(마이너스)이 되지 않으므로 다음과 같은 제약조건이 추가된다.

$$x \geq 0, \ y \geq 0 \qquad \cdots \quad \text{(e)}$$

이 문제는 <그림 12-1>과 같은 도형으로 풀 수가 있다. <그림 12-1>에서는 식 (b)~(e)의 모든 제약조건을 만족하는 영역이 다각형 OABCD이다 이 영역 내에서 식 (a)의 z가 최대가 되는 것은 식 (a)에 대해서 y 절편을 β 로 놓고 직선의 식으로 변형한 $y = -\dfrac{7}{12}x + \beta$의 직선 중 β 가 최대가 되는 경우이다. 즉, 식 (c)와 식 (d)의 교점인 B점 (20, 24)를 지나는 것이라는 사실을 알 수 있다. 따라서 제품 A를 20단위(200kg), 제품 B를 24단위(240kg) 만들었을 때 이익 z는 $7 \times 20 + 12 \times 24 = 428$만 원으로 최대가 된다. 이것이 이 문제의 최적해이다.

그림에 의한 해법을 봄으로써 어떤 문제를 다루고자 하는지에 대해서 이해할 수 있을 것이다. 그러나 실제의 문제에서는 제품의 종류는 수없이 많이 존재하고 원료, 전력이나 인력 이외에도 많은 제약조건이 존재한다.

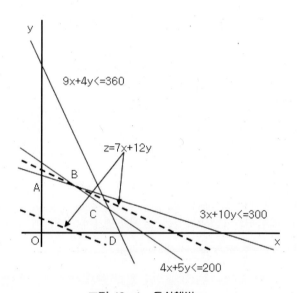

그림 12-1 도식해법

즉, 대형의 연립부등식이 될 터인데, 그것들을 도해법으로 푼다는 것은 간단하지 않다. 그래서 Excel의 해 찾기를 이용해서 문제를 풀기로 한다.

해 찾기란 Excel의 도구 중 하나로서 준비되어 있는 코멘드 세트이다. 해 찾기를 사용하면 워크시트의 목표 셀이라고 불리는 셀에 입력되어 있는 수식의 최적해를 구할 수 있다. 해 찾기는 「목표 셀」의 수식에 직접 또는 간접적으로 관련된 복수의 셀을 사용해서 실행된다. 즉, 해 찾기에서는 제약조건식을 지정한 다음에 「값을 바꿀 셀」이라고 불리는 셀의 값을 자동적으로 증감시킴으로써 최적해를 찾아낼 수 있는 것이다.

[예제 12-1]을 해 찾기로 풀어 보도록 하자.

▶ Excel에 의한 해법

[순서 1] 제약조건과 목적함수의 입력

주어진 제약조건과 목적함수를 입력하고, 제품 A(x)와 제품 B(y)의 값을 바꿀 셀에 대한 초기값을 각각 '1'이라고 입력한다.

	A	B	C	D	E	F
					fx	=B9*B10+C9*C10
1	〈제약조건〉	제품 A(x)	제품 B(y)	합계	부등호	제한
2	제약조건 1(원료)	9	4	13	<=	360
3	제약조건 2(전력)	4	5	9	<=	200
4	제약조건 3(인력)	3	10	13	<=	300
5	제약조건 4(x)	1	0	1	>=	0
6	제약조건 5(y)	0	1	1	>=	0
7						
8	〈목적함수〉	제품 A(x)	제품 B(y)		이익합계(만원)	
9	이익(만원/10kg)	7	12			
10	생산량(x 10kg)	1	1		19	

[셀의 입력내용]

D2; =B2*$B$10+C2*$C$10   (D2를 D3에서 D6까지 복사한다)

E10; =B9*B10+C9*C10

[순서 2] 해 찾기의 실행

(1) 메뉴에서 [데이터]−[해 찾기]를 선택하면 [해 찾기 매개 변수]라고 하는 대화 상자가 나타난다. 다음과 같이 입력한다.

(2) 제한 조건을 입력하기 위해서 먼저 [추가(A)] 버튼을 클릭하면 다음과 같은 [제한 조건 추가] 대화상자가 나타난다.

셀 참조   : $D$2:$D$4

제한 조건   : $F$2:$F$4

라고 입력하고 [확인] 버튼을 클릭한다. 여기에서 관련기호가 같으면 [셀 참조]와 [제한 조건]의 셀 범위를 지정하는 것도 가능하다.

(3) 같은 방법으로 [추가(A)] 버튼을 클릭한 다음

셀 참조   : $D$5:$D$6

제한 조건   : $F$5:$F$6

라고 입력하고 [확인] 버튼을 클릭한다. 이때 부등호도 다음과 같이 바꾸어 준다.

(4) 입력이 끝난 [해 찾기 매개 변수] 대화상자는 다음과 같다.

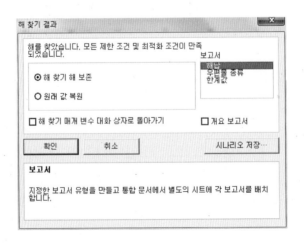

(5) 여기에서 [해 찾기(S)] 버튼을 클릭하면 [해 찾기 결과] 대화상자가 나타난다.
[보고서] 난의 [해답]을 선택하고 나서 [확인] 버튼을 누른다.

[순서 3] 해 찾기의 실행결과

해 찾기를 실행하면 제품 A(x)와 제품 B(y)의 값을 바꿀 셀에 대한 최적해가 구해지고, 이에 대한 이익합계가 계산되어 구해지고 있는 것을 알 수 있다.

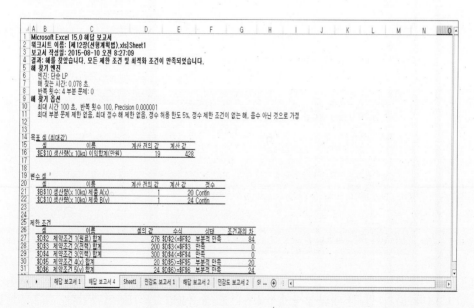

이 예제에서의 최적해로서 도해법과 같은 $x = 20$, $y = 24$가 구해지고 각 제약조건이 충족되고 있다는 것을 확인할 수 있다. 자동적으로 출력된 「해답 보고서 1」이라고 하는 시트에는 다음과 같은 내용이 표시된다. 제약조건 2, 3에는 「만족」이라고 하는 표시가 있는데 비해서 제약조건 1에는 「부분적 만족」이라고 표시되어 있다. 즉, 원료에는 아직 여유가 있지만 전력과 인력에 대해서는 제한의 한계점까지 이용한다고 하는 결과가 되었다는 것을 나타내고 있다.

민감도분석

　선형계획법에 대한 문제에서 입력 데이터의 값이 변할 때 최적해가 얼마나 민감하게 변화하는가에 대한 분석을 민감도분석(sensitivity analysis)이라고 한다. 주어진 입력 데이터에 대한 최적해를 구한 다음 입력 데이터가 변할 때 최적해의 변화 양상을 미리 분석해 보는 것은 모형을 현실문제에 적용하는 데 있어서 아주 중요한 과정이라고 할 수 있다. 선형계획법의 모형에 대한 민감도분석은 보통 목표 셀 계수와 제한 조건의 우변 상수에 대하여 주로 행해져 왔다.

　[예제 12-1]에 대한 민감도분석의 실행순서는 다음과 같다.

[순서 1] 옵션의 선택

　(1) 최적해를 구했던 다음의 대화상자에서 다시 [해 찾기] 버튼을 클릭한다.

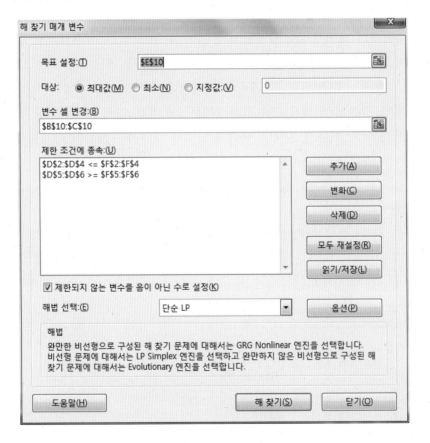

　(2) [해 찾기 결과] 대화상자에서 [우편물 종류](민감도)를 선택한다. 그 나머지 사

항은 원래대로 둔다. 여기에서 [확인] 버튼을 클릭한다.

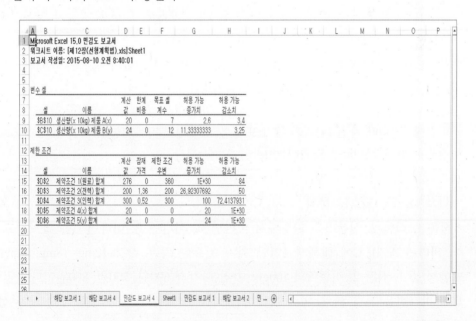

[순서 2] 민감도분석 결과 출력

다음은 [예제 12-1]에 대한 민감도 보고서이다. 민감도 보고서는 변수 셀과 제한
조건의 두 가지 표로 구성된다.

값을 바꿀 셀에 대한 표에는 셀, 이름, 계산 값, 한계비용, 목표 셀 계수, 허용 가능 증가치, 허용 가능 감소치 등이 포함된다. 여기에서 계산 값이란 해 찾기에 의해서 얻어진 최적해를 말한다. 허용 가능 증가치와 허용 가능 감소치란 현재의 최적해가 변하지 않는다는 조건 아래에서 하나의 값을 바꿀 셀에 대응하는 목표 셀 계수의 허용 가능 범위를 의미한다. 이때 입력 데이터는 변하지 않는다고 가정한다. 즉, 값을 바꿀 셀 B10에 대응하는 목표 셀 계수의 입력 데이터는 셀 B9의 데이터이다. 따라서 셀 B9의 값이 현재의 7에서 [3.6, 9.6] 범위 내에서 어떤 값으로 변해도 최적해는 변함이 없다.

값을 바꿀 셀의 한계비용(marginal cost)은 해당 제품을 1단위 생산하는 데 추가로 발생하는 비용을 가리킨다. [예제 12-1]에서는 제품 A나 제품 B모두가 최적의 상태에서 생산하고 있기 때문에 추가로 비용이 발생할 필요가 없다. 그러나 최적의 상태에서 어느 제품에 대한 생산량이 '0'이라면 이 제품을 1단위 생산에 참여하게 함으로써 전체의 이익은 감소하게 된다. 이와 같이 생산에 참여하지 않았던 제품을 1단위 생산하게 함으로써 발생하는 이익의 감소분을 그 제품의 한계비용 또는 수정비용(reduced cost)이라고 부른다.

민감도 보고서의 제한 조건 표 중 잠재가격(shadow price)이란 해당 제한 조건의 우변 값을 1단위 증가시킬 때 목표 셀 값의 변화량을 의미하고 라그랑지 승수(Lagrange Multiplier)라고도 한다. 즉, 최적의 상태에서 원료 1kg의 증가는 이익을 증가시키지 않는다. 왜냐하면 최적 상태에서 원료의 사용량은 276kg인데 사용 가능한 양은 360kg이기 때문이다. 그러므로 잠재가격은 0이다. 전력 1kw의 증가는 1.36만 원의 이익을 증가시키므로 잠재가격이 1.36만 원이다. 그리고 인력 1인/일의 증가는 0.52만 원의 이익을 증가시키므로 잠재가격은 0.52만 원이다.

> 잠재가격이란 자원 1단위의 증가 또는 감소가 미치는 목적함수 값의 변화 정도로서, 자원의 한계가치 또는 기회비용이라고 할 수 있다.

[예제 12-2] 최소화 문제

식품 1, 식품 2, 식품 3을 편성해서 비타민 A, 비타민 B, 비타민 C를 확보하고자 한다. 비타민 A, B, C에 대해서 1일당 최저 필요한 양은 각각 12mg, 18mg, 12mg이다. 또한 식품 1, 식품 2, 식품 3의 100g당 가격은 각각 600원, 700원, 800원이다. 1일에 필요한 비타민을 가장 싼 값으로 취하려면 식품 1, 식품 2, 식품 3을 각각 몇 g 섭취하면 좋겠는가?

표 12-1 각 식품 100g 중에 포함된 비타민 (단위 : mg)

	식품 1	식품 2	식품 3
비타민 A	2	1	3
비타민 B	2	6	1
비타민 C	0	4	2

100g을 1단위로 해서 식품 1, 식품 2, 식품 3을 각각 x단위, y단위, z단위 구입했을 때의 가격 w는 다음의 식으로 표현된다.

$$가격 \quad w = 600x + 700y + 800z$$

이것이 목적함수이며 w가 최소가 되는 x, y, z의 편성을 구하면 된다. 이 경우에 각각의 식품에 포함되는 비타민의 양과 1일의 최저 필요한 양으로부터 다음과 같은 제약조건이 구성된다.

비타민 A의 최저 필요한 양으로부터의 제약조건 $\quad 2x + y + 3z \geq 12$
비타민 B의 최저 필요한 양으로부터의 제약조건 $\quad 2x + 6y + z \geq 18$
비타민 C의 최저 필요한 양으로부터의 제약조건 $\quad\quad 4y + 2z \geq 12$

[예제 12-1]과 같은 방법으로 해 찾기를 이용해서 계산한 결과는 다음과 같다.

식품 1, 식품 2, 식품 3을 각각 200g씩 섭취하는 것이 최적해이며 비타민 A, 비타민 B, 비타민 C를 각각 12mg, 18mg, 12mg 확보하게 된다. 이때의 가격은 4200원이다.

[예제 12−2]에 대한 해답 보고서를 보면 비타민 A, 비타민 B, 비타민 C에 대한 제약 조건에 모두 「만족」이라고 하는 표시가 있는데 이것은 비타민 A, 비타민 B, 비타민 C에 대해서 모두 1일 최저 필요한 양을 확보하고 있다는 것을 의미한다.

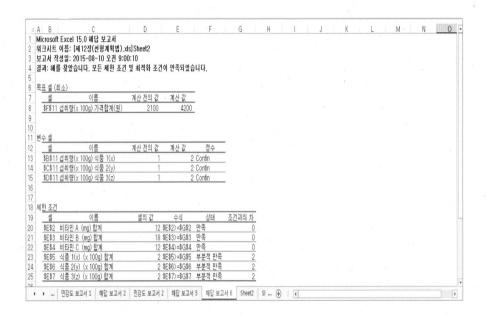

[예제 12−2]에 대한 민감도분석을 실시하면 다음과 같은 결과를 얻는다.

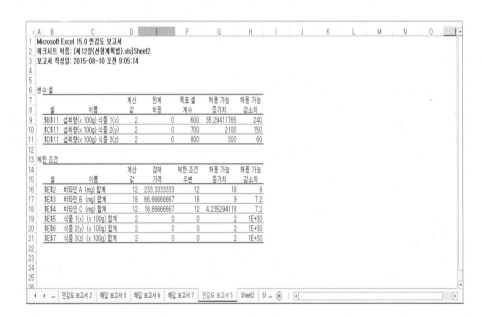

제 3 절 수송문제

어떤 상품이 공급지(생산지, 유통센터 등)에서 수요지(판매점, 소비자 등)로 수송되는 상황을 생각한다. 이와 같은 문제를 수송문제라고 한다. 수송에는 코스트가 들고 이 코스트는 경로에 따라서 다르다. 이 코스트를 최소화하려면 어떤 경로를 취하면 좋을까?

[예제 12-3]

수송문제의 가장 전형적인 것은 몇 개의 물품에 대한 실제의 수송을 다루는 문제이다. 여기에서는 다음과 같은 캔 주스의 배송을 생각한다. 캔 주스는 24개가 1상자에 채워져 있어 상자 단위로 배송되는 것으로 한다. 지금 창고 A와 창고 B에 캔 주스의 재고가 각각 15상자, 18상자 있다. 이 상황에서 대전 지점에서는 10상자, 부산 지점에서는 14상자, 광주 지점에서는 9상자의 주문이 들어왔다고 한다. 1상자당 수송비는 다음의 표와 같다. 수송비를 최소로 하려면 어떠한 배송계획을 세우는 것이 좋을까?

표 12 - 2 수송비 단가와 재고량 및 주문량

창고	지점	수송비 단가	주문량	재고량
창고 A	대전	1260원	10상자	
창고 B		1400원		창고 A : 15상자
창고 A	부산	1570원	14상자	
창고 B		950원		
창고 A	광주	1610원	9상자	창고 B : 18상자
창고 B		1030원		

창고에서 각 지점으로의 수송량(상자수)을 나타내는 기호를 다음의 <표 12-3>과 같이 정한다.

표 12-3 수송량

	대전	부산	광주	합계
창고 A	x_{11}	x_{12}	x_{13}	15상자
창고 B	x_{21}	x_{22}	x_{23}	18상자
합계	10상자	14상자	9상자	33상자

창고에서 각 지점으로 수송한 상자수의 합계가 그 지점의 주문수와 일치하지 않으면 안 되므로 다음의 식이 성립한다.

$$x_{11} + x_{21} = 10$$
$$x_{12} + x_{22} = 14$$
$$x_{13} + x_{23} = 9$$

또한 창고에서 수송되는 상자수의 합계를 재고량 이하로 하지 않으면 안 된다.

$$x_{11} + x_{12} + x_{13} \leq 15$$
$$x_{21} + x_{22} + x_{23} \leq 18$$

암묵적인 제약조건으로서 창고에서 지점으로의 수송량(상자수)은 음이면 안 된다는 사실도 고려한다. 이상의 제한하에서 수송비 z의 합계

$$z = 1260x_{11} + 1570x_{12} + 1610x_{13} + 1400x_{21} + 950x_{22} + 1030x_{23}$$

을 최소로 할 수 있으면 되는 것이다. 해 찾기로 푼 결과는 다음과 같다.

	A	B	C	D	E	F	G	H	I	J	K	L	M
	I17			=B16*B17+C16*C17+D16*D17+E16*E17+F16*F17+G16*G17									
1	〈제약조건〉	x_{11}	x_{12}	x_{13}	x_{21}	x_{22}	x_{23}	합계	부등호	제한			
2													
3	제약조건 1(대전지점 주문수)	1			1			10	=	10			
4	제약조건 2(부산지점 주문수)		1			1		14	=	14			
5	제약조건 3(광주지점 주문수)			1			1	9	=	9			
6	제약조건 4(창고 A 재고수)	1	1	1				15	<=	15			
7	제약조건 5(창고 B 재고수)				1	1	1	18	<=	18			
8	수송량 x_{11}	1						10	>=	0			
9	수송량 x_{12}		1					0	>=	0			
10	수송량 x_{13}			1				5	>=	0			
11	수송량 x_{21}				1			0	>=	0			
12	수송량 x_{22}					1		14	>=	0			
13	수송량 x_{23}						1	4	>=	0			
14													
15	〈목적함수〉	x_{11}	x_{12}	x_{13}	x_{21}	x_{22}	x_{23}	수송비 합계(원)					
16	수송비 단가(원/상자)	1260	1570	1610	1400	950	1030						
17	수송 상자수	10	0	5	0	14	4	38070					

이 예제에서는 수요량(주문량)과 공급량(재고량)이 같아지기 때문에 어디에도 여유는 허용되지 않는 상태이다. 결과로서 창고 A에서 대전 지점으로 10상자, 광주 지점으로 5상자, 그리고 창고 B에서 부산 지점으로 14상자, 광주 지점으로 4상자 배송하

면 비용이 38,070원이 되어 최소가 된다고 하는 해답이 얻어진다. [예제 12-3]에 대한 해답 보고서는 다음과 같다.

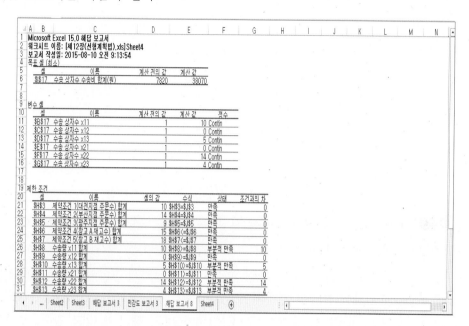

그리고 [예제 12-3]에 대한 민감도분석을 실시하면 다음과 같은 결과를 얻는다.

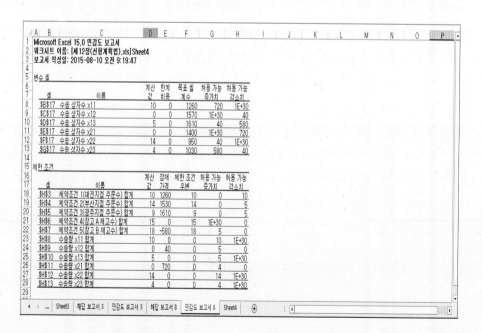

제 13 장

정수계획법

제 1 절 정수계획법의 기초지식

선형계획 문제의 정수(integer)해를 얻기 위한 방법을 일컬어 정수계획법(integer programming)이라고 한다. 절단평면법(cutting plane method), 분기한계법(分岐限界法, branch and bound method) 등의 연산법이 개발되어 있다. 분기한계법에서는 먼저 정수라고 하는 제약을 제거하고, 선형계획 문제를 푼다. 정수가 아닌 해가 얻어진 경우, 그 변수를 두 가지의 경우로 나누어서 새로운 제약을 부가한 선형계획 문제를 푼다. 즉, $x_k = 2.7$이라고 하는 해가 얻어졌을 때에는 $x_k \geq 3$이라고 하는 제약을 부가한 문제와 $x_k \leq 2$라고 하는 제약을 부가한 문제를 별개로 풀어서 그 최적해(어느 쪽인가 한쪽으로 해가 얻어지지 않는 경우도 있다)를 비교한다. 이때, x_k는 정수가 되지만 x_l은 정수가 된다고는 할 수 없다. 그래서 또 x_l을 두 가지의 경우로 나누어서 선형계획 문제를 푼다. 이 연산법을 모든 변수가 정수로 될 때까지 반복하는 것이 분기한계법이다. 절단평면법도 역시 처음에는 우선 정수 조건을 제거하고 선형계획 문제를 풀고, 그 뒤에 절단평면이라고 불리는 제약을 부가해서 새로운 문제를 푼다. 그 후 심플렉스표의 정수성(문제는 정수로 주어져 있는 것으로 한다)을 유지한 채, 절단평면을 도입하는 변형된 심플렉스 연산법이 개발되고 있다.

일반적으로 정수계획 문제라고 하면, 선형계획 문제의 변수 중 일부 또는 전부에 정수 조건이 부가된 것을 가리키는 것이 보통이다. 즉,

$$최소화 \quad : z = \sum_{j=1}^{n} c_j x_j$$

$$\text{조 건} : \sum_{j=1}^{n} a_{ij} x_j \leq b_i \qquad i=1,...,m_1;$$

$$\sum_{j=1}^{n} a_{ij} x_j = b_i \qquad i=m_1+1, ..., m;$$

$$x_j \geq 0 \qquad j=1, ..., n;$$

$$x_j \in Z, \qquad j=1, ..., n_1(\leq n). \qquad (13\text{-}1)$$

여기에서 c_j, a_{ij}, b_i는 주어진 데이터, x_j는 변수이고 Z는 정수 전체의 집합을 나타 낸다. 식 (13-1)은 $n_1 = n$일 때 순수 정수계획법 문제(all integer programming problem) 라고 부르고, $n_1 < n$일 때는 혼합 정수계획법 문제(mixed integer programming problem) 라고 부른다. 또한 특히 정수변수가 취할 수 있는 값이 0 또는 1이라고 하는 제한이 붙은 문제를 0-1 정수계획법 문제라고 한다.

(13-1)은 그 안에 나오는 식이 모두 1차식으로 되어 있으므로, 엄밀히 말하면 정수 선형계획법 문제라고 해야 할 것이다. 정수계획법 문제 중에는 비선형의 식을 포함하 는 비선형정수계획법 문제도 포함된다.

제 2 절 정수계획법 문제의 해법

[예제 13-1]
다음의 정수계획법 문제를 Excel을 이용하여 풀어 보자.

$$\text{최대화} : z = 45x_1 + 40x_2$$
$$\text{조 건} : x_1 + x_2 \leq 300$$
$$9x_1 + 6x_2 \leq 2,500$$
$$12x_1 + 16x_2 \leq 3,500$$
$$x_1, x_2 \geq 0, \quad x_1, x_2 : \text{정수}$$

▶ Excel에 의한 해법

[순서 1] 제약조건과 목적함수의 입력

주어진 제약조건과 목적함수를 입력하고, x_1과 x_2의 값을 바꿀 셀에 대한 초기값을 각각 '1'이라고 입력한다.

E10	▼	:	× ✓ f_x	=B9*B10+C9*C10						
	A	B	C	D	E	F	G	H	I	J	K
1	<제약조건>	x_1	x_2	합계	부등호	제한					
2	제약조건 1	1	1	2	<=	300					
3	제약조건 2	9	6	15	<=	2500					
4	제약조건 3	12	16	28	<=	3500					
5	제약조건 4(x_1)	1	0	1	>=	0					
6	제약조건 5(x_2)	0	1	1	>=	0					
7											
8	<목적함수>	x_1	x_2		목적함수값						
9	목적함수계수	45	40								
10	최적해	1	1		85						
11											
12											

[셀의 입력내용]

    D2; =B2*\$B\$10+C2*\$C\$10   (D2를 D3에서 D6까지 복사한다)

    E10; =B9*B10+C9*C10

[순서 2] 해 찾기의 실행

(1) 메뉴에서 [데이터]−[해 찾기]를 선택하면 [해 찾기 매개 변수]라고 하는 대화상자가 나타난다. 다음과 같이 입력한다.

(2) 제한 조건을 입력하기 위해서 먼저 [추가(A)] 버튼을 클릭하면 다음과 같은 [제한 조건 추가] 대화상자가 나타난다.

셀 참조　　　 : $D$2:$D$4

제한 조건　　 : $F$2:$F$4

라고 입력하고 [확인] 버튼을 클릭한다. 여기에서 관련기호가 같으면 [셀 참조]와 [제한 조건]의 셀 범위를 지정하는 것도 가능하다.

▲	A	B	C	D	E	F	G	H	I	J	K	L	M	N
1	<제약조건>	x_1	x_2	합계	부등호	제한								
2	제약조건 1	1	1	2	<=	300								
3	제약조건 2	9	6	15	<=	2500								
4	제약조건 3	12	16	28	<=	3500								
5	제약조건 4(x_1)	1	0	1	>=	0								
6	제약조건 5(x_2)	0	1	1	>=	0								
7														
8	<목적함수>	x_1	x_2		목적함수값									
9	목적함수계수	45	40											
10	최적해	1	1		85									
11														
12														

제한 조건 추가

셀 참조:(E)　$D$2:$D$4　　<=　　제한 조건:(N)　=$F$2:$F$4

확인(O)　　　추가(A)　　　취소(C)

(3) 같은 방법으로 [추가(A)] 버튼을 클릭한 다음

셀 참조　　　 : $D$5:$D$6

제한 조건　　 : $F$5:$F$6

라고 입력하고 [확인] 버튼을 클릭한다. 이때 부등호도 다음과 같이 바꾸어 준다.

제한 조건 추가

셀 참조:(E)　$D$5:$D$6　　>=　　제한 조건:(N)　=$F$5:$F$6

확인(O)　　　추가(A)　　　취소(C)

(4) 정수화 조건식을 추가하기 위해서 다음과 같이 입력한다.

제한 조건 추가

셀 참조:(E)　$B$10:$C$10　　int　　제한 조건:(N)　정수

확인(O)　　　추가(A)　　　취소(C)

(5) 입력이 끝난 [해 찾기 매개 변수] 대화상자는 다음과 같다.

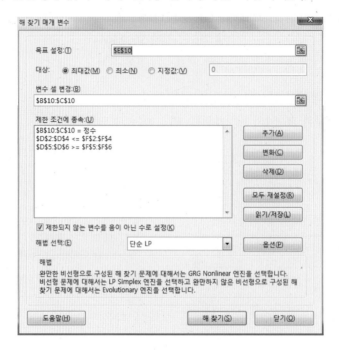

(6) [옵션]을 클릭한다.

다음 화면에서 [정수 제한 조건 무시]의 체크를 없앤다. [확인]을 클릭한다.

(7) 여기에서 [해 찾기(S)]를 클릭한다.

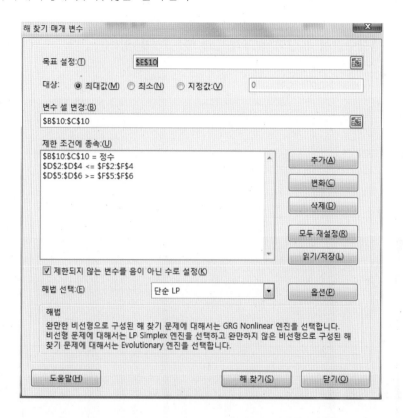

(8) [해 찾기 결과] 대화상자에서 [보고서]의 [해답]을 선택하고 나서 [확인] 버튼
을 누른다.

[순서 3] 해 찾기의 실행결과

해 찾기를 실행하면 x_1과 x_2의 값을 바꿀 셀에 대한 최적해가 구해지고, 이에 대한 목적함수값이 계산되어 구해지고 있는 것을 알 수 있다.

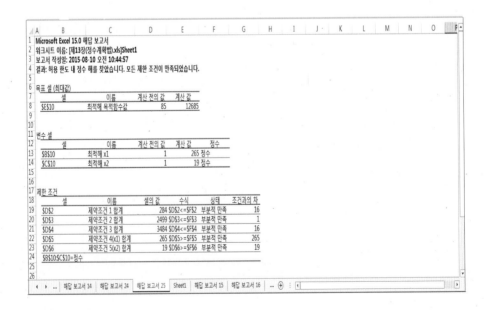

[예제 13-1]에 대한 해답 보고서는 다음과 같다.

제3절 순수 0-1 정수계획법 문제

모든 의사결정변수가 0 또는 1의 값을 취하는 문제를 순수 0-1 정수계획법 문제라고 한다. 이러한 정수계획법 문제는 이진수값만을 취한다고 해서 순수 이진 정수계획법 문제(pure binary integer programming problem)라고도 한다. 순수 0-1 정수계획법 문제는 특정 의사결정 대안을 선택하느냐 선택하지 않느냐 하는 문제를 다루는 데에 주로 적용된다.

[예제 13-2]

다음의 순수 0-1 정수계획법 문제를 Excel을 이용하여 풀어 보자.

$$\text{최대화}: z = 190x_1 + 270x_2 + 200x_3 + 170x_4 + 180x_5$$

$$\text{제약조건}: 90x_1 + 110x_2 + 100x_3 + 80x_4 + 80x_5 \leq 300$$

$$50x_1 + 70x_2 + 50x_3 + 40x_4 + 60x_5 \leq 200$$

$$25x_1 + 35x_2 + 30x_3 + 20x_4 + 15x_5 \leq 80$$

$$15x_1 + 25x_2 + 15x_3 + 10x_4 + 15x_5 \leq 50$$

$$\text{정수화 조건}: x_i = 0 \text{ 또는 } 1, \quad i = 1, 2, 3, 4, 5$$

$$\text{즉}, \ x_i \geq 0, \ x_i \leq 1, \ x_i : \text{정수}, \ i = 1, 2, 3, 4, 5$$

▶ Excel에 의한 해법

[순서 1] 제약조건과 목적함수의 입력

(1) 주어진 제약조건과 목적함수를 다음과 같은 구조로 입력한다.

(2) 셀 범위 B4:B8은 값을 바꿀 셀들로서, 초기값을 각각 '0'으로 입력한다.

C13			f_x	=SUMPRODUCT(C4:C8, B4:B8)								
	A	B	C	D	E	F	G	H	I	J	K	L
1												
2		선택여부			제약조건							
3	변수	(1:선택, 0:선택 안함)	계수	첫째	둘째	셋째	넷째					
4	1	0	190	90	50	25	15					
5	2	0	270	110	70	35	25					
6	3	0	200	100	50	30	15					
7	4	0	170	80	40	20	10					
8	5	0	180	80	60	15	15					
9		사용자원		0	0	0	0					
10		가용자원		300	200	80	50					
11												
12												
13		목적함수값	0									
14												
15												

[셀의 입력내용]

    D9 ; =SUMPRODUCT(D4:D8, $B$4:$B$8)   (셀 D9를 G9까지 복사)

    C13; =SUMPRODUCT(C4:C8, B4:B8)

[순서 2] 해 찾기의 실행

(1) 메뉴에서 [데이터]−[해 찾기]를 선택하여 다음과 같이 해 찾기 모델을 설정하고 [옵션] 버튼을 클릭한다.

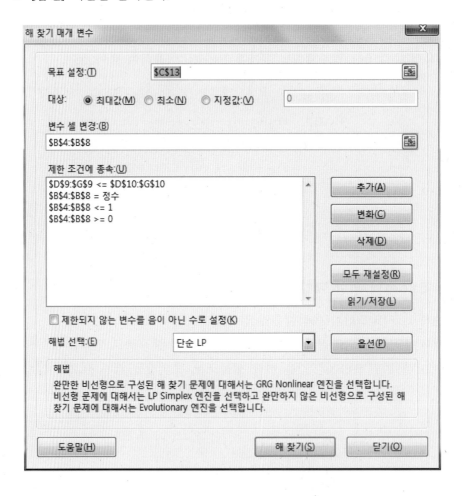

(2) [옵션] 대화상자에서 [정수 제한 조건 무시]의 체크를 없애고 [확인] 버튼을 클릭한다.

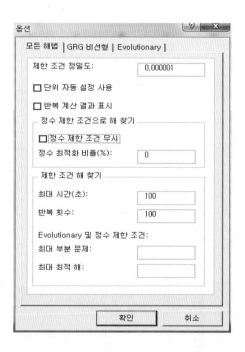

(3) 다음의 대화상자로 돌아오면 [해 찾기] 버튼을 클릭한다.

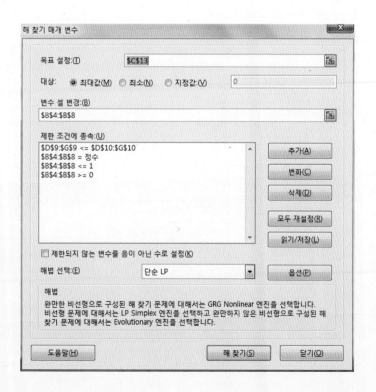

(4) [해 찾기 결과] 대화상자에서 [보고서] 난의 [해답]을 선택하고 나서 [확인] 버튼을 클릭한다.

[순서 3] 해 찾기의 실행결과

다음과 같이 최적해가 얻어진다.

이상에서 보는 바와 같이 최선의 방법은 변수 x_1, x_2, x_4를 선택하는 것이고, 이때의 목적함수값은 630으로 최대가 된다.

만일 특별한 이유로 변수 x_1, x_2, x_3 중에서 반드시 하나의 변수만을 선택해야 한다고 가정해 보자. 이러한 조건은 다음과 같은 제약조건식을 통해서 수학적 모델에 반영될 수 있다.

$$x_1 + x_2 + x_3 = 1$$

또한 변수 x_1, x_2, x_3 중에서 기껏해야 하나의 변수만을 선택해야 한다면, 다음과 같은 제약식이 추가되어야 할 것이다.

$$x_1 + x_2 + x_3 \leq 1$$

그리고 변수 x_1, x_2, x_3 중에서 최소한 하나의 변수를 반드시 선택해야 한다면, 다음과 같은 제약식이 추가되어야 한다.

$$x_1 + x_2 + x_3 \geq 1$$

만일, 변수 x_1과 변수 x_3의 관련성으로 인하여 변수 x_3은 변수 x_1이 선택될 때만 선택이 가능하다고 한다면, 다음과 같은 제약조건식에 의해 모델에 반영될 수 있다.

$$x_3 \leq x_1$$

위 식의 의미는 다음과 같이 설명할 수 있다. 변수 x_1이 선택되지 않았을 때, 즉 $x_1 = 0$일 때, 위의 제약조건식을 만족시키기 위해서 변수 x_3는 반드시 0이 되어야 한다. 즉, 변수 x_3는 선택될 수가 없는 것이다. 한편, 변수 x_1이 선택되면($x_1 = 1$), 변수 x_3는 0 또는 1의 값을 취할 수 있게 되어 제시한 조건을 만족시키게 된다.

제 4 절 순수 일반 정수계획법 문제

순수 일반 정수계획법 문제는 순수 이진 정수계획법 문제와 마찬가지로 모든 의사결정변수가 정수가 아니면 안 되지만, 순수 이진 정수계획법 문제와는 달리 0 또는 1

이외의 일반 정수값을 취할 수 있는 문제이다. 그러므로 순수 일반 정수계획법 문제는 순수 이진 정수계획법 문제를 포함한다고 말할 수 있다.

[예제 13-3]

S양은 다이어트를 위해서 하루에 필요한 에너지 2,500kcal, 단백질 70g, 칼슘 1,100mg 이상을 섭취할 것을 의사로부터 처방 받았다. 음식별 영양분 함유량과 음식 단위당 가격에 대한 데이터는 다음의 <표 13-1>과 같다. S양은 편식을 피하기 위해서 특정 음식을 하루에 지나치게 많이 먹지 않기로 했다. 그래서 각 음식별 하루의 섭취량을 <표 13-2>와 같이 제한하고 있다. S양은 하루에 필요한 영양분을 섭취하기 위해서 최소 비용으로 구입할 수 있는 음식들의 양을 구하려고 한다.

표 13-1 음식별 영양분 함유량 및 가격

음식	에너지 (kcal)	단백질(g)	칼슘(mg)	단위당 가격(백원)
식빵(1)	110	4	2	3
닭고기(2)	205	32	12	24
달걀(3)	160	13	54	13
우유(4)	160	8	285	9
치즈(5)	420	4	22	20
두부(6)	260	14	80	19

표 13-2 음식별 하루 최대 섭취량

음 식	식빵	닭고기	달걀	우유	치즈	두부
최대 섭취량	4	3	2	8	2	2

이것을 수식화하면 다음과 같다. 다음의 순수 일반 정수계획법 문제를 Excel을 이용하여 풀어 보자.

$$\text{최소화} : z = 3x_1 + 24x_2 + 13x_3 + 9x_4 + 20x_5 + 19x_6$$
$$\text{제약조건} : 110x_1 + 205x_2 + 160x_3 + 160x_4 + 420x_5 + 260x_6 \geq 2500$$
$$4x_1 + 32x_2 + 13x_3 + 8x_4 + 4x_5 + 14x_6 \geq 70$$
$$2x_1 + 12x_2 + 54x_3 + 285x_4 + 22x_5 + 80x_6 \geq 1100$$
$$x_1 \leq 4,\ x_2 \leq 3,\ x_3 \leq 2,\ x_4 \leq 8,\ x_5 \leq 2,\ x_6 \leq 2$$
$$x_i \geq 0,\ x_i : \text{정수},\ i = 1, 2, \cdots, 6$$

▶ Excel에 의한 해법

[순서 1] 제약조건과 목적함수의 입력

  (1) 주어진 제약조건과 목적함수를 다음과 같은 구조로 입력한다.

  (2) 셀 범위 F2:F7은 값을 바꿀 셀들로서, 초기값을 각각 '0'으로 입력한다.

	F11	:	× ✓ fx	=SUMPRODUCT(E2:E7, F2:F7)								
	A	B	C	D	E	F	G	H	I	J	K	L	M
1	음식	에너지	단백질	칼슘	단위당 가격	섭취량	제한량						
2	식빵	110	4	2	3	0	4						
3	닭고기	205	32	12	24	0	3						
4	달걀	160	13	54	13	0	2						
5	우유	160	8	285	9	0	8						
6	치즈	420	4	22	20	0	2						
7	두부	260	14	80	19	0	2						
8	총섭취량	0	0	0									
9	최소섭취량	2500	70	1100									
10													
11					총비용	0							
12													

  [셀의 입력내용]

    F11; =SUMPRODUCT(E2:E7, F2:F7)

    B8 ; =SUMPRODUCT(B2:B7, $F$2:$F$7)   (B8을 D8까지 복사한다)

[순서 2] 해 찾기의 실행

  (1) 메뉴에서 [데이터]−[해 찾기]를 선택하여 다음과 같이 해 찾기 모델을 설정하고 [옵션] 버튼을 클릭한다.

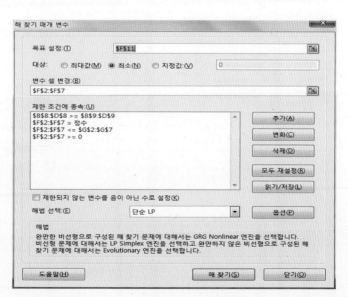

(2) [옵션] 대화상자에서 [정수 제한 조건 무시]의 체크를 없애고 [확인] 버튼을
클릭한다.

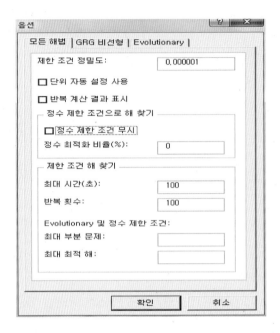

(3) 다음의 대화상자로 돌아오면 [해 찾기] 버튼을 클릭한다.

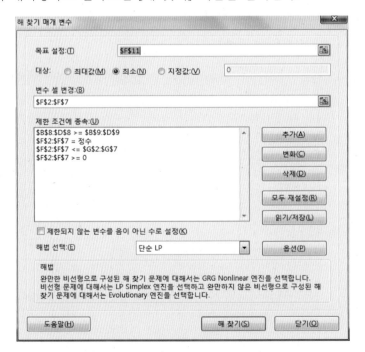

(4) [해 찾기 결과] 대화상자에서 [보고서] 난의 [해답]을 선택하고 나서 [확인] 버튼을 클릭한다.

[순서 3] 해 찾기의 실행결과

다음과 같이 최적해가 얻어진다.

제4부
의사결정론

제 14장

계층분석과정

제1절 의사결정론의 기초지식

우리들에게는 취해야 할 행동의 선택에 대해서 의사결정을 하지 않으면 안 되는 경우가 수없이 많이 있다. 예를 들면 주택이나 자동차를 구입할 때, 취직할 때, 결혼할 때 등 여러 가지 고민하며 결단을 하지 않으면 안 된다. 이러한 때, 이용할 수 있는 정보를 평가·분석하고 행동에 대한 장래의 결과를 예측하며 그것에 의거해서 결정을 내리게 된다. 기업경영에 있어서도 복잡한 환경변화에 대처하기 위해서 많은 의사결정이 행해진다.

일반적으로 의사결정은 다음과 같은 세 가지로 분류해서 생각할 수 있다.

(1) 전략적 의사결정

본래는 전쟁터에서 어떠한 규모나 방법으로 싸울 것인지를 결정하는 것을 가리킨다. 경영에서는 제품개발이나 기업제휴 등과 같은 큰 결정이 이에 해당된다. 제품전략, 시장전략, 투자전략 등도 이에 속한다.

(2) 관리적 의사결정

전략에 비해서 전술이라고 하는 말이 있는데, 이 관리적 의사결정이 전술의 의사결정에 상당한다. 즉, 전략적 의사결정에 의거하여 세워진 기업목표에 대해서 경영자원을 조직화하고, 최대의 기업성과를 올리기 위해서 경영자원을 조직화함으로써 조직의 책임권한을 명확히 하고 정보의 흐름, 업무의 흐름, 물자의 흐름을 최대한 효율화하기 위한 의사결정이다.

(3) 업무적 의사결정

일상적이며 가장 상세한 정보를 필요로 하는 의사결정이다. 예를 들어 재고관리의
예에서라면 전략적 수준에서는 재고의 상품 클래스별 총량의 움직임인 재고회전율
등의 지표가 중요하게 되지만, 업무 수준에서는 상품별 재고의 상세한 출입 기록이
중요한 관리정보가 된다.

본 장에서는 의사결정론에서 자주 이용되는 계층분석과정에 대하여 설명하기로
한다.

제 2 절 계층분석과정의 이론

다양한 평가항목에 대한 의사결정으로써 자주 이용되는 방법의 하나로서 계층분석
과정(AHP : Analytic Hierarchy Process)이 있다.

의사결정하지 않으면 안 된다고 하는 것은, 먼저 문제가 존재하고 그리고 최종적
인 선택의 대상이 되는 몇 개의 대체안이 존재하는 상황을 말한다. 대체안 중에서 하
나로 좁혀들기 위해서는 평가기준이 필요하다. 이 관계를 계층적으로 도식화한 것을
계층도라고 한다. <그림 14-1>은 제품 출하량을 증가시킨다고 하는 의사결정 문제
를 계층도로 나타낸 예이다.

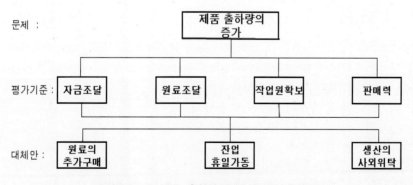

그림 14-1 제품 출하량 증가 문제의 계층도

이와 같이 복수의 상반된 성격의 평가기준 혹은 판단기준 아래에서, 복수의 후보
중에서 하나를 선택한다고 하는 형태의 의사결정 문제나 몇 개의 요소에 가중치

(weight)를 붙여서 예산을 배분하기 위한 평가를 한다고 하는 유형의 문제는 주변에서 흔히 볼 수 있다.

    <그림 14-1>에서 제품 출하량의 증가에는 자금조달 뿐만 아니라 원료조달이나 작업원 확보, 판매력 등을 종합적으로 평가해서 결정한다. 계층분석과정(AHP)은 이 계층도에 의해서 문제를 정리한 다음, 의사결정자 평가기준의 가중치를 계산하고 각각의 평가항목마다 대체안의 종합 가중치를 수치로 구함으로써 최종적으로 해를 유도하는 수법이다. 여기에서는 그 수학적 배경, 특징, 이용방법에 대해서 설명한다.

1. 평가항목의 중요도

    평가항목의 중요도는 의사결정자에 따라서 다를 수가 있다. <그림 14-1>의 제품 출하량 증가 문제에서는 가령 여러 의사결정자들에게 있어서 자금조달을 제일 우선으로 생각한다고 하는 의견은 일치했다고 하더라도 원료조달, 작업원 확보, 판매력의 평가를 어떻게 생각할지에 대해서는 의견이 나누어질 것이다. 그래서 평가항목의 중요도를 수치로 나타내어 어디에 가중치를 두고 의사결정할 것인지를 명확히 한다. 여기에는 일대비교가 편리하다. 일대비교란 항목을 두 개씩 뽑아서 그 중요도를 <표 14-1>의 기준으로 비교하고 결과를 수치화하는 것이다. 예를 들면 자금조달과 원료조달의 비교에서는 3, 자금조달과 작업원 확보의 비교에서는 5, 자금조달과 판매력의 비교에서는 7이라고 하는 식으로 일대비교치(一對比較値)를 결정할 수 있다.

표 14-1 일대비교치

일대비교치	의미
1	양쪽의 항목이 같은 정도로 중요
3	앞 항목이 뒤 항목보다 약간 중요
5	앞 항목이 뒤 항목보다 중요
7	앞 항목이 뒤 항목보다 상당히 중요
9	앞 항목이 뒤 항목보다 절대적으로 중요
2, 4, 6, 8	보간적(補間的)으로 이용한다
상기 숫자의 역수	뒤 항목으로부터 앞 항목을 본 경우에 이용한다

    이 경우에 원료조달과 자금조달의 비교에서는 1/3이 되어 결국 <표 14-2>와 같은 일대비교표가 만들어진다.

표 14-2 일대비교표

	자금조달	원료조달	작업원 확보	판매력
자금조달	1	3	5	7
원료조달	1/3	1	5	7
작업원 확보	1/5	1/5	1	3
판매력	1/7	1/7	1/3	1

<표 14-2>와 같은 일대비교표에는 의사결정자의 평가기준이 반영되어 있다. 즉, 이 경우에는 자금조달을 우선하면서 작업원 확보나 판매력보다도 원료조달에 가중치를 두고 제품 출하량을 증가하게 된다. 당연한 일이지만 작업원 확보나 판매력을 중요시하는 경우는 다른 일대비교표가 된다.

다음에 이 의사결정자가 어느 평가항목을 어느 정도 중요시하고 있는지에 대해서 수치로 나타낸다. 즉, 일대비교표로부터 자금조달, 원료조달, 작업원 확보, 판매력이라고 하는 네 개의 평가항목에 대한 가중치를 계산한다. 그렇게 하기 위한 방법으로서 기하평균법과 고유 벡터 계산법이 있다.

2. 기하평균법

평가항목의 일대비교

각 평가항목에 대한 행의 값의 기하평균치를 계산한다. 자금조달에 대해서는 $(1\times3\times5\times7)^{1/4}=3.20$, 원료조달에 대해서는 $(1/3\times1\times5\times7)^{1/4}=1.85$이다. 이 계산결과를 정리하면 <표 14-3>과 같다.

표 14-3 평가항목의 가중치

	자금조달	원료조달	작업원 확보	판매력	기하평균	가중치
자금조달	1	3	5	7	3.20	0.54
원료조달	1/3	1	5	7	1.85	0.31
작업원 확보	1/5	1/5	1	3	0.59	0.10
판매력	1/7	1/7	1/3	1	0.29	0.05
				합계	5.92	1.00

이렇게 해서 얻어진 각 평가항목의 기하평균치 4개 숫자의 합계를 구하고, 각 기하평균치를 합계로 나누면 그 결과가 각 평가항목의 가중치가 된다. 이것이 이 의사결정자의 평가기준(각 평가항목의 중요도)을 숫자로 나타낸 것이다. Excel에서 일대비교표를 작성하는 경우에는 [서식]-[셀 서식(E)]-[표시형식]-[분수]를 선택해 놓으면, <표 14-3>과 같이 역수가 분수로 표시되어 알기 쉽게 된다.

일대비교에 있어서 얻어진 수치는 두 개 항목의 평가에 대한 비교결과이며, 전체로서의 정합성(整合性)이 확보되어 있는지 어떤지는 불분명하다. 예를 들면, 원료조달보다 자금조달이 중요하다고 하고 작업원 확보보다 원료조달이 중요하다고 한 의사결정자라면, 당연히 작업원 확보보다 자금조달을 중시할 것이다. 그러나 자금조달보다 작업원 확보 쪽이 중요하다고 판단한다면, 전체로서의 정합성이 부족하게 된다. 또한 중요도의 정성적 판단은 수미일관해 있더라도 수치(평가점)의 선택방법이 현저하게 치우쳐 있는 경우가 있을지도 모른다. 그래서 정합성의 척도가 필요하게 된다. 이것이 정합도 CI(Consistency Index)다. CI는 <표 14-4>와 같이 구할 수 있다. CI에 대한 이론적인 내용은 고유 벡터 계산법을 설명할 때 언급하기로 한다. 완전한 정합성을 갖는 경우에 CI는 0이며, 이 값이 커진다고 하는 것은 부정합성이 높다는 것을 나타내고 있다. 경험적으로 CI가 0.1(경우에 따라서는 0.15) 이하이면 정합성을 갖는다고 판단하는 경우가 많다. <표 14-4>에서 CI = 0.076으로 정합성으로서 허용할 수 있다는 것을 알 수 있다.

표 14-4 평가항목에 대한 정합도 CI의 계산

평가항목 가중치	자금조달 0.54	원료조달 0.31	작업원 확보 0.10	판매력 0.05	합계	합계/ 가중치
자금조달	1	3	5	7	2.32	4.30
원료조달	1/3	1	5	7	1.34	4.32
작업원 확보	1/5	1/5	1	3	0.42	4.20
판매력	1/7	1/7	1/3	1	0.20	4.10
				합계	4.28	16.91
				정합도 CI		0.076

평가항목에 대한 정합도 CI를 Excel의 워크시트 상에서 계산하면 다음과 같다.

F4			fx	=B4*$B$3+C4*$C$3+D4*$D$3+E4*$E$3						
	A	B	C	D	E	F	G	H	I	J	K
1	평가항목의 정합도 CI										
2	평가항목	자금조달	원료조달	작업원 확보	판매력	합계	합계/가중치				
3	가중치	0.54	0.31	0.10	0.05						
4	자금조달	1	3	5	7	2.32	4.30				
5	원료조달	1/3	1	5	7	1.34	4.32				
6	작업원 확보	1/5	1/5	1	3	0.42	4.20				
7	판매력	1/7	1/7	1/3	1	0.20	4.10				
8					합계	4.28	16.91				
9					정합도 CI	0.076					
10											
11											

[셀의 입력내용]

F4; ＝B4*$B$3+C4*$C$3+D4*$D$3+E4*$E$3

(F4를 F5에서 F7까지 복사한다)

F8; ＝SUM(F4:F7)

G4; ＝F4/B3

G5; ＝F5/C3

G6; ＝F6/D3

G7; ＝F7/E3

G8; ＝SUM(G4:G7)

G9; ＝(G8/4－4)/(4－1)

평가항목마다 대체안의 일대비교

마지막으로 네 개의 대체안 중 어느 것을 선택할 것인가에 대해서 수치로 표현하는 것이 계층분석과정(AHP)의 목표이다. 그 전단계로서 자금조달, 원료조달, 작업원 확보, 판매력이라고 하는 네 개의 평가항목 각각에 대해서 네 개 대체안의 일대비교표를 완성한다. <표 14－5>는 그 예를 보여 주고 있다. <표 14－5>의 자금조달, 원료조달, 작업원 확보, 판매력이라고 하는 네 개의 평가항목 각각에 대해서 정합도 CI를 구하면 0.0046, 0.059, 0.0046, 0이 되어 허용할 수 있다는 것을 알 수 있다.

표 14-5 각 평가항목의 각 대체안에 대한 가중치

자금조달	원료의 추가구매	잔업 휴일가동	생산의 사외위탁	기하평균	가중치
원료의 추가구매	1	2	3	1.82	0.54
잔업 휴일가동	1/2	1	2	1.00	0.30
생산의 사외위탁	1/3	1/2	1	0.55	0.16
			합계	3.37	1.00
원료조달	원료의 추가구매	잔업 휴일가동	생산의 사외위탁	기하평균	가중치
원료의 추가구매	1	1/5	1/2	0.46	0.11
잔업 휴일가동	5	1	7	3.27	0.74
생산의 사외위탁	2	1/7	1	0.66	0.15
			합계	4.39	1.00
작업원 확보	원료의 추가구매	잔업 휴일가동	생산의 사외위탁	기하평균	가중치
원료의 추가구매	1	3	2	1.82	0.54
잔업 휴일가동	1/3	1	1/2	0.55	0.16
생산의 사외위탁	1/2	2	1	1.00	0.30
			합계	3.37	1.00

판매력	원료의 추가구매	잔업 휴일가동	생산의 사외위탁	기하평균	가중치
원료의 추가구매	1	1/2	1/2	0.63	0.20
잔업 휴일가동	2	1	1	1.26	0.40
생산의 사외위탁	2	1	1	1.26	0.40
			합계	3.15	1.00

종합평가

각 평가항목에 대해서 대체안 원료의 추가구매, 잔업 휴일가동, 생산의 사외위탁의 가중치를 하나의 표로 정리하면 <표 14-6>과 같이 된다. 이 <표 14-6>의 원료의 추가구매, 잔업 휴일가동, 생산의 사외위탁에 대한 가중치와 <표 14-3>의 각 평가항목에 대한 가중치를 곱해서 종합득점(종합가중치)으로서 나타낸 것이 <표 14-7>이다.

표 14-6 각 평가항목에 대한 대체안의 가중치 일람표

	자금조달	원료조달	작업원 확보	판매력
원료의 추가구매	0.54	0.11	0.54	0.20
잔업 휴일가동	0.30	0.74	0.16	0.40
생산의 사외위탁	0.16	0.15	0.30	0.40

표 14-7 종합득점

	자금조달 0.54	원료조달 0.31	작업원 확보 0.10	판매력 0.05	종합득점
원료의 추가구매	0.29	0.03	0.05	0.01	0.39
잔업 휴일가동	0.16	0.23	0.02	0.02	0.43
생산의 외위탁	0.09	0.05	0.03	0.02	0.18
				합계	1.00

이 최종 결과로부터 잔업 휴일가동(0.43), 원료의 추가구매(0.39), 생산의 사외위탁(0.18)의 순으로 바람직하다는 것을 알 수 있다.

3. 고유 벡터 계산법

고유치 문제

n개의 평가항목 $I_1, \cdots, I_n$이 있고 그 본래의 가중치가 $w_1, \cdots, w_n$이라고 한다. 이

때, 평가항목 I_i와 I_j의 중요도에 대한 일대비교치(一對比較値) a_{ij}는 $a_{ij} = w_i/w_j$가 된다. 따라서 이때 일대비교행렬 $A = [a_{ij}]$는 다음과 같이 된다.

$$A = \begin{bmatrix} a_{11} & a_{12} \cdots a_{1n} \\ a_{21} & a_{22} \cdots a_{2n} \\ \cdot & \cdot \cdots \cdot \\ \cdot & \cdot \cdots \cdot \\ a_{n1} & a_{n2} \cdots a_{nn} \end{bmatrix} = \begin{bmatrix} \dfrac{w_1}{w_1} & \dfrac{w_1}{w_2} \cdots \dfrac{w_1}{w_n} \\ \dfrac{w_2}{w_1} & \dfrac{w_2}{w_2} \cdots \dfrac{w_2}{w_n} \\ \cdot & \cdot \cdots \cdot \\ \cdot & \cdot \cdots \cdot \\ \dfrac{w_n}{w_1} & \dfrac{w_n}{w_2} \cdots \dfrac{w_n}{w_n} \end{bmatrix}$$

이 행렬 A는 이상적인 평가가 행해진 경우에 실현되므로, 통상은 이와 같은 형태로 되지 않는다. 이러한 사실을 염두에 두고 다음에 이 A와 가중치의 열 벡터 w의 곱을 생각해 보자. 그 결과는 다음과 같이 된다.

$$\begin{bmatrix} \dfrac{w_1}{w_1} & \dfrac{w_1}{w_2} \cdots \dfrac{w_1}{w_n} \\ \dfrac{w_2}{w_1} & \dfrac{w_2}{w_2} \cdots \dfrac{w_2}{w_n} \\ \cdot & \cdot \cdots \cdot \\ \cdot & \cdot \cdots \cdot \\ \dfrac{w_n}{w_1} & \dfrac{w_n}{w_2} \cdots \dfrac{w_n}{w_n} \end{bmatrix} \begin{bmatrix} w_1 \\ w_2 \\ \cdot \\ \cdot \\ w_n \end{bmatrix} = n \begin{bmatrix} w_1 \\ w_2 \\ \cdot \\ \cdot \\ w_n \end{bmatrix}$$

이것은 다음과 같이 나타낼 수 있다.

$$\begin{bmatrix} a_{11} & a_{12} \cdots a_{1n} \\ a_{21} & a_{22} \cdots a_{2n} \\ \cdot & \cdot \cdots \cdot \\ \cdot & \cdot \cdots \cdot \\ a_{n1} & a_{n2} \cdots a_{nn} \end{bmatrix} \begin{bmatrix} w_1 \\ w_2 \\ \cdot \\ \cdot \\ w_n \end{bmatrix} = n \begin{bmatrix} w_1 \\ w_2 \\ \cdot \\ \cdot \\ w_n \end{bmatrix}$$

즉, $Aw = nw$이며 이 관계식은 수학의 고유치 문제 $(A - nI)w = 0$으로 변형할 수 있다. 여기서 항목수 n은 고유치이고 일대비교표의 가중치 w는 고유 벡터가 된다.

이와 같이 n개의 요소로 되는 0이 아닌 벡터 w가 $n \times n$의 행렬 A에 의해서 변형되었을 때, 어떤 상수 λ를 w에 곱한 형태로 되는 때가 있다($Aw = \lambda w$). 이 상수 λ를 고유치, w를 고유 벡터라고 한다. 이것들을 구하는 문제가 고유치 문제이다. 고유치 λ는 다음의 행렬식에 대한 근으로서 구할 수 있다.

$$\begin{vmatrix} a_{11}-\lambda & a_{12} & \cdots & a_{1n} \\ a_{21} & a_{22}-\lambda & \cdots & a_{2n} \\ \cdot & \cdot & \cdots & \cdot \\ \cdot & \cdot & \cdots & \cdot \\ a_{n1} & a_{n2} & \cdots & a_{nn}-\lambda \end{vmatrix}=0$$

정합성의 척도

일대비교표의 평가에 있어서 완전한 정합성이 있을 때에는 $\lambda = n$(고유치 = 항목 수)이 된다. 즉, 고유치 λ와 항목수 n을 비교해서 정합성을 판단할 수 있다. $\lambda = n$인 경우에는 완전히 정합성이 확보되어 있지만, 그 어긋남이 클 때는 정합성이 확보되어 있다고는 할 수 없다. 이미 기하평균법을 설명할 때 언급했던 정합도 CI는 다음과 같이 정의된다. 고유치를 구할 수 있다면 항목 수와의 관계로부터 CI는 즉시 계산할 수 있다.

$$CI=\frac{\lambda-n}{n-1}$$

고유치의 계산

일반적으로 고유치, 고유 벡터를 구하는 방법에는 직접법과 반복법이 있다. 직접법은 소거법에 의해서 순차적으로 미지수를 줄여 가는 방법이다. 이에 대해서는 여러 가지의 소프트웨어가 개발되어 있으므로 그것을 이용하면 된다. 한편, 일대비교 행렬의 고유 벡터를 구하는 방법으로서는 반복법 쪽이 간편하다. 반복법에서는 먼저 고유 벡터의 초기치로서 기하평균치로부터 구해지는 값을 설정한다. 그것을 w로 해서 Aw를 계산하고 새로운 w를 구한다. 이것을 반복해 가면 점차 w의 수정되는 폭이 작아져서 수렴해 간다.

Excel에서는 반복법에 의한 고유치 계산을 비교적 간단히 행할 수 있다.[1] 전술한 제품 출하량의 증가 문제에 대한 평가항목의 가중치 계산을 Excel을 이용해서 실시해 보자. VBA(Visual Basic for Applications)로 간단한 프로그램을 만들어서 명령 단추에 등록한 다음에 명령 단추를 누르면 반복계산이 시작되어 결과가 표시된다. 명령 단추를 만들고 VBA 프로그램을 작성하여 실행하는 순서는 다음과 같다.

[순서 1] 먼저 워크시트에 다음과 같이 전술한 일대비교표와 계산할 표를 준비한다.

---

1) 노형진, 「Excel에 의한 조사방법 및 통계분석」, 한올출판사, 2010, pp. 311~319.

	A	B	C	D	E	F	G	H	I	J	K	L
1	AHP법			제품 출하량의 증가(고유 벡터 계산법)								
2								5				
3		자금조달	원료조달	작업원확보	판매력	초기치	초기 가중치	반복후의 값	가중치			
4	자금조달	1	3	5	7	3.201086	0.540269		#DIV/0!			
5	원료조달	1/3	1	5	7	1.848148	0.311924		#DIV/0!			
6	작업원확보	1/5	1/5	1	3	0.588566	0.099336		#DIV/0!			
7	판매력	1/7	1/7	1/3	1	0.287191	0.048471		#DIV/0!			
8					최대고유치	5.924991		0.000000				
9					정합도 CI	0.641664		-1.333333				
10												
11					목표수렴도 =	0.0001	수렴도 =					
12												

[셀의 입력내용]

　　　F4; =(B4*C4*D4*E4)^(1/4)　　　(F4를 F5에서 F7까지 복사한다)

　　　F8; =SUM(F4:F7)

　　　F9; =(F8-4)/(4-1)

　　　F11; 0.0001

　　　G4; =F4/$F$8　　　　　　　　(G4를 G5에서 G7까지 복사한다)

　　　H8; =SUM(H4:H7)

　　　H9; =(H8-4)/(4-1)

　　　I4; =H4/$H$8　　　　　　　　(I4를 I5에서 I7까지 복사한다)

[순서 2] 메뉴에서 [파일]-[옵션]을 선택한다.

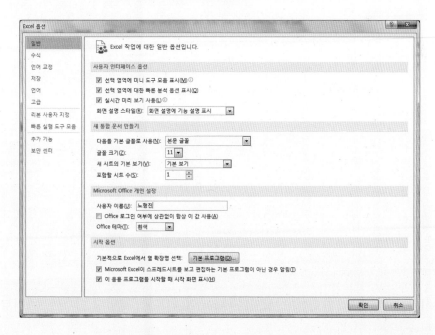

[순서 3] [Excel 옵션] 대화상자에서 [빠른 실행 도구 모음]을 선택한다.

[순서 4] [개발 도구 탭] 중에서 명령 단추를 만드는 데 필요한 [컨트롤]을 오른쪽에 추가하고 [확인] 버튼을 클릭한다.

[순서 5] 메뉴에서 [컨트롤]-[삽입]-[ActiveX 컨트롤]-[명령 단추]를 차례로 클릭한다.

[순서 6] [명령 단추]를 선택하여 워크시트의 적당한 위치에 마우스 드래그로 장방형의 버튼을 만든다. 버튼에 마우스 포인터를 놓고 마우스의 오른쪽 버튼을 클릭한 다음 [속성(I)]을 선택한다.

[순서 7] [속성] 대화상자에서 [Caption]의 [CommandButton1]을 [고유치 계산]으로 변경한다.

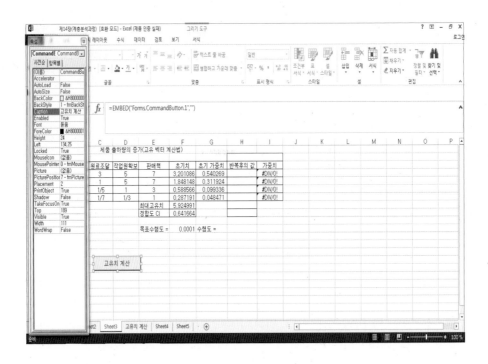

[순서 8] 이렇게 만들어진 버튼을 더블클릭하면 다음과 같은 Visual Basic 편집기가
나타난다.

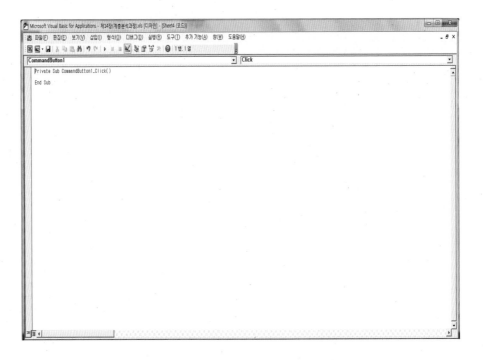

[순서 9] Visual Basic 편집기에 다음과 같은 프로그램을 작성한다.

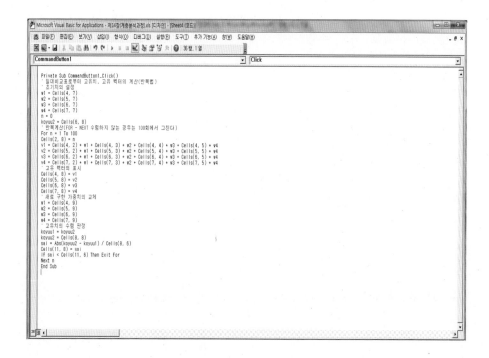

[순서 10] [목표 수렴도]를 '0.0001'로 입력하고 [고유치 계산] 버튼을 클릭하면 5회 반복계산이 이루어져서 다음과 같은 결과가 출력된다.

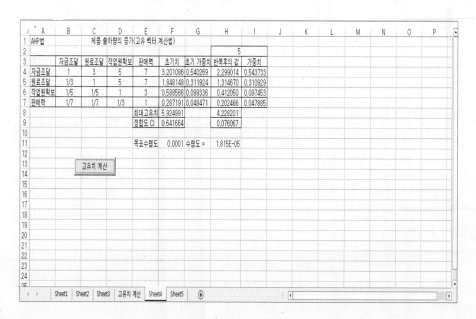

이 프로그램은 기하평균치로부터 구한 초기 가중치를 기초로 반복계산을 실시하여 최종적으로 고유치와 가중치 벡터를 표시한다. '목표수렴도'를 '0.000'으로 설정해 본다. 반복계산은 목표로 하는 수렴도(반복계산 하나 전과 현재의 고유치 차이/고유치 초기치<목표치>)에 도달하든지 100회까지 반복한다. 또한 마지막으로 정합도 CI도 표시할 수 있도록 되어 있다.

	A	B	C	D	E	F	G	H	I	J	K	L	M	N	O	P
1	AHP법			제품 출하량의 증가(고유 벡터 계산법)												
2								100								
3		자금조달	원료조달	작업원확보	판매력	초기치	초기 가중치	반복후의 값	가중치							
4	자금조달	1	3	5	7	3.20108587	0.540269	2.298975	0.543736							
5	원료조달	1/3	1	5	7	1.84814779	0.311924	1.314632	0.310926							
6	작업원확보	1/5	1/5	1	3	0.58856619	0.099336	0.412041	0.097453							
7	판매력	1/7	1/7	1/3	1	0.28719089	0.048471	0.202464	0.047885							
8					최대고유치	5.92499075		4.228111								
9					정합도 CI	0.64166358		0.076037								
10																
11					목표수렴도	0.000000	수렴도 =	4.5E-16								
12																
13			고유치 계산													

다른 의사결정법에 비해서 계층분석과정(AHP)은 평가항목이 많이 있고 게다가 서로 공통의 척도가 없는 문제의 해결에 적합하다. 일대비교를 했을 때 「조금 크다」, 「약간 작다」라고 하는 애매한 표현을 사용한 다음에 수치로 변환할 수 있다. 또한 수미일관하지 못한 데이터도 다룰 수 있고, 그 수미일관성의 정도를 정량적으로 판단할 수 있다고 하는 특징이 있다. 더욱이 복잡한 문제도 몇 개의 계층으로 나누어서 정리할 수 있다.

[예제 14-1]

친구와 오랜만에 만나서 식사하고 싶다든지 가족끼리 외식을 하고 싶을 때 레스토랑을 선택하지 않으면 안 되는 경우가 종종 있다. 레스토랑의 선택을 계층분석과정으로 실시해 보자. 계층분석과정의 절차는 다음과 같이 정리할 수 있다.

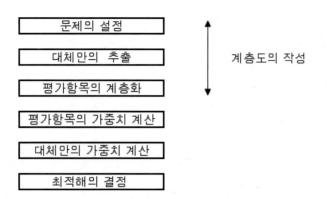

여기에서는 대체안으로서 중화요리점, 패밀리 레스토랑, 한식당을 고려하기로 하고 평가항목은 요리, 교통편, 가격, 분위기로 한다. 각 레스토랑에 관한 정보를 정리하면 <표 14-8>과 같다. 이 경우에 평가항목의 계층은 단층이고 계층도는 <그림 14-2>와 같다.

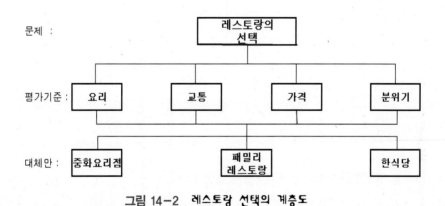

그림 14-2 레스토랑 선택의 계층도

표 14-8 대체안인 각 레스토랑의 정보

	요리	교통	가격	분위기
중화요리점	고급	역 도보 2분	높다	호화스럽다
패밀리 레스토랑	보통	역 도보 10분	적당하다	밝다
한식당	상등품	역 도보 6분	약간 높다	조용하다

4개 평가항목의 일대비교에 대해서 ① 그다지 돈을 들이지 않고 간단하게 점심식사를 하고 싶은 경우와, ② 중요한 손님과 여유있게 저녁식사를 하고 싶은 경우의 두 가지를 생각했다. 그 평가항목에 대해서 일대비교표를 작성한 예가 <표 14-9>와 같다.

표 14-9 평가항목 일대비교표

① 간단한 점심식사

	요리	교통	가격	분위기	가중치
요리	1	3	1/3	3	0.24
교통	1/3	1	1/7	1/3	0.06
가격	3	7	1	5	0.57
분위기	1/3	3	1/5	1	0.12

정합도 CI = 0.0466

② 여유있는 저녁식사

	요리	교통	가격	분위기	가중치
요리	1	2	3	1	0.34
교통	1/2	1	3	1/2	0.21
가격	1/3	1/3	1	1/2	0.11
분위기	1	2	3	1	0.34

정합도 CI = 0.0477

다음은 평가항목마다 세 개 레스토랑의 일대비교를 실시한다. 결과는 다음의 <표 14-10>과 같다. 실제로는 완전히 정합도를 확보해서 일대비교표를 작성하는 것은 상당히 어렵다는 것을 알았다.

표 14-10 각 평가항목에 대한 각 레스토랑의 일대비교표

요리	중화요리점	패밀리 레스토랑	한식당	가중치
중화요리점	1	7	3	0.68
패밀리 레스토랑	1/7	1	1/2	0.10
한식당	1/3	2	1	0.22

정합도 CI = 0.00132

교통	중화요리점	패밀리 레스토랑	한식당	가중치
중화요리점	1	5	3	0.66
패밀리 레스토랑	1/5	1	2	0.20
한식당	1/3	1/2	1	0.15

정합도 CI = 0.08161

가격	중화요리점	패밀리 레스토랑	한식당	가중치
중화요리점	1	1/7	1/2	0.10
패밀리 레스토랑	7	1	3	0.68
한식당	2	1/3	1	0.22

정합도 CI = 0.0013

분위기	중화요리점	패밀리 레스토랑	한식당	가중치
중화요리점	1	5	1/2	0.38
패밀리 레스토랑	1/5	1	1/3	0.11
한식당	2	3	1	0.51

정합도 CI = 0.082

<표 14-10>을 정리하면 <표 14-11>과 같다.

표 14-11 각 평가항목에 대한 대체안의 가중치 일람표

	요리	교통	가격	분위기
중화요리점	0.68	0.66	0.10	0.38
패밀리 레스토랑	0.10	0.20	0.68	0.11
한식당	0.22	0.15	0.22	0.51

이상을 기초로 해서 종합평가하면 <표 14-12>와 같이 된다. ① 간단한 점심식사의 경우에는 패밀리 레스토랑, ② 여유 있는 저녁식사의 경우에는 중화요리점의 득점이 높다. 즉, 각 평가항목에 대한 각 레스토랑의 가중치뿐만 아니라 평가항목의 가중치가 다르다는 사실이 최종적인 결과에 큰 영향을 미친다. 계층분석과정을 활용할 경우에 정합도를 체크하면서 일대평가표에 의사결정자의 생각이 반영되고 있다는 것을 재확인하는 것이 중요하다.

표 14-12 종합평가

① 간단한 점심식사

평가항목 가중치	요리 0.24	교통 0.06	가격 0.57	분위기 0.12	종합득점
중화요리점	0.16	0.04	0.06	0.05	0.31
패밀리 레스토랑	0.02	0.01	0.39	0.01	0.44
한식당	0.05	0.01	0.12	0.06	0.25

② 여유있는 저녁식사

평가항목 가중치	요리 0.34	교통 0.21	가격 0.11	분위기 0.34	종합득점
중화요리점	0.23	0.14	0.01	0.13	0.51
패밀리 레스토랑	0.03	0.04	0.08	0.04	0.19
한식당	0.07	0.03	0.02	0.17	0.30

제15장

불확실성하의 의사결정

제1절 위험과 불확실성하의 의사결정

의사결정론은 대개 불확실한 상황에서 장래의 일들을 다루고 여러 가지 실행방법들을 비교하여 최선의 실행방법을 선택하게 된다. 가령 여름철 제품인 에어컨을 생산하는 기업을 생각해 보자. 기업의 경영자는 다음해 여름철 날씨가 얼마나 더울지 모른다.

무더운 날씨가 계속되면 에어컨이 잘 팔릴 것이고, 오랫동안 장마가 지속되고 농작물의 냉해가 심하다면 에어컨의 판매는 부진할 것이다. 다음해 여름철 날씨는 현재로서 불확실한 상황이다. 만일 적게 만들어 두었다가 수요에 미쳐 공급이 따르지 못한다면 기회손실이 생길 것이고, 너무 많이 생산해 두었다가 판매가 부진하다면 지나친 재고비용으로 큰 부담이 될 것이다. 의사결정론은 이러한 상황에서 에어컨을 얼마나 생산해야 좋을지를 결정할 수 있도록 지원해 주는 방법론이다.

의사결정과 관련된 장래의 상태는 결코 확정적이라고는 할 수 없다. 예를 들어 기온의 변화나 자연현상 또는 경기나 투기적 거래 등의 경제동향에 대해서 생각해 보자. 그 중에는 내일의 강수확률 등 일어날 수 있는 상태의 확률분포를 알고 있는 것도 있다. 한편, 어떻게 될지 전혀 알 수 없는 경우도 있다. 전자와 같이 각각의 행동과 관련해서 장래 일어날 수 있는 상태가 몇 가지 있어서 그 중의 어느 것이 실제로 일어날 것인지 그 확률을 알고 있는 경우를 위험의 경우라고 한다. 또한 후자와 같이 어떤 결과가 어떠한 확률로 일어날지 모르는 경우를 불확실성의 경우라고 한다. 여기에서는 위험의 경우와 불확실성의 경우에 대한 의사결정에 대해서 설명하기로 한다.

의사결정론에서는 여러 대체안에 의해서 얻어지는 손실과 이득을 장래의 상황전개에 따라 분석한다. 따라서 어떤 문제를 의사결정하려면 우선 추구하는 목표를 설정하고, 의사결정 대체안(alternatives)을 제시해야 한다. 그리고 장래에 전개될 것으로 예상되는 상태를 구분해 나열한 다음, 특정한 의사결정 대체안을 선택했을 때 장래의 상황에 따라 얻어지는 결과를 이득표로 표현해 두어야 한다.

제2절 위험의 경우

기대치란 평균해서 어느 정도의 값을 예상할 수 있는지를 수학적으로 나타낸 수치이다. 여러 가지 사상의 확률 X_i와 그 사상에 의해서 얻어지는 값 p_i를 곱해서 합계하면, 모든 사상을 통해서 평균적으로 예상할 수 있는 값, 즉 기대치가 계산된다. 확률변수 X의 기대치 E(X)는,

$$E(X) = \sum_{i=1}^{r} X_i p_i = X_1 p_1 + X_2 p_2 + \cdots + X_r p_r$$

로 나타낼 수 있다.

다음은 복권의 기대치를 Excel로 계산한 예이다. 이 복권이 당첨될 확률은 10.3233%이다. 6등은 당첨금이 1000원으로 10%의 확률로 당첨된다. 따라서 1매에 1000원 하는 복권을 사서 구입가격보다 큰 액수가 당첨될 확률은 0.3233%라고 하는 것을 알 수 있다.

	등급	당첨금	매수	확률	기대치
1	복권의 기대치				
2	등급	당첨금	매수	확률	기대치
3	1등	₩1,000,000,000	1	0.00001%	₩100
4	2등	₩500,000,000	6	0.00006%	₩300
5	아차상	₩200,000,000	2	0.00002%	₩40
6	3등	₩5,000,000	20	0.00020%	₩10
7	4등	₩1,000,000	200	0.00200%	₩20
8	5등	₩10,000	30,000	0.30000%	₩30
9	6등	₩1,000	1,000,000	10.00000%	₩100
10	행운상(1)	₩200,000	100	0.00100%	₩2
11	행운상(2)	₩100,000	2,000	0.02000%	₩20
12	잔여(비당첨)	₩0	8,967,671	89.67671%	₩0
13	합계		10,000,000	100.00000%	₩622
14					
15	당첨확률	=	10.3233%		
16	비당첨 확률	=	89.6767%		
17	구입가격보다 큰	=	0.3233%		
18	액수가 당첨될 확률				

C17 =(SUM(C3:C8)+C10+C11)/C13

[셀의 입력내용]

    C13; =SUM(C3:C12)

    D3;   =C3/$C$13   (D3을 D4에서 D12까지 복사한다)

    D13; =SUM(D3:D12)

    E3;   =B3*D3   (E3을 E4에서 E12까지 복사한다)

    E13; =SUM(E3:E12)

    C15; =SUM(C3:C11)/C13

    C16; =1-C15

    C17; =(SUM(C3:C8)+C10+C11)/C13

위에서 1등에 당첨될 확률은 0.00001%이며 기대치는 100원이다. 또한 2등에 당첨될 확률은 0.00006%이고 기대치는 300원이다. 당첨될 확률과 당첨금을 곱해서 더하면 이 복권의 기대치가 계산된다(622원). 세상에는 수많은 복권이 판매되고 있다. 각 복권의 기대치에 대한 크기를 계산하여 어느 복권을 사는 것이 좋을지 판단할 수 있다.

한편, 복권과 마찬가지로 여러 가지 행동안의 기대치를 비교해서 의사결정할 수 있다.

🔆 기대치 원리

어떤 기업에서 설비투자를 생각하고 있다. 설비투자는 A안, B안, C안, D안 등 4개 있는데 과연 어떤 안을 선택하면 좋을까? 새로 도입하는 설비를 이용했을 때의 이익을 계산할 수 있다.

그러나 경제상황이 바뀌면 그 이익도 변화하고 만다. 즉, 호황의 경우와 불황의 경우에 투자할 설비가 다른 것이다. 경제상황이 확정되어 있지 않은 경우, 행동안의 이익(또는 비용)에 대한 기대치, 즉 장래 일어날 수 있는 상태의 이익(또는 비용)에 각각의 상태가 일어날 수 있는 확률을 곱해서 더한다. 이것이 최대가 되도록 하는 행동안을 선택하는 방법이 있다. 이것을 기대치원리라고 한다.

다음은 여러 가지 경제상황에서 A안, B안, C안, D안의 설비투자에 의해서 얻어지는 이익과 각 경제상황의 확률을 곱해서 합계한 기대이익을 Excel에서 계산한 예이다.

H7	▼	:	×	✓	fx	=IF(MAX($G$6:$G$9)=G7, "가장 유리", "")		

	A	B	C	D	E	F	G	H	I
1	설비투자에 의해서 얻어지는 이익								
2									
3			경제상황의 예측				기대이익	기대치원리	
4			좋아진다	약간 좋아진다	모른다	나빠진다			
5		확률	0.1	0.3	0.4	0.2			
6	설비계획	A안	₩38,000,000	₩12,000,000	₩7,000,000	-₩7,000,000	₩8,800,000		
7		B안	₩8,000,000	₩30,000,000	₩11,000,000	-₩11,000,000	₩12,000,000	가장 유리	
8		C안	₩9,000,000	₩16,000,000	₩14,000,000	-₩4,000,000	₩10,500,000		
9		D안	₩3,000,000	₩5,000,000	₩15,500,000	₩6,000,000	₩9,200,000		
10									
11									
12									

[셀의 입력내용]

G6; =C6*$C$5+D6*$D$5+E6*$E$5+F6*$F$5

(G6를 G7에서 G9까지 복사한다)

H6; =IF(MAX($G$6:$G$9)=G6, "가장 유리", "")

(H6를 H7에서 H9까지 복사한다)

위의 계산결과 A안이 8,800,000원, B안이 12,000,000원, C안이 10,500,000원, D안이 9,200,000원이 되어 이 경우에는 B안을 선택하는 편이 유리하다는 것을 알 수 있다.

최우미래원리

상태가 확정되지 않은 경우에 일어날 가능성이 가장 큰 상태에만 주목하여 그 상태 하에서 이익이 최대(또는 비용이 최소)가 되는 행동안을 선택하는 방법을 최우미래원리(最尤未來原理)라고 한다. 최우미래란 가장 일어날 수 있는 확률이 높은 상태를 의미한다.

위의 설비투자의 예에서는 경제상황의 예측에서 「좋아진다」의 확률은 0.1, 「약간 좋아진다」의 확률은 0.3, 「모른다」의 확률은 0.4, 「나빠진다」의 확률은 0.2이므로 최우미래의 상황은 「모른다」는 것이 된다. 따라서 경제상황이 「모른다」는 상태에서 이익이 최대가 되는 D안이 유리하다고 판단된다.

다음은 최우미래원리에 대응한 Excel 시트의 예이다. 이 시트에서는 어떤 경제상황이 「확률최대」인지 한눈으로 알 수 있도록 두 번째 행에 표시하고 있다. 그리고 그 「확률최대」라고 표시되어 있는 열에서 최대치를 MAX 함수로 구해 가지고 G열에 「가장 유리」라고 표시하도록 한다.

G9	▼	:	× ✓	*fx*	=IF(MAX($E$6:$E$9)=E9, "가장 유리", "")			
▲	A	B	C	D	E	F	G	H	I

	A	B	C	D	E	F	G	H	I
1	설비투자에 의해서 얻어지는 이익								
2					확률최대				
3			경제상황의 예측						
4			좋아진다	약간 좋아진다	모른다	나빠진다	최우미래원리		
5	확률		0.1	0.3	0.4	0.2			
6	설비계획	A안	₩38,000,000	₩12,000,000	₩7,000,000	-₩7,000,000			
7		B안	₩8,000,000	₩30,000,000	₩11,000,000	-₩11,000,000			
8		C안	₩9,000,000	₩16,000,000	₩14,000,000	-₩4,000,000			
9		D안	₩3,000,000	₩5,000,000	₩15,500,000	₩6,000,000	가장 유리		
10									
11									
12									

[셀의 입력내용]

    C2; =IF(MAX($C$5:$F$5)=C5, "확률최대", "")

                        (C2를 D2에서 F2까지 복사한다)

    G6; =IF(MAX($E$6:$E$9)=E6, "가장 유리", "")

                        (G6을 G7에서 G9까지 복사한다)

이 예에서는 기대치원리에서는 B안, 최우미래원리에서는 D안이 유리하다고 하는 결과가 되었다. 이와 같이 같은 문제에 대해서 의사결정원리가 다르면 선택되는 행동안이 달라지는 경우가 있다. 어떤 의사결정원리를 적용할 것인지 사전에 잘 음미하는 것이 중요하다.

제3절 불확실성의 경우

몇 년 후의 경기나 기후 등에 대해서 예측하는 것은 어려운 일이다. 이와 같이 장래 일어날 수 있는 상태에 대해서 전혀 확률을 알 수 없는 경우의 의사결정은 어떻게 하면 좋을까? 여기에는 다음과 같은 다섯 가지의 방법이 있다.

⚘ 라프라스의 원리

장래 일어날 수 있는 상태에 대해서 전혀 확률을 알 수 없는 경우에 모든 상태가 같은 확률을 가지고 있다고 생각하는 것이 라프라스(Laplace)의 원리이다. 장래 일어날 수 있는 상태가 4종류 있다면 각 상태가 일어날 확률을 1/4로 생각한다. 즉, n종류의 상태가 생각되어질 때 각 상태가 일어날 수 있는 확률은 $1/n$이 된다. 그런 다음에 기대치원리를 적용하면 어떤 대체안이 좋은지 판단할 수 있다.

전술한 설비투자에 의해서 얻어지는 이익에 대해서, 경제상태는 어떻게 될지 불확정적으로 각 상태의 확률은 모두 똑같이 1/4이라고 가정한다. 그러면 다음과 같이 기대이익이 계산되어 A안이 가장 유리하다고 판단할 수 있다.

| H6 | | | f_x | =IF(MAX($G$6:$G$9)=G6, "가장 유리", "") | | | |

	A	B	C	D	E	F	G	H	I
1	설비투자에 의해서 얻어지는 이익								
2									
3			경제상황의 예측				기대이익	라프라스의 원리	
4			좋아진다	약간 좋아진다	모른다	나빠진다			
5		확률	0.25	0.25	0.25	0.25			
6		A안	₩38,000,000	₩12,000,000	₩7,000,000	-₩7,000,000	₩12,500,000	가장 유리	
7	설비계획	B안	₩8,000,000	₩30,000,000	₩11,000,000	-₩11,000,000	₩9,500,000		
8		C안	₩9,000,000	₩16,000,000	₩14,000,000	-₩4,000,000	₩8,750,000		
9		D안	₩3,000,000	₩5,000,000	₩15,500,000	₩6,000,000	₩7,375,000		
10									
11									
12									

[셀의 입력내용]

G6; =C6*$C$5+D6*$D$5+E6*$E$5+F6*$F$5

(G6를 G7에서 G9까지 복사한다)

H6; =IF(MAX($G$6:$G$9)=G6, "가장 유리", "")

(H6를 H7에서 H9까지 복사한다)

Maximin 원리와 Minimax 원리

각 행동안에 대해서 최악의 상태가 일어난 경우를 상정하고 그 경우의 이익(또는 비용)을 최대(또는 최소)로 하는 행동안을 선택한다. 최소이익을 최대로 하는 것이 Maximin 원리이며, 최대비용을 최소로 하는 것이 Minimax 원리이다. 이것은 불확정한 장래에 대해서 가장 불리한 경우만에 주목한다고 하는 비관적인 가정에 의거하고 있다.

Maximin 원리를 이용해서 다음과 같이 전술한 설비투자에 의해서 얻어지는 이익에 대하여 생각해 보자. 먼저 G열에 최소이익을 구하고 그 중에서 최대의 것은 D안이라고 하는 것을 알 수 있다.

| H8 | | | f_x | =IF(MAX($G$5:$G$8)=G8, "가장 유리", "") | | | |

	A	B	C	D	E	F	G	H	I
1	설비투자에 의해서 얻어지는 이익								
2									
3			경제상황의 예측				최소이익	Maximin 원리	
4			좋아진다	약간 좋아진다	모른다	나빠진다			
5		A안	₩38,000,000	₩12,000,000	₩7,000,000	-₩7,000,000	-₩7,000,000		
6	설비계획	B안	₩8,000,000	₩30,000,000	₩11,000,000	-₩11,000,000	-₩11,000,000		
7		C안	₩9,000,000	₩16,000,000	₩14,000,000	-₩4,000,000	-₩4,000,000		
8		D안	₩3,000,000	₩5,000,000	₩15,500,000	₩6,000,000	₩3,000,000	가장 유리	
9									
10									

[셀의 입력내용]

    G5; =MIN(C5:F5)   (G5를 G6에서 G8까지 복사한다)

    H5; =IF(MAX($G$5:$G$8)=G5, "가장 유리", "")

                                    (H5를 H6에서 H8까지 복사한다)

Maximax 원리와 Minimin 원리

각 행동안에 대해서 최선의 상태가 일어난 경우를 상정하고 그 경우의 이익(또는 비용)을 최대(또는 최소)로 하는 행동안을 선택한다. 최대이익의 최대를 선택하는 것이 Maximax 원리이며, 최소비용의 최소를 선택하는 것이 바로 Minimin 원리인 것이다. 이것은 가장 유리한 경우에 주목한다고 하는 낙관적인 가정에 의거하고 있다.

Maximax 원리를 이용함으로써 다음과 같이 설비투자에 의해서 얻어지는 이익에 대하여 생각해 보자. 먼저 G열에 최대이익을 구하고 그 중에서 최대의 것은 A안이라고 하는 것을 알 수 있다.

H5			f_x	=IF(MAX($G$5:$G$8)=G5, "가장 유리", "")				
	A	B	C	D	E	F	G	H	I
1	설비투자에 의해서 얻어지는 이익								
2									
3			경제상황의 예측				최대이익	Maximax 원리	
4			좋아진다	약간 좋아진다	모른다	나빠진다			
5	설비계획	A안	₩38,000,000	₩12,000,000	₩7,000,000	−₩7,000,000	₩38,000,000	가장 유리	
6		B안	₩8,000,000	₩30,000,000	₩11,000,000	−₩11,000,000	₩30,000,000		
7		C안	₩9,000,000	₩16,000,000	₩14,000,000	−₩4,000,000	₩16,000,000		
8		D안	₩3,000,000	₩5,000,000	₩15,500,000	₩6,000,000	₩15,500,000		
9									
10									

[셀의 입력내용]

    G5; =MAX(C5:F5)   (G5를 G6에서 G8까지 복사한다)

    H5; =IF(MAX($G$5:$G$8)=G5, "가장 유리", "")

                                    (H5를 H6에서 H8까지 복사한다)

Hurwiz의 원리

통상 극단적으로 낙관적이거나 비관적인 사람은 없다. 약간 낙관적이든지 약간 비관적이라고 하는 중간적인 입장에서 의사결정을 행하기 때문에 낙관지수 α 를 설정한다. 즉, 각 행동안을 선택했을 때의 최대이익에 α , 최소이익에 $(1-\alpha)$ 를 곱한 것의 합계를 구해서 그 중 최대의 것을 선택한다. 이것을 Hurwiz의 원리라고 한다. 예를 들면, 다음에서 볼 수 있듯이 α = 0.75(낙관적인 의사결정자)에서는 A안이 선택되고 α = 0.25(비관적인 의사결정자)에서는 D안이 선택되는 결과가 되어 다른 결과가 얻어진다.

J17			f_x	=IF(MAX($I$14:$I$17)=I17, "가장 유리", "")						
	A	B	C	D	E	F	G	H	I	J	K
1	설비투자에 의해서 얻어지는 이익										
2									낙관지수 α =	0.75	
3				경제상황의 예측			최대치	최소치	최대치*α+최소치*(1-α)	Hurwiz 원리	
4			좋아진다	약간 좋아진다	모른다	나빠진다					
5	설비계획	A안	₩38,000,000	₩12,000,000	₩7,000,000	-₩7,000,000	₩38,000,000	-₩7,000,000	₩26,750,000	가장 유리	
6		B안	₩8,000,000	₩30,000,000	₩11,000,000	-₩11,000,000	₩30,000,000	-₩11,000,000	₩19,750,000		
7		C안	₩9,000,000	₩16,000,000	₩14,000,000	-₩4,000,000	₩16,000,000	-₩4,000,000	₩11,000,000		
8		D안	₩3,000,000	₩5,000,000	₩15,500,000	₩6,000,000	₩15,500,000	₩3,000,000	₩12,375,000		
9											
10											
11									낙관지수 α =	0.25	
12									최대치*α+최소치*(1-α)	Hurwiz 원리	
13											
14									₩4,250,000		
15									-₩750,000		
16									₩1,000,000		
17									₩6,125,000	가장 유리	
18											
19											

[셀의 입력내용]

J2;   0.75

J11;   0.25

G5; =MAX(C5:F5)   (G5를 G6에서 G8까지 복사한다)

H5; =MIN(C5:F5)   (H5를 H6에서 H8까지 복사한다)

I5;   =G5*$J$2+H5*(1-$J$2)   (I5를 I6에서 I8까지 복사한다)

J5;   =IF(MAX($I$5:$I$8)=I5, "가장 유리", "")

                                  (J5를 J6에서 J8까지 복사한다)

I14; =G5*$J$11+H5*(1-$J$11)   (I14를 I15에서 I17까지 복사한다)

J14; =IF(MAX($I$14:$I$17)=I14, "가장 유리", "")

                                  (J14를 J15에서 J17까지 복사한다)

☀ Minimax 후회 원리

장래의 상태가 불확정적인 경우, 가령 어떤 상태가 실제로 일어났다고 사후적으로 생각하면, 그것이 최선의 행동안을 제외한 다른 행동안인 경우에는 후회가 따르게 된다. 즉, 최선의 행동안으로 했더라면 좋았을 것이라고 하는 후회(regret)이다. 그 후회의 크기는 실현된 상태하에서 최선의 행동안을 실행하지 않았을 때의 이익(비용)의 차(差)로서 다음과 같은 식으로 계산할 수 있다.

$$\text{후회} = \text{최선의 행동안을 취했을 때의 이익(최대이익)}$$
$$- \text{실제로 취한 행동안의 이익}$$

또는

$$\text{후회} = \text{실제로 취한 행동안의 비용}$$
$$- \text{최선의 행동안을 취했을 때의 비용(최소비용)}$$

따라서 최선의 행동안을 취했을 때는 후회 = 0가 된다. 각 행동안에 대해서 후회를 계산하여 정리한 것을 후회표라고 한다. 그 후회표에 Minimax 원리를 적용하면 가장 유리한 대체안을 선택할 수 있다. 이것이 Minimax 후회 원리이다.

다음은 후회표의 예이다. 경제상태가 좋아졌을 때 A안의 이익이 다른 안에 비해서 매우 크기 때문에 B, C, D안을 선택했을 때의 후회가 커지게 된다. 또한 A안에서는 경제상태가 나빠졌을 경우이더라도 후회는 비교적 작고, 결과적으로 최대 후회가 가장 작은 것은 A안의 18,000,000원이며, Minimax 원리에 의하면 A안이 가장 유리하다고 하는 결론에 이른다.

H11		fx	=IF(MIN($G$11:$G$14)=G11, "가장 유리", "")				
	A	B	C	D	E	F	G	H	I

설비투자에 의해서 얻어지는 이익

설비계획		경제상황의 예측					
		좋아진다	약간 좋아진다	모른다	나빠진다		
설비계획	A안	₩38,000,000	₩12,000,000	₩7,000,000	−₩7,000,000		
	B안	₩8,000,000	₩30,000,000	₩11,000,000	−₩11,000,000		
	C안	₩9,000,000	₩16,000,000	₩14,000,000	−₩4,000,000		
	D안	₩3,000,000	₩5,000,000	₩15,500,000	₩6,000,000		

후회표		경제상황의 예측				최대 후회	Minimax 원리
		좋아진다	약간 좋아진다	모른다	나빠진다		
설비계획	A안	₩0	₩18,000,000	₩8,500,000	₩13,000,000	₩18,000,000	가장 유리
	B안	₩30,000,000	₩0	₩4,500,000	₩17,000,000	₩30,000,000	
	C안	₩29,000,000	₩14,000,000	₩1,500,000	₩10,000,000	₩29,000,000	
	D안	₩35,000,000	₩25,000,000	₩0	₩0	₩35,000,000	

[셀의 입력내용]

    C11; =MAX(C$4:C$7)−C4   (C11을 D11에서 F14까지 복사한다)

    G11; =MAX(C11:F11)   (G11을 G12에서 G14까지 복사한다)

    H11; =IF(MIN($G$11:$G$14)=G11, "가장 유리", "")

                                     (H11을 H12에서 H14까지 복사한다)

[예제 15-1]

네 개의 주식이 있는데 어느 것인가에 투자하고 싶다고 생각하고 있다. 이들 주식으로부터 얻어지는 이익은 경제상태에 영향을 받는다. 여기에서 내년에 예상되는 경제상태로서 「좋아진다」, 「다소 좋아진다」, 「모른다」, 「나빠진다」 라고 하는 네 가지의 경우를 상정한다. 각각의 경제상태가 일어날 수 있는 확률은 지금 현재 0.15, 0.25, 0.35, 0.25로 예상되고 있는데 혼돈의 상황이므로 이 확률은 확정된 것이라고는 할 수 없다. 각 경제상태에서 네 가지의 주식을 구입하는 안을 1안~4안으로 하고 그것으로부터 얻어지는 이익을 다음의 <표 15-1>과 같이 예상했다. 이미 설명한 7종류의 의사결정원리를 적용해서 어느 주식에 투자하는 것이 좋을지 생각해 보자.

표 15-1 각 주식 투자안의 예상이익(1)

경제상태	좋아진다	다소 좋아진다	모른다	나빠진다
1안	2500원	2000원	500원	−2000원
2안	1500원	500원	300원	−400원
3안	1000원	500원	200원	−100원
4안	1200원	550원	80원	50원

각 의사결정원리에서의 선택 결과를 비교하기 쉽게 하기 위해서 다음과 같이 Excel 워크시트에서 계산을 실시했다. 이 결과만으로 이미 설명한 각 의사결정원리에 의한 선택안을 즉시 비교할 수 있다. 이 워크시트는 각 의사결정원리의 설명에서 사용했던 표를 편성해서 작성할 수 있다. 이 워크시트는 조건을 여러 가지로 바꾸어서 선택결과를 검토할 수 있다. 시뮬레이션 도구로서도 유효하다고 할 수 있다.

계산결과로부터 행동안은 1안 또는 4안을 선택해야 한다는 것을 알 수 있다. 1안은 소위 고위험 고수익(high risk / high return)의 주식이고 4안은 저위험 저수익(low risk / low return)의 주식으로, 낙관적인 의사결정자라면 1안을 선택할 것이며 비관적인 의사결정자라면 4안을 선택할 것이다. 일반적으로는 1안의 기대치가 크다는 사실로부터 경제상태의 악화확률이 높아지지 않는다면 1안을 선택하게 될 것이다.

[셀의 입력내용]

C29; =MATCH("가장 유리", D14:D17, 0)

D29; =MATCH("가장 유리", E14:E17, 0)

E29; =MATCH("가장 유리", G14:G17, 0)

F28; =MATCH("가장 유리", I14:I17, 0)

G29; =MATCH("가장 유리", K14:K17, 0)

H29; =MATCH("가장 유리", M14:M17, 0)

I29; =MATCH("가장 유리", H21:H24, 0)

다음에는 <표 15-2>와 같이 각 주식 투자안의 예상이익이 다른 경우에 대해서 조사해 보자. <표 15-1>과 비교해서 1안의 예상이익은 같지만 2~4안의 예상이익은 조금씩 다르다. 그 밖의 조건은 같다고 한다.

표 15-2 각 주식 투자안의 예상이익(2)

경제상태	좋아진다	다소 좋아진다	모른다	나빠진다
1안	2500원	2000원	500원	-2000원
2안	1500원	1000원	100원	-100원
3안	2800원	400원	50원	-300원
4안	500원	500원	300원	200원

결과는 다음과 같다. 이 경우에는 의사결정원리가 다르면 1안~4안까지의 선택이 상당히 달라진다. <표 15-2>에서 예상되었던 주식이익에서는 어떤 안이 가장 유리한지 결정하기가 어렵다고 하는 결론이다. 각각의 의사결정원리는 제 나름대로 설명력을 가지고 있다. 이와 같은 경우에는 의사결정 정책을 명확히 하고 그 정책과 가장 합치하는 의사결정원리를 이용하는 것이 좋을 것이다.

위의 의사결정 문제는 의사결정수(decision tree)로 나타낼 수 있다(<그림 15-1> 참조). 의사결정수는 노드(node)와 아크(arc)로 연결된 나무구조의 그래프이다. 편의상 의사결정이 이루어지는 노드(즉, 나뭇가지에서 선택을 하게 되는 노드)는 사각형으로 나타내고, 경제상태가 전개되는 노드는 원으로 나타낸다.

7종류의 의사결정원리												
확률의 최대치				확률최대								
경제상태의 예측		좋아진다	다소	모른다	나빠진다							
확률		0.15	0.25	0.35	0.25							
행동안	1안	₩2,500	₩2,000	₩500	-₩2,000							
	2안	₩1,500	₩1,000	₩100	-₩100							
	3안	₩2,800	₩400	₩50	-₩300							
	4안	₩500	₩500	₩300	₩200							
Lalpace 원리에 의한 확률		0.25	0.25	0.25	0.25							

각 의사결정원리에 의한 행동안의 선택 （낙판지수 α= 0.25）

원리 또는 평가항목		기대치	기대치 원리	최우미래원리	Lalpace 원리에 의한 기대	Lalpace 원리	이익의 최소치	Maximin 원리	이익의 최대치	Maximax 원리	최대치*α+최소치*(1-α)	Hurwiz 원리
행동안	1안	₩550	가장 유리		₩750	가장 유리	-₩2,000		₩2,500		-₩875	
	2안	₩485			₩625		-₩100		₩1,500		₩300	
	3안	₩463			₩738		-₩300		₩2,800	가장 유리	₩475	가장 유리
	4안	₩355			₩375		₩200	가장 유리	₩500		₩275	

후회표

경제상태의 예측		좋아진다	다소	모른다	나빠진다	최대 후회	Minimax
행동안	1안	₩300	₩0	₩0	₩2,200	₩2,200	
	2안	₩1,300	₩1,000	₩400	₩300	₩1,300	가장 유리
	3안	₩0	₩1,600	₩450	₩500	₩1,600	
	4안	₩2,300	₩1,500	₩200	₩0	₩2,300	

행동안 선택결과

의사결정원리	기대치 원리	최우미래원리	Lalpace 원리	Maximin 원리	Maximax 원리	Hurwiz 원리	Minimax 후회원리
행동안 선택결과	1	1	1	4	3	3	2

상태가 전개되는 노드를 기회마디(chance node), 선택을 결정하는 노드를 결정마디(decision node)라고 한다. 기회마디에서는 가지에서 얻어지는 이익과 각 가지로 전개되는 확률을 곱하여 기회마디에서 기대치를 계산한다. 예를 들면, 1안의 기회마디에서 기대치를 계산하면 다음과 같다.

$$기대치_{1안} = 2500 \times 0.15 + 2000 \times 0.25 + 500 \times 0.35 + (-2000) \times 0.25 = 550$$

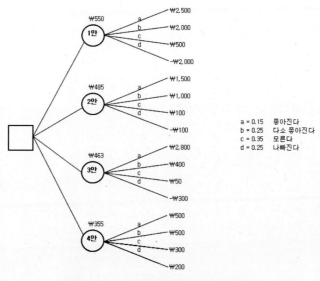

그림 15-1 의사결정수에 의한 표현

결정마디에서는 선택가지에서 얻어지는 기대치를 비교해서 기대치가 제일 큰 가지를 선택하게 된다. 의사결정수로 전개하여 표현한 다음 나무구조의 맨 끝에서 거꾸로 올라가면서 기대치를 계산하고 나뭇가지를 선택하는 것을 반복한다. 그래서 맨 처음 출발지 노드에서 의사결정을 하게 되는 것이다.

위의 의사결정수 분석결과를 보면 각 기회마디에서 구한 기대치가 각각 550, 485, 463, 355가 되므로 첫 번째 가지를 「가장 유리」한 것으로 선택하는 것이다. 이것이 기대치 원리에 의한 의사결정이다.

제5부
다변량분석

제1절 행렬

행렬

$m \times n$개의 숫자나 변수를 세로로 m개, 가로로 n개 늘어놓은 것을 행렬(matrix)이라고 한다. 예를 들면 다음과 같은 것이 행렬이다.

$$S = \begin{bmatrix} 1 & 2 & 3 \\ 4 & 5 & 6 \\ 7 & 8 & 9 \end{bmatrix}, \quad A = \begin{bmatrix} a_{11} & a_{12} & \cdots & a_{1n} \\ a_{21} & a_{22} & \cdots & a_{2n} \\ \cdot & \cdot & \cdots & \cdot \\ a_{m1} & a_{m2} & \cdots & a_{mn} \end{bmatrix}$$

행렬을 가령 가로 방향으로 분할하면 행렬 S의 경우에 $[1\,2\,3]$, $[4\,5\,6]$, $[7\,8\,9]$가 얻어지고 각각을 제1행, 제2행, 제3행이라고 부른다. 이것을 각각 행벡터라고 한다. 또한 세로 방향으로 분할하면,

$$\begin{bmatrix} 1 \\ 4 \\ 7 \end{bmatrix} \quad \begin{bmatrix} 2 \\ 5 \\ 8 \end{bmatrix} \quad \begin{bmatrix} 3 \\ 6 \\ 9 \end{bmatrix}$$

이 얻어져서 각각을 제1열, 제2열, 제3열이라고 부른다. 이것을 열벡터라고 한다. 행렬 A의 경우에는 행의 수가 m개, 열의 수가 n개이다. 이것을 $m \times n$ 행렬이라고 한다. 행렬을 구성하는 하나하나의 수나 변수를 행렬의 요소(element)라고 한다. 제i행과 제j열이 교차하는 위치의 요소를 (i, j) 요소 혹은 i행 j열 요소라고 한다. 벡터(vector)도 하나의 행렬이라고 생각할 수 있는데 m차 열벡터는 $m \times 1$ 행렬, n차 행벡터는 $1 \times n$ 행렬이라고 생각할 수 있다.

🔅 행렬의 덧셈과 뺄셈

행렬의 덧셈과 뺄셈은 대응하는 각 요소 간에 덧셈과 뺄셈을 실시한다.

[예제 16-1]

행렬 A와 B는 다음과 같다.

$$A = \begin{bmatrix} 5 & 7 & 4 \\ 6 & 9 & 3 \\ 3 & 6 & 4 \end{bmatrix}, \quad B = \begin{bmatrix} 1 & 3 & 2 \\ 7 & 2 & 3 \\ 5 & 2 & 7 \end{bmatrix}$$

A+B, A−B를 각각 계산하라.

▶ Excel에 의한 해법

[순서 1] 데이터의 입력 및 준비

(1) Excel의 워크시트에 다음과 같이 행렬 A, B의 데이터를 입력한다.

(2) 셀 A10에 'A+B'를, 셀 A14에 'A−B'를 입력해 놓는다.

	A	B	C	D	E	F	G	H	I
1		5	7	4					
2	A	6	9	3					
3		3	6	4					
4									
5		1	3	2					
6	B	7	2	3					
7		5	2	7					
8									
9									
10	A+B								
11									
12									
13									
14	A−B								
15									
16									
17									
18									

[순서 2] A + B의 계산

(1) 셀 B9:D11 영역을 범위 지정한다.

(2) 수식 '=B1:D3+B5:D7'을 입력한다.

제16장_ 다변량분석을 위한 기초수학 283

| MMULT | ▼ | : | ✕ | ✓ | fx | = B1:D3 + B5:D7 |

	A	B	C	D	E	F	G	H	I
1		5	7	4					
2	A	6	9	3					
3		3	6	4					
4									
5		1	3	2					
6	B	7	2	3					
7		5	2	7					
8									
9		+B5:D7							
10	A+B								
11									
12									
13									
14	A−B								
15									
16									
17									

(3) Ctrl + Shift + Enter↵ 키를 동시에 눌러 배열복사를 실시한다.

(4) 셀 B9:D11 영역에 계산결과가 출력된다.

(5) B9:D11 영역의 각 셀에는 수식 '{ =B1:D3+B5:D7}'이 입력된다.

| B9 | ▼ | : | ✕ | ✓ | fx | {=B1:D3+B5:D7} |

	A	B	C	D	E	F	G	H	I
1		5	7	4					
2	A	6	9	3					
3		3	6	4					
4									
5		1	3	2					
6	B	7	2	3					
7		5	2	7					
8									
9		6	10	6					
10	A+B	13	11	6					
11		8	8	11					
12									
13									
14	A−B								
15									
16									
17									

[순서 3] A−B의 계산

(1) 셀 B13:D15 영역을 범위 지정한다.

(2) 수식 '=B1:D3−B5:D7'을 입력한다.

| MMULT | ▼ | : | ✕ | ✓ | fx | = B1:D3 − B5:D7 |

	A	B	C	D	E	F	G	H	I
1		5	7	4					
2	A	6	9	3					
3		3	6	4					
4									
5		1	3	2					
6	B	7	2	3					
7		5	2	7					
8									
9		6	10	6					
10	A+B	13	11	6					
11		8	8	11					
12									
13		−B5:D7							
14	A−B								
15									
16									
17									

(3) $\boxed{\text{Ctrl}}$ + $\boxed{\text{Shift}}$ + $\boxed{\text{Enter}\leftarrow}$ 키를 동시에 눌러 배열복사를 실시한다.

(4) 셀 B13:D15 영역에 계산결과가 출력된다.

(5) B13:D15 영역의 각 셀에는 수식 '{ =B1:D3−B5:D7}'이 입력된다.

B13			fx	{=B1:D3-B5:D7}					
	A	B	C	D	E	F	G	H	I
1		5	7	4					
2	A	6	9	3					
3		3	6	4					
4									
5		1	3	2					
6	B	7	2	3					
7		5	2	7					
8									
9		6	10	6					
10	A+B	13	11	6					
11		8	8	11					
12									
13		4	4	2					
14	A−B	−1	7	0					
15		−2	4	−3					
16									
17									

[예제 16-2]

행렬 A와 B는 다음과 같다.

$$A = \begin{bmatrix} 5 & 7 & 4 \\ 6 & 9 & 3 \\ 3 & 6 & 4 \end{bmatrix}, \quad B = \begin{bmatrix} 1 & 3 & 2 \\ 7 & 2 & 3 \\ 5 & 2 & 7 \end{bmatrix}$$

2A + 3B, 3A − 2B를 각각 계산하라.

▶ Excel에 의한 해법

[순서 1] 데이터의 입력 및 준비

(1) Excel의 워크시트에 다음과 같이 행렬 A, B의 데이터를 입력한다.

(2) 셀 A10에 '2A+3B'를, 셀 A14에 '3A−2B'를 입력해 놓는다.

	A	B	C	D	E	F	G	H	I
1		5	7	4					
2	A	6	9	3					
3		3	6	4					
4									
5		1	3	2					
6	B	7	2	3					
7		5	2	7					
8									
9									
10	2A+3B								
11									
12									
13									
14	3A−2B								
15									
16									

[순서 2] 2A + 3B의 계산

(1) 셀 B9:D11 영역을 범위 지정한다.

(2) 수식 '=B1:D3*2＋B5:D7*3'을 입력한다.

| MMULT ▼ | : | ✕ ✓ *fx* | = B1:D3*2 + B5:D7*3 |

⊿	A	B	C	D	E	F	G	H	I
1		5	7	4					
2	A	6	9	3					
3		3	6	4					
4									
5		1	3	2					
6	B	7	2	3					
7		5	2	7					
8									
9		35:D7*3							
10	2A+3B								
11									
12									
13									
14	3A-2B								
15									
16									

(3) [Ctrl] + [Shift] + [Enter↵] 키를 동시에 눌러 배열복사를 실시한다.

(4) 셀 B9:D11 영역에 계산결과가 출력된다.

(5) B9:D11 영역의 각 셀에는 수식 '{＝B1:D3*2＋B5:D7*3}'이 입력된다.

| B9 ▼ | : | ✕ ✓ *fx* | {=B1:D3*2+B5:D7*3} |

⊿	A	B	C	D	E	F	G	H	I
1		5	7	4					
2	A	6	9	3					
3		3	6	4					
4									
5		1	3	2					
6	B	7	2	3					
7		5	2	7					
8									
9		13	23	14					
10	2A+3B	33	24	15					
11		21	18	29					
12									
13									
14	3A-2B								
15									
16									

[순서 3] 3A − 2B의 계산

(1) 셀 B13:D15 영역을 범위 지정한다.

(2) 수식 '=B1:D3*3 − B5:D7*2'를 입력한다.

(3) [Ctrl] + [Shift] + [Enter↵] 키를 동시에 눌러 배열복사를 실시한다.

(4) 셀 B13:D15 영역에 계산결과가 출력된다.

(5) B13:D15 영역의 각 셀에는 수식 '{=B1:D3*3 − B5:D7*2}'이 입력된다.

행렬의 곱셈은 왼쪽 행렬의 행과 오른쪽 행렬의 열의 요소를 곱셈해서 합계한다. 따라서 행렬의 곱셈이 성립하려면 다음과 같은 조건이 충족되어야 한다.

왼쪽 행렬의 열의 개수 = 오른쪽 행렬의 행의 개수

그래서 왼쪽 행렬이 $m \times p$ 행렬, 오른쪽 행렬이 $p \times n$ 행렬이라고 하면 곱셈을 실시한 답은 $m \times n$ 행렬이 된다.

[예제 16-3]

행렬 A와 B는 다음과 같다.

$$A = \begin{bmatrix} 5 & 7 \\ 6 & 9 \\ 3 & 6 \end{bmatrix}, \quad B = \begin{bmatrix} 1 & 3 & 2 \\ 7 & 2 & 3 \end{bmatrix}$$

AB, BA를 각각 계산하라.

▶ **Excel에 의한 해법**

[**순서 1**] 데이터의 입력 및 준비

(1) Excel의 워크시트에 다음과 같이 행렬 A, B의 데이터를 입력한다.

(2) 셀 A9에 'AB'를, 셀 A12에 'BA'를 입력해 놓는다.

	A	B	C	D	E	F	G	H	I
1		5	7						
2	A	6	9						
3		3	6						
4									
5	B	1	3	2					
6		7	2	3					
7									
8									
9	AB								
10									
11									
12	BA								
13									
14									
15									

[순서 2] AB의 계산

(1) 셀 B8:D10 영역을 범위 지정한다.

(2) 메뉴에서 [함수 마법사] 아이콘을 클릭한다.

(3) [함수 마법사] 대화상자에서,

'수학/삼각'의 'MMULT'를 선택하고 [확인] 버튼을 클릭한다.

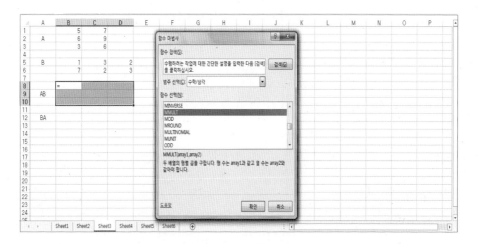

(4) [MMULT] 함수 입력상자에서,

        Array1 : B1:C3

        Array2 : B5:D6

를 입력하고

(5) Ctrl + Shift + Enter↵ 키를 동시에 눌러 배열복사를 실시한다.

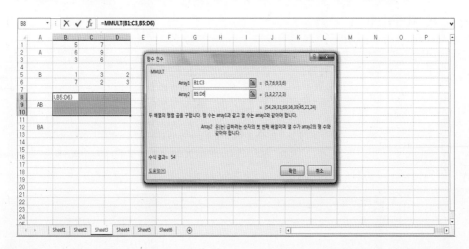

(6) 셀 B8:D10 영역에 계산결과가 출력된다.

(7) B8:D10 영역의 각 셀에는 수식 '{ =MMULT(B1:C3, B5:D6)}'이 입력된다.

| B8 | ▼ | ⋮ | × | ✓ | fx | {=MMULT(B1:C3,B5:D6)} |

◢	A	B	C	D	E	F	G	H	I
1		5	7						
2	A	6	9						
3		3	6						
4									
5	B	1	3	2					
6		7	2	3					
7									
8		54	29	31					
9	AB	69	36	39					
10		45	21	24					
11									
12	BA								
13									
14									
15									

[순서 3] BA의 계산

(1) 셀 B12:C13 영역을 범위 지정한다.

(2) 메뉴에서 [함수 마법사] 아이콘을 클릭한다.

(3) [함수 마법사] 대화상자에서,

　　'수학/삼각'의 'MMULT'를 선택하고 [확인] 버튼을 클릭한다.

(4) [MMULT] 함수 입력상자에서,

　　　　　Array1　:　B5:D6

　　　　　Array2　:　B1:C3

　를 입력한다.

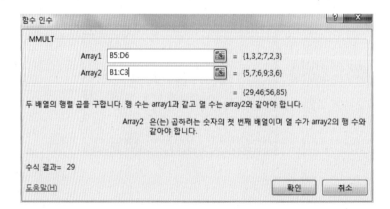

(5) Ctrl + Shift + Enter↵ 키를 동시에 눌러 배열복사를 실시한다.

(6) 셀 B12:C13 영역에 계산결과가 출력된다.

(7) B12:C13 영역의 각 셀에는 수식 '{=MMULT(B5:D6, B1:C3)}'이 입력된다.

B12	▼	:	×	✓	fx	{=MMULT(B5:D6,B1:C3)}		
	A	B	C	D	E	F	G	H	I
1		5	7						
2	A	6	9						
3		3	6						
4									
5	B	1	3	2					
6		7	2	3					
7									
8		54	29	31					
9	AB	69	36	39					
10		45	21	24					
11									
12	BA	29	46						
13		56	85						
14									
15									

역행렬의 계산

I를 단위행렬(identity matrix)이라고 하자. $n \times n$ 행렬 A에 대해서

$$XA=I, \ AX=I$$

를 만족시키는 행렬 X가 존재할 때, 행렬 X를 행렬 A의 역행렬(inverse matrix)이라 하고 A^{-1}라고 나타낸다.

여기에서 단위행렬이란 주대각 요소가 모두 1이고 그 이외의 요소는 모두 0인 정방행렬을 말한다. I 혹은 E로 나타내고, 특히 차수를 표시할 필요가 있을 때에는 I_n, E_n 등과 같이 나타낸다. 예를 들면 다음과 같다.

$$I_2 = \begin{bmatrix} 1 & 0 \\ 0 & 1 \end{bmatrix}, \ I_3 = \begin{bmatrix} 1 & 0 & 0 \\ 0 & 1 & 0 \\ 0 & 0 & 1 \end{bmatrix}$$

[예제 16-4]

행렬 A와 B는 다음과 같다.

$$A = \begin{bmatrix} 2 & 1 \\ 3 & 1 \end{bmatrix}, \ B = \begin{bmatrix} 2 & 1 & 1 \\ 1 & 1 & 2 \\ 1 & 1 & 1 \end{bmatrix}$$

행렬 A, B의 역행렬을 각각 계산하라.

▶ Excel에 의한 해법

[순서 1] 데이터의 입력 및 준비

  (1) Excel의 워크시트에 다음과 같이 행렬 A, B의 데이터를 입력한다.

  (2) 셀 A8에 'A^{-1}'을, 셀 A12에 'B^{-1}'을 입력해 놓는다.

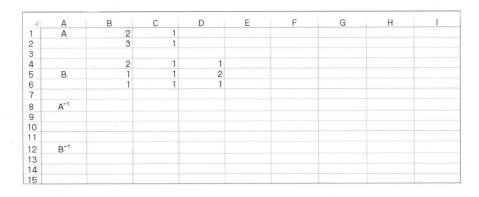

[순서 2] A^{-1}의 계산

  (1) 셀 B8:C9 영역을 범위 지정하고, 메뉴에서 [함수 마법사] 아이콘을 클릭한다.

  (2) [함수 마법사] 대화상자에서, '수학/삼각'의 'MINVERSE'를 선택한다.

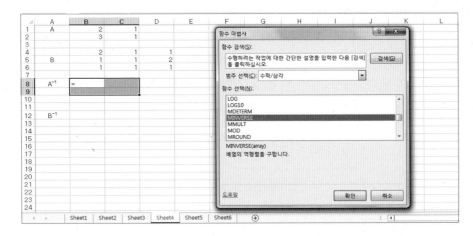

  (3) [확인] 버튼을 클릭한다.

  (4) [MINVERSE] 함수 입력상자에서,

Array : B1:C2

를 입력하고

(5) ⌨Ctrl + ⌨Shift + ⌨Enter⏎ 키를 동시에 눌러 배열복사를 실시한다.

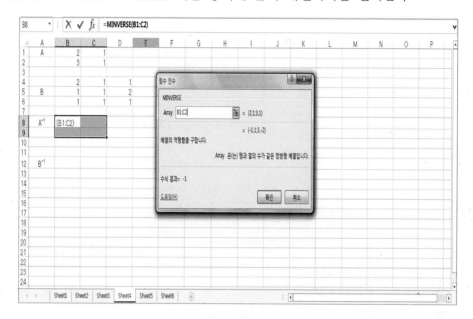

(6) 셀 B8:C9 영역에 계산결과가 출력된다.

(7) B8:C9 영역의 각 셀에는 수식 '{ =MINVERSE(B1:C2)}'이 입력된다.

[순서 3] B⁻¹의 계산

(1) 셀 B11:D13 영역을 범위 지정하고, 메뉴에서 [함수 마법사] 아이콘을 클릭한다.

(2) [함수 마법사] 대화상자에서, '수학/삼각'의 'MINVERSE'를 선택한다.

(3) [확인] 버튼을 클릭한다.

(4) [MINVERSE] 함수 입력상자에서,

        Array :   B4:D6

를 입력하고

(5) [Ctrl] + [Shift] + [Enter↵] 키를 동시에 눌러 배열복사를 실시한다.

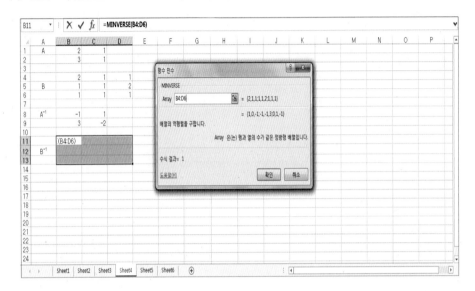

(6) 셀 B11:D13 영역에 계산결과가 출력된다.

(7) B11:D13 영역의 각 셀에는 수식 '{ =MINVERSE(B4:D6)}'가 입력된다.

제 2 절 행렬식

n차 정방행렬 A의 행렬식은

$$\det A = |A| = \begin{vmatrix} a_{11} & a_{12} & \cdots & a_{1n} \\ a_{21} & a_{22} & \cdots & a_{2n} \\ \cdot & \cdot & \cdots & \cdot \\ a_{n1} & a_{n2} & \cdots & a_{nn} \end{vmatrix}$$

과 같이 표현되며,

$$|A| = \sum + - a_{1p_1} a_{2p_2} \cdots a_{np_n}$$

과 같이 정의된다. 단, $(p_1, p_2, \cdots, p_n)$은 1, 2, $\cdots$, n의 하나의 순열을 나타내고, $\sum$ 는 1, 2, $\cdots$, n으로부터 만들어지는 모든 순열($n!$개 있다)의 합을 나타낸다.

그리고 $(p_1, p_2, \cdots, p_n)$이 우순열(偶順列)일 때 $+$를 취하고, 기순열(奇順列)일 때 $-$를 취한다. 우순열이란 1, 2, $\cdots$, n을 짝수회 교환하여 얻어지는 순열을 가리킨다. 예를 들면,

$$A = \begin{bmatrix} a_{11} & a_{12} & a_{13} \\ a_{21} & a_{22} & a_{23} \\ a_{31} & a_{32} & a_{33} \end{bmatrix}$$

의 경우에 1, 2, 3의 순열은 전부해서 3!=6가지 있다. 우순열과 기순열로 나누어서 쓰면 다음과 같이 된다.

우순열　(1, 2, 3)(2, 3, 1)(3, 1, 2)
기순열　(3, 2, 1)(1, 3, 2)(2, 1, 3)

이 6가지의 순열을 $|A| = \sum + - a_{1p_1} a_{2p_2} a_{3p_3}$에 대입하면

$$|A| = a_{11}a_{12}a_{23} + a_{12}a_{23}a_{31} + a_{13}a_{21}a_{32} - a_{13}a_{22}a_{31} - a_{11}a_{23}a_{32} - a_{12}a_{21}a_{33}$$

이 된다. 즉, $\sum + - a_{1p_1} a_{2p_2} \cdots a_{np_n}$은 각행 각열로부터 하나씩의 요소를 중복되지 않도록 뽑아 그 곱을 취하고, 적당한 부호를 부여한 $n!$개 항의 합이라고 하는 것을 알

수 있다. 그리고 n차 정방행렬의 행렬식을 n차 행렬식이라고 한다. 행렬식 $|A|$를 기하학적으로 생각하면, A가 2차 정방행렬인 경우에는 A를 두 개의 행벡터 또는 열벡터로 했을 때에 $|A|$(의 절대값)는 두 벡터가 만드는 평행사변형의 면적을 나타낸다. A가 3차 정방행렬인 경우에는 $|A|$(의 절대값)는 세 개의 행(열)벡터가 만드는 평행육면체의 체적을 나타낸다. A가 n차 정방행렬인 경우에는 $|A|$(의 절대값)는 n개의 행(열)벡터가 만드는 n차원 평행 초평면체의 초체적을 나타낸다.

행렬식은 어떤 하나의 행(열)의 요소와 그 요소의 여인자(餘因子, cofactor)의 곱에 대한 합으로서 나타내진다. 이것을 행렬식의 전개라고 한다.

$$i \text{행에 의한 전개 } |A| = \sum_{k=1}^{n} a_{ik} A_{ik}$$

$$j \text{열에 의한 전개 } |A| = \sum_{l=1}^{n} a_{lj} A_{lj}$$

단, A_{ij}는 A의 (i, j) 요소에 대한 여인자(cofactor)이다.

행렬 A의 행렬식이 $|A| = 0$일 때 A의 역행렬은 존재하지 않는다.

[예제 16-5]
행렬 A와 B는 다음과 같다.

$$A = \begin{bmatrix} 2 & 1 \\ 3 & 1 \end{bmatrix}, \quad B = \begin{bmatrix} 2 & 1 & 1 \\ 1 & 1 & 2 \\ 1 & 1 & 1 \end{bmatrix}$$

행렬 A, B의 행렬식을 각각 계산하라.

▶ Excel에 의한 해법

[순서 1] 데이터의 입력 및 준비
  (1) Excel의 워크시트에 다음과 같이 행렬 A, B의 데이터를 입력한다.
  (2) 셀 A8에 'det A'를, 셀 A10에 'det B'를 입력해 놓는다.

	A	B	C	D	E	F	G	H
1	A	2	1					
2		3	1					
3								
4		2	1	1				
5	B	1	1	2				
6		1	1	1				
7								
8	det A							
9								
10	det B							
11								
12								

[순서 2] det A의 계산

(1) 셀 B8을 지정하고, 메뉴에서 [함수 마법사] 아이콘을 클릭한다.

(2) [함수 마법사] 대화상자에서, '수학/삼각'의 'MDETERM'을 선택한다.

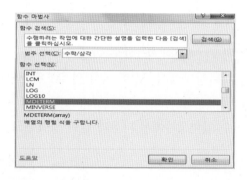

(3) [확인] 버튼을 클릭한다.

(4) [MDETERM] 함수 입력상자에서, 'Array : B1:C2'를 입력한다.

(5) [확인] 버튼을 클릭한다.

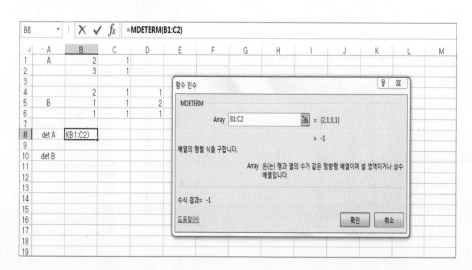

(6) 셀 B8에 계산결과가 출력된다.

B8	▼ :	✕ ✓ fx	=MDETERM(B1:C2)					
▲	A	B	C	D	E	F	G	H
1	A	2	1					
2		3	1					
3								
4		2	1	1				
5	B	1	1	2				
6		1	1	1				
7								
8	det A	−1						
9								
10	det B							
11								
12								
13								

[순서 3] det B의 계산

(1) 셀 B10을 지정하고, 메뉴에서 [함수 마법사] 아이콘을 클릭한다.

(2) [함수 마법사] 대화상자에서, '수학/삼각'의 'MDETERM'을 선택한다.

(3) [확인] 버튼을 클릭한다.

(4) [MDETERM] 함수 입력상자에서 다음과 같이 입력하고, [확인] 버튼을 클릭한다.

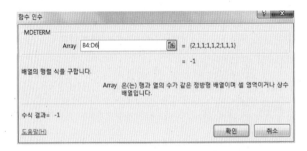

(5) 셀 B10에 계산결과가 출력된다.

B10	▼ :	✕ ✓ fx	=MDETERM(B4:D6)					
▲	A	B	C	D	E	F	G	H
1	A	2	1					
2		3	1					
3								
4		2	1	1				
5	B	1	1	2				
6		1	1	1				
7								
8	det A	−1						
9								
10	det B	−1						
11								
12								
13								

제3절 고유치·고유벡터

💡 고유치 문제

n행 n열로 이루어진 행렬 A가 있다고 한다.

이제,

$$Ap = \lambda p \ (p \neq 0)$$

가 성립하는 미지의 벡터 p와 상수 λ를 구하는 것을 고유치 문제라고 한다.

여기서, p를 고유벡터라 하고, λ를 고유치라고 한다.

이 문제는

$$(A - \lambda I)p = \mathbf{0} \quad (\mathbf{0}\text{는 제로벡터})$$

로 되는 방정식을 푸는 문제로 귀착한다.

이 방정식에 대하여 $p = 0$의 자명한 해가 아닌 의미 있는 해를 구하고 싶다. 이를 위해서는,

$$|A - \lambda I| = 0$$

가 성립할 필요가 있고, 이것을 전개하면 λ에 관한 n차 방정식이 된다. 따라서 n개의 해가 구해진다(λ가 n개 구해진다).

고유치와 고유벡터를 구체적으로 구하는 방법으로서는 야코비법(Jacobi method), 멱승법(冪乘法), 하우스홀더법(Householder method) 등의 계산방법이 있다.

다변량분석의 이론은 고유치 문제로 귀착하는 경우가 많기 때문에, 다변량분석을 실시하려면 고유치 문제가 풀려야 한다.

예를 들어 행렬

$$A = \begin{bmatrix} 1 & 3 \\ 4 & 2 \end{bmatrix}$$

의 고유치 문제를 생각해 보자. 이때

고유치를 λ, 고유벡터를 $p = \begin{bmatrix} p_1 \\ p_2 \end{bmatrix}$

라고 하면

$$Ap = \lambda p$$

즉,

$$\begin{bmatrix} 1 & 3 \\ 4 & 2 \end{bmatrix} \begin{bmatrix} p_1 \\ p_2 \end{bmatrix} = \lambda \begin{bmatrix} p_1 \\ p_2 \end{bmatrix}$$

가 된다.

이 등식의 우측에 주목해 보자. 예를 들면 $\lambda = 5$일 때

고유벡터 $p = \begin{bmatrix} 3 \\ 4 \end{bmatrix}$와 $5p = 5 \begin{bmatrix} 3 \\ 4 \end{bmatrix} = \begin{bmatrix} 15 \\ 20 \end{bmatrix}$를 비교해 보면 두 벡터의 방향은 같다.
즉, 5배한 벡터는 길이가 5배가 되지만 벡터의 방향은 전혀 변하지 않는다.

따라서 다음의 등호

$$\begin{bmatrix} 1 & 3 \\ 4 & 2 \end{bmatrix} \begin{bmatrix} p_1 \\ p_2 \end{bmatrix} = \lambda \begin{bmatrix} p_1 \\ p_2 \end{bmatrix}$$

가 성립한다고 하는 것은 고유벡터 $\begin{bmatrix} p_1 \\ p_2 \end{bmatrix}$에 행렬 $A = \begin{bmatrix} 1 & 3 \\ 4 & 2 \end{bmatrix}$를 왼쪽으로부터 곱해
도 고유벡터 $\begin{bmatrix} p_1 \\ p_2 \end{bmatrix}$의 방향은 변하지 않는다고 하는 것을 의미하고 있다.

그래서 위의 등호 양변에 다시 한 번 행렬 $A = \begin{bmatrix} 1 & 3 \\ 4 & 2 \end{bmatrix}$를 왼쪽으로부터 곱해 보자.

$$\begin{bmatrix} 1 & 3 \\ 4 & 2 \end{bmatrix} \begin{bmatrix} 1 & 3 \\ 4 & 2 \end{bmatrix} \begin{bmatrix} p_1 \\ p_2 \end{bmatrix} = \begin{bmatrix} 1 & 3 \\ 4 & 2 \end{bmatrix} \lambda \begin{bmatrix} p_1 \\ p_2 \end{bmatrix}$$

$$= \lambda \begin{bmatrix} 1 & 3 \\ 4 & 2 \end{bmatrix} \begin{bmatrix} p_1 \\ p_2 \end{bmatrix}$$

$$= \lambda^2 \begin{bmatrix} p_1 \\ p_2 \end{bmatrix}$$

다시 한 번 반복하면,

$$\begin{bmatrix} 1 & 3 \\ 4 & 2 \end{bmatrix} \begin{bmatrix} 1 & 3 \\ 4 & 2 \end{bmatrix} \begin{bmatrix} 1 & 3 \\ 4 & 2 \end{bmatrix} \begin{bmatrix} p_1 \\ p_2 \end{bmatrix} = \begin{bmatrix} 1 & 3 \\ 4 & 2 \end{bmatrix} \lambda^2 \begin{bmatrix} p_1 \\ p_2 \end{bmatrix}$$

$$= \lambda^2 \begin{bmatrix} 1 & 3 \\ 4 & 2 \end{bmatrix} \begin{bmatrix} p_1 \\ p_2 \end{bmatrix}$$

$$= \lambda^3 \begin{bmatrix} p_1 \\ p_2 \end{bmatrix}$$

더욱 반복하면 …

$$\left[\begin{array}{cc} 1 & 3 \\ 4 & 2 \end{array}\right] \cdots \left[\begin{array}{cc} 1 & 3 \\ 4 & 2 \end{array}\right] \left[\begin{array}{cc} 1 & 3 \\ 4 & 2 \end{array}\right] \left[\begin{array}{c} p_1 \\ p_2 \end{array}\right] = \lambda^n \left[\begin{array}{c} p_1 \\ p_2 \end{array}\right]$$

$$\underbrace{\hspace{6cm}}_{n회}$$

이 된다.

다음과 같은 실험을 실시해 보자. 행렬 A와 벡터 p를

$$A = \left[\begin{array}{cc} 2 & 3 \\ 3 & 2 \end{array}\right], \quad p = \left[\begin{array}{c} 1 \\ 0 \end{array}\right]$$

라 하고, 벡터 p의 왼쪽으로부터 행렬 A를 7회 곱해 보자. 배열복사 방식을 이용하면 간단히 산출할 수 있다.

	A	B	C	D	E	F	G	H
1	A	2	3		B	1		
2		3	2			0		
3								
4	1회	2회	3회	4회	5회	6회	7회	
5	Ap	A^2p	A^3p	A^4p	A^5p	A^6p	A^7p	
6	2	13	62	313	1562	7813	39062	
7	3	12	63	312	1563	7812	39063	
8								

6회째와 7회째를 비교해 보면 재미있는 현상을 발견할 수 있다.

$$6회째 \cdots A^6\left[\begin{array}{c} p_1 \\ p_2 \end{array}\right] = \left[\begin{array}{c} 7813 \\ 7812 \end{array}\right]$$

$$7회째 \cdots A^7\left[\begin{array}{c} p_1 \\ p_2 \end{array}\right] = \left[\begin{array}{c} 39062 \\ 39063 \end{array}\right]$$

이 두 개의 벡터는 거의 같은 방향을 향하고 있다.

$$\overset{1회\ \ 6회}{A \cdot A^6}\left[\begin{array}{c} 1 \\ 0 \end{array}\right] = \overset{7회}{A^7}\left[\begin{array}{c} 1 \\ 0 \end{array}\right]$$

$$A \cdot \left[\begin{array}{c} 7812 \\ 7812 \end{array}\right] = 5\left[\begin{array}{c} 7812 \\ 7812 \end{array}\right]$$

$$\left[\begin{array}{cc} 2 & 3 \\ 3 & 2 \end{array}\right]\left[\begin{array}{c} 7812 \\ 7812 \end{array}\right] = 5\left[\begin{array}{c} 7812 \\ 7812 \end{array}\right]$$

이 등호가 바로 고유치·고유벡터의 정의인 것이다. 따라서

$A = \begin{bmatrix} 2 & 3 \\ 3 & 2 \end{bmatrix}$의 고유치 λ와 고유벡터 p는

$$\lambda = 5, \quad p = \begin{bmatrix} 7812 \\ 7812 \end{bmatrix}$$

임을 알 수 있다.

　물론

$$\begin{bmatrix} 2 & 3 \\ 3 & 2 \end{bmatrix} \begin{bmatrix} 1 \\ 1 \end{bmatrix} = 5 \begin{bmatrix} 1 \\ 1 \end{bmatrix}$$

도 성립한다. 그러므로

$$\begin{bmatrix} 1 \\ 1 \end{bmatrix}$$

도 고유치 $\lambda = 5$의 고유벡터이다. 따라서 일반적으로

$A = \begin{bmatrix} 2 & 3 \\ 3 & 2 \end{bmatrix}$의 고유치 λ와 고유벡터 p는

$$\lambda = 5, \quad p = a \begin{bmatrix} 1 \\ 1 \end{bmatrix} \quad (a는 \ 임의의 \ 실수, \ a \neq 0)$$

라고 표현할 수 있다.

　이 방법은 행렬 A가 대칭행렬일 때에 잘 들어맞는다. 그런데 다행히도 다변량분석에 나오는 분산공분산행렬은 대칭행렬이므로 문제가 없다.

제 4 절 고유벡터와 직교행렬의 관계

　행렬 A를

$$A = \begin{bmatrix} 1 & 2 \\ 2 & 1 \end{bmatrix}$$

라 하고 두 개의 벡터 p_1, p_2를 각각

$$p_1 = \begin{bmatrix} 1 \\ 1 \end{bmatrix}, \quad p_2 = \begin{bmatrix} 1 \\ -1 \end{bmatrix}$$

이라고 한다.

이때 다음의 곱셈을 실시해 본다.

$$A p_1 = \begin{bmatrix} 1 & 2 \\ 2 & 1 \end{bmatrix} \begin{bmatrix} 1 \\ 1 \end{bmatrix} = \begin{bmatrix} 3 \\ 3 \end{bmatrix} = 3 \begin{bmatrix} 1 \\ 1 \end{bmatrix} = 3 p_1$$

$$A p_2 = \begin{bmatrix} 1 & 2 \\ 2 & 1 \end{bmatrix} \begin{bmatrix} 1 \\ -1 \end{bmatrix} = \begin{bmatrix} -1 \\ 1 \end{bmatrix} = -1 \begin{bmatrix} 1 \\ -1 \end{bmatrix} = -1 p_2$$

따라서 행렬 A의 고유치·고유벡터는

$$\lambda_1 = 3 \quad \cdots \quad p_1 = \begin{bmatrix} 1 \\ 1 \end{bmatrix}$$

$$\lambda_2 = -1 \quad \cdots \quad p_2 = \begin{bmatrix} 1 \\ -1 \end{bmatrix}$$

임을 알 수 있다.

이 두 개의 고유벡터를 합친 행렬 P

$$P = \begin{bmatrix} 1 & 1 \\ 1 & -1 \end{bmatrix}$$

는 재미있는 성질을 가지고 있다.

행렬 P의 행과 열을 바꾸어 넣어 본다. 이 행렬 ^tP를 행렬 P의 전치행렬이라고 한다.

$$^tP = \begin{bmatrix} 1 & 1 \\ 1 & -1 \end{bmatrix}$$

그리고 행렬 P와 전치행렬 ^tP를 곱한다.

$$P \cdot {}^tP = \begin{bmatrix} 1 & 1 \\ 1 & -1 \end{bmatrix} \begin{bmatrix} 1 & 1 \\ 1 & -1 \end{bmatrix} = \begin{bmatrix} 2 & 0 \\ 0 & 2 \end{bmatrix} = 2 \begin{bmatrix} 1 & 0 \\ 0 & 1 \end{bmatrix}$$

단위행렬의 2배로 되어 있다.

고유벡터의 크기를 1로 해 놓으면 두 개의 고유벡터는

$$\begin{bmatrix} \dfrac{1}{\sqrt{2}} \\[2ex] \dfrac{1}{\sqrt{2}} \end{bmatrix} \qquad \begin{bmatrix} \dfrac{1}{\sqrt{2}} \\[2ex] -\dfrac{1}{\sqrt{2}} \end{bmatrix}$$

이 되므로 이 두 개의 벡터로 만들어진 행렬과

$$\begin{bmatrix} \dfrac{1}{\sqrt{2}} & \dfrac{1}{\sqrt{2}} \\[2ex] \dfrac{1}{\sqrt{2}} & -\dfrac{1}{\sqrt{2}} \end{bmatrix}$$

그 전치행렬

$$\begin{bmatrix} \dfrac{1}{\sqrt{2}} & \dfrac{1}{\sqrt{2}} \\[2ex] \dfrac{1}{\sqrt{2}} & -\dfrac{1}{\sqrt{2}} \end{bmatrix}$$

의 곱셈

$$\begin{bmatrix} \dfrac{1}{\sqrt{2}} & \dfrac{1}{\sqrt{2}} \\[2ex] \dfrac{1}{\sqrt{2}} & -\dfrac{1}{\sqrt{2}} \end{bmatrix} \begin{bmatrix} \dfrac{1}{\sqrt{2}} & \dfrac{1}{\sqrt{2}} \\[2ex] \dfrac{1}{\sqrt{2}} & -\dfrac{1}{\sqrt{2}} \end{bmatrix} = \begin{bmatrix} 1 & 0 \\ 0 & 1 \end{bmatrix}$$

이 된다.

직교행렬

정방행렬 A에 대해서

$$A \cdot {}^{t}A = I, \ {}^{t}A \cdot A = I$$

를 만족시킬 때, 행렬 A를 직교행렬이라고 한다.
즉, 크기 1인 고유벡터로부터 만들어진 행렬은 직교행렬로 되어 있다.

제1절 주성분분석의 기초지식

1. 주성분분석의 개요

🔦 **주성분분석**

　주성분분석(principal component analysis)이란 상관이 있는 많은 변수의 값을 하나 또는 소수의 합성변수(주성분)로 나타내는 기법이다. 그 때 이 합성변수 안에 원래의 변수가 가지고 있는 정보를 가능한 한 많이 포함시키는 것이 필요하다.

　다시 말하면 주성분분석이란 해석하고자 하는 다차원의 데이터를 거기에 포함된 정보의 손실을 가능한 한 적게 해서 하나 혹은 소수 차원의 데이터로 축약하는 수법이다. 주성분분석을 활용하면 관측대상이 어떠한 위치에 있는지 시각적으로 파악할 수 있게 된다.

　주성분분석이란 예를 들면 변수 1, 변수 2, 변수 3에 대해서 다음과 같은 느낌을 말한다.

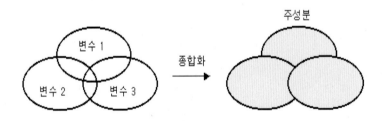

　종합화된 주성분을 다음과 같이 표현하면,

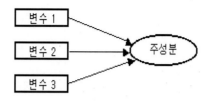

이것이 바로 주성분분석의 이미지라고 할 수 있다. 각각의 변수가 갖는 가중치를 a_1, a_2, a_3라고 하면,

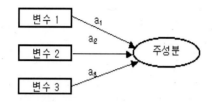

과 같이 된다.

주성분분석의 목적

주성분분석은 다음과 같은 목적으로 이용된다.

① 다수의 지표를 통합한 종합적인 지표를 작성한다.

② 관측대상을 몇 개의 그룹으로 나눈다.

③ 중회귀분석이나 판별분석을 위한 데이터를 다른 관점에서 음미한다.

변수의 통합과 주성분분석

다음의 산포도 또는 산점도는 신장과 체중의 데이터를 기초로 작성한 것이다.

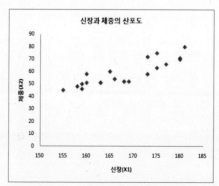

그림 17-1 신장과 체중의 산포도

그런데 이 산포도를 다음 <그림 17-2>의 (그림 A)와 같이 4개의 영역으로 구분해보자. 산포도의 제1상한에 위치하는 사람은 신장이 크고 체중도 무거운 「몸집이 큰」 사람이다. 역으로 제3상한에 위치하는 사람은 「몸집이 작은」 사람이다.

또 제4상한에 위치하는 사람은 신장이 큰 데 비해 체중이 가벼우므로 「마른」 사람이고, 제2상한의 사람은 「살찐」 사람이다.

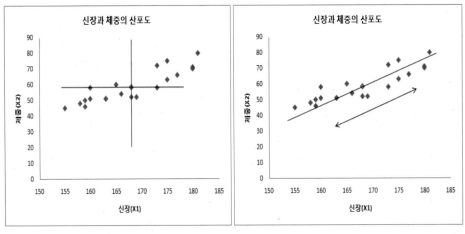

그림 17-2　종합적인 변수

여기에서 산포도상에 (그림 B)와 같은 직선을 그어 본다(회귀직선은 아니다). 이 직선을 축으로 생각하고 눈금을 넣으면, 이 축은 몸집이 크냐 작으냐를 나타내는 것이라고 생각할 수 있을 것이다.

주성분분석은 이와 같은 축을 구하기 위한 수법으로, x_1과 x_2의 데이터를 통합해서 새로운 종합적인 변수를 만들어 내는 것을 목적으로 하고 있다.

주성분분석의 계산

주성분분석은 수집한 다변량 데이터로부터 새로운 변수를 만들어내는 것을 목적으로 한 수법으로, 중회귀분석이나 판별분석의 경우와 같은 목적변수와 설명변수라고 하는 구별은 없다. 이제 변수의 수가 p개(x_1, x_2, $\cdots$, x_p), 관측대상의 수가 n개인 다변량 데이터가 있다고 한다.

관측대상	x_1	x_2	x_3	...	x_p
1					
2					
.					
.					
.	데 이 터				
.					
.					
n					

이 데이터를 기초로 p개보다 적은 m개의 새로운 변수 z_1, z_2, ⋯, z_m을 만들어내는 것을 생각한다. 새로운 변수 z_1, z_2, ⋯, z_m은 원래의 변수 x_1, x_2, ⋯, x_p를 결합한 변수로, 다음과 같은 식으로 나타낼 수 있도록 하고 싶다.

$$z_1 = a_{11}x_1 + a_{12}x_2 + \, ... \, + a_{1p}x_p$$
$$z_2 = a_{21}x_1 + a_{22}x_2 + \, ... \, + a_{2p}x_p$$
$$\cdots\cdots\cdots\cdots$$
$$z_m = a_{m1}x_1 + a_{m2}x_2 + \, ... \, + a_{mp}x_p$$

계산에 의해서 구하고 싶은 것은 x_1, x_2, ⋯, x_p의 각 계수 a_{11}, a_{12}, ⋯, a_{mp}이다. 여기에서 새로운 변수는 다음과 같은 성질을 갖는 것으로 하고 싶다.

① z_1은 x_1에서 x_p까지의 정보가 최대한 집약되도록 한다.

　(p개의 변수가 갖고 있는 정보를 하나의 변수 z_1에 집약하고자 하는 것이므로, 정보의 손실이 생긴다. 이 손실을 최소한으로 억제하고자 한다)

② z_2는 x_1, x_2, ⋯, x_p의 정보가 z_1의 다음에 가능한 한 많이 집약되도록 한다. 게다가 z_1과는 독립이 되도록 한다.

③ z_3는 x_1, x_2, ⋯, x_p의 정보가 z_1과 z_2의 다음에 가능한 한 많이 집약되도록 한다. 게다가 z_1 및 z_2와는 독립이 되도록 한다.

④ 이하 z_4에서 z_m까지 마찬가지로 생각한다.

이와 같은 성질을 충족시키도록 a_{11}, a_{12}, ⋯, a_{mp}를 산출하고자 하는 것이 주성분분석의 계산이다. 결국 주성분분석이란 많은 변수의 값에 다른 가중치를 부여하여 서로 독립적인 합성변수를 구하는 기법이라고 할 수 있다.

그런데 ①은 z_1의 분산이 최대가 되도록 하는 것과 같은 의미를 갖는다. 그러나 그러기 위해서는 a_{11}, a_{12}, $\cdots$, a_{1p}를 한없이 크게 하면 되는데, 그렇게 해서는 z_1이 정해지지 않는다. 그래서

$$a_{11}^2 + a_{12}^2 + \cdots + a_{1p}^2 = 1$$

이라고 하는 조건을 붙인다.

②는 z_1과는 독립이고 또한 분산이 최대가 되도록 하는 것과 같은 의미를 갖는다. 이 경우도,

$$a_{21}^2 + a_{22}^2 + \cdots + a_{2p}^2 = 1$$

이라고 하는 조건을 붙인다.

③과 ④도 마찬가지로 생각한다.

이와 같은 조건 하에서 a_{11}, a_{12}, $\cdots$, a_{mp}를 구하는 것은, x_1, x_2, $\cdots$, x_p의 분산공분산행렬(각 변수의 분산과 공분산을 요소로 하는 행렬)의 고유치(eigenvalue)와 고유벡터(eigenvector)를 계산하는 것에 귀착하고, a_{11}, a_{12}, $\cdots$, a_{mp}는 바로 고유벡터가 되는 것이다.

이상의 사실로부터 주성분분석을 실시하는 데는 행렬의 고유치와 고유벡터를 계산하지 않으면 안 된다.

그런데 새로운 변수 z_1, z_2, $\cdots$, z_m의 식이 구해지면 그 식에 x_1, x_2, $\cdots$, x_p의 구체적인 수치를 대입함으로써 관측대상마다 새로운 변수의 값을 구할 수 있다.

이 수치를 주성분점수 혹은 주성분 스코어라고 부르고 있다.

관측대상	z_1	z_2	z_3	$\cdots$	z_m
1					
2					
$\vdots$		주성분점수			
n					

새로운 변수 z_1, z_2, $\cdots$, z_m이 구해지면 p개의 변수를 m개로 집약할 수 있게 된다. 이러한 사실은 어떠한 장점을 가져오는 것일까?

이제 6개의 변수로 이루어지는 다변량 데이터가 있다고 하자. 이들 변수의 관계를 파악하기 위해서 산점도를 이용하기로 하면, 두 변수마다 15매의 산점도를 관찰하지 않으면 안 된다. 주성분분석에 의해서, 예를 들면 이 데이터를 2개의 새로운 변수로 집약할 수 있다고 하면 6변수의 정보를 1매의 산점도에 표현할 수 있어 정보의 이해가 훨씬 용이해진다. 또 이 산점도상에서 관측대상을 몇 개의 그룹으로 나눌 수 있다고 하는 효용가치가 있다.

데이터의 표준화

다변량 데이터는 각 변수가 같은 단위로 측정되어 있는 경우와 변수의 단위가 다른 경우가 있다. 변수의 단위가 다르다고 하는 것은, 신장이라고 하는 변수는 cm의 단위로 측정되고 체중이라고 하는 변수는 kg의 단위로 측정되어 있는 경우 등을 말한다.

이와 같은 경우에는 변수마다 데이터를 표준화하고 나서 주성분분석을 적용하는 것이 좋다. 왜냐하면 주성분분석은 측정단위를 어떻게 취하느냐에 따라서 영향을 받기 때문이다. 물건의 길이를 나타내는 변수이더라도 cm의 단위로 기술된 데이터와 m의 단위로 기술된 데이터에서는 주성분분석의 결과가 달라지므로, 데이터는 표준화해 놓은 편이 무난하다.

데이터의 표준화란,

각 데이터로부터 평균을 빼고 표준편차로 나눈다.

는 것으로 표준화된 데이터는 평균 0, 표준편차 1이 된다. 변수마다 데이터를 표준화함으로써 변수 간 단위의 상위를 소거할 수 있다.

분산공분산행렬

이제 3개의 설명변수 x_1, x_2, x_3로 이루어지는 다변량 데이터가 있다고 한다. 이것들을 기초로 변수마다의 분산(variance)과 두 변수마다의 공분산(covariance)을 계산하여 다음과 같은 형태로 정리한 행렬을 분산공분산행렬이라고 한다.

	x_1	x_2	x_3
x_1	x_1의 분산	x_1과 x_2의 공분산	x_1과 x_3의 공분산
x_2	x_1과 x_2의 공분산	x_2의 분산	x_2와 x_3의 공분산
x_3	x_1과 x_3의 공분산	x_2와 x_3의 공분산	x_3의 분산

주성분분석의 종류

데이터를 표준화하지 않고 직접 생 데이터에 대해서 주성분분석을 적용하는 방법을 「분산공분산행렬로부터 출발하는 주성분분석」이라 하고, 표준화한 데이터에 대해서 주성분분석을 적용하는 방법을 「상관행렬로부터 출발하는 주성분분석」이라고 한다.

어느 쪽의 행렬로부터 출발하느냐의 판단기준은 다음과 같이 생각할 수 있다.

① 각 변수의 측정단위가 다르다   → 상관행렬
② 각 변수의 산포도(散布度) 차이를 반영시키고 싶다   → 분산공분산행렬
③ 각 변수의 산포도 차이를 반영시키고 싶지 않다   → 상관행렬
④ 그 외   → 양쪽 적용

2. 제1주성분

다음의 데이터는 전술한 성인 20명의 신장(cm)과 체중(kg)을 측정한 데이터이다.

표 17-1　데이터표

No.	신장(x_1)	체중(x_2)	No.	신장(x_1)	체중(x_2)
1	165	60	11	177	66
2	160	58	12	180	71
3	173	58	13	181	80
4	175	63	14	175	75
5	180	70	15	173	72
6	160	51	16	168	52
7	158	48	17	159	46
8	163	51	18	163	51
9	169	52	19	166	54
10	155	45	20	159	50

전술한 바와 같이 주성분분석은 두 변수 x_1(신장), x_2(체중)의 데이터를 통합해서 새로운 종합변수를 만들고자 하는 것이 목적이다.

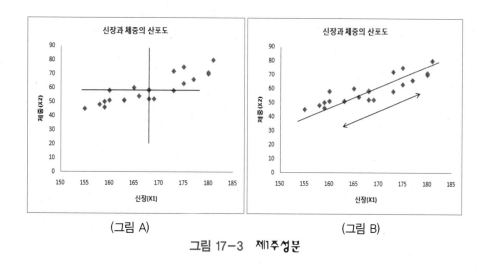

(그림 A)   (그림 B)

그림 17-3   제1주성분

두 개의 변수에 각각 계수 a_1, a_2를 곱해서

$$z_1 = a_1 x_1 + a_2 x_2$$

로 한다. 이것이 제1주성분인 것이다. 이 계수 a_1, a_2는 <그림 17-3>의 (그림 B)에서
와 같이 어떤 방향을 나타내고 있는데, 이 방향이 주성분 축의 방향비(方向比)이다.
그런데

계수 a_1, a_2가 나타내는 방향의 축 = 제1주성분

은 새로 만들어진 좌표축이므로, 이 축에는 아직 이름이 정해져 있지 않다.

따라서 주성분분석이란,

    ① 계수 a_1, a_2를 구하고

    ② a_1, a_2가 나타내는 방향의 축에 이름을 붙인다.

고 하는 것을 말한다.

그러면 계수 a_1, a_2의 방향비를 구해 보도록 하자. <그림 17-3>의 (그림 B)에서 변
수를 "종합화한다"고 하는 것은 데이터를 "제1주성분의 축 위에서 생각한다"고 하는
것이다. 즉, 각 데이터로부터 제1주성분에 수직선(垂直線)을 내려서 생각한다고 하는
것이다. 달리 표현을 하자면 데이터가 가지고 있는 주요 성분을 찾아낸다고도 할 수
있다.

그렇다면 제1주성분을 어떻게 취하면 각 데이터를 가장 잘 표현할 수 있겠는가? 이 a_1, a_2의 방향은

$$a_1 x_1 + a_2 x_2$$

의 분산이 최대가 되는 방향인 것이다. 즉, 데이터를 가장 잘 표현하는 축은 분산이 최대가 되는 축인 것이다.

이 분산을 식으로 나타내면

$$Var(a_1 x_1 + a_2 x_2) = a_1{}^2 Var(x_1) + a_2{}^2 Var(x_2) + 2 a_1 a_2 Cov(x_1, x_2)$$

이 된다. 데이터로부터 분산과 공분산을 계산하면,

$$Var(x_1) = 65.4475$$
$$Var(x_2) = 103.9275$$
$$Cov(x_1, x_2) = 72.6825$$

가 되므로 결국

$$Q(a_1, a_2) = 65.4475 a_1{}^2 + 103.9275 a_2{}^2 + 2 \times 72.6825 a_1 a_2$$

가 최대로 되는 a_1, a_2를 구하면 되는 것이다.

그런데 유감스럽게도 이대로는 a_1, a_2를 구할 수 없다. 다음과 같이 식을 약간 변형할 필요가 있다.

$$F(a_1, a_2) = Q(a_1, a_2) - \lambda(a_1{}^2 + a_2{}^2 - 1)$$
$$= 65.4475 a_1{}^2 + 103.9275 a_2{}^2 + 2 \times 72.6825 a_1 a_2 - \lambda a_1{}^2 - \lambda a_2{}^2 + \lambda$$

가 최대로 되는 a_1, a_2를 구하는 것이다. 그렇다면 이제부터는 간단하다. $F(a_1, a_2)$를 a_1, a_2로 편미분해서 0으로 놓으면 되는 것이다.

a_1으로 편미분하면,

$$\frac{\partial}{\partial a_1} F(a_1, a_2) = 2(65.4475 a_1 + 72.6825 a_2 - \lambda a_1) = 0$$

이 된다. 그리고 a_2로 편미분하면,

$$\frac{\partial}{\partial a_2} F(a_1, a_2) = 2(72.6825a_1 + 103.9275a_2 - \lambda a_2) = 0$$

이 된다. 따라서

$$65.4475a_1 + \ 72.6825a_2 - \lambda a_1 = 0$$

$$72.6825a_1 + 103.9275a_2 - \lambda a_2 = 0$$

$$65.4475a_1 + \ 72.6825a_2 = \lambda a_1$$

$$72.6825a_1 + 103.9275a_2 = \lambda a_2$$

이 식을 행렬로 나타내면,

$$\begin{bmatrix} 65.4475 & 72.6825 \\ 72.6825 & 103.9275 \end{bmatrix} \begin{bmatrix} a_1 \\ a_2 \end{bmatrix} = \lambda \begin{bmatrix} a_1 \\ a_2 \end{bmatrix}$$

이 된다. 이것은 바로 고유치문제에 해당된다. 이때,

$$\lambda = 고유치, \quad \begin{bmatrix} a_1 \\ a_2 \end{bmatrix} = 고유벡터$$

이다. 즉, a_1, a_2를 구한다고 하는 것은

$$분산공분산행렬 = \begin{bmatrix} 65.4475 & 72.6825 \\ 72.6825 & 103.9275 \end{bmatrix}$$

의 고유치·고유벡터를 구하는 것이다.

그런데 주성분분석에서는 고유벡터의 크기를 1로 제한해 놓기로 한다. 따라서

$$a_1{}^2 + a_2{}^2 = 1$$

이라고 하는 조건이 붙는다.

주성분분석은 몇 개의 요인 x_1, x_2, x_3, x_4를 다음과 같은 1차식으로 결합한 것으로 부터 시작된다.

$$z_1 = a_1 x_1 + a_2 x_2 + a_3 x_3 + a_4 x_4$$

따라서 주성분분석은 무엇인가를 종합적으로 판정하고 싶을 때에 유효하다.

제2절 주성분분석의 계산원리

1. 제1주성분의 산출

▶ Excel에 의한 해법

[순서 1] 데이터의 입력

B열에 신장, C열에 체중에 관한 데이터를 입력한다.

▲	A	B	C	D	E	F	G	H	I
1	No.	신장(x_1)	체중(x_2)						
2	1	165	60						
3	2	160	58						
4	3	173	58						
5	4	175	63						
6	5	180	70						
7	6	160	51						
8	7	158	48						
9	8	163	51						
10	9	169	52						
11	10	155	45						
12	11	177	66						
13	12	180	71						
14	13	181	80						
15	14	175	75						
16	15	173	72						
17	16	168	52						
18	17	159	46						
19	18	163	51						
20	19	166	54						
21	20	159	50						
22									
23									

[순서 2] 분산공분산행렬 구하기

(1) 메뉴에서 [데이터]−[데이터 분석]을 선택한다.

(2) [통계 데이터 분석] 대화상자가 나타나면 [공분산분석]을 선택하고, [확인] 버튼을 클릭한다.

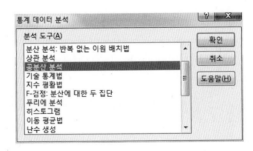

(3) [공분산분석] 대화상자에서, 다음과 같이 입력하고 [확인] 버튼을 클릭한다.

(4) 분산공분산행렬이 출력된다.

분산공분산행렬이 셀 E1 이하에 출력된다. 이때의 분산은 전체 모집단의 분산
을 구하고 있음에 유의해야 한다.

셀 F2의 입력내용; =VARP(Sheet1!$B$2:$B$21)

=VARP(Sheet1!$B$2:$B$21)

D	E	F	G	H
		신장(x1)	체중(x2)	
	신장(x1)	65.4475		
	체중(x2)	72.6825	103.9275	

[순서 3] 첫 번째 행렬의 곱셈

(1) 준비

셀 F3의 값을 복사하여 셀 G2에 붙여 넣는다. 배열 I2:I3에 1, 0을 입력해 놓는다.

	A	B	C	D	E	F	G	H	I	J	K	L
1	No.	신장(x₁)	체중(x₂)			신장(x1)	체중(x2)					
2	1	165	60		신장(x1)	65.4475	72.6825		1			
3	2	160	58		체중(x2)	72.6825	103.9275		0			
4	3	173	58									
5	4	175	63									
6	5	180	70									
7	6	160	51									
8	7	158	48									
9	8	163	51									
10	9	169	52									
11	10	155	45									
12	11	177	66									
13	12	180	71									
14	13	181	80									
15	14	175	75									
16	15	173	72									
17	16	168	52									
18	17	159	46									
19	18	163	51									
20	19	166	54									
21	20	159	50									
22												
23												

(2) 셀 D10:D11 영역을 지정하고 메뉴에서 [함수 마법사]를 클릭한다.

(3) [함수 마법사] 대화상자에서 '수학/삼각'의 'MMULT'를 선택한다.

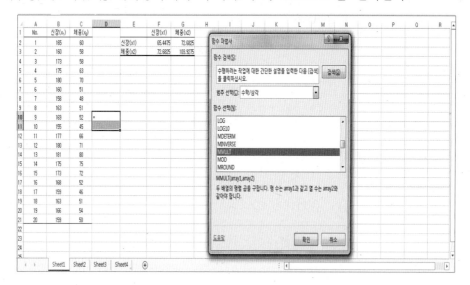

(4) [확인] 버튼을 클릭한다.

(5) MMULT 함수 입력상자에서,

        Array1 : F2:G3

        Array2 : I2:I3

를 입력하고 [Ctrl] + [Shift] + [Enter↵] 키를 동시에 누른다.

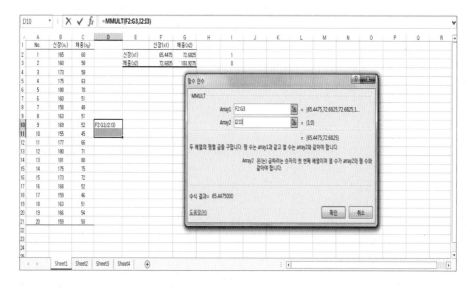

(6) 셀 D10:D11 영역에 곱셈의 결과가 출력된다. 배열 D10:D11의 크기에 대한 제곱값을 구하기 위해 먼저 셀 D12를 클릭한다.

	A	B	C	D	E	F	G	H	I	J	K	L
1	No.	신장(x_1)	체중(x_2)			신장(x1)	체중(x2)					
2	1	165	60		신장(x1)	65.4475	72.6825		1			
3	2	160	58		체중(x2)	72.6825	103.9275		0			
4	3	173	58									
5	4	175	63									
6	5	180	70									
7	6	160	51									
8	7	158	48									
9	8	163	51									
10	9	169	52	65.4475								
11	10	155	45	72.6825								
12	11	177	66									
13	12	180	71									
14	13	181	80									
15	14	175	75									
16	15	173	72									
17	16	168	52									
18	17	159	46									
19	18	163	51									
20	19	166	54									
21	20	159	50									
22												
23												

(7) 메뉴에서 [함수 마법사]를 클릭한다. [함수 마법사] 대화상자에서 '수학/삼각'의 'SUMSQ'를 선택한다.

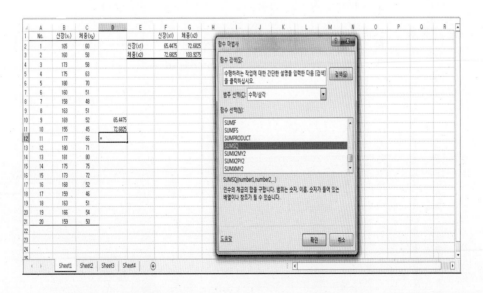

(8) SUMSQ 함수 입력상자가 나타나면, 범위 D10:D11를 입력하고 [확인] 버튼을 클릭한다.

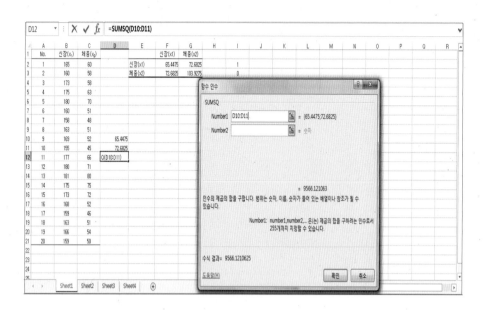

(9) 셀 D12에 벡터 크기의 제곱 $(64.4475)^2 + (72.6825)^2$이 출력된다.

(10) 배열 D10:D11에서 구한 벡터의 크기를 1로 하기 위해서 배열 D10:D11을
$\sqrt{D12}$, 즉 $\sqrt{9566.1211}$로 나누어야 한다.

(11) 그러기 위해서 먼저 셀 D14:D15 영역을 범위 지정한다.

	A	B	C	D	E	F	G	H	I	J	K	L
1	No.	신장(x₁)	체중(x₂)			신장(x1)	체중(x2)					
2	1	165	60		신장(x1)	65.4475	72.6825		1			
3	2	160	58		체중(x2)	72.6825	103.9275		0			
4	3	173	58									
5	4	175	63									
6	5	180	70									
7	6	160	51									
8	7	158	48									
9	8	163	51									
10	9	169	52	65.4475								
11	10	155	45	72.6825								
12	11	177	66	9566.1211								
13	12	180	71									
14	13	181	80									
15	14	175	75									
16	15	173	72									
17	16	168	52									
18	17	159	46									
19	18	163	51									
20	19	166	54									
21	20	159	50									
22												
23												

(12) 수식 '=D10:D11/D12^0.5'를 입력한다.

SUMSQ					= D10:D11/D12^0.5						
	A	B	C	D	E	F	G	H	I	J	K	L
1	No.	신장(x₁)	체중(x₂)			신장(x1)	체중(x2)					
2	1	165	60		신장(x1)	65.4475	72.6825		1			
3	2	160	58		체중(x2)	72.6825	103.9275		0			
4	3	173	58									
5	4	175	63									
6	5	180	70									
7	6	160	51									
8	7	158	48									
9	8	163	51									
10	9	169	52	65.4475								
11	10	155	45	72.6825								
12	11	177	66	9566.1211								
13	12	180	71									
14	13	181	80	)11/D12^0.5								
15	14	175	75									
16	15	173	72									
17	16	168	52									
18	17	159	46									
19	18	163	51									
20	19	166	54									
21	20	159	50									
22												
23												

(13) $\boxed{\text{Ctrl}}$ + $\boxed{\text{Shift}}$ + $\boxed{\text{Enter↵}}$ 키를 동시에 누른다. 배열 D14:D15의 벡터는 크기가 1로 되었다.

즉, $(0.6692)^2 + (0.7431)^2 = 1$

D14					{=D10:D11/D12^0.5}						
	A	B	C	D	E	F	G	H	I	J	K	L
1	No.	신장(x₁)	체중(x₂)			신장(x1)	체중(x2)					
2	1	165	60		신장(x1)	65.4475	72.6825		1			
3	2	160	58		체중(x2)	72.6825	103.9275		0			
4	3	173	58									
5	4	175	63									
6	5	180	70									
7	6	160	51									
8	7	158	48									
9	8	163	51									
10	9	169	52	65.4475								
11	10	155	45	72.6825								
12	11	177	66	9566.1211								
13	12	180	71									
14	13	181	80	0.6692								
15	14	175	75	0.7431								
16	15	173	72									
17	16	168	52									
18	17	159	46									
19	18	163	51									
20	19	166	54									
21	20	159	50									
22												
23												

[순서 4] 두 번째 이후 행렬의 곱셈

(1) 배열 F2:G3와 배열 D14:D15를 곱하여 E10:E11에 출력한다.

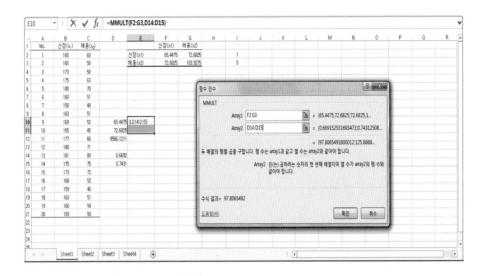

즉, 위와 같이 입력하고 Ctrl + Shift + Enter↵ 키를 동시에 누른다.

(2) 배열 E10:E11의 크기에 대한 제곱값을 구하기 위해서 전술한 [순서 3]의 (6)~(8)을 반복하면 된다. 셀 D12의 계산결과를 E12에 끌어서 복사하면 간단히 구할 수도 있다.

(3) 셀 E12에 벡터 크기의 제곱 $(97.8065)^2 + (125.8668)^2$이 출력된다.

(4) 배열 E10:E11에서 구한 벡터의 크기를 1로 하기 위해서 배열 E10:E11을 $\sqrt{E12}$, 즉 $\sqrt{25408.5752}$ 로 나누어야 한다.

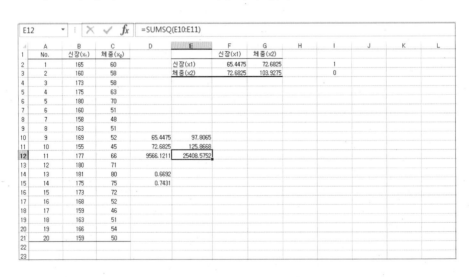

(5) [순서 3]의 (11)~(13)을 반복하면 된다.

E14		f_x	{=E10:E11/E12^0.5}					
D	E	F	G	H	I	J	K	L
1		신장(x1)	체중(x2)					
2	신장(x1)	65.4475	72.6825		1			
3	체중(x2)	72.6825	103.9275		0			
4								
5								
6								
7								
8								
9								
10	65.4475	97.8065						
11	72.6825	125.8668						
12	9566.1211	25408.5752						
13								
14	0.6692	0.6136						
15	0.7431	0.7896						
16								
17								

(6) 이상을 반복 실시하여 14행·15행에서 이웃하는 배열의 값이 거의 같을 때에
   멈춘다.

	D	E	F	G	H	I	J	K	L
1			신장(x1)	체중(x2)					
2		신장(x1)	65.4475	72.6825		1			
3		체중(x2)	72.6825	103.9275		0			
4									
5									
6									
7									
8									
9									
10	65.4475000	97.8065492	97.5498292	97.5183553	97.5164275	97.5163127	97.5163059		
11	72.6825000	125.8668110	126.6609914	126.6873344	126.6888257	126.6889141	126.6889194		
12	9566.1210625	25408.5751669	25558.9759101	25559.5103143	25559.5122020	25559.5122086	25559.5122087		
13									
14	0.6691525	0.6135893	0.6101755	0.6099723	0.6099602	0.6099595	0.6099594		
15	0.7431251	0.7896253	0.7922663	0.7924227	0.7924320	0.7924326	0.7924326		
16									
17									

[순서 5] 고유치·고유벡터의 산출

(1) 배열 I14:I15와 배열 J14:J15의 값이 거의 같게 되었다.
   이것이 구하고자 하는 고유벡터이다.

$$고유벡터 = \begin{bmatrix} 0.6099594 \\ 0.7924326 \end{bmatrix}$$

(2) 이때의 고유치는

$$고유치 = \sqrt{25559.5122}$$
$$= 159.8734$$

이다.

이상으로부터

$$\begin{bmatrix} 65.4475 & 72.6825 \\ 72.6825 & 103.9275 \end{bmatrix} \begin{bmatrix} a_1 \\ a_2 \end{bmatrix} = \lambda \begin{bmatrix} a_1 \\ a_2 \end{bmatrix}$$

을 만족하는 값은 다음과 같다.

$$\lambda = 159.8734, \quad \begin{bmatrix} a_1 \\ a_2 \end{bmatrix} = \begin{bmatrix} 0.6099594 \\ 0.7924326 \end{bmatrix}$$

따라서 제1주성분 z_1은

$$z_1 = 0.6100x_1 + 0.7924x_2$$
$$= 0.6100 \times 신장 + 0.7924 \times 체중$$

이 된다. 다음은 제1주성분이 의미하는 종합적 특성을 간파하면 된다.

신장, 체중의 계수는 모두 플러스로 신장과 체중이 클수록 z_1의 값은 커지게 마련이다. 그렇다면 제1주성분 z_1의 종합적 특성을 '몸집의 크기'라고 이름 붙여도 무방할 것이다.

2. 주성분점수의 산출

위에서 제1주성분은 다음과 같이 되었다.

$$z_1 = 0.6100 \times 신장 + 0.7924 \times 체중$$

그런데 1번과 3번 중에서 어느 쪽이 '몸집'이 크다고 할 수 있을까? 그것을 비교하기 위해서 주성분점수를 계산하기로 한다. 주성분점수란 제1주성분

$$z_1 = 0.6100 \times 신장 + 0.7924 \times 체중 - 148.9238$$

의 각 변수 x_1(신장), x_2(체중)에 각 데이터의 값을 대입한 것이다.

예를 들면 1번의 경우,

$$신장 = 165, \quad 체중 = 60$$

이므로 주성분점수는

$$z_1 = 0.6100 \times 165 + 0.7924 \times 60 - 148.9238 = -0.7298$$

이 된다.

단, 상수항 148.9238은 평균(167.95, 58.65)을 대입했을 때의 값이다.

$$z_1 = 0.6100 \times 167.95 + 0.7924 \times 58.65 = 148.9238$$

이것은 주성분점수의 평균을 0으로 하기 위한 것이다.

▶ Excel에 의한 해법

[순서 1] 데이터의 입력 및 준비

	A	B	C	D	E	F	G	H	I	J	K
1	No.	신장(x_1)	체중(x_2)		주성분득점						
2	1	165	60								
3	2	160	58								
4	3	173	58								
5	4	175	63								
6	5	180	70								
7	6	160	51								
8	7	158	48								
9	8	163	51								
10	9	169	52								
11	10	155	45								
12	11	177	66								
13	12	180	71								
14	13	181	80								
15	14	175	75								
16	15	173	72								
17	16	168	52								
18	17	159	46								
19	18	163	51								
20	19	166	54								
21	20	159	50								
22											
23											

[순서 2] 신장, 체중의 평균 산출

B23 f_x =AVERAGE(B2:B21)

	A	B	C	D	E	F	G	H	I	J	K	L
1	No.	신장(x_1)	체중(x_2)		주성분득점							
2	1	165	60									
3	2	160	58									
4	3	173	58									
5	4	175	63									
6	5	180	70									
7	6	160	51									
8	7	158	48									
9	8	163	51									
10	9	169	52									
11	10	155	45									
12	11	177	66									
13	12	180	71									
14	13	181	80									
15	14	175	75									
16	15	173	72									
17	16	168	52									
18	17	159	46									
19	18	163	51									
20	19	166	54									
21	20	159	50									
22												
23	평균	167.95	58.65									
24												

[셀의 입력내용]

    B23; =AVERAGE(B2:B21)

    C23; =AVERAGE(C2:C21)

[순서 3] 주성분점수의 산출

 (1) 셀 E2를 클릭하고 다음의 수식을 입력한다.

    E2; =0.6100*B2+0.7924*C2−(0.6100*167.95+0.7924*58.65)

E2		f_x	=0.61*B2+0.7924*C2-(0.61*167.95+0.7924*58.65)	

	A	B	C	D	E	F
1	No.	신장(x_1)	체중(x_2)		주성분득점	
2	1	165	60		-0.7298	
3	2	160	58			
4	3	173	58			
5	4	175	63			
6	5	180	70			
7	6	160	51			
8	7	158	48			
9	8	163	51			
10	9	169	52			
11	10	155	45			
12	11	177	66			
13	12	180	71			
14	13	181	80			
15	14	175	75			
16	15	173	72			
17	16	168	52			
18	17	159	46			
19	18	163	51			
20	19	166	54			
21	20	159	50			
22						
23	평균	167.95	58.65			
24						

 (2) 셀 E2를 E3에서 E21까지 복사한다.

E21		f_x	=0.61*B21+0.7924*C21-(0.61*167.95+0.7924*58.65)	

	A	B	C	D	E	F
1	No.	신장(x_1)	체중(x_2)		주성분득점	
2	1	165	60		-0.7298	
3	2	160	58		-5.3646	
4	3	173	58		2.5654	
5	4	175	63		7.7474	
6	5	180	70		16.3442	
7	6	160	51		-10.9114	
8	7	158	48		-14.5086	
9	8	163	51		-9.0814	
10	9	169	52		-4.6290	
11	10	155	45		-18.7158	
12	11	177	66		11.3446	
13	12	180	71		17.1366	
14	13	181	80		24.8782	
15	14	175	75		17.2562	
16	15	173	72		13.6590	
17	16	168	52		-5.2390	
18	17	159	46		-15.4834	
19	18	163	51		-9.0814	
20	19	166	54		-4.8742	
21	20	159	50		-12.3138	
22						
23	평균	167.95	58.65			
24						

이 출력결과를 보면,

$$1번의\ 주성분점수\ =\ -0.7298$$
$$3번의\ 주성분점수\ =\ \ \ \ 2.5654$$

이므로 3번이 1번보다 몸집이 더 크다고 할 수 있다.

제 3 절 주성분분석의 실제

1. 주성분분석의 적용예

<표 17-2>의 데이터는 어느 중학교 1학년생 30명에 대한 신체검사를 실시하여 신장(cm), 체중(kg), 가슴둘레(cm), 앉은 키(cm)의 측정결과를 나타낸 것이다.

표 17-2 신체검사 결과표

No.	신장(x_1)	체중(x_2)	가슴둘레(x_3)	앉은키(x_4)
1	148	41	72	78
2	160	49	77	86
3	159	45	80	86
4	153	43	76	83
5	151	42	77	80
6	140	29	64	74
7	158	49	78	83
8	137	31	66	73
9	149	47	82	79
10	160	47	74	87
11	151	42	73	82
12	157	39	68	80
13	157	48	80	88
14	144	36	68	76
15	139	32	68	73
16	139	34	71	76
17	149	36	67	79
18	142	31	66	76
19	150	43	77	79
20	139	31	68	74
21	161	47	78	84
22	140	33	67	77
23	152	35	73	79
24	145	35	70	77
25	156	44	78	85
26	147	38	73	78
27	147	30	65	75
28	151	36	74	80
29	141	30	67	76
30	148	38	70	78

【예제 17-1】

　<표 17-2>의 데이터를 이용해서, Excel을 활용하여 주성분분석을 실시한다. 주성분분석은 전술한 바와 같이 고유치와 고유벡터를 구하는 고유치 문제로 귀착이 되므로, 본절에서는 고유치와 고유벡터를 Excel의 매크로 프로그램을 활용하여 구하기로 한다.

▶ Excel에 의한 해법

[순서 1] 데이터의 입력

셀 B2:E31에 주어진 데이터를 입력한다.

	A	B	C	D	E	F	G	H	I
1	NO.	x_1	x_2	x_3	x_4				
2	1	148	41	72	78				
3	2	160	49	77	86				
4	3	159	45	80	86				
5	4	153	43	76	83				
6	5	151	42	77	80				
7	6	140	29	64	74				
8	7	158	49	78	83				
9	8	137	31	66	73				
10	9	149	47	82	79				
11	10	160	47	74	87				
12	11	151	42	73	82				
13	12	157	39	68	80				
14	13	157	48	80	88				
15	14	144	36	68	76				
16	15	139	32	68	73				
17	16	139	34	71	76				
18	17	149	36	67	79				
19	18	142	31	66	76				
20	19	150	43	77	79				
21	20	139	31	68	74				
22	21	161	47	78	84				
23	22	140	33	67	77				
24	23	152	35	73	79				
25	24	145	35	70	77				
26	25	156	44	78	85				
27	26	147	38	73	78				
28	27	147	30	65	75				
29	28	151	36	74	80				
30	29	141	30	67	76				
31	30	148	38	70	78				

[순서 2] 각 변수마다 평균과 표준편차를 산출한다.

	A	B	C	D	E	F	G	H	I
33	평균	149	38.7	72.23333	79.36667				
34	표준편차	7.315548	6.460223	5.150717	4.270858				
35									
36									
37									
38									

　　　B33;=AVERAGE(B2:B31)　　　　　　(B33을 C33에서 E33까지 복사한다)

　　　B34;=STDEV(B2:B31)　　　　　　　(B34를 C34에서 E34까지 복사한다)

[순서 3] 데이터의 표준화

변수마다 데이터를 표준화한다. 셀 H2:K31에 표준화를 위한 계산식을 입력한다. 데이터의 표준화는 각 데이터로부터 평균을 빼고 표준편차로 나누는 것으로, 표준화된 데이터는 평균이 0, 표준편차가 1이 된다. 즉, 표준화 변환 공식은 다음과 같다. U_i는 표준정규분포에 따른다.

$$U_i = \frac{x_i - \bar{x}}{s}$$

따라서 표준화된 변수 U_i는 변수 간 단위의 상위를 소거할 수 있다.

H2				f_x	=STANDARDIZE(B2,B$33,B$34)						
▲	A	B	C	D	E	F	G	H	I	J	K	L
1	NO.	x_1	x_2	x_3	x_4		No.	U1	U2	U3	U4	
2	1	148	41	72	78		1	-0.1367	0.3560	-0.0453	-0.3200	
3	2	160	49	77	86		2	1.5036	1.5944	0.9254	1.5532	
4	3	159	45	80	86		3	1.3670	0.9752	1.5079	1.5532	
5	4	153	43	76	83		4	0.5468	0.6656	0.7313	0.8507	
6	5	151	42	77	80		5	0.2734	0.5108	0.9254	0.1483	
7	6	140	29	64	74		6	-1.2303	-1.5015	-1.5985	-1.2566	
8	7	158	49	78	83		7	1.2303	1.5944	1.1196	0.8507	
9	8	137	31	66	73		8	-1.6403	-1.1919	-1.2102	-1.4907	
10	9	149	47	82	79		9	0.0000	1.2848	1.8962	-0.0859	
11	10	160	47	74	87		10	1.5036	1.2848	0.3430	1.7873	
12	11	151	42	73	82		11	0.2734	0.5108	0.1488	0.6166	
13	12	157	39	68	80		12	1.0936	0.0464	-0.8219	0.1483	
14	13	157	48	80	88		13	1.0936	1.4396	1.5079	2.0215	
15	14	144	36	68	76		14	-0.6835	-0.4179	-0.8219	-0.7883	
16	15	139	32	68	73		15	-1.3670	-1.0371	-0.8219	-1.4907	
17	16	139	34	71	76		16	-1.3670	-0.7275	-0.2394	-0.7883	
18	17	149	36	67	79		17	0.0000	-0.4179	-1.0160	-0.0859	
19	18	142	31	66	76		18	-0.9569	-1.1919	-1.2102	-0.7883	
20	19	150	43	77	79		19	0.1367	0.6656	0.9254	-0.0859	
21	20	139	31	68	74		20	-1.3670	-1.1919	-0.8219	-1.2566	
22	21	161	47	78	84		21	1.6403	1.2848	1.1196	1.0949	
23	22	140	33	67	77		22	-1.2303	-0.8823	-1.0160	-0.5541	
24	23	152	35	73	79		23	0.4101	-0.5727	0.1488	-0.0859	
25	24	145	35	70	77		24	-0.5468	-0.5727	-0.4336	-0.5541	
26	25	156	44	78	85		25	0.9569	0.8204	1.1196	1.3190	
27	26	147	38	73	78		26	-0.2734	-0.1084	0.1488	-0.3200	
28	27	147	30	65	75		27	-0.2734	-1.3467	-1.4043	-1.0224	
29	28	151	36	74	80		28	0.2734	-0.4179	0.3430	0.1483	
30	29	141	30	67	76		29	-1.0936	-1.3467	-1.0160	-0.7883	
31	30	148	38	70	78		30	-0.1367	-0.1084	-0.4336	-0.3200	
32												

| ◀ ▶ | data | 결과 | 계산 | 매크로 프로그램 | Sheet1 | Sheet3 | Sheet2 | Sheet4 | Sheet10 | Shee … | ⊕ |

[셀의 입력내용]

　　H2;=STANDARDIZE(B2,B$33,B$34)　　　(H2를 H2에서 K31가지 복사한다)

[순서 4] 상관행렬의 산출

(1) 분석도구를 사용해서 상관행렬을 산출한다.

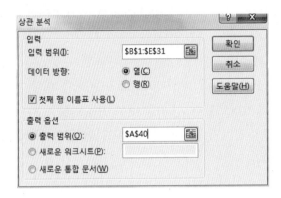

(2) 다음과 같은 상관행렬이 출력된다.

	A	B	C	D	E	F	G	H
40		x1	x2	x3	x4			
41	x1	1.000						
42	x2	0.863	1.000					
43	x3	0.732	0.897	1.000				
44	x4	0.920	0.883	0.783	1.000			
45								
46								
47								
48								

[순서 5] 고유치와 고유벡터의 산출

고유치와 고유벡터는 매크로를 사용하기 때문에 매크로 프로그램(첨부하는 CD 제 17장(제3절)에 수록되어 있고 프로그램 자체는 본장의 끝에 제시되어 있음)이 입력되어 있는 파일을 호출하여 처리한다.

	A	B	C	D	E	F	G	H	I	J	K	L
1												
2		고유치										
3												
4			계산가능한 행렬의 크기 : 25행 25열까지									
5			행렬의 조건 : 대칭행렬									
6			데이터 행렬의 입력조건 : 셀 B11 – Z35									
7			계산방법 : 야코비법									
8												
9												
10	행 열	1	2	3	4	5	6	7	8			
11	1	1.000	0.863	0.732	0.920							
12	2	0.863	1.000	0.897	0.883							
13	3	0.732	0.897	1.000	0.783							
14	4	0.920	0.883	0.783	1.000							
15	5											
16	6											
17	7											
18	8											
19	9											
20	10											
21												
22												

(1) [data] 시트의 셀 B11:E14에 [순서 4]에서 구한 상관행렬을 좌우대칭으로 채워서 입력한다.

(2) [고유치] 버튼을 클릭함으로써 매크로를 실행시킨다.

(주) 매크로 프로그램의 입력방법이나 등록방법, 실행방법 등은 Excel의 매뉴얼을 참고하기 바란다.

(3) 매크로 실행결과

고유치와 고유벡터가 [결과] 시트에 산출된다.

	A	B	C	D	E	F	G	H	I	J	K	L	M	N	O	P
1																
2		고유치		1	2	3	4									
3				3,541098	0,313383	0,079409	0,06611									
4		고유벡터														
5			1	0,496966	-0,54321	0,449627	-0,50575									
6			2	0,514571	0,210246	0,46233	0,690844									
7			3	0,480901	0,724621	-0,17518	-0,46149									
8			4	0,506928	-0,36829	-0,74391	0,232343									

data 결과 계산 매크로 프로그램 Sheet1 Sheet3 Sheet2 Sheet4 Sheet10 Shee ...

(4) 이 결과를 최초에 데이터를 입력한 파일 시트의 셀 A48 이후에 복사한다(셀 C51에 최대 고유치의 값이 오도록 해 놓는다).

	A	B	C	D	E	F	G	H
50	고유치		1	2	3	4		
51			3,541	0,313	0,079	0,066		
52	고유벡터							
53		1	0,497	-0,543	0,450	-0,506		
54		2	0,515	0,210	0,462	0,691		
55		3	0,481	0,725	-0,175	-0,461		
56		4	0,507	-0,368	-0,744	0,232		
57								

[순서 6] 누적기여율과 인자부하량의 산출

			1	2	3	4	
50	고유치		1	2	3	4	
51			3.541	0.313	0.079	0.066	
52	고유벡터						
53		1	0.497	-0.543	0.450	-0.506	
54		2	0.515	0.210	0.462	0.691	
55		3	0.481	0.725	-0.175	-0.461	
56		4	0.507	-0.368	-0.744	0.232	
57							
58	고유치의 제곱근		1.8818	0.5598	0.2818	0.2571	
59	누적기여율		0.8853	0.9636	0.9835	1.0000	
60							
61	인자부하량		제1주성분	제2주성분	제3주성분	제4주성분	
62		x_1	0.9352	-0.3041	0.1267	-0.1300	
63		x_2	0.9683	0.1177	0.1303	0.1776	
64		x_3	0.9049	0.4056	-0.0494	-0.1187	
65		x_4	0.9539	-0.2062	-0.2096	0.0597	
66							

[셀의 입력내용]

C58;=SQRT(C51)　　　　　　　　(C58을 D58에서 F58까지 복사한다)

C59;=C51/($C$51+$D$51+$E$51+$F$51)

D59;=(C51+D51)/($C$51+$D$51+$E$51+$F$51)

E59;=(C51+D51+E51)/($C$51+$D$51+$E$51+$F$51)

F59;=(C51+D51+E51+F51)/($C$51+$D$51+$E$51+$F$51)

C62;=C$58*C53　　　　　　　　(C62를 C62에서 F65까지 복사한다)

[순서 7] 주성분 스코어의 산출

주성분 스코어를 산출하기 위한 계산식을 셀 N2:Q31에 입력한다.

N2			f_x	=MMULT($H2:$K2,C$53:C$56)				
	M	N	O	P	Q	R	S	T
1	No.	Z1	Z2	Z3	Z4			
2	1	-0.0687	0.2341	0.3491	0.2616			
3	2	2.8001	-0.3830	0.0957	0.2748			
4	3	2.6936	-0.0169	-0.3541	-0.3526			
5	4	1.3972	0.0595	-0.2074	0.0435			
6	5	0.9189	0.5749	0.0867	-0.1780			
7	6	-2.7897	-0.3429	-0.0325	0.0306			
8	7	2.4015	0.1649	0.4613	0.1602			
9	8	-2.7662	0.3126	0.0324	0.2183			
10	9	1.5295	1.6757	0.3257	-0.0074			
11	10	2.4794	-0.9564	-0.1196	0.3841			
12	11	0.7829	-0.1603	-0.1257	0.2892			
13	12	0.2473	-1.2344	0.5468	-0.1072			
14	13	3.0341	0.0568	-0.6107	0.2153			
15	14	-1.3496	-0.0218	0.2299	0.2531			
16	15	-2.3639	0.4780	0.1588	0.0078			
17	16	-1.5685	0.7064	-0.3226	0.1161			
18	17	-0.7472	-0.7925	0.0486	0.1602			
19	18	-2.0704	-0.3174	-0.1829	0.0358			
20	19	0.8120	0.7679	0.2709	-0.0563			
21	20	-2.3249	0.3592	-0.0869	-0.0448			
22	21	2.5647	-0.2092	0.3284	-0.2066			
23	22	-1.8349	-0.0494	-0.3709	0.3528			
24	23	-0.0629	-0.2037	-0.0426	-0.6917			
25	24	-1.0559	0.0665	-0.0225	-0.0478			
26	25	2.1047	-0.0218	-0.3678	-0.1274			
27	26	-0.2823	0.3514	0.0390	-0.0796			
28	27	-2.0225	-0.7757	0.2611	-0.3816			
29	28	0.1609	-0.0425	-0.2407	-0.5508			
30	29	-2.1247	-0.1350	-0.3499	-0.0916			
31	30	-0.4944	-0.1449	0.2024	0.1200			
32								

[셀의 입력내용]

N2;=MMULT($H2:$K2,C$53:C$56)　　　(N2를 N2에서 Q31까지 복사한다)

[순서 8] 주성분 스코어의 산점도 작성

주성분 스코어의 Z1과 Z2를 각각 가로축과 세로축으로 하는 산점도를 작성한다.

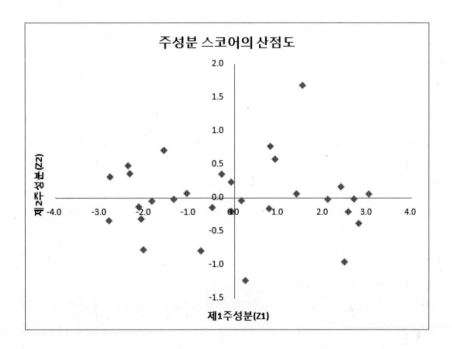

2. 주성분분석의 결과해석

네 개의 변수 x_1, x_2, x_3, x_4 사이의 상관행렬을 구하면 다음과 같다.

	x_1	x_2	x_3	x_4
x_1	1.0000	0.8632	0.7321	0.9205
x_2	0.8632	1.0000	0.8965	0.8827
x_3	0.7321	0.8965	1.0000	0.7829
x_4	0.9205	0.8827	0.7829	1.0000

x_1, x_2, x_3, x_4 사이의 상관계수가 비교적 모두 크고, 특히 x_1과 x_4, x_2와 x_3 사이의 상관계수가 큰 것을 알 수 있다.

상관행렬로부터 출발하는 주성분분석을 실시하기 위해서, 상관행렬의 고유치와 고유벡터를 구하면 다음과 같다.

고유치	λ_1	λ_2	λ_3	λ_4
	3.5411	0.3134	0.0794	0.0661

고유벡터		λ_1	λ_2	λ_3	λ_4
	1	0.4970	−0.5432	0.4496	−0.5057
	2	0.5146	0.2102	0.4623	0.6908
	3	0.4809	0.7246	−0.1752	−0.4615
	4	0.5069	−0.3683	−0.7439	0.2323

고유벡터로부터 다음과 같은 네 개의 주성분이 얻어진다.

제1주성분 $Z_1 = 0.4970\,U_1 + 0.5146\,U_2 + 0.4809\,U_3 + 0.5069\,U_4$

제2주성분 $Z_2 = -\,0.5432\,U_1 + 0.2102\,U_2 + 0.7246\,U_3 - 0.3683\,U_4$

제3주성분 $Z_3 = 0.4496\,U_1 + 0.4623\,U_2 - 0.1752\,U_3 - 0.7439\,U_4$

제4주성분 $Z_4 = -\,0.5057\,U_1 + 0.6908\,U_2 - 0.4615\,U_3 + 0.2323\,U_4$

고유치는 각 주성분의 분산과 일치한다고 하는 수학적 성질이 있다. 가장 값이 큰 고유치가 제1주성분의 분산, 두 번째로 큰 고유치가 제2주성분의 분산, 세 번째로 큰 고유치가 제3주성분의 분산, 네 번째로 큰 고유치가 제4주성분의 분산이 된다.

하나의 주성분이 원래의 모든 변수가 가지고 있는 정보의 몇 퍼센트를 설명할 수 있는가를 나타내는 지표가 기여율이며, 제1주성분으로부터 제m주성분까지의 기여율의 합계를 누적기여율이라고 한다. 이 값으로부터, 제m주성분까지 채택했을 때에, 제$(m+1)$주성분 이하를 무시함에 따르는 정보의 손실이 어느 정도인지를 알 수 있다.

$$\text{제}\,m\,\text{주성분의 기여율} = \frac{\lambda_m}{\sum\limits_{j=1}^{p} \lambda_j}$$

$$\text{제}\,m\,\text{주성분까지의 누적기여율} = \frac{\sum\limits_{j=1}^{m} \lambda_j}{\sum\limits_{j=1}^{p} \lambda_j}$$

$$\text{정보의 손실도} = 1 - \text{누적기여율}$$

이 예제에서는 다음과 같은 누적기여율이 된다.

C59		:	× ✓	f_x	=C51/($C$51+$D$51+$E$51+$F$51)				
	A	B	C	D	E	F	G	H	I
50	고유치		1	2	3	4			
51			3.541	0.313	0.079	0.066			
52	고유벡터								
53		1	0.497	-0.543	0.450	-0.506			
54		2	0.515	0.210	0.462	0.691			
55		3	0.481	0.725	-0.175	-0.461			
56		4	0.507	-0.368	-0.744	0.232			
57									
58	고유치의 제곱근		1.8818	0.5598	0.2818	0.2571			
59	누적기여율		0.8853	0.9636	0.9835	1.0000			
60									

제1주성분과 제2주성분으로 원래의 모든 변수가 가지고 있는 정보의 96.36%를 설명할 수 있다는 것을 알 수 있다. 따라서 원래의 네 변수를 두 개의 새로운 변수 (Z_1, Z_2)로 집약했을 때, 정보의 손실은 3.6%(=100%-96.36%)이다.

원래의 각 변수와 각 주성분의 상관계수를 인자부하량(factor loading)이라고 한다. 이 값은 각 주성분이 원래의 각 변수와 어느 정도 강한 관계가 있는가를 나타내는 것이기 때문에, 주성분의 의미부여에 도움이 되는 것이다.

상관행렬로부터 출발하는 주성분분석일 때에는, 인자부하량은 다음 식으로 구해진다.

$$\sqrt{\lambda_j} \times a_{ij}$$

이 예에서는 다음과 같이 된다.

인자부하량

	제1주성분	제2주성분	제3주성분	제4주성분
x_1	0.9352	-0.3041	0.1267	-0.1300
x_2	0.9683	0.1177	0.1303	0.1776
x_3	0.9049	0.4056	-0.0494	-0.1187
x_4	0.9539	-0.2062	-0.2096	0.0597

다음에 관측대상마다의 주성분 스코어는 다음과 같이 계산된다.

$$Z = U \times V$$

여기에서

Z : 주성분 스코어의 행렬

U : 표준화 데이터 행렬

V : 고유벡터 행렬

제1주성분과 제2주성분의 산점도를 작성하면 다음과 같다.

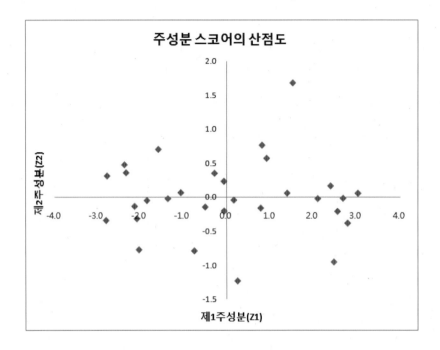

한편, 주성분분석을 실시하면 네 개 변량의 데이터인 경우에는 네 개의 주성분(p변량 데이터라면 p개의 주성분)이 얻어진다. 따라서 네 개의 주성분을 모두 사용하면 원래의 정보 손실은 0이 된다. 그러나 그렇게 되면 차원의 축소는 되지 않는다.

주성분을 몇 개까지 채택할 것인가 하는 기준에 대해서 이론적으로 정해진 것은 없지만 기준으로서는,

① 누적기여율이 70~80% 이상일 것
② 고유치가 1 이상일 것(상관행렬의 고유치인 경우)

이라는 기준이 자주 쓰이고 있다.

마지막으로 채택한 주성분에 대해서는 그 주성분이 무엇을 나타내는 지표인지, 그 의미부여가 가능하면 유용하다. 의미부여는 주관적으로 행해지지만 다음 사항을 참고로 한다.

① 주성분을 구성하고 있는 각 변수의 계수(고유벡터)의 크기나 부호
② 인자부하량의 크기나 부호

이 예의 제1주성분과 제2주성분에 어떠한 의미부여가 가능할 것인가?

$$\text{제1주성분} \;=\; 0.4970 \times \text{신장} + 0.5146 \times \text{체중} + 0.4809 \times \text{가슴둘레} + 0.5069 \times \text{앉은키}$$
$$\text{제2주성분} \;=-0.5432 \times \text{신장} + 0.2102 \times \text{체중} + 0.7246 \times \text{가슴둘레} - 0.3683 \times \text{앉은키}$$

제1주성분의 계수는 모두 플러스(+)로 0.5 전후의 값으로 되어 있다. 즉, 표준화 변량의 합에 가까운 형태이고, 어느 변량이 커져도 이 주성분의 값은 커지는 성질을 갖는다. 따라서 제1주성분은 전체적인 크기를 나타내는 주성분으로 해석할 수 있다. 이와 같은 성질을 갖는 인자는 **크기의 인자**(size factor)라 불린다.

제2주성분의 계수는 체중과 가슴둘레에서 플러스, 신장과 앉은키에서 마이너스이므로, 살찌고 뚱뚱한 사람에게는 큰 값이, 바짝 마른 사람에게는 작은 값이 나온다. 따라서 제2주성분은 살이 쪘는가 야위었는가를 나타내는 주성분으로 해석된다. 이와 같은 인자는 앞의 '크기의 인자'에 비하여 **형태의 인자**(shape factor)라 불린다.

■ 매크로 프로그램

고유치와 고유벡터를 계산할 수 있는 매크로 프로그램을 게재해 놓았으므로 참고하기 바란다(프로그램은 첨부 CD에 수록되어 있음).

```
1   Sub 고유치()
2   ' 고유치 Macro
3   노 형 진이 '15-08-15에 작성한 매크로 프로그램
4   '
5       Dim A(25, 25) As Double
6       Dim B(25, 25) As Double
7       Dim U(25, 25) As Double
8       Dim V(25, 25) As Double
9       Dim E(25) As Double
10      Sheets("data").Select: Range("A1").Select
11      Sheets("계산").Select: Cells.Select: Selection.Clear: Range("A1").Select
12      Sheets("data").Select: Range("B11:Z35").Select: Selection.Copy
13      Sheets("계산").Select: Range("A1").Select: ActiveSheet.Paste
14      Range("Z1").Select: ActiveCell.FormulaR1C1 = "크기"
15      Range("Z2").Select
16      ActiveCell.FormulaR1C1 = "=Count(R[-1]C[-25]:R[23]C[-25])"
17      Range("A1").Select
18      N = Cells(2, 26)
19      Sheets("결과").Select: Cells.Select: Selection.Clear
20      Range("B4").Select: ActiveCell.FormulaR1C1 = "고유벡터"
21      Range("B2").Select: ActiveCell.FormulaR1C1 = "고유치"
22      For I = 1 To N: Cells(I + 4, 3) = I: Next I
23      For J = 1 To N: Cells(2, 3 + J) = J: Next J
24      Sheets("data").Select: Range("A1").Select
25      '야코비
26      Sheets("계산").Select
27      N = Cells(2, 26): N2 = Cells(2, 26)
28      For I = 1 To N: For J = 1 To N
29      B(I, J) = Cells(I, J)
30      Next J: Next I
31      For I = 1 To N: For J = 1 To N
32      A(I, J) = B(I, J)
33      Next J: Next I
34  500 For I = 1 To N2: For J = 1 To N2: U(I, J) = 0: Next J: Next I
```

data | 결과 | 계산 | 매크로 프로그램 | Sheet1 | Sheet3 | Sheet2 | Sheet4 | Sheet10 | Sh

	A	B	C	D	E	F	G	H	I	J	K
35	For I = 1 To N2: U(I, I) = 1: A(I, 0) = Sqr(A(I, I)): Next I										
36	530 M = Abs(A(2, 1)): I = 2: J = 1										
37	For P = 2 To N2										
38	For Q = 1 To P - 1										
39	If M >= Abs(A(P, Q)) Then GoTo 580										
40	M = Abs(A(P, Q)): I = P: J = Q										
41	580 Next Q										
42	Next P										
43	If Abs(A(I, J)) < 0.000001 Then M = MO: GoTo 102										
44	F = A(I, I): G = A(J, J): H = A(I, J): L = 0.5 * (F - G) / H										
45	M = -1: If L < 0 Then GoTo 660										
46	M = 1										
47	660 M = M * Sqr(L * L + 1) + L: O = 1 / Sqr(1 / M / M + 1): P = O / M										
48	For K = 1 To N2										
49	Q = U(K, I): R = U(K, J)										
50	U(K, I) = Q * O + R * P: U(K, J) = -Q * P + R * O										
51	If K = I Or K = J Then GoTo 740										
52	S = A(K, I): T = A(J, K)										
53	A(I, K) = S * O + T * P: A(K, J) = -S * P + T * O										
54	A(K, I) = A(I, K): A(J, K) = A(K, J)										
55	740 Next K										
56	M = 2 * H * P * O: A(I, I) = F * O * O + G * P * P + M										
57	A(J, J) = F * P * P + G * O * O - M										
58	A(I, J) = 0: A(J, I) = 0: GoTo 530										
59	102 For I = 1 To N2 - 1										
60	Max = A(I, I): K = I										
61	For J = I + 1 To N2										
62	If Max < A(J, J) Then K = J: Max = A(J, J)										
63	Next J										
64	T = A(I, I): A(I, I) = A(K, K): A(K, K) = T										
65	For J = 1 To N2										
66	T = U(J, I): U(J, I) = U(J, K): U(J, K) = T										
67	Next J										
68	Next I										

タブ: data | 결과 | 계산 | **매크로 프로그램** | Sheet1 | Sheet3 | Sheet2 | Sheet4 | Sheet10 | Sh

	A	B	C	D	E	F	G	H	I	J	K
69	For J = 1 To N										
70	E(J) = A(J, J)										
71	For I = 1 To N										
72	V(I, J) = U(I, J)										
73	Next I										
74	Next J										
75	For I = 1 To N: For J = 1 To N										
76	Cells(1, J + 27) = E(J)										
77	Cells(2 + I, J + 27) = V(I, J)										
78	Next J: Next I										
79	Range("aa1").Select										
80	'결과정리										
81	ActiveCell.Offset(0, 1).Range("A1:B1").Select										
82	Selection.Copy										
83	Sheets("결과").Select										
84	Application.CutCopyMode = False										
85	Sheets("계산").Select										
86	ActiveCell.Range("A1:Y1").Select										
87	Selection.Copy										
88	Sheets("결과").Select										
89	ActiveCell.Offset(1, 2).Range("A1").Select										
90	ActiveSheet.Paste										
91	Sheets("계산").Select										
92	ActiveCell.Offset(2, 0).Range("A1:Y25").Select										
93	Application.CutCopyMode = False										
94	Selection.Copy										
95	Sheets("결과").Select										
96	ActiveCell.Offset(2, 0).Range("A1").Select										
97	ActiveSheet.Paste										
98	ActiveCell.Offset(-4, -3).Range("A1").Select										
99	Application.CutCopyMode = False										
100											
101	End Sub										
102											

タブ: data | 결과 | 계산 | **매크로 프로그램** | Sheet1 | Sheet3 | Sheet2 | Sheet4 | Sheet10 | Sh

제18장
요인분석

제1절 요인분석의 기초지식

🔆 요인분석

두 개의 변수 간에 상관이 있는 경우, 그들 변수는 무엇인가 공통적인 것을 측정하고 있다고 생각할 수 있다. 예를 들면 대학생에 대해서 컴퓨터를 다루는 것을 좋아하는 정도와 수학을 좋아하는 정도 사이에는 어느 정도 양의 상관관계가 있을 것인데, 그것은 컴퓨터를 좋아하게 되는 것과 수학을 좋아하게 되는 것에 무엇인가 공통점이 있기 때문일 것이다. 그 공통점은 가령 논리적인 문제해결을 좋아하는 것 등을 들 수 있다. 물론 완전한 상관이 아닌 한, 그러한 공통적인 것 이외에 각각의 변수에 고유한 부분도 있을 것이다. 위의 예에서 컴퓨터를 좋아하는 것에 대해서는 일반적으로 기계 조작이나 장난감 놀이를 좋아하는지 어떤지 하는 것 등이 수학을 좋아하는 것과는 관계가 없는 독자적인 요인이라고 할 수 있다.

많은 변수가 서로 복잡하게 상관하고 있는 경우에도 그들의 상관관계를 설명할 수 있는 몇 가지의 공통적인 성분을 생각하여, 개개의 변수를 그러한 공통적인 성분을 반영하는 부분과 각각의 변수에 독자적인 부분으로 나누어서 생각할 수 있다. 요인분석(factor analysis)에서는 공통적인 성분을 공통요인(common factor) 또는 단지 요인(factor)이라 부르고, 독자적인 성분을 독자요인(unique factor)이라고 부른다.

요인분석의 목적은 변수 간의 상관행렬로부터 공통요인을 끄집어내고 그 공통요인을 이용해서 변수 간의 상관관계를 설명하고, 공통요인과의 관계에 의해서 각 변수의 성질을 간결한 형태로 기술하는 것이다. 또 요인분석의 결과를 변수나 관측대상의 분류를 위해서 이용하는 경우도 많다.

요인분석이란 예를 들면 세 개의 요인에 대해서 다음과 같은 느낌을 말한다.

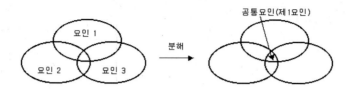

공통요인을 다음과 같이 표현한다면,

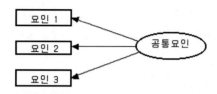

이것이 바로 요인분석의 이미지라고 할 수 있다.
식으로 나타내면,

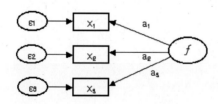

와 같이 되므로 요인분석의 모델 식은

$$x_1 = a_1 f + \varepsilon_1$$
$$x_2 = a_2 f + \varepsilon_2$$
$$x_3 = a_3 f + \varepsilon_3$$

이 된다.

그런데 요인분석을 할 때에는 통상 변수 x_1, x_2, x_3를 표준화해 놓는다. 즉,

표준화
$$x_1, x_2, x_3 \Rightarrow z_1, z_2, z_3$$

$$z_i = \frac{x_i - \overline{x}}{s}$$

으로 변환한다. 따라서 요인분석의 모델 식도 표준화한 z_1, z_2, z_3 쪽으로 생각한다.

$$z_1 = a_1 f + \varepsilon_1$$
$$z_2 = a_2 f + \varepsilon_2$$
$$z_3 = a_3 f + \varepsilon_3$$

이 a_1, a_2, a_3 가 공통요인 f 의 요인부하량(factor loading)이다.

표준화하면 분산공분산행렬은 상관행렬이 되므로

$$z_1, z_2, z_3 \text{의 분산공분산행렬} = x_1, x_2, x_3 \text{의 상관행렬}$$

이 된다.

공통요인에 의한 상관의 설명

요인분석의 기본적인 개념을 설명하기 위해서 변수가 5개만 있는 인공적인 데이터를 예로서 들기로 한다.

표 18-1 상관행렬

	X_1	X_2	X_3	X_4	X_5
X_1 : 문장이해	1.00	0.60	0.50	0.44	0.24
X_2 : 대화	0.60	1.00	0.44	0.40	0.23
X_3 : 작문	0.50	0.44	1.00	0.30	0.14
X_4 : 수학의 응용문제	0.44	0.40	0.30	1.00	0.52
X_5 : 수학의 계산문제	0.24	0.23	0.14	0.52	1.00

위의 표에는 다섯 가지 테스트 득점 간의 상관계수가 표시되어 있다. 이 표를 보면 문장이해의 득점 X_1 과 대화의 득점 X_2 사이의 상관계수가 0.60으로 가장 높고, 작문의 득점 X_3 도 이들 두 가지 테스트의 득점과 0.50, 0.44라고 하는 비교적 높은 상관계수를 갖고 있다. 한편 수학의 응용문제 득점 X_4 는 이들 세 가지 테스트의 득점과도 어느 정도의 상관이 있지만 그보다도 수학의 계산문제 득점 X_5 와의 상관 쪽이 0.52로 더 높게 되어 있다.

이들의 상관관계에 의거해서 다섯 가지의 변수를 대략적으로 분류한다면 <그림 18-1>과 같이 중복이 있는 두 개의 군(群)이 만들어진다.

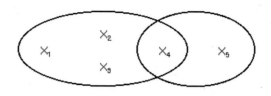

그림 18-1   다섯 가지 변수의 분류

또 앞에서 말한 바와 같이 상관의 설명으로서 공통요인이라고 하는 것을 생각하면, 이와 같은 관계는 <그림 18-2>와 같이 나타낼 수도 있다. 다시 말하면 X_1, X_2, X_3 가 공통적으로 갖고 있고 또한 X_4에도 약간 반영되어 있는 요인1과, X_4와 X_5의 상관을 만들어내고 있는 요인2라고 하는 두 가지의 공통요인을 생각하면 <표 18-1>의 상관관계에 대한 설명이 가능하다.

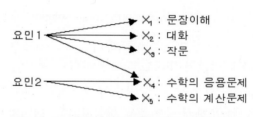

그림 18-2   공통요인에 의한 상관관계의 설명

그렇다면 <그림 18-2>에 나타내 보인 두 가지의 요인은 어떠한 변수인가를 생각해 보기로 한다. 요인1은 문장이해, 대화, 작문이라고 하는 테스트에 공통적으로 포함되고 수학의 응용문제 득점과도 어느 정도 관계가 있는 변수이기 때문에 언어적인 능력을 나타내는 것이라고 일단 생각할 수 있다. 한편 요인2는 두 가지의 수학 테스트에 공통적으로 포함되어 있으므로 수학적인 능력을 나타내는 요인이라고 간주해도 좋을 것이다.

이와 같이 요인이 구체적으로 어떤 변수인가 하는 것은 그 요인을 반영하고 있는 변수에 공통적으로 존재하는 특징으로부터 추측된다. 이러한 것을 요인의 해석이라고 한다.

요인분석의 용도

요인분석이 회귀분석이나 판별분석 등의 다른 다변량분석법과 다른 점은 설명변수와 목적변수가 지정되지 않고 변수들 간의 상호작용을 분석하는 데 있다. 요인분석은 주로 다음과 같은 경우에 사용된다.

① 데이터의 양을 줄여 정보를 요약하는 경우

② 변수들 내부에 존재하는 구조를 발견하고자 하는 경우

③ 요인으로 묶이지 않는 중요도가 낮은 변수를 제거하고자 하는 경우

④ 같은 개념을 측정하는 변수들이 동일한 요인으로 묶이는지를 확인(측정도구의 타당성 검정)하고자 하는 경우

⑤ 요인분석을 통하여 얻어진 요인들을 회귀분석이나 판별분석에서 설명변수로 활용하고자 하는 경우

요인의 회전

요인분석의 목적은 특정변수 간의 상호관련을 통해서 잠재적인 구조를 탐색하는 데 있다. 이 목적을 위해서 요인부하량행렬이나 요인구조행렬의 추정치 등으로부터 요인의 해석이 실시된다. 그런데 직교해(orthogonal solution)에 한해서 보더라도 요인부하량행렬은 일의적으로는 정해지지 않는다.

변수들이 여러 요인에 대하여 비슷한 요인부하량을 나타낼 경우에 변수들이 어느 요인에 속하는지를 분류하기가 어렵다. 따라서 변수들의 요인부하량이 어느 한 요인에 높게 나타나도록 하기 위해서 요인축을 회전시킨다. 회전방식은 몇 가지가 있는데 크게 직각회전(orthogonal rotation)과 사각회전(oblique rotation)으로 나누어진다.

(1) 직각회전방식

회전축이 직각을 유지하며 회전하므로 요인들 간의 상관계수가 0이 된다. 따라서 요인들 간의 관계가 상호 독립적이어야 한다거나 상호 독립적이라고 간주할 수 있는 경우에 사용된다. 또는 요인점수를 이용하여 회귀분석이나 판별분석을 추가적으로 실시하고자 할 때 다중공선성(多重共線性)을 피하기 위한 경우 등에 유용하게 사용된다. 그러나 사회과학 분야에 있어서는 서로 다른 두 개의 요인(개념)이 완전히 독립적인 경우는 극히 드물기 때문에 사각회전방식(斜角回轉方式)이 이용된다. 직각회전방식에는 Varimax, Quartimax, Equimax 등이 있는데 이 중에서 Varimax 방식이 가장 널리 이용된다. Varimax 방식은 요인분석의 목적이 각 변수들의 분산구조보다 각 요인의 특성을 알고자 하는 데 더 유용하다.

(2) 사각회전방식

대부분의 사회과학 분야에서는 요인들 간에 독립적인 경우는 매우 드물고 어느 정

도의 상관관계는 항상 존재하기 마련이다. 사각회전방식은 요인을 회전시킬 때 요인들이 서로 직각을 유지하지 않으므로 직각회전방식에 비해서 높은 요인부하량은 더 높아지고, 낮은 요인부하량은 더 낮아지도록 요인을 회전시키는 방법이다. 비직각회전방식에는 Oblimin(=Oblique), Covarimin, Quartimin, Biquartimin 등이 있는데 이 중에서 주로 Oblimin 방식이 많이 이용되고 있다.

요인분석과 주성분분석의 차이

요인분석은 모든 변수가 동일한 보조로 나타나는 경우에 적합한 변수지향형 기법이라고 하는 점에서 주성분분석과 다소 비슷한 목적을 가지고 있다. 이러한 사고방식은 잘 하면 데이터의 더 좋은 이해를 돕는 요인이라고 불리는 새로운 변수를 이끌어 내고자 하는 것이다. 그러나 주성분분석이 기초가 되는 모형에 의존하지 않는 변수의 직교변환을 찾아내기 위한 기법인 데 반해서, 요인분석은 완전한 통계적 모형에 의거해서 변수의 분산에 대한 설명보다도 그것들의 공분산구조의 설명을 주제로 하고 있다. 공통요인으로는 설명되지 않는 분산은 잔차항으로 설명할 수 있다.

요인분석 모형을 구성하려면 다수의 가정을 두지 않으면 안 된다. 이들 가정은 응용상 반드시 현실적인 것은 아니다. 요인분석 모형에서는 요인의 존재라고 하는 중요한 가정을 두고 있다. 한 조(組)의 배후에 있는 관측불능의 변수라고 하는 개념은 특히 심리학적 연구와 같은 몇 가지 연구분야에서는 타당하지만 그 이외의 많은 연구영역에서는 현실감이 부족하다. 또한 요인분석 모형에서는 요인의 수 m을 알고 있는 것으로 가정하고 있다. 실제로는 m이 미지인 경우가 많지만 $m=1$을 출발점으로 해서 축차적으로 다른 값이 검토된다. 그러나 m의 정확한 값을 고르는 것은 용이하지 않다. 검정의 수단이 없는 것은 아니지만 그 검정은 상당히 복잡하고 모형의 가정에 구속되므로, 외적 조건을 생각해서 m의 값을 고르는 경우가 많다. 요인의 형태가 m의 변화에 의해서 완전히 변해 버린다고 하는 점은 상당히 불안하다. 대조적으로 주성분분석에 의해서 이끌어내지는 성분은 일의적(一意的)이어서 고려할 가치가 있다고 생각되는 성분 수가 바뀌어도 그것들의 성분은 불변이다.

일반적으로 주성분분석에 비해서 요인분석에 의한 사후검토분석(follow-up analysis)은 더 어려운 것으로 되어 있다. 따라서 많은 학자들은 주성분분석이 요인분석보다 더 선호되고 있다고 결론짓고 있다.

제 2 절   요인분석의 실제

[예제 18-1]

다음은 K대학교 학생회에서 학교 구내식당에 대한 학생들의 반응을 조사하기 위해서 작성한 설문내용이다.

[설문 1] 귀하는 구내식당을 이용할 때 다음의 항목들을 어느 정도 중요하게 생각하십니까?

중요도

	1	2	3	4	5	6	7

1. 청결상태(x_1) : —— : —— : —— : —— : —— : —— :
2. 음식량(x_2) : —— : —— : —— : —— : —— : —— :
3. 대기시간(x_3) : —— : —— : —— : —— : —— : —— :
4. 음식맛(x_4) : —— : —— : —— : —— : —— : —— :
5. 친절(x_5) : —— : —— : —— : —— : —— : —— :

다음의 데이터표는 학생 25명에 대한 설문결과를 정리한 것이다. 이 데이터에 대해 요인분석을 실시하라.

표 18-2   데이터표

No.	x_1	x_2	x_3	x_4	x_5
1	6	4	7	6	5
2	5	7	5	6	6
3	5	3	4	5	6
4	3	3	2	3	4
5	4	3	3	3	2
6	2	6	2	4	3
7	1	3	3	3	2
8	3	5	3	4	2
9	7	3	6	5	5
10	6	4	3	4	4
11	6	6	2	6	4
12	3	2	2	4	2
13	5	7	6	5	2
14	6	3	5	5	7
15	3	4	4	3	2
16	2	7	5	5	4
17	3	5	2	7	2
18	6	4	5	5	7
19	7	4	6	3	5
20	5	6	6	3	4
21	2	3	3	4	3
22	3	4	2	3	4
23	3	6	3	5	3
24	6	5	7	5	5
25	7	6	5	4	6

▶ Excel에 의한 해법

[순서 1] 데이터의 입력

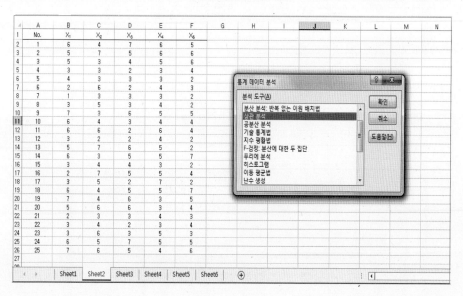

	A	B	C	D	E	F
1	No.	X_1	X_2	X_3	X_4	X_5
2	1	6	4	7	6	5
3	2	5	7	5	6	6
4	3	5	3	4	5	6
5	4	3	3	2	3	4
6	5	4	3	3	3	2
7	6	2	6	2	4	3
8	7	1	3	3	3	2
9	8	3	5	3	4	2
10	9	7	3	6	5	5
11	10	6	4	3	4	4
12	11	6	6	2	6	4
13	12	3	2	2	4	2
14	13	5	7	6	5	2
15	14	6	3	5	5	7
16	15	3	4	4	3	2
17	16	2	7	5	5	4
18	17	3	5	2	7	2
19	18	6	4	5	5	7
20	19	7	4	6	3	5
21	20	5	6	6	3	4
22	21	2	3	3	4	3
23	22	3	4	2	3	4
24	23	3	6	3	5	3
25	24	6	5	7	5	5
26	25	7	6	5	4	6

[순서 2] 상관행렬 구하기

  (1) 메뉴에서 [데이터]－[데이터 분석]을 선택한다.

  (2) [통계 데이터 분석] 대화상자에서 [상관분석]을 선택하고 [확인]을 클릭한다.

(3) [상관분석] 대화상자에서 다음과 같이 입력하고 [확인] 버튼을 클릭한다.

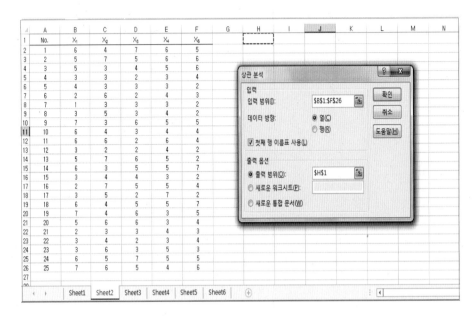

(4) 상관행렬의 출력

	X1	X2	X3	X4	X5
X1	1				
X2	0.05048	1			
X3	0.62888	0.22041	1		
X4	0.26524	0.35524	0.18307	1	
X5	0.68574	0.00876	0.50859	0.27197	1

(5) 상관행렬의 빈칸 메우기

상관행렬은 대칭행렬이므로 복사해서 빈칸을 메운다.

	X1	X2	X3	X4	X5
X1	1	0.05048	0.62888	0.26524	0.68574
X2	0.05048	1	0.22041	0.35524	0.00876
X3	0.62888	0.22041	1	0.18307	0.50859
X4	0.26524	0.35524	0.18307	1	0.27197
X5	0.68574	0.00876	0.50859	0.27197	1

그런데 $x_1, x_2, \cdots, x_5$를 표준화한 변수 $z_1, z_2, \cdots, z_5$의 공통요인을 f 라고 하면 요인분석의 모델 식은,

$$z_1 = a_1 f + \varepsilon_1$$
$$z_2 = a_2 f + \varepsilon_2$$
$$z_3 = a_3 f + \varepsilon_3$$
$$z_4 = a_4 f + \varepsilon_4$$
$$z_5 = a_5 f + \varepsilon_5$$

이 된다.

그래서 이 모델에 의한 분산공분산행렬과 위에서 구한 표본상관행렬을 비교해 보자.

모델에 의한 분산공분산행렬은 다음과 같이 된다. 요인분석의 모델에서는 '요인 f 와 오차 $\varepsilon_1, \varepsilon_2, \cdots, \varepsilon_5$ 는 독립'이라고 가정하므로

$$Cov(f, \varepsilon_1) = 0, \quad Cov(f, \varepsilon_2) = 0, \quad \cdots, \quad Cov(f, \varepsilon_5) = 0$$

이 된다. 또 표준화되어 있으므로

$$Var(f) = 1$$

이 된다. 이러한 사실로부터

$$
\begin{aligned}
Var(z_1) &= Var(a_1 f + \varepsilon_1) \\
&= a_1{}^2 Var(f) + Var(\varepsilon_1) + 2a_1 Cov(f, \varepsilon_1) \\
&= a_1{}^2 + Var(\varepsilon_1) \\
Cov(z_1, z_2) &= Cov(a_1 f + \varepsilon_1, a_2 f + \varepsilon_2) \\
&= a_1 a_2 Cov(f, f) + a_1 Cov(f, \varepsilon_2) + a_2 Cov(\varepsilon_1, f) + Cov(\varepsilon_1, \varepsilon_2) \\
&= a_1 a_2
\end{aligned}
$$

따라서 두 행렬은 다음과 같이 된다.

표본상관행렬

$$
\begin{bmatrix}
1 & 0.05048 & 0.62888 & 0.26524 & 0.68574 \\
0.05048 & 1 & 0.22041 & 0.35524 & 0.00867 \\
0.62888 & 0.22041 & 1 & 0.18307 & 0.50859 \\
0.26524 & 0.35524 & 0.18307 & 1 & 0.27197 \\
0.68574 & 0.00876 & 0.50859 & 0.27197 & 1
\end{bmatrix}
$$

⇕

모델에 의한 분산공분산행렬

$$\begin{bmatrix} a_1^2 + Var(\varepsilon_1) & a_1a_2 & a_1a_3 & a_1a_4 & a_1a_5 \\ a_2a_1 & a_2^2 + Var(\varepsilon_2) & a_2a_3 & a_2a_4 & a_2a_5 \\ a_3a_1 & a_3a_2 & a_3^2 + Var(\varepsilon_3) & a_3a_4 & a_3a_5 \\ a_4a_1 & a_4a_2 & a_4a_3 & a_4^2 + Var(\varepsilon_4) & a_4a_5 \\ a_5a_1 & a_5a_2 & a_5a_3 & a_5a_4 & a_5^2 + Var(\varepsilon_5) \end{bmatrix}$$

요인분석의 모델이 데이터에 적합하다면 이 두 행렬은 일치할 것이다. 즉,

$$\begin{bmatrix} 1 & 0.05048 & 0.62888 & 0.26524 & 0.68574 \\ 0.05048 & 1 & 0.22041 & 0.35524 & 0.00867 \\ 0.62888 & 0.22041 & 1 & 0.18307 & 0.50859 \\ 0.26524 & 0.35524 & 0.18307 & 1 & 0.27197 \\ 0.68574 & 0.00876 & 0.50859 & 0.27197 & 1 \end{bmatrix}$$

$$= \begin{bmatrix} a_1^2 + Var(\varepsilon_1) & a_1a_2 & a_1a_3 & a_1a_4 & a_1a_5 \\ a_2a_1 & a_2^2 + Var(\varepsilon_2) & a_2a_3 & a_2a_4 & a_2a_5 \\ a_3a_1 & a_3a_2 & a_3^2 + Var(\varepsilon_3) & a_3a_4 & a_3a_5 \\ a_4a_1 & a_4a_2 & a_4a_3 & a_4^2 + Var(\varepsilon_4) & a_4a_5 \\ a_5a_1 & a_5a_2 & a_5a_3 & a_5a_4 & a_5^2 + Var(\varepsilon_5) \end{bmatrix}$$

이 성립할 것이다. 그렇다면 이 식으로부터

$$\text{요인부하량 } a_1, a_2, \cdots, a_5$$

가 구해질 것인가?

다음과 같이 변형해 보자.

$$\begin{bmatrix} 1 & 0.05048 & 0.62888 & 0.26524 & 0.68574 \\ 0.05048 & 1 & 0.22041 & 0.35524 & 0.00867 \\ 0.62888 & 0.22041 & 1 & 0.18307 & 0.50859 \\ 0.26524 & 0.35524 & 0.18307 & 1 & 0.27197 \\ 0.68574 & 0.00876 & 0.50859 & 0.27197 & 1 \end{bmatrix}$$

$$= \begin{bmatrix} a_1^2 & a_1a_2 & a_1a_3 & a_1a_4 & a_1a_5 \\ a_2a_1 & a_2^2 & a_2a_3 & a_2a_4 & a_2a_5 \\ a_3a_1 & a_3a_2 & a_3^2 & a_3a_4 & a_3a_5 \\ a_4a_1 & a_4a_2 & a_4a_3 & a_4^2 & a_4a_5 \\ a_5a_1 & a_5a_2 & a_5a_3 & a_5a_4 & a_5^2 \end{bmatrix} + \begin{bmatrix} Var(\varepsilon_1) & 0 & 0 & 0 & 0 \\ 0 & Var(\varepsilon_2) & 0 & 0 & 0 \\ 0 & 0 & Var(\varepsilon_3) & 0 & 0 \\ 0 & 02 & 0 & Var(\varepsilon_4) & 0 \\ 0 & 0 & 0 & 0 & Var(\varepsilon_5) \end{bmatrix}$$

$$\Rightarrow \begin{bmatrix} 1 & 0.05048 & 0.62888 & 0.26524 & 0.68574 \\ 0.05048 & 1 & 0.22041 & 0.35524 & 0.00867 \\ 0.62888 & 0.22041 & 1 & 0.18307 & 0.50859 \\ 0.26524 & 0.35524 & 0.18307 & 1 & 0.27197 \\ 0.68574 & 0.00876 & 0.50859 & 0.27197 & 1 \end{bmatrix}$$

$$-\begin{bmatrix} Var(\varepsilon_1) & 0 & 0 & 0 & 0 \\ 0 & Var(\varepsilon_2) & 0 & 0 & 0 \\ 0 & 0 & Var(\varepsilon_3) & 0 & 0 \\ 0 & 02 & 0 & Var(\varepsilon_4) & 0 \\ 0 & 0 & 0 & 0 & Var(\varepsilon_5) \end{bmatrix} = \begin{bmatrix} a_1{}^2 & a_1a_2 & a_1a_3 & a_1a_4 & a_1a_5 \\ a_2a_1 & a_2{}^2 & a_2a_3 & a_2a_4 & a_2a_5 \\ a_3a_1 & a_3a_2 & a_3{}^2 & a_3a_4 & a_3a_5 \\ a_4a_1 & a_4a_2 & a_4a_3 & a_4{}^2 & a_4a_5 \\ a_5a_1 & a_5a_2 & a_5a_3 & a_5a_4 & a_5{}^2 \end{bmatrix}$$

$$\Rightarrow \begin{bmatrix} 1 & 0.05048 & 0.62888 & 0.26524 & 0.68574 \\ 0.05048 & 1 & 0.22041 & 0.35524 & 0.00867 \\ 0.62888 & 0.22041 & 1 & 0.18307 & 0.50859 \\ 0.26524 & 0.35524 & 0.18307 & 1 & 0.27197 \\ 0.68574 & 0.00876 & 0.50859 & 0.27197 & 1 \end{bmatrix}$$

$$-\begin{bmatrix} Var(\varepsilon_1) & 0 & 0 & 0 & 0 \\ 0 & Var(\varepsilon_2) & 0 & 0 & 0 \\ 0 & 0 & Var(\varepsilon_3) & 0 & 0 \\ 0 & 02 & 0 & Var(\varepsilon_4) & 0 \\ 0 & 0 & 0 & 0 & Var(\varepsilon_5) \end{bmatrix} = \begin{bmatrix} a_1 \\ a_2 \\ a_3 \\ a_4 \\ a_5 \end{bmatrix} [\, a_1 \ a_2 \ a_3 \ a_4 \ a_5 \,]$$

$$\Rightarrow \begin{bmatrix} 1-Var(\varepsilon_1) & 0.05048 & 0.62888 & 0.26524 & 0.68574 \\ 0.05048 & 1-Var(\varepsilon_2) & 0.22041 & 0.35524 & 0.00867 \\ 0.62888 & 0.22041 & 1-Var(\varepsilon_3) & 0.18307 & 0.50859 \\ 0.26524 & 0.35524 & 0.18307 & 1-Var(\varepsilon_4) & 0.27197 \\ 0.68574 & 0.00876 & 0.50859 & 0.27197 & 1-Var(\varepsilon_5) \end{bmatrix}$$

$$= \begin{bmatrix} a_1 \\ a_2 \\ a_3 \\ a_4 \\ a_5 \end{bmatrix} [\, a_1 \ a_2 \ a_3 \ a_4 \ a_5 \,] \tag{18-1}$$

여기에서 좌변 행렬의 5개 고유치·고유벡터를

① 고유치 $=\lambda_1$ 고유벡터 $= \begin{bmatrix} p_1 \\ p_2 \\ p_3 \\ p_4 \\ p_5 \end{bmatrix}$

② 고유치 $=\lambda_2$ 고유벡터 $= \begin{bmatrix} q_1 \\ q_2 \\ q_3 \\ q_4 \\ q_5 \end{bmatrix}$

③ 고유치 $=\lambda_3$ 고유벡터 $= \begin{bmatrix} r_1 \\ r_2 \\ r_3 \\ r_4 \\ r_5 \end{bmatrix}$

④ 고유치 $=\lambda_4$ 고유벡터 $= \begin{bmatrix} s_1 \\ s_2 \\ s_3 \\ s_4 \\ s_5 \end{bmatrix}$

⑤ 고유치 $=\lambda_5$ 고유벡터 $= \begin{bmatrix} t_1 \\ t_2 \\ t_3 \\ t_4 \\ t_5 \end{bmatrix}$

라고 하면, 각각 다음과 같다.

$$\begin{bmatrix} 1-Var(\varepsilon_1) & 0.05048 & 0.62888 & 0.26524 & 0.68574 \\ 0.05048 & 1-Var(\varepsilon_2) & 0.22041 & 0.35524 & 0.00867 \\ 0.62888 & 0.22041 & 1-Var(\varepsilon_3) & 0.18307 & 0.50859 \\ 0.26524 & 0.35524 & 0.18307 & 1-Var(\varepsilon_4) & 0.27197 \\ 0.68574 & 0.00876 & 0.50859 & 0.27197 & 1-Var(\varepsilon_5) \end{bmatrix} \begin{bmatrix} p_1 \\ p_2 \\ p_3 \\ p_4 \\ p_5 \end{bmatrix} = \lambda_1 \begin{bmatrix} p_1 \\ p_2 \\ p_3 \\ p_4 \\ p_5 \end{bmatrix}$$

$$\begin{bmatrix} 1-Var(\varepsilon_1) & 0.05048 & 0.62888 & 0.26524 & 0.68574 \\ 0.05048 & 1-Var(\varepsilon_2) & 0.22041 & 0.35524 & 0.00867 \\ 0.62888 & 0.22041 & 1-Var(\varepsilon_3) & 0.18307 & 0.50859 \\ 0.26524 & 0.35524 & 0.18307 & 1-Var(\varepsilon_4) & 0.27197 \\ 0.68574 & 0.00876 & 0.50859 & 0.27197 & 1-Var(\varepsilon_5) \end{bmatrix} \begin{bmatrix} q_1 \\ q_2 \\ q_3 \\ q_4 \\ q_5 \end{bmatrix} = \lambda_2 \begin{bmatrix} q_1 \\ q_2 \\ q_3 \\ q_4 \\ q_5 \end{bmatrix}$$

$$\begin{bmatrix} 1-Var(\varepsilon_1) & 0.05048 & 0.62888 & 0.26524 & 0.68574 \\ 0.05048 & 1-Var(\varepsilon_2) & 0.22041 & 0.35524 & 0.00867 \\ 0.62888 & 0.22041 & 1-Var(\varepsilon_3) & 0.18307 & 0.50859 \\ 0.26524 & 0.35524 & 0.18307 & 1-Var(\varepsilon_4) & 0.27197 \\ 0.68574 & 0.00876 & 0.50859 & 0.27197 & 1-Var(\varepsilon_5) \end{bmatrix} \begin{bmatrix} r_1 \\ r_2 \\ r_3 \\ r_4 \\ r_5 \end{bmatrix} = \lambda_3 \begin{bmatrix} r_1 \\ r_2 \\ r_3 \\ r_4 \\ r_5 \end{bmatrix}$$

$$\begin{bmatrix} 1-Var(\varepsilon_1) & 0.05048 & 0.62888 & 0.26524 & 0.68574 \\ 0.05048 & 1-Var(\varepsilon_2) & 0.22041 & 0.35524 & 0.00867 \\ 0.62888 & 0.22041 & 1-Var(\varepsilon_3) & 0.18307 & 0.50859 \\ 0.26524 & 0.35524 & 0.18307 & 1-Var(\varepsilon_4) & 0.27197 \\ 0.68574 & 0.00876 & 0.50859 & 0.27197 & 1-Var(\varepsilon_5) \end{bmatrix} \begin{bmatrix} s_1 \\ s_2 \\ s_3 \\ s_4 \\ s_5 \end{bmatrix} = \lambda_4 \begin{bmatrix} s_1 \\ s_2 \\ s_3 \\ s_4 \\ s_5 \end{bmatrix}$$

$$\begin{bmatrix} 1-Var(\varepsilon_1) & 0.05048 & 0.62888 & 0.26524 & 0.68574 \\ 0.05048 & 1-Var(\varepsilon_2) & 0.22041 & 0.35524 & 0.00867 \\ 0.62888 & 0.22041 & 1-Var(\varepsilon_3) & 0.18307 & 0.50859 \\ 0.26524 & 0.35524 & 0.18307 & 1-Var(\varepsilon_4) & 0.27197 \\ 0.68574 & 0.00876 & 0.50859 & 0.27197 & 1-Var(\varepsilon_5) \end{bmatrix} \begin{bmatrix} t_1 \\ t_2 \\ t_3 \\ t_4 \\ t_5 \end{bmatrix} = \lambda_5 \begin{bmatrix} t_1 \\ t_2 \\ t_3 \\ t_4 \\ t_5 \end{bmatrix}$$

이 다섯 개의 식을 하나로 합치면,

$$\begin{bmatrix} 1-Var(\varepsilon_1) & 0.05048 & 0.62888 & 0.26524 & 0.68574 \\ 0.05048 & 1-Var(\varepsilon_2) & 0.22041 & 0.35524 & 0.00867 \\ 0.62888 & 0.22041 & 1-Var(\varepsilon_3) & 0.18307 & 0.50859 \\ 0.26524 & 0.35524 & 0.18307 & 1-Var(\varepsilon_4) & 0.27197 \\ 0.68574 & 0.00876 & 0.50859 & 0.27197 & 1-Var(\varepsilon_5) \end{bmatrix} \begin{bmatrix} p_1 & q_1 & r_1 & s_1 & t_1 \\ p_2 & q_2 & r_2 & s_2 & t_2 \\ p_3 & q_3 & r_3 & s_3 & t_3 \\ p_4 & q_4 & r_4 & s_4 & t_4 \\ p_5 & q_5 & r_5 & s_5 & t_5 \end{bmatrix}$$

$$= \begin{bmatrix} \lambda_1 p_1 & \lambda_2 q_1 & \lambda_3 r_1 & \lambda_4 s_1 & \lambda_5 t_1 \\ \lambda_1 p_2 & \lambda_2 q_2 & \lambda_3 r_2 & \lambda_4 s_2 & \lambda_5 t_2 \\ \lambda_1 p_3 & \lambda_2 q_3 & \lambda_3 r_3 & \lambda_4 s_3 & \lambda_5 t_3 \\ \lambda_1 p_4 & \lambda_2 q_4 & \lambda_3 r_4 & \lambda_4 s_4 & \lambda_5 t_4 \\ \lambda_1 p_5 & \lambda_2 q_5 & \lambda_3 r_5 & \lambda_4 s_5 & \lambda_5 t_5 \end{bmatrix}$$

이 된다. 그런데 여기가 중요한 곳이다. 실은 고유벡터로 되는 행렬

$$\begin{bmatrix} p_1 & q_1 & r_1 & s_1 & t_1 \\ p_2 & q_2 & r_2 & s_2 & t_2 \\ p_3 & q_3 & r_3 & s_3 & t_3 \\ p_4 & q_4 & r_4 & s_4 & t_4 \\ p_5 & q_5 & r_5 & s_5 & t_5 \end{bmatrix}$$

은 직교행렬로 되어 있으므로

$$\begin{bmatrix} p_1 & q_1 & r_1 & s_1 & t_1 \\ p_2 & q_2 & r_2 & s_2 & t_2 \\ p_3 & q_3 & r_3 & s_3 & t_3 \\ p_4 & q_4 & r_4 & s_4 & t_4 \\ p_5 & q_5 & r_5 & s_5 & t_5 \end{bmatrix} \begin{bmatrix} p_1 & p_2 & p_3 & p_4 & p_5 \\ q_1 & q_2 & q_3 & q_4 & q_5 \\ r_1 & r_2 & r_3 & r_4 & r_5 \\ s_1 & s_2 & s_3 & s_4 & s_5 \\ t_1 & t_2 & t_3 & t_4 & t_5 \end{bmatrix} = \begin{bmatrix} 1 & 0 & 0 & 0 & 0 \\ 0 & 1 & 0 & 0 & 0 \\ 0 & 0 & 1 & 0 & 0 \\ 0 & 0 & 0 & 1 & 0 \\ 0 & 0 & 0 & 0 & 1 \end{bmatrix}$$

이 된다. 따라서

$$\begin{bmatrix} 1-Var(\varepsilon_1) & 0.05048 & 0.62888 & 0.26524 & 0.68574 \\ 0.05048 & 1-Var(\varepsilon_2) & 0.22041 & 0.35524 & 0.00867 \\ 0.62888 & 0.22041 & 1-Var(\varepsilon_3) & 0.18307 & 0.50859 \\ 0.26524 & 0.35524 & 0.18307 & 1-Var(\varepsilon_4) & 0.27197 \\ 0.68574 & 0.00876 & 0.50859 & 0.27197 & 1-Var(\varepsilon_5) \end{bmatrix} \begin{bmatrix} p_1 & q_1 & r_1 & s_1 & t_1 \\ p_2 & q_2 & r_2 & s_2 & t_2 \\ p_3 & q_3 & r_3 & s_3 & t_3 \\ p_4 & q_4 & r_4 & s_4 & t_4 \\ p_5 & q_5 & r_5 & s_5 & t_5 \end{bmatrix}$$

$$\times \begin{bmatrix} p_1 & p_2 & p_3 & p_4 & p_5 \\ q_1 & q_2 & q_3 & q_4 & q_5 \\ r_1 & r_2 & r_3 & r_4 & r_5 \\ s_1 & s_2 & s_3 & s_4 & s_5 \\ t_1 & t_2 & t_3 & t_4 & t_5 \end{bmatrix} = \begin{bmatrix} \lambda_1 p_1 & \lambda_2 q_1 & \lambda_3 r_1 & \lambda_4 s_1 & \lambda_5 t_1 \\ \lambda_1 p_2 & \lambda_2 q_2 & \lambda_3 r_2 & \lambda_4 s_2 & \lambda_5 t_2 \\ \lambda_1 p_3 & \lambda_2 q_3 & \lambda_3 r_3 & \lambda_4 s_3 & \lambda_5 t_3 \\ \lambda_1 p_4 & \lambda_2 q_4 & \lambda_3 r_4 & \lambda_4 s_4 & \lambda_5 t_4 \\ \lambda_1 p_5 & \lambda_2 q_5 & \lambda_3 r_5 & \lambda_4 s_5 & \lambda_5 t_5 \end{bmatrix} \begin{bmatrix} p_1 & p_2 & p_3 & p_4 & p_5 \\ q_1 & q_2 & q_3 & q_4 & q_5 \\ r_1 & r_2 & r_3 & r_4 & r_5 \\ s_1 & s_2 & s_3 & s_4 & s_5 \\ t_1 & t_2 & t_3 & t_4 & t_5 \end{bmatrix}$$

$$\Rightarrow \begin{bmatrix} 1-Var(\varepsilon_1) & 0.05048 & 0.62888 & 0.26524 & 0.68574 \\ 0.05048 & 1-Var(\varepsilon_2) & 0.22041 & 0.35524 & 0.00867 \\ 0.62888 & 0.22041 & 1-Var(\varepsilon_3) & 0.18307 & 0.50859 \\ 0.26524 & 0.35524 & 0.18307 & 1-Var(\varepsilon_4) & 0.27197 \\ 0.68574 & 0.00876 & 0.50859 & 0.27197 & 1-Var(\varepsilon_5) \end{bmatrix}$$

$$= \begin{bmatrix} \lambda_1 p_1 & \lambda_2 q_1 & \lambda_3 r_1 & \lambda_4 s_1 & \lambda_5 t_1 \\ \lambda_1 p_2 & \lambda_2 q_2 & \lambda_3 r_2 & \lambda_4 s_2 & \lambda_5 t_2 \\ \lambda_1 p_3 & \lambda_2 q_3 & \lambda_3 r_3 & \lambda_4 s_3 & \lambda_5 t_3 \\ \lambda_1 p_4 & \lambda_2 q_4 & \lambda_3 r_4 & \lambda_4 s_4 & \lambda_5 t_4 \\ \lambda_1 p_5 & \lambda_2 q_5 & \lambda_3 r_5 & \lambda_4 s_5 & \lambda_5 t_5 \end{bmatrix} \begin{bmatrix} p_1 & p_2 & p_3 & p_4 & p_5 \\ q_1 & q_2 & q_3 & q_4 & q_5 \\ r_1 & r_2 & r_3 & r_4 & r_5 \\ s_1 & s_2 & s_3 & s_4 & s_5 \\ t_1 & t_2 & t_3 & t_4 & t_5 \end{bmatrix}$$

$$\Rightarrow \begin{bmatrix} 1-Var(\varepsilon_1) & 0.05048 & 0.62888 & 0.26524 & 0.68574 \\ 0.05048 & 1-Var(\varepsilon_2) & 0.22041 & 0.35524 & 0.00867 \\ 0.62888 & 0.22041 & 1-Var(\varepsilon_3) & 0.18307 & 0.50859 \\ 0.26524 & 0.35524 & 0.18307 & 1-Var(\varepsilon_4) & 0.27197 \\ 0.68574 & 0.00876 & 0.50859 & 0.27197 & 1-Var(\varepsilon_5) \end{bmatrix}$$

$$= \lambda_1 \begin{bmatrix} p_1 \\ p_2 \\ p_3 \\ p_4 \\ p_5 \end{bmatrix} [\, p_1 \; p_2 \; p_3 \; p_4 \; p_5 \,] + \lambda_2 \begin{bmatrix} q_1 \\ q_2 \\ q_3 \\ q_4 \\ q_5 \end{bmatrix} [\, q_1 \; q_2 \; q_3 \; q_4 \; q_5 \,]$$

$$+\lambda_3 \begin{bmatrix} r_1 \\ r_2 \\ r_3 \\ r_4 \\ r_5 \end{bmatrix} [\ r_1\ r_2\ r_3\ r_4\ r_5\ ] + \lambda_4 \begin{bmatrix} s_1 \\ s_2 \\ s_3 \\ s_4 \\ s_5 \end{bmatrix} [\ s_1\ s_2\ s_3\ s_4\ s_5\ ]$$

$$=\lambda_5 \begin{bmatrix} t_1 \\ t_2 \\ t_3 \\ t_4 \\ t_5 \end{bmatrix} [\ t_1\ t_2\ t_3\ t_4\ t_5\ ]$$

여기에서 전술한 식 (18-1) 식을 상기하면 결국 다음과 같이 된다.

$$\lambda_1 \begin{bmatrix} p_1 \\ p_2 \\ p_3 \\ p_4 \\ p_5 \end{bmatrix} [\ p_1\ p_2\ p_3\ p_4\ p_5\ ] + \lambda_2 \begin{bmatrix} q_1 \\ q_2 \\ q_3 \\ q_4 \\ q_5 \end{bmatrix} [\ q_1\ q_2\ q_3\ q_4\ q_5\ ]$$

$$+\lambda_3 \begin{bmatrix} r_1 \\ r_2 \\ r_3 \\ r_4 \\ r_5 \end{bmatrix} [\ r_1\ r_2\ r_3\ r_4\ r_5\ ] + \lambda_4 \begin{bmatrix} s_1 \\ s_2 \\ s_3 \\ s_4 \\ s_5 \end{bmatrix} [\ s_1\ s_2\ s_3\ s_4\ s_5\ ]$$

$$=\lambda_5 \begin{bmatrix} t_1 \\ t_2 \\ t_3 \\ t_4 \\ t_5 \end{bmatrix} [\ t_1\ t_2\ t_3\ t_4\ t_5\ ] = \begin{bmatrix} a_1 \\ a_2 \\ a_3 \\ a_4 \\ a_5 \end{bmatrix} [\ a_1\ a_2\ a_3\ a_4\ a_5\ ]$$

그래서 다섯 개의 고유치

$$\lambda_1 > \lambda_2 > \lambda_3 > \lambda_4 > \lambda_5 \geq 0$$

중에서 λ_1이 λ_2, λ_3, λ_4, λ_5에 비해서 충분히 크다면

$$\lambda_1 \begin{bmatrix} p_1 \\ p_2 \\ p_3 \\ p_4 \\ p_5 \end{bmatrix} [\ p_1\ p_2\ p_3\ p_4\ p_5\ ] \fallingdotseq \begin{bmatrix} a_1 \\ a_2 \\ a_3 \\ a_4 \\ a_5 \end{bmatrix} [\ a_1\ a_2\ a_3\ a_4\ a_5\ ]$$

라고 생각할 수 있으므로, λ_1을 $\lambda_1 = \sqrt{\lambda_1}\ \sqrt{\lambda_1}$과 같이 두 개로 나누면

$$\begin{bmatrix} \sqrt{\lambda_1}p_1 \\ \sqrt{\lambda_1}p_2 \\ \sqrt{\lambda_1}p_3 \\ \sqrt{\lambda_1}p_4 \\ \sqrt{\lambda_1}p_5 \end{bmatrix} [\ \sqrt{\lambda_1}p_1\ \sqrt{\lambda_1}p_2\ \sqrt{\lambda_1}p_3\ \sqrt{\lambda_1}p_4\ \sqrt{\lambda_1}p_5\ ] \fallingdotseq \begin{bmatrix} a_1 \\ a_2 \\ a_3 \\ a_4 \\ a_5 \end{bmatrix} [\ a_1\ a_2\ a_3\ a_4\ a_5\ ]$$

가 된다. 즉,

$$\sqrt{\lambda_1}\,p_1 = a_1, \quad \sqrt{\lambda_2}\,p_2 = a_2, \quad \sqrt{\lambda_3}\,p_3 = a_3, \quad \sqrt{\lambda_4}\,p_4 = a_4, \quad \sqrt{\lambda_5}\,p_5 = a_5$$

이다.

이상으로부터 요인부하량 a_1, a_2, a_3, a_4, a_5 는

$$\text{고유치 } \lambda_1 \text{ , 고유벡터 } [p_1\,p_2\,p_3\,p_4\,p_5]$$

를 이용해서,

$$a_1 = \sqrt{\lambda_1}\,p_1, \; a_2 = \sqrt{\lambda_2}\,p_2, \; a_3 = \sqrt{\lambda_3}\,p_3, \; a_4 = \sqrt{\lambda_4}\,p_4, \; a_5 = \sqrt{\lambda_5}\,p_5$$

와 같이 구할 수 있을 것이다.

[순서 3] 상관행렬의 고유치·고유벡터를 구한다(1단계).
   전술한 방법에 의하여 고유치·고유벡터를 구한다.

	A	B	C	D	E	F	G	H	I	J	K	L
1			X1	X2	X3	X4	X5					
2		X1	1	0,05048	0,62888	0,26524	0,68574		1			
3		X2	0,05048	1	0,22041	0,35524	0,00876		0			
4		X3	0,62888	0,22041	1	0,18307	0,50859		0			
5		X4	0,26524	0,35524	0,18307	1	0,27197		0			
6		X5	0,68574	0,00876	0,50859	0,27197	1		0			
7												
8												
9												
10	1,0000	1,3923	1,3709	1,3575	1,3505	1,3467	1,3448	1,3437	1,3432	1,3429	1,3428	1,3427
11	0,0505	0,2440	0,3466	0,3980	0,4238	0,4367	0,4432	0,4465	0,4481	0,4490	0,4494	0,4496
12	0,6289	1,1967	1,2418	1,2407	1,2396	1,2390	1,2386	1,2384	1,2383	1,2383	1,2383	
13	0,2652	0,6105	0,7010	0,7401	0,7591	0,7685	0,7733	0,7756	0,7768	0,7775	0,7778	0,7779
14	0,6857	1,2669	1,2894	1,2801	1,2731	1,2690	1,2669	1,2658	1,2652	1,2649	1,2648	1,2647
15	1,9386	5,4079	5,6894	5,7297	5,7396	5,7422	5,7428	5,7430	5,7430	5,7431	5,7431	5,7431
16												
17	0,7182121	0,5987331	0,5747240	0,5671053	0,5637028	0,5620120	0,5611542	0,5607185	0,5604974	0,5603853	0,5603286	0,5602998
18	0,0362525	0,1049437	0,1453198	0,1662683	0,1768797	0,1822361	0,1849410	0,1863079	0,1869991	0,1873488	0,1875257	0,1876152
19	0,4516688	0,5145962	0,5196065	0,5187824	0,5178618	0,5173074	0,5170086	0,5168532	0,5167734	0,5167328	0,5167122	0,5167017
20	0,1904978	0,2625301	0,2938865	0,3091871	0,3168512	0,3207183	0,3226738	0,3236633	0,3241641	0,3244176	0,3245459	0,3246108
21	0,4925069	0,5447699	0,5405685	0,5348034	0,5313918	0,5295899	0,5286649	0,5281941	0,5279554	0,5278344	0,5277732	0,5277422
22												
23												
24												

Sheet1 Sheet2 Sheet3 Sheet4 Sheet5 Sheet6 ⊕

[셀의 입력내용]
   A10; { =MMULT(C2:G6, I2:I6)}   (A10에서 A14까지 동일한 내용)

A15; =SUMSQ(A10:A14)

A17; { =A10:A14/A15^0.5}　　　　　(A17에서 A21까지 동일한 내용)

B10; { =MMULT(C2:G6, A17:A21)} (B10에서 B14까지 동일한 내용)

B15; =SUMSQ(B10:B14)

B17; { =B10:B14/B15^0.5}　　　　　(B17에서 B21까지 동일한 내용)

이하 C열에서 L열까지는 B열의 계산방식을 반복한다.

이상으로부터

$$\text{고유치 } \lambda_1 = \sqrt{5.7431} = 2.39647$$

$$\text{고유벡터 } \begin{bmatrix} p_1 \\ p_2 \\ p_3 \\ p_4 \\ p_5 \end{bmatrix} = \begin{bmatrix} 0.5602998 \\ 0.1876152 \\ 0.5167017 \\ 0.3246108 \\ 0.5277422 \end{bmatrix}$$

이 구해졌다.

그렇다면 구하는 요인부하량 a_1, a_2, a_3, a_4, a_5 는

$$a_1 = \sqrt{\lambda_1}\, p_1 = \sqrt{2.39647} \times 0.5602998$$

$$a_2 = \sqrt{\lambda_1}\, p_2 = \sqrt{2.39647} \times 0.1876152$$

$$a_3 = \sqrt{\lambda_1}\, p_3 = \sqrt{2.39647} \times 0.5167017$$

$$a_4 = \sqrt{\lambda_1}\, p_4 = \sqrt{2.39647} \times 0.3246108$$

$$a_5 = \sqrt{\lambda_1}\, p_5 = \sqrt{2.39647} \times 0.5277422$$

일까?

유감스럽게도 이 a_1, a_2, a_3, a_4, a_5 는 올바른 요인부하량이 아니다. 이 고유치·고유벡터는 다음 행렬의 고유치·고유벡터인 것이다.

$$\begin{bmatrix} 1 & 0.05048 & 0.62888 & 0.26524 & 0.68574 \\ 0.05048 & 1 & 0.22041 & 0.35524 & 0.00867 \\ 0.62888 & 0.22041 & 1 & 0.18307 & 0.50859 \\ 0.26524 & 0.35524 & 0.18307 & 1 & 0.27197 \\ 0.68574 & 0.00876 & 0.50859 & 0.27197 & 1 \end{bmatrix} \begin{bmatrix} p_1 \\ p_2 \\ p_3 \\ p_4 \\ p_5 \end{bmatrix} = \lambda_1 \begin{bmatrix} p_1 \\ p_2 \\ p_3 \\ p_4 \\ p_5 \end{bmatrix}$$

구하고자 하는 고유치·고유벡터는 다음과 같은 행렬의 고유치·고유벡터인 것이다.

$$\begin{bmatrix} 1-Var(\varepsilon_1) & 0.05048 & 0.62888 & 0.26524 & 0.68574 \\ 0.05048 & 1-Var(\varepsilon_2) & 0.22041 & 0.35524 & 0.00867 \\ 0.62888 & 0.22041 & 1-Var(\varepsilon_3) & 0.18307 & 0.50859 \\ 0.26524 & 0.35524 & 0.18307 & 1-Var(\varepsilon_4) & 0.27197 \\ 0.68574 & 0.00876 & 0.50859 & 0.27197 & 1-Var(\varepsilon_5) \end{bmatrix} \begin{bmatrix} p_1 \\ p_2 \\ p_3 \\ p_4 \\ p_5 \end{bmatrix} = \lambda_1 \begin{bmatrix} p_1 \\ p_2 \\ p_3 \\ p_4 \\ p_5 \end{bmatrix}$$

자세히 보면 대각선상의 요소만 다를 뿐이다. 그래서 대각요인의 값에 근접시키기 위해 다음과 같은 조작을 한다.

앞에서 구한 고유치·고유벡터를 사용해서 우선 다음과 같이 a_1, a_2, a_3, a_4, a_5를 계산한다.

$$a_1 = \sqrt{\lambda_1}\,p_1 = \sqrt{2.39647} \times 0.5602998 = 0.8673740$$

$$a_2 = \sqrt{\lambda_1}\,p_2 = \sqrt{2.39647} \times 0.1876152 = 0.2904383$$

$$a_3 = \sqrt{\lambda_1}\,p_3 = \sqrt{2.39647} \times 0.5167017 = 0.7998818$$

$$a_4 = \sqrt{\lambda_1}\,p_4 = \sqrt{2.39647} \times 0.3246108 = 0.5025148$$

$$a_5 = \sqrt{\lambda_1}\,p_5 = \sqrt{2.39647} \times 0.5277422 = 0.8169730$$

그리고 이 값의 제곱을 상관행렬의 대각요소에 대입한다. 그러면

$$\text{상관행렬} \Rightarrow \begin{bmatrix} (0.86737)^2 & 0.05048 & 0.62888 & 0.26524 & 0.68574 \\ 0.05048 & (0.29044)^2 & 0.22041 & 0.35524 & 0.00867 \\ 0.62888 & 0.22041 & (0.79988)^2 & 0.18307 & 0.50859 \\ 0.26524 & 0.35524 & 0.18307 & (0.50251)^2 & 0.27197 \\ 0.68574 & 0.00876 & 0.50859 & 0.27197 & (0.81697)^2 \end{bmatrix}$$

$$= \begin{bmatrix} 0.75234 & 0.05048 & 0.62888 & 0.26524 & 0.68574 \\ 0.05048 & 0.08435 & 0.22041 & 0.35524 & 0.00867 \\ 0.62888 & 0.22041 & 0.63981 & 0.18307 & 0.50859 \\ 0.26524 & 0.35524 & 0.18307 & 0.25252 & 0.27197 \\ 0.68574 & 0.00876 & 0.50859 & 0.27197 & 0.66744 \end{bmatrix}$$

가 된다.

[순서 4] 위의 행렬에 대한 고유치·고유벡터를 구한다(2단계).

(1) 대각요소에 대입할 값을 구하기 위해 셀 M17:M21 영역을 범위 지정하고

(2) 수식 '=L17:L21*L15^(1/4)'을 입력한다.

Formula bar: SUMSQ — `=L17:L21*L15^(1/4)`

	A	B	C	D	E	F	G	H	I	J	K	L	M
1			X1	X2	X3	X4	X5						
2		X1	1	0,05048	0,62888	0,26524	0,68574		1				
3		X2	0,05048	1	0,22041	0,35524	0,00876		0				
4		X3	0,62888	0,22041	1	0,18307	0,50859		0				
5		X4	0,26524	0,35524	0,18307	1	0,27197		0				
6		X5	0,68574	0,00876	0,50859	0,27197	1		0				
10	1,0000	1,3923	1,3709	1,3575	1,3505	1,3467	1,3448	1,3437	1,3432	1,3429	1,3428	1,3427	
11	0,0505	0,2440	0,3466	0,3980	0,4238	0,4367	0,4432	0,4465	0,4481	0,4490	0,4494	0,4496	
12	0,6289	1,1967	1,2394	1,2418	1,2407	1,2396	1,2390	1,2386	1,2384	1,2383	1,2383	1,2383	
13	0,2652	0,6105	0,7010	0,7401	0,7591	0,7685	0,7733	0,7756	0,7768	0,7775	0,7778	0,7779	
14	0,6857	1,2669	1,2894	1,2801	1,2731	1,2690	1,2669	1,2658	1,2652	1,2649	1,2648	1,2647	
15	1,9386	5,4079	5,6894	5,7297	5,7396	5,7422	5,7428	5,7430	5,7430	5,7431	5,7431	5,7431	
17	0,7182121	0,5987331	0,5747240	0,5671053	0,5637028	0,5620120	0,5611542	0,5607185	0,5604974	0,5603853	0,5603286	0,5602998	*L15^(1/4)
18	0,0362525	0,1049437	0,1453198	0,1662683	0,1768797	0,1822361	0,1849410	0,1863079	0,1869991	0,1873488	0,1875257	0,1876152	
19	0,4516688	0,5145962	0,5196065	0,5187824	0,5178618	0,5173074	0,5170086	0,5168532	0,5167734	0,5167328	0,5167122	0,5167017	
20	0,1904978	0,2625301	0,2938865	0,3091871	0,3168512	0,3207183	0,3226738	0,3236633	0,3241641	0,3244176	0,3245459	0,3246108	
21	0,4925069	0,5447699	0,5405685	0,5348034	0,5313918	0,5295899	0,5286649	0,5281941	0,5279554	0,5278344	0,5277732	0,5277422	

(3) Ctrl + Shift + Enter↵ 키를 동시에 누른다.

Formula bar: M21 — `{=L17:L21*L15^(1/4)}`

	A	B	C	D	E	F	G	H	I	J	K	L	M
1			X1	X2	X3	X4	X5						
2		X1	1	0,05048	0,62888	0,26524	0,68574		1				
3		X2	0,05048	1	0,22041	0,35524	0,00876		0				
4		X3	0,62888	0,22041	1	0,18307	0,50859		0				
5		X4	0,26524	0,35524	0,18307	1	0,27197		0				
6		X5	0,68574	0,00876	0,50859	0,27197	1		0				
10	1,0000	1,3923	1,3709	1,3575	1,3505	1,3467	1,3448	1,3437	1,3432	1,3429	1,3428	1,3427	
11	0,0505	0,2440	0,3466	0,3980	0,4238	0,4367	0,4432	0,4465	0,4481	0,4490	0,4494	0,4496	
12	0,6289	1,1967	1,2394	1,2418	1,2407	1,2396	1,2390	1,2386	1,2384	1,2383	1,2383	1,2383	
13	0,2652	0,6105	0,7010	0,7401	0,7591	0,7685	0,7733	0,7756	0,7768	0,7775	0,7778	0,7779	
14	0,6857	1,2669	1,2894	1,2801	1,2731	1,2690	1,2669	1,2658	1,2652	1,2649	1,2648	1,2647	
15	1,9386	5,4079	5,6894	5,7297	5,7396	5,7422	5,7428	5,7430	5,7430	5,7431	5,7431	5,7431	
17	0,7182121	0,5987331	0,5747240	0,5671053	0,5637028	0,5620120	0,5611542	0,5607185	0,5604974	0,5603853	0,5603286	0,5602998	0,8673740
18	0,0362525	0,1049437	0,1453198	0,1662683	0,1768797	0,1822361	0,1849410	0,1863079	0,1869991	0,1873488	0,1875257	0,1876152	0,2904383
19	0,4516688	0,5145962	0,5196065	0,5187824	0,5178618	0,5173074	0,5170086	0,5168532	0,5167734	0,5167328	0,5167122	0,5167017	0,7998818
20	0,1904978	0,2625301	0,2938865	0,3091871	0,3168512	0,3207183	0,3226738	0,3236633	0,3241641	0,3244176	0,3245459	0,3246108	0,5025148
21	0,4925069	0,5447699	0,5405685	0,5348034	0,5313918	0,5295899	0,5286649	0,5281941	0,5279554	0,5278344	0,5277732	0,5277422	0,8169730

이 값이 a_1, a_2, a_3, a_4, a_5 이다.

(4) 이어서 셀 N17에 수식 '=M17^2'를 입력한다.

(5) N17을 N18에서 N21까지 복사한다.

N17　|　×　√　fx　| =M17^2

	B	C	D	E	F	G	H	I	J	K	L	M	N
1		X1	X2	X3	X4	X5							
2	X1	1	0.05048	0.62888	0.26524	0.68574		1					
3	X2	0.05048	1	0.22041	0.35524	0.00876		0					
4	X3	0.62888	0.22041	1	0.18307	0.50859		0					
5	X4	0.26524	0.35524	0.18307	1	0.27197		0					
6	X5	0.68574	0.00876	0.50859	0.27197	1		0					
7													
8													
9													
10	1.3923	1.3709	1.3575	1.3505	1.3467	1.3448	1.3437	1.3432	1.3429	1.3428	1.3427		
11	0.2440	0.3466	0.3980	0.4238	0.4367	0.4432	0.4465	0.4481	0.4490	0.4494	0.4496		
12	1.1967	1.2394	1.2418	1.2407	1.2396	1.2390	1.2386	1.2384	1.2383	1.2383	1.2383		
13	0.6105	0.7010	0.7401	0.7591	0.7685	0.7733	0.7756	0.7768	0.7775	0.7778	0.7779		
14	1.2669	1.2894	1.2801	1.2731	1.2690	1.2669	1.2658	1.2652	1.2649	1.2648	1.2647		
15	5.4079	5.6894	5.7297	5.7396	5.7422	5.7428	5.7430	5.7430	5.7431	5.7431	5.7431		
16													
17	0.5987331	0.5747240	0.5671053	0.5637028	0.5620120	0.5611542	0.5607185	0.5604974	0.5603853	0.5603286	0.5602998	0.8673740	0.7523377
18	0.1049437	0.1453198	0.1662683	0.1768797	0.1822361	0.1849410	0.1863079	0.1869991	0.1873488	0.1875257	0.1876152	0.2904383	0.0843544
19	0.5145962	0.5196065	0.5187824	0.5178618	0.5173074	0.5170086	0.5168532	0.5167734	0.5167328	0.5167122	0.5167017	0.7998818	0.6398109
20	0.2625301	0.2938865	0.3091871	0.3168512	0.3207183	0.3226738	0.3236633	0.3241641	0.3244176	0.3245459	0.3246108	0.5025148	0.2525211
21	0.5447699	0.5405685	0.5348034	0.5313918	0.5295899	0.5286649	0.5281941	0.5279554	0.5278344	0.5277732	0.5277422	0.8169730	0.6674449
22													
23													
24													

Sheet1　Sheet2　**Sheet3**　Sheet4　Sheet5　Sheet6　⊕

이 값은 $a_1{}^2$, $a_2{}^2$, $a_3{}^2$, $a_4{}^2$, $a_5{}^2$ 이다. 이 값이 바로 상관행렬의 대각요소에 대입할 값이다.

(6) 상관행렬의 대각요소에 **N17:N21** 영역의 값을 복사해서 붙여넣기를 하지 말고 그대로 수치를 입력한다. 그러면 계산이 자동적으로 실행된다.

	A	B	C	D	E	F	G	H	I	J	K
1			X1	X2	X3	X4	X5				
2		X1	0.75234	0.05048	0.62888	0.26524	0.68574		1		
3		X2	0.05048	0.08435	0.22041	0.35524	0.00876		0		
4		X3	0.62888	0.22041	0.63981	0.18307	0.50859		0		
5		X4	0.26524	0.35524	0.18307	0.25252	0.27197		0		
6		X5	0.68574	0.00876	0.50859	0.27197	0.66744		0		
7											
8											
9											
10	0.7523	1.2266	1.2231	1.2221	1.2218	1.2217	1.2217	1.2217	1.2217	1.2217	1.2217
11	0.0505	0.2291	0.2421	0.2472	0.2479	0.2481	0.2481	0.2482	0.2482	0.2482	0.2482
12	0.6289	1.0467	1.0568	1.0572	1.0574	1.0574	1.0574	1.0574	1.0574	1.0574	1.0574
13	0.2652	0.4778	0.5034	0.5066	0.5075	0.5077	0.5078	0.5078	0.5078	0.5078	0.5078
14	0.6857	1.1136	1.1077	1.1065	1.1061	1.1060	1.1060	1.1060	1.1060	1.1060	1.1060
15	1.5046	4.1212	4.1520	4.1533	4.1533	4.1533	4.1533	4.1533	4.1533	4.1533	4.1533
16											
17	0.6133344	0.6042320	0.6002702	0.5996625	0.5994998	0.5994695	0.5994624	0.5994610	0.5994607	0.5994606	0.5994606
18	0.0411499	0.1128740	0.1180042	0.1212785	0.1216433	0.1217422	0.1217605	0.1217648	0.1217656	0.1217658	0.1217659
19	0.5126849	0.5156017	0.5186569	0.5187712	0.5188504	0.5188587	0.5188615	0.5188619	0.5188620	0.5188620	0.5188621
20	0.2162322	0.2353618	0.2470423	0.2485847	0.2490448	0.2491261	0.2491457	0.2491496	0.2491504	0.2491506	0.2491507
21	0.5590398	0.5485644	0.5436234	0.5429351	0.5427466	0.5427127	0.5427047	0.5427031	0.5427027	0.5427027	0.5427026
22											
23											
24											

Sheet1　Sheet2　Sheet3　**Sheet4**　Sheet5　Sheet6　⊕

(7) 앞에서 계산했던 M열에 새로운 행렬의 a_1, a_2, a_3, a_4, a_5가 출력된다.

(8) 같은 방법으로 N열에 a_1^2, a_2^2, a_3^2, a_4^2, a_5^2이 출력된다.

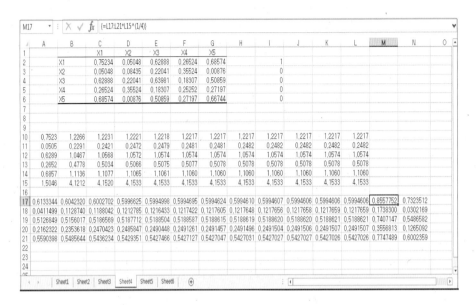

[순서 5] 새로운 행렬에 대한 고유치·고유벡터를 구한다(3단계).

(1) 위에서 구한 a_1^2, a_2^2, a_3^2, a_4^2, a_5^2 값을 다시 상관행렬의 대각요소에 대입한다. 그러면 계산이 자동적으로 실행된다.

(2) 앞에서 계산했던 M열에 새로운 행렬의 a_1, a_2, a_3, a_4, a_5가 출력된다.

(3) 같은 방법으로 N열에 $a_1{}^2$, $a_2{}^2$, $a_3{}^2$, $a_4{}^2$, $a_5{}^2$이 출력된다.

M17		f_x	{=L17:L21*L15^(1/4)}										
	B	C	D	E	F	G	H	I	J	K	L	M	N
1		X1	X2	X3	X4	X5							
2	X1	0,73235	0,05048	0,62888	0,26524	0,68574		1					
3	X2	0,05048	0,03022	0,22041	0,35524	0,00876		0					
4	X3	0,62888	0,22041	0,54866	0,18307	0,50859		0					
5	X4	0,26524	0,35524	0,18307	0,12651	0,27197		0					
6	X5	0,68574	0,00876	0,50859	0,27197	0,60024		0					
7													
8													
9													
10	1,2145	1,2107	1,2103	1,2101	1,2100	1,2100	1,2100	1,2100	1,2100	1,2100	1,2100		
11	0,2284	0,2324	0,2370	0,2371	0,2373	0,2373	0,2373	0,2373	0,2373	0,2373	0,2373		
12	0,9996	1,0105	1,0103	1,0105	1,0105	1,0105	1,0105	1,0105	1,0105	1,0105	1,0105		
13	0,4507	0,4747	0,4752	0,4759	0,4759	0,4759	0,4759	0,4759	0,4759	0,4759	0,4759		
14	1,0755	1,0710	1,0707	1,0705	1,0705	1,0704	1,0704	1,0704	1,0704	1,0704	1,0704		
15	3,8863	3,9133	3,9140	3,9141	3,9141	3,9141	3,9141	3,9141	3,9141	3,9141	3,9141		
16													
17	0,6160575	0,6120091	0,6117562	0,6116383	0,6116299	0,6116262	0,6116259	0,6116258	0,6116258	0,6116258	0,6116258	0,8602860	0,7400921
18	0,1158361	0,1174595	0,1198038	0,1198563	0,1199306	0,1199323	0,1199347	0,1199348	0,1199348	0,1199348	0,1199348	0,1688951	0,0284580
19	0,5070775	0,5108202	0,5106790	0,5107899	0,5107855	0,5107890	0,5107889	0,5107890	0,5107890	0,5107890	0,5107890	0,7184534	0,5161753
20	0,2286222	0,2399614	0,2401846	0,2405455	0,2405527	0,2405642	0,2405644	0,2405648	0,2405648	0,2405648	0,2405648	0,3383679	0,1144928
21	0,5455818	0,5414142	0,5412206	0,5410772	0,5410712	0,5410666	0,5410664	0,5410663	0,5410663	0,5410663	0,5410663	0,7610401	0,5791821
22													
23													
24													

Sheet1　Sheet2　Sheet3　Sheet4　Sheet5　Sheet6　⊕

[순서 6] 새로운 행렬에 대한 고유치·고유벡터를 구한다(4단계).

(1) 위에서 구한 $a_1{}^2$, $a_2{}^2$, $a_3{}^2$, $a_4{}^2$, $a_5{}^2$ 값을 다시 상관행렬의 대각요소에 대입한다. 그러면 계산이 자동적으로 실행된다.

	A	B	C	D	E	F	G	H	I	J	K
1			X1	X2	X3	X4	X5				
2		X1	0,74009	0,05048	0,62888	0,26524	0,68574		1		
3		X2	0,05048	0,02846	0,22041	0,35524	0,00876		0		
4		X3	0,62888	0,22041	0,51618	0,18307	0,50859		0		
5		X4	0,26524	0,35524	0,18307	0,11449	0,27197		0		
6		X5	0,68574	0,00876	0,50859	0,27197	0,57918		0		
7											
8											
9											
10	0,7401	1,2192	1,2152	1,2148	1,2146	1,2146	1,2146	1,2146	1,2146	1,2146	1,2146
11	0,0505	0,2277	0,2313	0,2361	0,2361	0,2363	0,2363	0,2363	0,2363	0,2363	0,2363
12	0,6289	0,9830	0,9942	0,9939	0,9941	0,9941	0,9941	0,9941	0,9941	0,9941	0,9941
13	0,2652	0,4480	0,4721	0,4725	0,4732	0,4732	0,4732	0,4732	0,4732	0,4732	0,4732
14	0,6857	1,0639	1,0598	1,0597	1,0594	1,0594	1,0594	1,0594	1,0594	1,0594	1,0594
15	1,4864	3,8373	3,8647	3,8654	3,8654	3,8654	3,8654	3,8654	3,8654	3,8654	3,8654
16											
17	0,6070470	0,6223743	0,6181391	0,6179010	0,6177811	0,6177738	0,6177700	0,6177698	0,6177697	0,6177697	0,6177697
18	0,0414022	0,1162529	0,1176792	0,1200652	0,1200942	0,1201709	0,1201713	0,1201738	0,1201738	0,1201739	0,1201739
19	0,5158282	0,5018343	0,5057089	0,5055067	0,5056239	0,5056167	0,5056206	0,5056203	0,5056204	0,5056204	0,5056204
20	0,2175580	0,2287201	0,2401729	0,2403065	0,2406767	0,2406783	0,2406902	0,2406902	0,2406905	0,2406905	0,2406906
21	0,5624674	0,5431252	0,5391022	0,5389791	0,5388349	0,5388322	0,5388275	0,5388275	0,5388273	0,5388273	0,5388273
22											
23											
24											

Sheet1　Sheet2　Sheet3　Sheet4　Sheet5　Sheet6　⊕

(2) 앞에서 계산했던 M열에 새로운 행렬의 a_1, a_2, a_3, a_4, a_5가 출력된다.

(3) 같은 방법으로 N열에 $a_1{}^2$, $a_2{}^2$, $a_3{}^2$, $a_4{}^2$, $a_5{}^2$이 출력된다.

M17		f_x	{=L17:L21*L15^(1/4)}						
	H	I	J	K	L	M	N	O	P	Q
1									
2		1							
3		0							
4		0							
5		0							
6		0							
7									
8									
9									
10	1.2146	1.2146	1.2146	1.2146	1.2146				
11	0.2363	0.2363	0.2363	0.2363	0.2363				
12	0.9941	0.9941	0.9941	0.9941	0.9941				
13	0.4732	0.4732	0.4732	0.4732	0.4732				
14	1.0594	1.0594	1.0594	1.0594	1.0594				
15	3.8654	3.8654	3.8654	3.8654	3.8654				
16									
17	0.6177698	0.6177697	0.6177697	0.6177697	0.6177697	0.8662168	0.75033		
18	0.1201738	0.1201738	0.1201739	0.1201739	0.1201739	0.1685039	0.02839		
19	0.5056203	0.5056204	0.5056204	0.5056204	0.5056204	0.7089647	0.50263		
20	0.2406902	0.2406905	0.2406905	0.2406906	0.2406906	0.3374886	0.11390		
21	0.5388275	0.5388273	0.5388273	0.5388273	0.5388273	0.7555264	0.57082		
22									
23									

지금까지 구한 a_1, a_2, a_3, a_4, a_5를 비교해 보자.

$$a_1 = 0.8673740 \quad a_1 = 0.8557752 \quad a_1 = 0.8602860 \quad a_1 = 0.8662168$$

$$a_2 = 0.2904383 \quad a_2 = 0.1738300 \quad a_2 = 0.1686951 \quad a_2 = 0.1685039$$

$$a_3 = 0.7998818 \Rightarrow a_3 = 0.7407147 \Rightarrow a_3 = 0.7184534 \Rightarrow a_3 = 0.7089647$$

$$a_4 = 0.5025148 \quad a_4 = 0.3556813 \quad a_4 = 0.3383679 \quad a_4 = 0.3374886$$

$$a_5 = 0.8169730 \quad a_5 = 0.7747489 \quad a_5 = 0.7610401 \quad a_5 = 0.7555264$$

점차로 수치가 비슷해져 가는 것을 알 수 있다.

이것을 몇 번이고 반복하면 a_1, a_2, a_3, a_4, a_5의 값은 거의 일정한 값에 근접해 간다. 그러면 그 값이 구하는 요인부하량 a_1, a_2, a_3, a_4, a_5인 것이다.

그러면 이 요인부하량은 무엇을 의미하고 있을까?

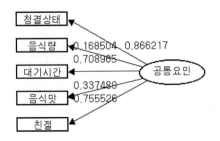

요인부하량을 보면 청결상태, 대기시간, 친절에는 0.5 이상의 높은 값이 작용하고 있고 음식량과 음식맛에는 낮은 값이 작용하고 있다. 그러므로 제1요인은 구내식당의 '환경요인'이라고 표현할 수 있을 것이다.

통상의 다변량분석을 위해서는 통계분석용 소프트웨어인 SPSS나 SAS를 사용하는 것이 편리하다. 위의 예에서는 제1요인밖에 구하고 있지 않지만, 제2요인 정도까지 구함으로써 더 의미 있는 결과를 얻을 수 있을지 모른다. 뿐만 아니라 요인분석에서는 요인을 회전시킴으로써 요인구분이 더 명료해진다. 그러나 Excel에서는 이러한 작업이 거의 불가능하다.[1]

---

1) 노형진, 『SPSS에 의한 다변량 데이터의 통계분석』, (도서출판 효산, 2007), pp. 441~480.

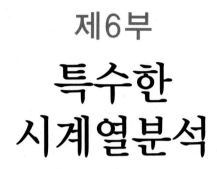

제6부

특수한
시계열분석

제19장

최근린법

제1절 최근린법의 기초지식

데이터 마이닝에 있어서 자주 쓰이는 기법으로서 뉴럴 네트, 카오스 이론 등이 있다. 본 장에서는 그 중에서도 최근에 주목을 받고 있는 카오스 이론(chaos theory) 중의 최근린법(最近隣法, nearest-neighbor method)을 이용한 시계열 예측에 대해서 설명한다.

카오스 이론이란 결정론적인 미분방정식에서 확률적인 현상이 일어나는 짜임을 연구하는 수학의 한 분야인데, 「규칙성이 없이 무질서하게 보이는 것이, 실은 대단히 질서정연한 것이다」 라고 하는 사고방식에 기초한 이론이다. 최근린법은 언뜻 보기에는 규칙성이 보이지 않는 데이터로부터 어떠한 규칙성을 조사하는 데에 대단히 유효한 방법 중의 하나이다.

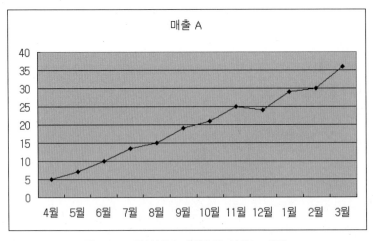

그림 19-1 질서(상승 경향)가 보이는 상태

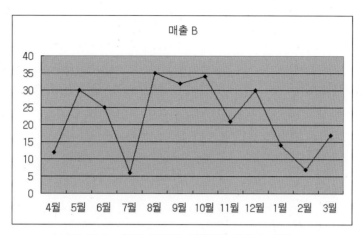

그림 19-2 언뜻 보기에 무질서한 카오스 상태

    <그림 19-1>, <그림 19-2>는 월 매출 데이터를 꺾은선 그래프로 나타낸 것이다. <그림 19-1>의 데이터는 질서(상승 경향)가 보인다. 다음 달의 매출액을 예측하려면, 1차식($y=a+bx$)을 이용하면 아마 예측값은 그다지 빗나가는 일은 없을 것이다. 이에 비해서 <그림 19-2>는 카오스 상태에 있어서 1차식으로 나타내는 것은 무리이다. 이와 같이 언뜻 보기에 규칙성이 보이지 않는 데이터에서는 최근린법으로 예측을 시도해 보면 유효하다.

제2절 최근린법에 의한 예측

1. 데이터의 준비

    여기에서는 경기여행사에서 공표하고 있는 1세대당 연간여행소비액의 추이에 대해서, 2010년부터 2014년까지의 데이터를 이용하여 2015년의 예측값을 산출해 본다.

표 19-1 1세대당 연간여행소비액표(1)

시점 t	연도	y_t : 1세대당 연간여행소비액(원)
1	2010년	587,040
2	2011년	541,200
3	2012년	501,600
4	2013년	466,320
5	2014년	510,000

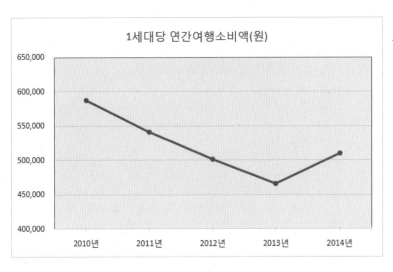

1세대당 연간여행소비액(원)

그림 19-3   1세대당 연간여행소비액

2. 최근린법에 의한 예측값의 산출

그렇다면 연간여행소비액에 대한 2015년의 값을 최근린법을 이용해서 예측해 보자. 최근린법에서는 예측하고자 하는 값과 연속하는 그 전의 두 개 값과의 관계에 가장 가까운 과거의 데이터를 참조해서 예측값을 산출해 간다. 또한 가장 가까운 데이터를 여러 개 들어서 그것들을 가까운 것부터 가중치를 매겨 예측값의 정밀도를 높여 간다. 구체적인 절차는 다음과 같다.

(1) 시점 t에 대한 u_t로서 데이터를 준비한다(<표 19-1> 참조).
(2) 1시점 전의 데이터 y_{t-1}과 2시점 전의 데이터 y_{t-2}의 조를 $t = 3$ 이상의 행에 만든다(<표 19-2> 참조).

표 19-2   1세대당 연간여행소비액표(2)

시점 t	연도	y_t : 1세대당 연간여행소비액(원)	y_{t-2}	y_{t-1}
1	2010년	587,040		
2	2011년	541,200		
3	2012년	501,600	587,040	541,200
4	2013년	466,320	541,200	501,600
5	2014년	510,000	501,600	466,320
6	2015년		466,320	510,000

(3) 먼저 최근의 $t = 6$(2015년)의 $\{y_4, y_5\}$로부터 $t = 3, 4, 5$ 각각의 $\{y_{t-2},\, y_{t-1}\}$까지의 거리를 구한다(<표 19-3> 참조).

거리는 $t = 6$과 비교할 각각의 요소의 차에 대한 제곱의 합계에 대한 제곱근이 된다. 따라서 $t = 3$의 거리는,

$$(466{,}320 - 587{,}040)^2 + (510{,}000 - 541{,}200)^2 = 15{,}546{,}758{,}400$$

으로부터 제곱근을 취해서 **124,686.64**가 된다.

마찬가지로 $t = 4$의 $\{y_2, y_3\}$, $t = 5$의 $\{y_3, y_4\}$의 거리를 구한다.

$t = 4$의 거리는,

$$(466{,}320 - 541{,}200)^2 + (510{,}000 - 501{,}600)^2 = 5{,}677{,}574{,}400$$

으로부터 제곱근을 취하여 **75,349.68**이 된다.

$t = 5$의 거리는,

$$(466{,}320 - 501{,}600)^2 + (510{,}000 - 466{,}320)^2 = 3{,}152{,}620{,}800$$

으로부터 제곱근을 취하여 **56,148.20**이 된다.

표 19-3 **최근린법에 의한 예측절차(1)**

시점 t	연도	y_t : 1세대당 연간여행소비액(원)	y_{t-2}	y_{t-1}	거리의 제곱	거리
1	2010년	587,040				
2	2011년	541,200				
3	2012년	501,600	587,040	541,200	15,546,758,400	124,686,64
4	2013년	466,320	541,200	501,600	5,677,574,400	75,349,68
5	2014년	510,000	501,600	466,320	3,152,620,800	56,148,20
6	2015년		466,320	510,000	–	–

(4) <그림 19-4>는 $t = 3, 4, 5, 6$ 시점의 위치를, 세로축에 y_{t-1}, 가로축에 y_{t-2}로 해서 플롯한 그래프이다. 거리의 막대그래프를 그려서(<그림 19-5> 참조), 거리의 크기를 확인한다. $t = 5, 4, 3$의 순으로 작다(거리가 가깝다)는 것을 알 수 있다.

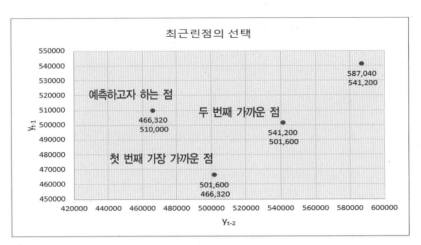

그림 19-4 최근린점의 선택

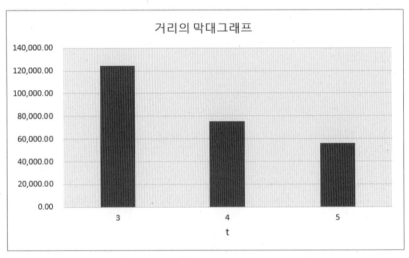

그림 19-5 거리의 막대그래프

(5) <그림 19-5>의 그래프에서 거리가 작았던 2항목을 선택하여, 거리의 역수(逆數)를 구한다(<표 19-4> 참조). 여기에서 왜 2항목을 선택했는가는 다음 절에서 설명하기로 한다.

$$t=4의\ 거리에\ 대한\ 역수는\ \frac{1}{75,349.68}=0.0000133$$

$$t=5의\ 거리에\ 대한\ 역수는\ \frac{1}{56,148.20}=0.0000178$$

이 된다.

표 19-4 최근린법에 의한 예측절차(2)

시점 t	연도	y_t : 1세대당 연간여행소비액(원)	y_{t-2}	y_{t-1}	거리의 제곱	거리	거리의 역수
1	2010년	587,040					
2	2011년	541,200					
3	2012년	501,600	587,040	541,200	15,546,758,400	124,686.64	
4	2013년	466,320	541,200	501,600	5,677,574,400	75,349.68	0.0000133
5	2014년	510,000	501,600	466,320	3,152,620,800	56,148.20	0.0000178
6	2015년		466,320	510,000	-	-	

(6) 그래프에서 거리가 작았던 2항목에 대한 가중치 ω_1, ω_2를 거리의 역수를 분배해서 구한다(<표 19-5> 참조).

$$\omega_1 = \frac{0.0000133}{0.0000133 + 0.0000178} = 0.426989$$

$$\omega_2 = \frac{0.0000178}{0.0000133 + 0.0000178} = 0.573011$$

$$\omega_1 + \omega_2 = 1$$

즉, 현시점에 가장 가까운 점일수록 커지도록 2항목의 가중치를 부여한다.

표 19-5 최근린법에 의한 예측절차(3)

시점 t	연도	y_t : 1세대당 연간여행소비액(원)	y_{t-2}	y_{t-1}	거리의 제곱	거리	거리의 역수	가중치
1	2010년	587,040						
2	2011년	541,200						
3	2012년	501,600	587,040	541,200	15,546,758,400	124,686.64		
4	2013년	466,320	541,200	501,600	5,677,574,400	75,349.68	0.0000133	0.426989
5	2014년	510,000	501,600	466,320	3,152,620,800	56,148.20	0.0000178	0.573011
6	2015년		466,320	510,000	-	-		1.000000

(7) 2015년의 예측값은 선택한 항목의 「실제의 데이터(y_t)×가중치」의 합으로 구해진다.

$t = 6$의 예측값은,

($t = 4$의 데이터 × ω_1) + ($t = 5$의 데이터 × ω_2)

$= 466,320 \times 0.426989 + 510,000 \times 0.573011 = 491,349.10$

이 된다(<표 19-6> 참조).

표 19-6 최근린법의 계산 시트 완성

시점 t	연도	y_t : 1세대당 연간여행소비액(원)	y_{t-2}	y_{t-1}	거리의 제곱	거리	거리의 역수	가중치	가중치 데이터
1	2010년	587,040							
2	2011년	541,200							
3	2012년	501,600	587,040	541,200	15,546,758,400	124,686.64			
4	2013년	466,320	541,200	501,600	5,677,574,400	75,349.68	0.0000133	0.426989	199,113.70
5	2014년	510,000	501,600	466,320	3,152,620,800	56,148.20	0.0000178	0.573011	292,235.40
6	2015년		466,320	510,000	-	-		1.000000	491,349.10

실제로 2015년의 1세대당 연간여행소비액은 489,480원이었다. 예측값과의 상대오차 (%)를 구하면,

$$\frac{491,349.10 - 489,480}{489,480} \times 100 = 0.382(\%)$$

가 되어 예측 정밀도가 높다는 것을 알 수 있다.

제3절 예측 산출을 위한 황금분할비의 채택

19.2절의 예에서는 거리가 가까운 두 개의 점($t = 4, 5$)에 대해서 가중치를 부여했다. 왜 두 개의 점일까, 세 개의 점이라도 좋지 않을까 하고 의문을 가질지도 모른다. 예측값으로 선택하는 항목을 판단하는 일단의 기준으로서, 가장 작은 값의 황금분할비[2](1.62) 이내의 것을 채택하고 있다.

앞의 예에서는 거리의 최소값 56,148.20×황금분할비 1.62=90,960.08이 되어 거리가 90,960보다 작은 $t = 4, 5$를 선택했다.

[예제 19-1]

<표 19-7>은 여행업 주요 50개사의 연별취급액의 추이다. 이 데이터로부터 최근린법을 이용해서 2015년의 취급액을 예측해 보자. 취급액을 꺾은선그래프로 그리면 <그

---

2) 황금분할비율이란 하나의 선분을 두 부분으로 나눌 때, 전체에 대한 큰 부분의 비와 큰 부분에 대한 작은 부분의 비가 같게 되는 분할 방식을 말한다. '대'와 '소'의 비는 약 1.62 대 1로 고대 그리스 이래 가장 조화적이고 아름다운 비율로 알려져 왔다.

림 19-6>과 같이 된다.

표 19-7   여행업 주요 50개사의 취급액(억원)

년	취급액(억원)
2002	50,028
2003	52,560
2004	54,387
2005	57,281
2006	58,515
2007	62,481
2008	63,639
2009	60,163
2010	58,439
2011	59,613
2012	56,476
2013	56,077
2014	51,373

	실제의 값
2015	57,375

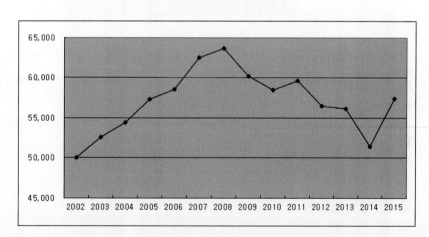

그림 19-6   여행업 주요 50개사의 취급액(억원) 추이

<표 19-7>의 최근린법 계산 시트를 작성하면, <표 19-8>과 같이 된다. 거리 dt를 그래프로 그리면 <그림 19-7>과 같이 된다.

거리의 최소값은 $t = 4$의 4,632이다. 여기에 황금분할비(1.62)를 곱하면, 7,504가 된다. 거리가 이 7,504 이하의 것은 $t = 3, 4, 5, 6, 12, 13$의 6개이므로, 이것들에 가중치를 부여하여 예측값을 산출한다. 이렇게 해서 나온 예측값은 56,333.99억원이 되어 실제의 취급액과의 오차는 −1.81%가 된다.

표 19-8 여행업 주요 50개사 취급액의 최근린 계산 시트

t	년	y_t	y_{t-2}	y_{t-1}	거리 dt의 제곱	거리 dt	역수 1/dt	가중치 계산	가중치	가중치 데이터
1	2002	50,028	–	–					–	
2	2003	52,560	–	–						
3	2004	54,387	50,028	52,560	37,999,370	6,164	0.0001622	0.0001622	0.15423014	8,388.11
4	2005	57,281	52,560	54,387	21,453,485	4,632	0.0002159	0.0002159	0.20526199	11,757.61
5	2006	58,515	54,387	57,281	37,760,564	6,145	0.0001627	0.0001627	0.15471706	9,053.27
6	2007	62,481	57,281	58,515	52,457,780	7,243	0.0001381	0.0001381	0.13126607	8,201.64
7	2008	63,639	58,515	62,481	129,331,508	11,372	0.0000879	0.0000000	0.0000000	–
8	2009	60,163	62,481	63,639	191,465,972	13,837	0.0000723	0.0000000	0.0000000	–
9	2010	58,439	63,639	60,163	134,447,944	11,595	0.0000862	0.0000000	0.0000000	–
10	2011	59,613	60,163	58,439	66,623,752	8,162	0.0001225	0.0000000	0.0000000	–
11	2012	56,476	58,439	59,613	73,476,644	8,572	0.0001167	0.0000000	0.0000000	–
12	2013	56,077	59,613	56,476	38,543,905	6,208	0.0001611	0.0001611	0.15313681	8,587.45
13	2014	51,373	56,476	56,077	22,286,817	4,721	0.0002118	0.0002118	0.20138793	10,345.90
14	2015		56,077	51,373		–	–			–
								합계	1.0000000	

	예측값	56,333.99

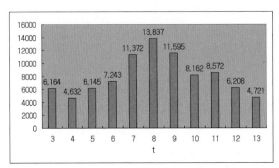

그림 19-7 거리의 그래프

Excel에 의한 계산결과와 각 셀의 입력내용은 아래와 같다.

거리의 최소값•황금분할비(1.62)	7,504

예측값	56,333.99
상대오차	-1.81

[셀의 입력내용]

G5 ; =($D$14−E5)^2+($D$15−F5)^2   (G5를 G15까지 복사한다)

H5 ; =SQRT(G5)   (H5를 H15까지 복사한다)

H20; =H6*1.62

I5 ; =1/H5   (I5를 I15까지 복사한다)

J5 ; =I5

     (J5를 J8까지 그리고 J14~J15만 복사하고, 나머지 셀은 0.00으로 채운다)

K5 ; =J5/($J$5+$J$6+$J$7+$J$8+$J$14+$J$15) (K5를 K15까지 복사한다)

K17; =SUM(K5:K16)

L5 ; =D5*K5   (L5를 L15까지 복사한다)

L19; =SUM(L5:L15)

L20; =(L19−57375)*100/57375

제 1 절 회색이론의 기초지식

회색이론(灰色理論, gray model)이란 중국의 등취룡(鄧聚龍) 교수가 제창한 기법이다. 명백히 되어 있는 것을 '백색', 완전히 불분명한 것을 '흑색'이라고 부르고, 애매한 상태를 '회색'이라고 부른다. 예를 들면, 인체에 대한 외관의 정보, 신장, 체중 등은 기지의 사실로 '백색'이지만, 인체의 정보 네트워크, 인체의 효능 구성 등은 부분적으로 미지이므로 '회색'이라고 할 수 있다. 정보를 완전히 알고 있는 '백색'과 정보를 완전히 모르는 '흑색'을 함께 갖고 있는 회색이론에서의 예측은 '회색' 상태라고 보고 있다.

그래서 회색이론에 의한 예측에는 다음의 다섯 가지가 있다.

(1) 수열예측

일련의 값(시계열 데이터)에 대한 대소의 크기 변화를 예측하는 것을 말한다.
(2) 재해예측

재해를 일으킬 것 같은 한계값을 초월하는 이상값이 언제 또 나타날지를 예측하는 것을 말한다.
(3) 계절재해예측

일반적으로 1년의 어떤 특정 시기밖에 발생하지 않는 재해변화의 출현을 예측하는 것을 말한다.
(4) 위상예측

어떤 일정기간의 시계열 데이터의 파형(波形)이 다음에 어떻게 변화해 갈 것인지를 예측하는 것을 말한다.

(5) 시스템 종합예측

요인이 되는 각 요소의 동태관계를 찾아내어 시스템 전체의 변화를 이해하고 예측하는 것을 말한다.

시계열 데이터의 예측은 회색예측 중의 수열예측을 가리킨다. 또한 회색이론에서의 예측의 특징으로서 적은 데이터라도 예측이 가능하기 때문에, 결손값 또는 결측값이 많은 경우나 과거의 축적 데이터가 적은 경우, 데이터가 적어 규칙을 발견하기 어려운 경우 등에 유용하다.

회색이론의 예측 모형은 일계(一階)의 미분방정식 모형으로 다음과 같이 표현된다.

$$\frac{dx}{dt} + ax = u$$

변수의 변화율 dx/dt와 변수 x, 그것에 제어량 u의 선형결합을 나타내고 있다.

이 일계의 미분방정식은,

$$x(t+1) = \left(x(1) - \frac{u}{a}\right)e^{-at} + \frac{u}{a}$$
$$= Pe^{Qt} + R$$
$$P = x(1) - \frac{u}{a}$$
$$Q = -a$$
$$R = \frac{u}{a}$$

로 표현된다.

단, x는 시계열의 행렬을 가리킨다.

Excel에 의해 모수 a와 u를 구하고, 이 모형식에 의해 예측값을 구해가는 기법을 다음 절에서 설명한다.

제 2 절 Excel에 의한 실제 데이터의 예측

회색이론을 이용한 예측에서는 실제로 행렬의 계산이나 미분방정식 등을 풀어갈 필요가 있다. 그러나 이 책에서는 그와 같은 수학의 지식이 없더라도 Excel로 간단히 예측을 실현할 수 있도록 해설한다.

[예제 20-1]

<표 20-1>, <그림 20-1>은 신상품 A의 발매개시부터 6개월간의 판매점수를 시계열로 나타낸 것이다. 이 데이터로부터 7개월째의 판매점수를 예측해 보자.

표 20-1 신상품 A의 판매점수

t	경과	판매점수
1	1개월	11,104
2	2개월	9,739
3	3개월	10,379
4	4개월	10,127
5	5개월	9,583
6	6개월	9,387

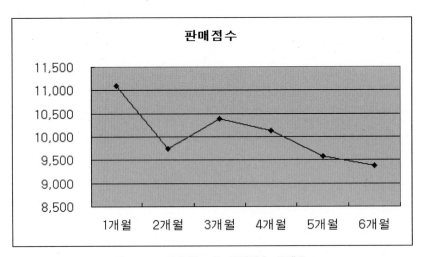

그림 20-1 신상품 A의 판매점수 그래프

▶ Excel에 의한 계산

(1) 먼저 판매점수의 데이터로부터 누적값을 구한다. 예를 들면, $t = 2$ 시점에서의 누적 데이터는 $t = 1$ 시점과 $t = 2$ 시점의 합계,

$$11,104 + 9,739 = 20,843$$

이 된다.

E3	▼	:	✕ ✓ ƒx	=SUM($D$3:D3)				
	A	B	C	D	E	F	G	H	I

	t	경과	판매점수	누적 데이터
1	1	1개월	11,104	11,104
2	2	2개월	9,739	20,843
3	3	3개월	10,379	31,222
4	4	4개월	10,127	41,349
5	5	5개월	9,583	50,932
6	6	6개월	9,387	60,319

[셀의 입력내용]

　　E3 ; =SUM($D$3:D3)　　　　　　　(E3을 E8까지 복사한다)

(2) 이것으로부터 회색이론의 예측에 있어서 필요한 모수(parameter)를 계산한다. 먼저 행렬 B를 계산한다. 행렬 B는 이하의 식으로 표현되며, 서로 이웃하는 누적 데이터의 평균에 -1을 곱한 것과 1로 성립한다.

시점 t에서의 누적 데이터를 y_t라고 하면,

$$B = \begin{bmatrix} -\dfrac{y_1+y_2}{2} & 1 \\ -\dfrac{y_2+y_3}{2} & 1 \\ -\dfrac{y_3+y_4}{2} & 1 \\ -\dfrac{y_4+y_5}{2} & 1 \\ -\dfrac{y_5+y_6}{2} & 1 \end{bmatrix} = \begin{bmatrix} -15,974 & 1 \\ -26,033 & 1 \\ -36,286 & 1 \\ -46,141 & 1 \\ -55,626 & 1 \end{bmatrix}$$

이 된다.

이것을 Excel로 표현하면 다음과 같다.

	A	B	C	D	E	F	G	H	I	J	K	L
2			t	경과	판매점수	누적 데이터						
3			1	1개월	11,104	11,104						
4			2	2개월	9,739	20,843						
5			3	3개월	10,379	31,222						
6			4	4개월	10,127	41,349						
7			5	5개월	9,583	50,932						
8			6	6개월	9,387	60,319						
12	행렬 B	=	− 15,974	1								
13			− 26,033	1								
14			− 36,286	1								
15			− 46,141	1								
16			− 55,626	1								

H ◀ ▶ H \ Sheet1 \ Sheet2 / Sheet3 /

[셀의 입력내용]

    C12 ; = −(E3+E4)/2   (C12을 C16까지 복사한다)

(3) 다음에 B의 전치행렬 B'를 구한다. 전치행렬(轉置行列)은 행렬의 세로축과 가로 축을 바꾸어 넣기만 하면 된다. 이것을 Excel로 계산하면 다음과 같이 된다.

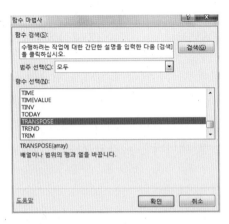

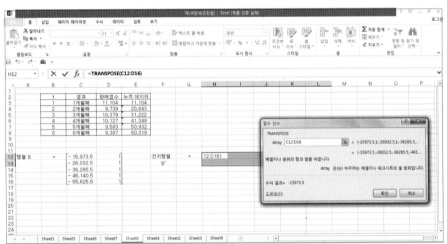

    TRANSPOSE 함수는 결과의 배열과 같은 크기의 셀 범위에 배열 형식으로 입력한다. 배열 형식으로 식을 입력하려면 입력하고 싶은 셀 범위를 선택하고 나서 식을 입력한 다음에 Ctrl + Shift + Enter↵ 키를 동시에 누른다.

    본 예제에서는 입력할 셀의 범위 H12:L13을 지정하고 함수마법사에 있는 찾기/참조 영역의 TRANSPOSE 함수를 불러내어 행렬 B의 범위를 입력해 넣은 다음, Ctrl + Shift + Enter↵ 키를 동시에 누른다. 출력결과는 다음과 같다.

	A	B	C	D	E	F	G	H	I	J	K	L	M
1													
2		t	경과	판매점수	누적 데이터								
3		1	1개월	11,104	11,104								
4		2	2개월	9,739	20,843								
5		3	3개월	10,379	31,222								
6		4	4개월	10,127	41,349								
7		5	5개월	9,583	50,932								
8		6	6개월	9,387	60,319								
9													
10													
11													
12	행렬 B	=	- 15,974	1		전치행렬	=	-15974	-26033	-36286	-46141	-55626	
13			- 26,033	1		B^t		1	1	1	1	1	
14			- 36,286	1									
15			- 46,141	1									
16			- 55,626	1									
17													

| Sheet1 \ Sheet2 \ Sheet3 |

(4) 다음에 행렬 Y를 구한다. 행렬 Y는 $t=1$ 시점을 제외하고 $t=2$부터 $t=6$까지의 판매점수가 대입된다. 그 결과는 다음과 같다.

	A	B	C	D	E	F	G	H	I	J	K	L	M
1													
2		t	경과	판매점수	누적 데이터								
3		1	1개월	11,104	11,104								
4		2	2개월	9,739	20,843								
5		3	3개월	10,379	31,222								
6		4	4개월	10,127	41,349								
7		5	5개월	9,583	50,932								
8		6	6개월	9,387	60,319								
9													
10													
11													
12	행렬 B	=	- 15,974	1		전치행렬	=	-15974	-26033	-36286	-46141	-55626	
13			- 26,033	1		B^t		1	1	1	1	1	
14			- 36,286	1									
15			- 46,141	1									
16			- 55,626	1									
17													
18													
19	행렬 Y	=	9,739										
20			10,379										
21			10,127										
22			9,583										
23			9,387										

| Sheet1 \ Sheet2 \ Sheet3 |

(5) 다음에 행렬 A를 구한다. 행렬 A는 다음의 식으로 표현되며 모수 u와 a가 얻어진다.

$$A = (B^t B)^{-1} B^t Y = \begin{bmatrix} a \\ u \end{bmatrix}$$

(5-1) $(B^t B)$를 구한다.

$$(B^t B) = \begin{bmatrix} -15,974 & -26,033 & -36,286 & -46,141 & -55,626 \\ 1 & 1 & 1 & 1 & 1 \end{bmatrix} \times \begin{bmatrix} -15,974 & 1 \\ -26,033 & 1 \\ -36,286 & 1 \\ -46,141 & 1 \\ -55,626 & 1 \end{bmatrix}$$

$$= \begin{bmatrix} 15,974^2 + 26,033^2 + 36,286^2 + 46,141^2 + 55,626^2 & -180,058 \\ -180,058 & 1+1+1+1+1 \end{bmatrix}$$

Excel에서의 계산은 다음과 같다.

	E28		▼	f_x	=SUMSQ(H12:L12)							
	A	B	C	D	E	F	G	H	I	J	K	L
9												
10												
11												
12	행렬 B	=	-15,973.5	1		전치행렬	=	-15973.5	-26032.5	-36285.5	-46140.5	-55625.5
13			-26,032.5	1		B^t		1	1	1	1	1
14			-36,285.5	1								
15			-46,140.5	1								
16			-55,625.5	1								
17												
18												
19	행렬 Y	=	9,739									
20			10,379									
21			10,127									
22			9,583									
23			9,387		14945246519							
24												
25												
26	행렬 A	=	(B^{t}B)$^{-1}$ B^t Y									
27												
28			(B^{t}B)	=	7,472,623,259	-180,058	=	7,472,623,259	-180,058			
29					-180,058	5		-180,058	5			
30												
31												
32												
33												
34												
35												
36												
37												

Ⅰ◀ ▶ ▶Ⅰ \ Sheet1 \ Sheet2 \ Sheet3 /

　　[셀의 입력내용]

　　　　E28; =SUMSQ(H12:L12)

　　　　E29; =SUM(C12:C16)　　　　　　　　F28; =SUM(H12:L12)

　　행렬의 곱은 MMULT 함수를 이용해서 간단히 구할 수도 있다.

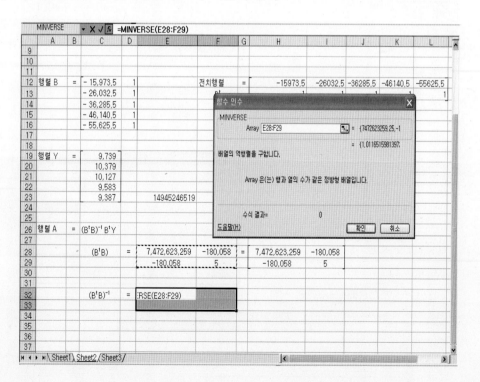

(5-2) 행렬 $(B^t B)$의 역행렬 $(B^t B)^{-1}$을 구한다.

역행렬은 MINVERSE 함수를 이용해서 간단히 구할 수 있다. 배열복사에 의해서 계산이 이루어지기 때문에 입력할 셀의 범위를 미리 지정하고 MINVERSE 대화상자에서 원래의 행렬의 범위를 입력한 다음에 Ctrl + Shift + Enter↵ 키를 동시에 누른다. 출력결과는 다음과 같다.

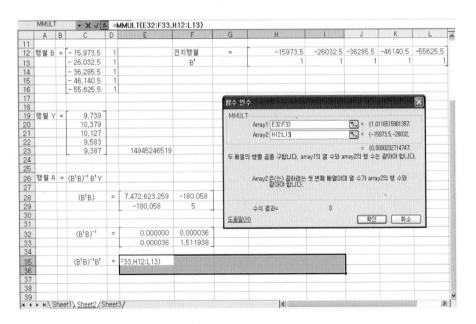

(5-3) 이번에는 행렬 $(B^tB)^{-1}B^t$ 를 구한다. Excel에서의 계산은 다음과 같다.

행렬의 곱은 MMULT 함수를 이용해서 간단히 구할 수도 있다. 배열복사에 의해서 계산이 이루어지기 때문에 입력할 셀의 범위를 미리 지정하고 MMULT 대화상자에서 원래의 행렬의 범위를 입력한 다음에 Ctrl + Shift + Enter↵ 키를 동시에 누른다. 출력 결과는 다음과 같다.

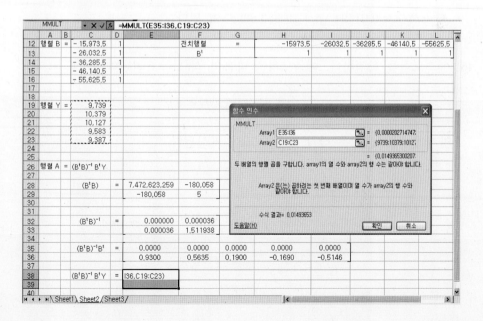

(5-4) (5-3)의 결과에 행렬 Y를 곱해서 행렬 A를 계산한다.

Excel에서의 계산은 다음과 같다.

| | E38 | | ▼ | | ƒ | {=MMULT(E35:I36,C19:C23)} | | | | | | | |

	A	B	C	D	E	F	G	H	I	J	K	L
13			− 26,032.5	1		Bᵗ			1	1	1	1	1
14			− 36,285.5	1									
15			− 46,140.5	1									
16			− 55,625.5	1									
17													
18													
19	행렬 Y	=	9,739										
20			10,379										
21			10,127										
22			9,583										
23			9,387										
24													
25													
26	행렬 A	=	(BᵗB)⁻¹BᵗY										
27													
28			(BᵗB)	=	7,472,623,259	−180,058		=	7,472,623,259	−180,058			
29					−180,058	5			−180,058	5			
30													
31													
32			(BᵗB)⁻¹	=	0.000000	0.000036							
33					0.000036	1.511938							
34													
35			(BᵗB)⁻¹Bᵗ	=	0.0000	0.0000	0.0000	0.0000	0.0000			
36					0.9300	0.5635	0.1900	−0.1690	−0.5146			
37													
38			(BᵗB)⁻¹BᵗY		0.01494							
39					10380.88685							
40													
41													

행렬 A에서 구한 행렬의 상단이 모수 a, 하단이 못 u가 된다.

$$A = (B^tB)^{-1}B^tY = \begin{bmatrix} 0.01494 \\ 10,380.88685 \end{bmatrix} = \begin{bmatrix} a \\ u \end{bmatrix}$$

따라서 $a = 0.01494$, $u = 10,380.88685$이 된다.

(6) 예측모형을 확정한다. 예측모형은 다음의 식으로 표현된다.

$$\text{예측값 } (t+1) = Pe^{Qt} + R$$

여기에서 P, Q, R은 각각 다음과 같이 계산된다.

$$P = y_1 - \frac{u}{a}$$

$$= 11,104 - \frac{10,380.88685}{0.01494} = -683,895.9$$

$$Q = -a = -0.01494$$

$$R = \frac{u}{a} = 694,999.9$$

이것을 Excel에 의해서 계산하면 다음과 같다.

	E43		▼	fx	=E3-E39/E38							
	A	B	C	D	E	F	G	H	I	J	K	L
24												
25												
26	행렬 A	=	(B'B)⁻¹ B'Y									
27												
28			(B'B)	=	7,472,623,259	−180,058	=	7,472,623,259	−180,058			
29					−180,058	5		−180,058	5			
30												
31												
32			(B'B)⁻¹	=	0.000000	0.000036						
33					0.000036	1.511938						
34												
35			(B'B)⁻¹B'…	=	0.0000	0.0000	0.0000	0.0000	0.0000			
36					0.9300	0.5635	0.1900	−0.1690	−0.5146			
37												
38			(B'B)⁻¹B'Y	=	0.01494							
39					10380.88685							
40												
41			예측모형 (t+1)=P·e^Qt + R									
42												
43			P	=	− 683,895.899							
44			Q	=	−0.01494							
45			R	=	694999.90							
46												
47												
48												
49												
50												
51												

[셀의 입력내용]

E43; =E3−E39/E38

E44; =−E38

E45; =E39/E38

(7) 예측모형을 사용해서 누적예측값을 계산한다. 예측모형으로부터 Excel에서의
수식은,

$$P * \text{EXP}(Q * 1\text{시점 전의 } t) + R$$

이 된다.

다음과 같이 $t = 2$로부터 $t = 7$ 시점에서의 누적예측값을 구한다.

	F4		▼	fx	=$E$43*EXP($E$44*B3)+$E$45				
	A	B	C	D	E	F	G	H	I
1									
2		t	경과	판매접수	누적 데이터	누적예측값			
3		1	1개월	11,104	11,104				
4		2	2개월	9,739	20,843	21,243			
5		3	3개월	10,379	31,222	31,232			
6		4	4개월	10,127	41,349	41,073			
7		5	5개월	9,583	50,932	50,767			
8		6	6개월	9,387	60,319	60,319			
9		7	7개월			69,728			
10									

[셀의 입력내용]

    F4; =$E$43*EXP($E$44*B3)+$E$45   (F4를 F9까지 복사한다)

(8) 누적예측값의 차를 취하여 예측값을 구한다. $t = 7$의 7개월째의 예측값은 $t = 7$ 시점의 누적예측값과 $t = 6$ 시점의 누적예측값의 차, 9,409가 된다.

		G5		f_x	=F5-F4				
	A	B	C	D	E	F	G	H	I
1									
2		t	경과	판매점수	누적 데이터	누적예측값	예측값		
3		1	1개월	11,104	11,104				
4		2	2개월	9,739	20,843	21,243			
5		3	3개월	10,379	31,222	31,232	9,989		
6		4	4개월	10,127	41,349	41,073	9,841		
7		5	5개월	9,583	50,932	50,767	9,695		
8		6	6개월	9,387	60,319	60,319	9,551		
9		7	7개월			69,728	9,409		
10									

7개월째의 실제 판매점수는 9,404였다. 예측값은 9,409이기 때문에 상대오차는 0.06%로 대단히 정밀도가 높은 예측기법이라는 것을 알 수 있다. 이것을 Excel에 의해서 계산하면 다음과 같다.

		H9		f_x	=(G9-9404)/9404*100						
	A	B	C	D	E	F	G	H	I	J	K
1											
2		t	경과	판매점수	누적 데이터	누적예측값	예측값				
3		1	1개월째	11,104	11,104						
4		2	2개월째	9,739	20,843	21,243					
5		3	3개월째	10,379	31,222	31,232	9,989				
6		4	4개월째	10,127	41,349	41,073	9,841				
7		5	5개월째	9,583	50,932	50,767	9,695				
8		6	6개월째	9,387	60,319	60,319	9,551	오차			
9		7	7개월째	9,404		69,728	9,409	0.06			
10											
11											
12	행렬 B =		-15,973.5	1		전치행렬	=	-15973.5	-26032.5	-36285.5	-46140.5	-55
13			-26,032.5	1		B^t		1	1	1	1
14			-36,285.5	1							
15			-46,140.5	1							
16			-55,625.5	1							
17											
18											
19	행렬 Y =		9,739								
20			10,379								
21			10,127								
22			9,583								
23			9,387								
24											
25											
26	행렬 A = $(B^tB)^{-1}B^tY$										
27											
28			(B^tB)	=	7,472,623,259	-180,058	=	7,472,623,259	-180,058		
29					-180,058	5		-180,058	5		

실제의 판매점수와 예측값을 동시에 그래프로 표현하면 다음과 같다.

제6부_ 특수한 시계열분석

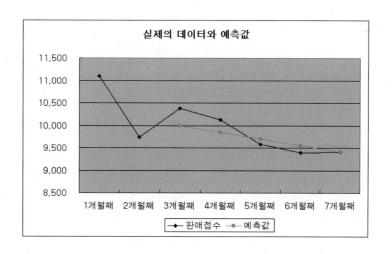

실제의 데이터와 예측값

제 3 절 회색이론을 적용하기 어려운 경우

1. 회색이론을 이용한 예측으로서 적응하기 어려운 데이터 사례를 소개하기로 한다. 시간(월)의 경과에 따르는 판매점수가 1에서 6까지의 연속되는 숫자였다고 한다. 이 7번째의 예측값은 '7'이라고 생각하는 것이 보통이지만, 회색이론에 의한 예측으로 산출하면 다음과 같은 결과가 된다.

	A	B	C	D	E	F	G	H	I
						H9 ▼ fx =(G9-7)/7*100			
1									
2		t	경과	판매점수	누적 데이터	누적예측값	예측값		
3		1	1개월째	1	1				
4		2	2개월째	2	3	3			
5		3	3개월째	3	6	6	3		
6		4	4개월째	4	10	10	4		
7		5	5개월째	5	15	15	5		
8		6	6개월째	6	21	21	6	오차	
9		7	7개월째	7		29	8	12.35	
10									

$t = 3$에서 $t = 6$까지 예측값과의 오차는 0으로 완벽하다고도 말할 수 있는 모형이지만, $t = 7$에서 예측값과의 오차는 12.35%로 크게 벗어나 버렸다.

이와 같이 회색예측에서는 과잉반응을 일으켜서, 예측값이 실제값보다 크게(또는 작게) 산출되는 특징이 있다. 이러한 규칙적인 데이터의 경우에는 과잉반응을 일으키지 않는 단순회귀분석 쪽이 적합하다고 할 수 있다.

성장곡선

제1절 성장곡선의 기초지식

생물의 성장이나 히트 상품의 매출, 어떠한 자연현상적인 사상을 시정예방조치 등으로 제어하는 활동에서는 시간축에 대해서 대상으로 하는 수치가 다음과 같은 거동을 보인다.

(1) 초기의 완만한 수치의 상승으로부터,
(2) 상승의 비율이 거의 일정치가 되는 기간을 거쳐,
(3) 다시 완만한 상승으로 바뀌어,
(4) 마지막으로 어떤 값에 수렴한다.

즉, 이것은 가로축에 시간, 세로축에 수치를 그래프로 해서 표현하면, '큰 S자'를 그리는 것과 같은 변화가 된다(<그림 21-1> 참조).

이와 같은 곡선을 수치화하여 일반식에 의해서 표현한 것을 성장곡선(growth curve)이라고 한다. 모집단의 크기 y가 시간변수 t의 함수이고, 그 성장의 과정을 표현한 것을 일반적으로 성장곡선이라고 부른다. 물론 개체의 성장과정을 표현하는 경우에도 이용되는 일이 있다. 성장곡선을 이용하면 어떤 시계열 데이터의 예측이 가능하다.

성장곡선에는 로지스틱 곡선(logistic curve), 곰페르츠 곡선(Gompertz curve), 느린 S자 곡선 등 여러 가지 종류가 있다. 대상으로 하는 데이터의 성격이나 같은 성질을 가진 데이터의 거동을 기초로 최적의 성장곡선을 선택함으로써 정확한 예측이 가능케 된다.

본 장에서는 이 성장곡선을 활용한 예측기법을 소개하기로 한다.

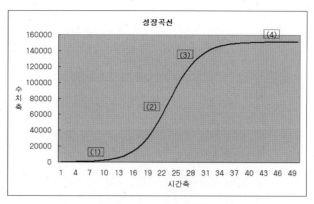

그림 21-1 성장곡선

제2절 해 찾기의 활용

Excel에는 유감스럽게도 성장곡선을 구하는 도구가 포함되어 있지 않지만, '해 찾기' 기능을 이용함으로써 성장곡선의 모수를 결정할 수 있다.

해 찾기는 데이터를 기초로 수식을 도출하는, 즉 수식에 대한 미지의 모수값을 결정하는 기능이다. 우선은 단순회귀분석의 사례로 해 찾기의 기능을 확인해 보기로 하자.

[예제 21-1]

<표 21-1>은 어떤 점포에서의 외부 기온과 콜라의 판매수의 데이터이다.

표 21-1 외부 기온과 콜라의 판매수

No.	외부 기온	콜라 판매수
1	22	30
2	23	31
3	23	32
4	24	33
5	24	32
6	25	33
7	25	31
8	26	32
9	26	31
10	27	34
11	27	36
12	28	35
13	29	36
14	30	37
15	30	37
16	30	38
17	31	36
18	31	39
19	32	39
20	33	40
21	33	41
22	34	45
23	34	46
24	35	44
25	35	48

<그림 21-2>와 같이 산점도를 그려 보면, 외부 기온과 콜라의 판매수 사이에는 직선관계의 상관이 있는 것을 간파할 수 있다.

Excel의 산점도 기능을 이용하면, 그림 안에 기재한 바와 같이 회귀식(추세선)을 간단히 구할 수 있는데, 여기에서는 해 찾기를 사용해서 회귀식을 구해 보기로 한다.

콜라의 판매수를 y, 기온을 x라 하면, 그 회귀식의 일반형식은 미지의 모수 a, b를 이용해서 다음과 같이 표현된다.

$$y = ax + b$$

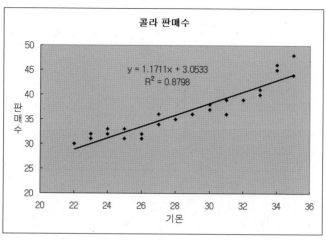

콜라 판매수

$y = 1.1711x + 3.0533$
$R^2 = 0.8798$

판매수

기온

그림 21-2 외부 기온과 콜라의 판매수에 대한 그래프

해 찾기에서는 모수 a, b를 변화시켜가면서 y의 계산값을 구하고, 실제 y의 값과의 오차가 최소가 되는 a, b의 값을 결정한다. 이것은 최소자승법으로 회귀식을 구하는 절차와 완전히 같다. 실제로 다음과 같은 절차로 a, b의 값을 구한다.

(1) 데이터표에 다음과 같은 내용을 추가한 워크시트를 작성한다.

	A	B	C	D	E	F
1		모수				
2		a				
3		b				
4						
5	No.	외부 기온	콜라 판매수	계산값	차의 제곱	총합
6	1	22	30			
7	2	23	31			
8	3	23	32			
9	4	24	33			
10	5	24	32			
11	6	25	33			
12	7	25	31			
13	8	26	32			
14	9	26	31			
15	10	27	34			
16	11	27	36			
17	12	28	35			
28	23	34	46			
29	24	35	44			
30	25	35	48			

(2) 작성한 워크시트에 다음과 같이 모수 a, b의 초기값(적당히 정한다. 여기에서는 가령 a에 2, b에 15을 입력한다)과, 그 a, b와 기온을 x로 해서 구한 $ax + b$의 계산값, 그 계산값과 실제 y의 값과의 차를 제곱한 값, 및 그 총합을 구하는 수

식을 입력한다.

No.	외부 기온	콜라 판매수	계산값	차의 제곱	총합
1	22	30	59	841	32249
2	23	31	61	900	
3	23	32	61	841	
4	24	33	63	900	
5	24	32	63	961	
6	25	33	65	1024	
7	25	31	65	1156	
8	26	32	67	1225	
9	26	31	67	1296	
21	33	41	81	1600	
22	34	45	83	1444	
23	34	46	83	1369	
24	35	44	85	1681	
25	35	48	85	1369	

(모수 a = 2, b = 15)

[셀의 입력내용]

　　D6; =$C$2*B6+$C$3　　　　（D6를 D30까지 복사한다）

　　E6; =(D6-C6)^2　　　　　　（E6를 E30까지 복사한다）

　　F6; =SUM(E6:E30)

(3) 이 워크시트에 대해서 Excel의 해 찾기를 실시한다.

특히 Excel 2013 버전에서 처음으로 해 찾기를 실행할 때는 다음과 같이 해 찾기의 [추가 기능]을 사용하도록 할 필요가 있다. 메뉴에서 [파일]을 클릭한다.

(4) 다음과 같은 화면이 되면 하단의 [옵션]을 클릭한다.

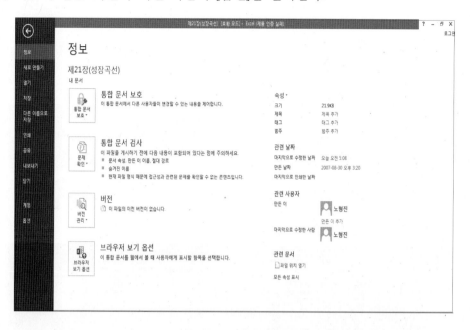

(5) [Excel 옵션] 대화상자에서 왼쪽의 [추가 기능]을 클릭한다.

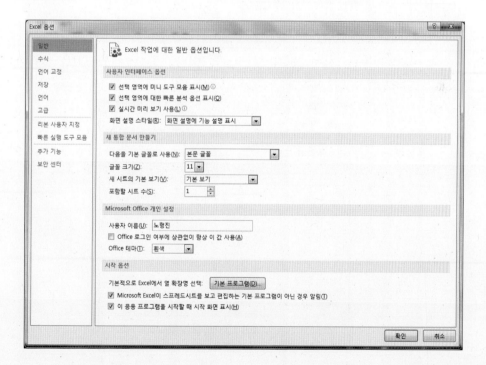

(6) [추가 기능] 대화상자에서 [해 찾기 추가 기능]을 선택하고 [이동(G)] 버튼을 클릭한다.

(7) [추가 기능] 화면에서 [해 찾기 추가 기능]을 선택하고 [확인]을 클릭한다.

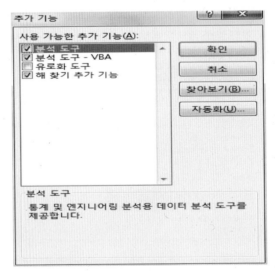

(8) 다음의 화면이 되면 메뉴에서 [데이터]-[해 찾기]를 선택한다.

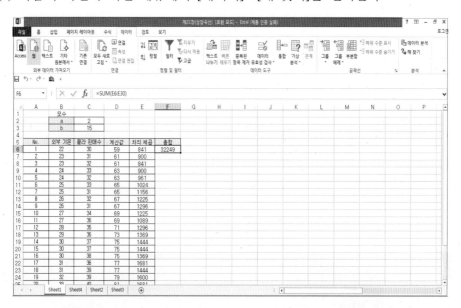

(9) 다음의 [해 찾기 매개 변수] 대화상자에서 [목표 설정]에 '총합'의 셀을, [대상]은 '최소값(N)', [변수 셀 변경(B)]에는 모수 a, b의 값을 입력한 셀을 지정한다.

해 찾기는 변화시킬 셀 내의 수치를 자동적으로 변화시켜, 목표 셀 내의 수치
가 해의 조건(이 경우는 최소값)에 가장 가까운 값을 결정하는 것이다.

(10) [해 찾기(S)] 버튼을 클릭해서 해 찾기를 개시한다. 잠시 후에 [해 찾기 결과]
대화상자가 표시되고 "모든 제한 조건을 만족시키는 해에 수렴했습니다."라고
표시되므로 [보고서]의 [해답]을 선택하고 [확인] 버튼을 클릭한다.

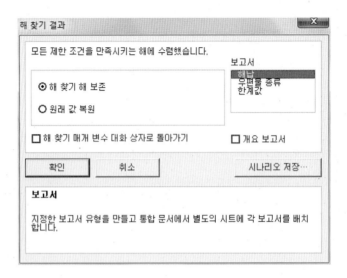

(11) 이때, 워크시트의 수치는 다음과 같이 바뀌어 있다.

	A	B	C	D	E	F	G
1		모수					
2		a	1.1710841				
3		b	3.0533081				
4							
5	No.	외부 기온	콜라 판매수	계산값	차의 제곱	총합	
6	1	22	30	28.81716	1.399115	75.20994	
7	2	23	31	29.98824	1.023654		
8	3	23	32	29.98824	4.047169		
9	4	24	33	31.15933	3.388079		
10	5	24	32	31.15933	0.706732		
11	6	25	33	32.33041	0.44835		
12	7	25	31	32.33041	1.769992		
13	8	26	32	33.50149	2.254486		
14	9	26	31	33.50149	6.257475		
15	10	27	34	34.67258	0.452362		
16	11	27	36	34.67258	1.762047		
17	12	28	35	35.84366	0.711767		
18	13	29	36	37.01475	1.029711		
19	14	30	37	38.18583	1.406195		
20	15	30	37	38.18583	1.406195		
21	16	30	38	38.18583	0.034533		
22	17	31	36	39.35692	11.26888		
23	18	31	39	39.35692	0.127388		
24	19	32	39	40.528	2.334782		
25	20	33	40	41.69909	2.888884		

여기에서 표시되어 있는 모수 a, b의 값이 바로 해 찾기에 의해서 구해진 값이다. 이 결과의 $a = 1.171084$, $b = 3.0533096$은 <그림 21-2>에서 구해진 회귀식의 계수와 일치하고 있다는 것을 알 수 있다.

제12장 선형계획법에서와 마찬가지로 분석결과 [해답 보고서]가 출력된다.

이 경우에는 제한 조건이 없는 해 찾기 문제에 해당되기 때문에 해답 보고서도 다음과 같이 단순한 것을 알 수 있다.

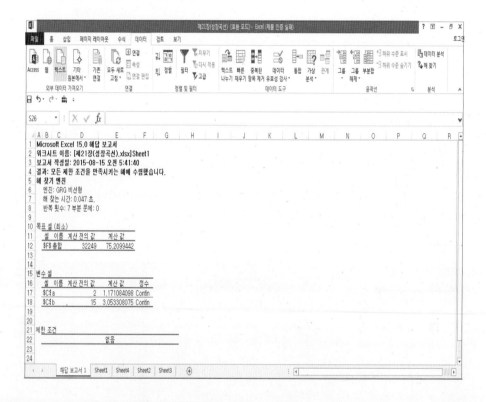

이와 같이 해 찾기는 구해야 할 수치가 최소나 최대가 되도록 변화 모수의 값을 결정할 수 있는 도구이다. 이 기능을 이용함으로써 데이터로부터 성장곡선 등의 모수를 결정할 수 있다.

그러면 구체적으로 해 찾기에 의해서 여러 가지 성장곡선을 구하는 사례를 소개하기로 한다.

여기에서 소개할 성장곡선에는 로지스틱 곡선, 곰페르츠 곡선, 느린 S자 곡선 등이 있다.

제 3 절 로지스틱 곡선

로지스틱 곡선(logistic curve)은 상품의 판매량, 광고의 효과 등에 자주 이용되는 성장곡선의 모델이다. 그 일반식은 다음과 같이 주어진다.

$$y = \frac{a}{1+be^{-cx}}$$

여기에서 e는 자연대수의 밑($\fallingdotseq 2.71828$)이고, a, b, c가 로지스틱 곡선의 모수가 된다. a는 최종적인 y의 도달값을 나타내고, b는 a의 10분의 1 정도의 값, c는 0~1의 범위의 값이 된다.

[예제 21-2]

<표 21-2>는 어떤 히트 상품의 누적매출액의 추이 데이터이다. 로지스틱 곡선을 이용해서 이 매출액의 미래를 예측해 보자.

표 21-2 누적매출액의 추이 데이터

월수	연월	누적매출액
1	2014년 1월	150
2	2014년 2월	166
3	2014년 3월	332
4	2014년 4월	386
5	2014년 5월	564
6	2014년 6월	896
7	2014년 7월	1,110
8	2014년 8월	1,476
9	2014년 9월	1,630
10	2014년 10월	2,310
11	2014년 11월	2,838
12	2014년 12월	4,238
13	2015년 1월	5,645
14	2015년 2월	7,933
15	2015년 3월	10,758
16	2015년 4월	13,868

(1) 먼저 다음과 같은 워크시트를 작성한다. 모수 a, b, c 값은 초기값으로서 a는 18,000, b는 1,800, c는 0.5로 해 둔다.

첫 번째 제1월수의 계산값은 다음과 같이 계산한다.

$$y = \frac{a}{1+be^{-cx}} = \frac{18,000}{1+1,800 \times 2.71828^{-0.5*1}} = 16.47$$

그리고 첫 번째 제1월수의 차의 제곱은 다음과 같이 계산한다.

$$\text{제1월수의 차의 제곱} = (16.47-150)^2 = 17,829.69$$

	A	B	C	D	E	F	G	H
1	모수							
2	a	18,000						
3	b	1,800						
4	c	0.5						
5								
6	월수	연월	누적매출액	계산값	차의 제곱	총합		
7	1	2014년 1월	150	16.47	17829.69	17133265.97		
8	2	2014년 2월	166	27.14	19281.59			
9	3	2014년 3월	332	44.71	82538.08			
10	4	2014년 4월	386	73.59	97600.96			
11	5	2014년 5월	564	121.01	196243.72			
12	6	2014년 6월	896	198.64	486312.60			
13	7	2014년 7월	1,110	325.17	615954.72			
14	8	2014년 8월	1,476	529.91	895089.76			
15	9	2014년 9월	1,630	857.30	597068.01			
16	10	2014년 10월	2,310	1371.08	881564.45			
17	11	2014년 11월	2,838	2154.09	467729.99			
18	12	2014년 12월	4,238	3295.64	888033.63			
19	13	2015년 1월	5,645	4856.74	621355.48			
20	14	2015년 2월	7,933	6814.60	1250818.15			
21	15	2015년 3월	10,758	9020.06	3020431.21			
22	16	2015년 4월	13,868	11223.12	6995413.93			

[셀의 입력내용]

　　D7; =$B$2/(1+$B$3*EXP(−$B$4*A7))　　(D7을 D22까지 복사한다)

　　E7; =(D7−C7)^2　　　　　　　　　　　(E7을 E22까지 복사한다)

　　F7; =SUM(E7:E22)

(2) 이 상태에서 해 찾기를 실행한다. Excel의 메뉴에서 [데이터]−[해 찾기]를 선택한다. 다음의 [해 찾기 매개 변수] 대화상자에서 [목표 설정]에 '총합'의 셀을, [대상]은 '최소값(N)', [변수 셀 변경]에는 모수 a, b, c의 값을 입력한 셀을 지정한다. [해 찾기(S)] 버튼을 클릭한다.

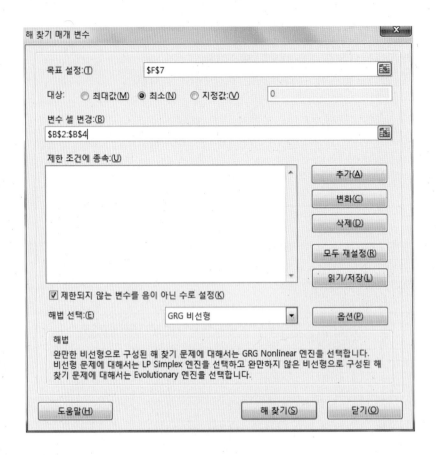

(3) [해 찾기 결과] 화면에서 [보고서]의 [해답]을 선택하고 [확인]을 클릭한다.

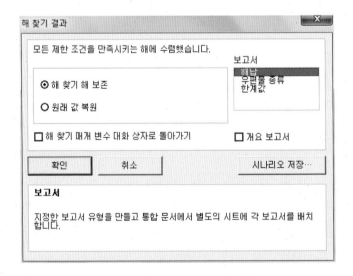

(4) 이때, 워크시트의 수치는 다음과 같이 해 찾기의 계산결과로 바뀌어 있다.

	A	B	C	D	E	F
1	모수					
2	a	161,688,794				
3	b	1,541,684				
4	c	0.312				
5						
6	월수	연월	누적매출액	계산값	차의 제곱	총합
7	1	2014년 1월	150	143.09	47.79	381271.66
8	2	2014년 2월	166	195.33	860.04	
9	3	2014년 3월	332	266.61	4276.39	
10	4	2014년 4월	386	363.84	491.13	
11	5	2014년 5월	564	496.42	4566.59	
12	6	2014년 6월	896	677.12	47908.36	
13	7	2014년 7월	1,110	923.21	34889.22	
14	8	2014년 8월	1,476	1258.05	47503.00	
15	9	2014년 9월	1,630	1713.03	6893.67	
16	10	2014년 10월	2,310	2330.16	406.59	
17	11	2014년 11월	2,838	3165.23	107079.92	
18	12	2014년 12월	4,238	4291.50	2862.57	
19	13	2015년 1월	5,645	5803.86	25236.52	
20	14	2015년 2월	7,933	7822.69	12167.35	
21	15	2015년 3월	10,758	10496.48	68391.90	
22	16	2015년 4월	13,868	14001.01	17690.64	

F7 =SUM(E7:E22)

위의 워크시트에서 다음과 같이 표시되고 있는 모수 a, b, c의 값이 해 찾기에 의해서 구해진 값이다. 이 결과 $a = 161,688.794$, $b = 1,541.684$, $c = 0.312$로 구해졌다.

	A	B
1	모수	
2	a	161,688.794
3	b	1,541.684
4	c	0.312
5		

이 값을 로지스틱 곡선의 일반식에 대입함으로써 다음과 같이 로지스틱 곡선의 식이 결정된다.

$$y = \frac{a}{1+be^{-cx}} = \frac{161,688}{1+1,541 \times e^{-0.312x}}$$

이 식의 x에, 예를 들면 2015년 12월을 나타내는 월수 24를 대입하면, 2015년 12월의 누적판매액 y는,

$$y = \frac{a}{1+be^{-cx}} = \frac{161,688}{1+1,541 \times e^{-0.312 \times 24}} = 86,347.77$$

가 된다고 예측할 수 있다. 또한 다음과 같이 월수를 연장한 표를 작성하면, 더욱 더 미래까지의 로지스틱 곡선에 의한 예측값을 구할 수도 있다.

	A	B	C	D	E	F
1	모수					
2	a	161,688,794				
3	b	1,541,684				
4	c	0,312				
5						
6	월수	연월	누적매출액	계산값	차의 제곱	총합
7	1	2014년 1월	150	143,09	47,79	381271,66
8	2	2014년 2월	166	195,33	860,04	
9	3	2014년 3월	332	266,61	4276,39	
10	4	2014년 4월	386	363,84	491,13	
11	5	2014년 5월	564	496,42	4566,59	
12	6	2014년 6월	896	677,12	47908,36	
13	7	2014년 7월	1,110	923,21	34889,22	
14	8	2014년 8월	1,476	1258,05	47503,00	
15	9	2014년 9월	1,630	1713,03	6893,67	
16	10	2014년 10월	2,310	2330,16	406,59	
17	11	2014년 11월	2,838	3165,23	107079,92	
18	12	2014년 12월	4,238	4291,50	2862,57	
19	13	2015년 1월	5,645	5803,86	25236,52	
20	14	2015년 2월	7,933	7822,69	12167,35	
21	15	2015년 3월	10,758	10496,48	68391,90	
22	16	2015년 4월	13,868	14001,01	17690,64	
55	49			161630,34		
56	50			161645,99		

해답 보고서 10 | 해답 보고서 11 | 해답 보고서 12 | 해답 보고서 13 | 해답 보고서 14 | Sheet7

이 결과를 그래프로 표현하면 다음과 같은 로지스틱 곡선이 얻어진다.

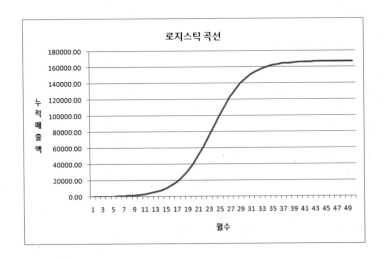

로지스틱 곡선

Excel 2013의 그래프 기능은 그 이전 버전보다 더욱 다양해지고 사용하기에 편리해진 면이 있다. 메뉴에서 [삽입]을 클릭하면 적합한 차트를 선택할 수 있다.

제4절 곰페르츠 곡선

곰페르츠 곡선(Gompertz curve)은 로지스틱 곡선과 비교해서 수렴이 늦고 도달값이 커지는 특징을 갖고 있다. 소프트웨어의 시험에 있어서 발견되는 버그(bug)의 누적값에 잘 합치되는 모델로서 알려져 있고, 그 일반식은 다음과 같이 주어진다.

$$y = a \exp(-bc^x)$$

여기에서 $\exp(-bc^x)$는 e^{-bc^x}를 의미한다. a, b, c가 곰페르츠 곡선의 모수가 된다. a는 최종적인 y의 도달값을 나타내고, b, c는 플러스의 값을 취한다.

곰페르츠 곡선을 이용한 성장곡선에 의한 예측의 사례를 보기로 한다.

[예제 21-3]

<표 21-3>은 어떤 세미나의 수강생 모집을 개시하고 나서부터 신청자 수에 대한 추이를 나타낸다. 모집 마감인 9월 10일까지 몇 명의 신청이 있을지를 곰페르츠 곡선에 의해서 예측해 보자.

표 21-3 수강생 모집의 신청자 수 추이

날짜	경과일수	신청누계
7월 11일	0	0
7월 12일	1	1
7월 13일	2	2
7월 19일	8	3
7월 24일	13	4
7월 31일	20	5
8월 1일	21	6
8월 2일	22	7
8월 3일	23	8
8월 4일	24	12
8월 7일	27	13
8월 8일	28	14
8월 9일	29	16
8월 10일	30	17
8월 11일	31	18
8월 17일	37	20
8월 18일	38	21
8월 22일	42	24

곰페르츠 곡선의 모수 a, b, c를 변화 모수로 해서 다음과 같은 절차로 해 찾기를 실시한다.

(1) 먼저 다음과 같은 워크시트를 작성한다. 모수 a, b, c의 값은 일단 초기값으로서 a는 40, b는 4, c는 0.5로 해 놓는다.

[셀의 입력내용]

E7; =$C$2*EXP(-$C$3*$C$4^C7)   (E7을 E24까지 복사한다)

F7; =(E7-D7)^2   (F7을 F24까지 복사한다)

G7; =SUM(F7:F24)

(2) 이 상태에서 해 찾기를 실행한다. Excel의 메뉴에서 [데이터]-[해 찾기]를 선택한다. 다음의 [해 찾기 매개 변수] 대화상자에서 [목표 설정]에 '총합'의 셀을, [대상]은 '최소값(N)', [변수 셀 변경]에는 모수 a, b, c의 값을 입력한 셀을 지정한다.

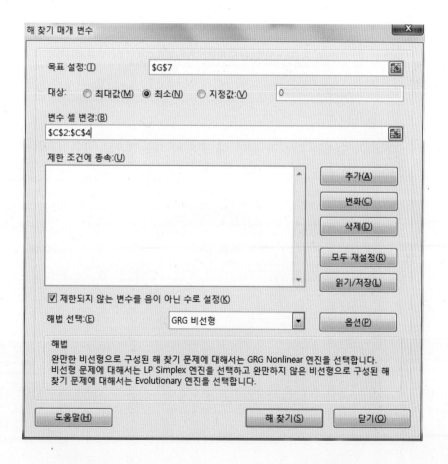

(3) [해 찾기]를 클릭한다.

(4) [해 찾기 결과] 화면에서 [보고서]의 [해답]을 선택하고 [확인]을 클릭한다.

(5) 워크시트의 수치는 다음과 같이 해 찾기의 계산결과로 바뀌어 있다.

위의 워크시트에서 다음과 같이 표시되고 있는 모수 a, b, c의 값이 해 찾기에 의해서 구해진 값이다. 이 결과 a = 29.50812, b = 8.916845, c = 0.91510로 구해져 있다.

이 값을 곰페르츠 곡선의 일반식에 대입함으로써 다음과 같이 곰페르츠 곡선의 식이 결정된다.

$$y = a\exp(-bc^x) = 29.50812 * \exp(-8.91685 * 0.91510^x)$$

이 식의 x에 9월 10일을 나타내는 경과일수 61일을 대입하든지, 다음의 워크시트와 같이 앞의 워크시트를 세로 방향으로 연장해서 계산값을 구하면 $y = 28.357311$이 된다. 9월 10일 현재의 신청누계는 약 29명이 된다고 예측할 수 있다.

날짜	경과일수	신청누계	계산값	차의 제곱	총합
7월 11일	0	0	0.003957	0.0000	33.5499
7월 12일	1	1	0.008437	0.9832	
7월 13일	2	2	0.016869	3.9328	
7월 19일	8	3	0.367853	6.9282	
7월 24일	13	4	1.769991	4.9729	
7월 31일	20	5	6.505830	2.2675	
8월 1일	21	6	7.396975	1.9515	
8월 2일	22	7	8.319017	1.7398	
8월 11일	31	18	16.691985	1.7109	
8월 17일	37	20	21.117578	1.2490	
8월 18일	38	21	21.726035	0.5271	
8월 22일	42	24	23.806964	0.0373	
8월 23일	43		24.244893		
9월 8일	59		28.139115		
9월 9일	60		28.252839		
9월 10일	61		28.357311		

이 결과를 그래프로 표현하면 다음과 같은 곰페르츠 곡선이 얻어진다.

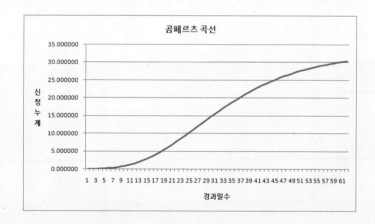

제 5 절 느린 S자 곡선

느린 S자 곡선은 곰페르츠 곡선보다 더욱 수렴이 늦고 도달값이 커지는 특성을 갖고 있다. 비교적 장기에 걸치는 신뢰성 형성 모델에 적합하며, 그 일반식은 다음과 같이 주어진다.

$$y = a(1 - (1 + bx)e^{-bx})$$

모수는 a, b 두 가지이다. a는 최종적인 y의 도달값을 나타내고, b는 플러스의 값을 취한다.

[예제 21-4]

<표 21-3>의 세미나 수강생 모집을 개시하고 나서부터 신청자 수에 대한 사례를 이번에는 느린 S자 곡선으로 예측해 보자.

(1) [예제 21-3]과 마찬가지로 워크시트를 작성한다. 곰페르츠 곡선과의 차이는 변화 모수가 a, b 두 가지뿐이라는 것과 계산식이 느린 S자 곡선의 계산식으로 바뀌는 것이다. 모수 a, b의 값은 초기값으로서 a는 40, b는 0.5로 해 둔다.

	모수					
	a	40				
	b	0.5				
	날짜	경과일수	신청누계	계산값	차의 제곱	총합
	7월 11일	0	0	0.000000	0.0000	11740.9275
	7월 12일	1	1	3.608160	6.8025	
	7월 13일	2	2	10.569645	73.4388	
	7월 19일	8	3	36.336872	1111.3470	
	7월 24일	13	4	39.548968	1263.7291	
	7월 31일	20	5	39.980024	1223.6021	
	8월 1일	21	6	39.987333	1155.1388	
	8월 2일	22	7	39.991983	1088.4710	
	8월 3일	23	8	39.994935	1023.6759	
	8월 4일	24	12	39.996805	783.8211	
	8월 7일	27	13	39.999205	728.9571	
	8월 8일	28	14	39.999501	675.9741	
	8월 9일	29	16	39.999687	575.9850	
	8월 10일	30	17	39.999804	528.9910	
	8월 11일	31	18	39.999878	483.9946	
	8월 17일	37	20	39.999993	399.9997	
	8월 18일	38	21	39.999996	360.9998	
	8월 22일	42	24	39.999999	256.0000	

[셀의 입력내용]

    E6; =$C$2*(1-(1+$C$3*C6)*EXP(-$C$3*C6)) (E6를 E23까지 복사한다)

    F6; =(E6-D6)^2   (F6를 F23까지 복사한다)

    G6; =SUM(F6:F23)

(2) 이 상태에서 해 찾기를 실행한다. Excel의 메뉴에서 [데이터]-[해 찾기]를 선택한다. 다음의 [해 찾기 매개 변수] 대화상자에서 [목표 설정]에 '총합'의 셀을, [대상]은 '최소(N)', [변수 셀 변경(B)]에는 모수 a, b의 값을 입력한 셀을 지정한다.

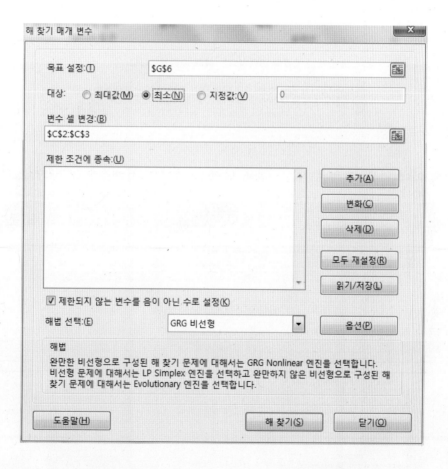

(3) [해 찾기(S)] 버튼을 클릭한다.

(4) [해 찾기 결과] 대화상자에서 [보고서]의 [해답]을 선택하고 [확인] 버튼을 클릭한다.

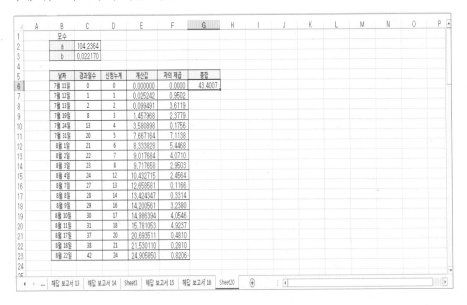

(5) 이때 워크시트의 수치는 다음과 같이 해 찾기의 계산결과로 바뀌어 있다.

	A	B	C	D	E	F	G
1		모수					
2		a	104.2364				
3		b	0.022170				
4							
5		날짜	경과일수	신청누계	계산값	차의 제곱	총합
6		7월 11일	0	0	0.000000	0.0000	43.4007
7		7월 12일	1	1	0.025242	0.9502	
8		7월 13일	2	2	0.099491	3.6119	
9		7월 19일	8	3	1.457968	2.3779	
10		7월 24일	13	4	3.580898	0.1756	
11		7월 31일	20	5	7.667164	7.1138	
12		8월 1일	21	6	8.333828	5.4468	
13		8월 2일	22	7	9.017684	4.0710	
14		8월 3일	23	8	9.717658	2.9503	
15		8월 4일	24	12	10.432715	2.4564	
16		8월 7일	27	13	12.658581	0.1166	
17		8월 8일	28	14	13.424347	0.3314	
18		8월 9일	29	16	14.200561	3.2380	
19		8월 10일	30	17	14.986394	4.0546	
20		8월 11일	31	18	15.781053	4.9237	
21		8월 17일	37	20	20.693511	0.4810	
22		8월 18일	38	21	21.530110	0.2810	
23		8월 22일	42	24	24.905850	0.8206	
24							

해답 보고서 13 · 해답 보고서 14 · Sheet3 · 해답 보고서 15 · 해답 보고서 16 · Sheet20

워크시트에서 보이는 바와 같이 모수 a, b의 값이 해 찾기에 의해서 구해진 값이다. 이 결과 $a = 104.2364$, $b = 0.022170$으로 구해졌다.

	A	B	C	D	E	F	G	H
1		모수						
2		a	104,2364					
3		b	0,022170					
4								

[예제 21-3]과 마찬가지로 9월 10일까지 연장하여 느린 S자 곡선에 의한 예측값을 구하면 다음과 같이 $y = 40.8214$이라고 구해지고, 9월 10일 현재 신청누계는 약 41명이 될 것으로 예측된다.

E42		f_x	=$C$2*(1-(1+$C$3*C42)*EXP(-$C$3*C42))				
	A	B	C	D	E	F
20		8월 11일	31	18	15,781053	4,9237
21		8월 17일	37	20	20,693511	0,4810
22		8월 18일	38	21	21,530110	0,2810
23		8월 22일	42	24	24,905850	0,8206
24		8월 23일	43		25,754513	
25		8월 24일	44		26,604100	
26		8월 25일	45		27,454161	
27		8월 26일	46		28,304268	
28		8월 27일	47		29,154010	
29		8월 28일	48		30,002995	
30		8월 29일	49		30,850846	
31		8월 30일	50		31,697205	
32		8월 31일	51		32,541731	
33		9월 1일	52		33,384096	
34		9월 2일	53		34,223990	
35		9월 3일	54		35,061116	
36		9월 4일	55		35,895191	
37		9월 5일	56		36,725947	
38		9월 6일	57		37,553128	
39		9월 7일	58		38,376492	
40		9월 8일	59		39,195808	
41		9월 9일	60		40,010859	
42		9월 10일	61		40,821436	
43						

해답 보고서 13　해답 보고서 14　Sheet3　해답 보고서 15　해답 보고서 16　Sheet20

이 결과는 전술한 곰페르츠 곡선에서의 예측값 29명과 크게 다르다. 계산결과를 그래프로 표현하면 다음과 같이 된다.

전술한 곰페르츠 곡선에 비교하면, 느린 S자 곡선에서는 같은 경과일수라도 신청누계의 값이 전혀 수렴하지 않고 계속 증가하고 있다. 두 곡선을 비교한 경우, 사례의 '세미나 신청자 수'라고 하는 성격상 곰페르츠 곡선에 의한 예측 쪽이 현실에 따르고 있다고 생각된다.

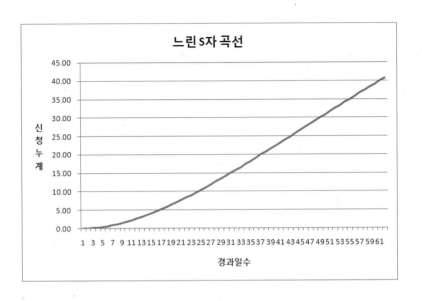

느린 S자 곡선

이와 같이 성장곡선에 의해서 예측하는 경우는 그 데이터의 성격에 따라서 어느 성장곡선을 이용할 것인가를 정확히 판단하는 것이 필요하다. 또한 성장곡선에 의해서 예측한 경우는 항상 최신의 데이터를 기초로 예측을 갱신하는 것도 중요하다. 갱신함으로써 예측의 정밀도는 올라간다.

일반적으로 성장곡선을 이용해서 예측하는 대상은 이론적 근거가 불명확하든가 혹은 영향을 미치는 요인이 대단히 많은 경우이다. 그 때문에 과거의 똑같은 데이터가 어떤 성장곡선에 합치하고 있었다고 해서 금번의 예측이 그것에 따르느냐 어떠냐 하는 것은 단정할 수 없을 가능성이 있다. 성장곡선에 의한 예측은 이와 같이 어떤 의미 원리적인 불확정성을 가지고 있다. 이 불확정성을 이론적인 근거에 의해서 보완한다거나 더 적합한 수학 모델을 적용하고자 하는 시도는 현재도 계속되고 있다.

참 고 문 헌

■ 국내문헌

1. 강금식, 「알기 쉬운 경영과학」, 오래, 2012.
2. 강금식, 「EXCEL 경영과학」, 박영사, 2010.
3. 김상종 외, 「경영과학」, 탑북스, 2014.
4. 김성호, 「경영과학 : 엑셀을 활용한」, 서울경제경영, 2008.
5. 김세헌, 「현대 경영과학」, 무역경영사, 2013.
6. 김종수, 「유비쿼터스 경영과학」, 박영사, 2005.
7. 노형진, 「Excel에 의한 경영수학」, 한올출판사, 2008.
8. 노형진, 「Excel에 의한 조사방법 및 통계분석」, 한올출판사, 2110.
9. 노형진, 「Excel을 활용한 유형별 데이터 통계분석」, 학현사, 2010.
10. 노형진, 「Excel을 활용한 앙케트 조사 및 분석」, 학현사, 2010.
11. 노형진, 「Excel을 활용한 품질경영」 제2판, 학현사, 2015.
12. 노형진, 「Excel로 배우는 컴퓨터 경영통계」, 경기대학교출판부, 2015.
13. 노형진, 「Excel에 의한 경영과학」, 한올출판사, 2013.
14. 민재형, 「스마트 경영과학」 생능출판사, 2015.
15. 박구현·송한식·원중연, 「엑셀 2000 경영과학」, 교보문고, 2001.
16. 박순달, 「경영과학」, 교우사, 2003.
17. 심현철·김태호, 「경영과학」, 형지사, 2008.
18. 유성열·한동철, 「경영과학」, 이프레스, 2014.
19. 이강우, 「Excel 활용 경영과학」, 한경사, 2015.
20. 이강우·김정자, 「Excel 2010 경영과학」, 한경사, 2012.
21. 정기호·백천현, 「엑셀을 활용한 경영과학」, 비·앤·엠·북스, 2013.
22. 홍관수, 「경영과학」, 경문사, 2010.
23. 홍성필, 「경영과학」 율곡출판사, 2014.

■ 국외문헌

1. 內田治, 「すぐわかるEXCELによる統計解析」, 東京圖書, 1996.

2. 內田治, 「すぐわかるEXCELによる多變量解析」, 東京圖書, 1996.

3. 內田治, 「すぐわかるEXCELによるアンケートの調査・集計・解析」, 東京圖書, 1996.

4. 大野勝久 他2人, 「Excelで學ぶオペレーションズリサーチ」, 近代科學社, 2014.

5. 藤澤克樹 他2人, 「Excelで學ぶOR」, Ohmsha, 2011.

6. 奧野・芳賀・久米・吉澤, 「多變量解析法」, 日科技連出版, 1971.

7. 小林龍一, 「相關・回歸分析入門」, 日科技連出版, 1982.

8. 小林龍一, 「數量化入門」, 日科技連出版, 1981.

9. 小林・內田, 「やさしいSQC」, 日本經濟新聞社, 1986.

10. 高井英造・眞鍋龍太郎, 「問題解決のためのオペレーションズ・リサーチ入門」, 日本評論社, 2000.

11. 多田實・大西正和・平川理繪子・長坂悅敬, 「Excelで學ぶ經營科學」, Ohmsha, 2003.

12. 西田俊夫, 「Basic經營科學」, 現代數學社, 1990.

13. 芳賀・橋本, 「回歸分析と主成分分析」, 日科技連出版, 1980.

14. 林知己夫, 「數量化の方法」, 東洋經濟新報社, 1974.

15. 林知己夫, 「デ-タ解析の方法」, 東洋經新報社, 1974.

16. ラッヘンブルック(鈴木・三宅譯), 「判別分析」, 現代數學社, 1979.

17. 柳井・高木 編者, 「多變量解析ハンドブッ」, 現代數學社, 1986.

18. Belsley, D. A., Kuh, E. and Welsch, R. E. : Regression Diagnostics; Identifying Influential Data and Sources of Collinearity, John Wiley & Sons, 1980.

19. Chatterjee, S. and Price, B. : Regression Analysis by Examples, John Wiley & Sons, 1977.

20. Cook, R. D. and Weisberg, S. : Residuals and Influence in Regression, Chapman and Hall, 1982.

21. Draper, N. R. and Smith, H. : Applied Regression Analysis, John Wiley & Sons, 1981.

22. Everitt, B. S. : The Analysis of Contingency Tables, Chapman & Hall, London, 1977.

23. Kendall, M. G. : Multivariate Analysis, Charles Griffin, 1975.

24. Lachenbruch, P. A. : Discriminant Analysis, Hafner, 1975.

25. Rao, C. R. : Linear Statistical Influence and Its Applications, John Wiley & Sons, 1973.

26. Seber, G. A. F. : Linear Statistical Analysis, John Wiley & Sons, 1977.

27. Weisberg, S. : Applied Linear Regression, John Wiley & Sons, 1980.

찾 아 보 기

저자약력

노형진
- 서울대학교 공과대학 졸업(공학사)
- 고려대학교 대학원 수료(경영학박사)
- 일본 쓰쿠바대학 대학원 수료(경영공학 박사과정)
- 일본 문부성 통계수리연구소 객원연구원
- 일본 동경대학 사회과학연구소 객원교수
- 러시아 극동대학교 한국학대학 교환교수
- 중국 중국해양대학 관리학원 객좌교수
- 국방과학연구소 연구원 역임
- 현재, 경기대학교 경상대학 경영학과 교수
  전공, 품질경영·기술경영·다변량분석(조사방법 및 통계분석)
- 중소기업청 Single-PPM 심의위원
- 대한상공회의소 심사위원·지도위원
- Single-PPM 품질경영연구회 회장
- 한국제안활동협회 회장
- 한중전략경영연구소 이사장

■ 주요저서
- Excel로 배우는 경영수학(한올출판사)
- SPSS를 활용한 회귀분석과 일반선형모형(한올출판사)
- SPSS를 활용한 주성분분석과 요인분석(한올출판사)
- SPSS에 의한 다변량분석 기초에서 응용까지(한올출판사)
- Excel 및 SPSS를 활용한 다변량분석 원리와 실천(한올출판사)
- EXCEL을 활용한 앙케트 조사 및 분석(학현사)
- Amos로 배우는 구조방정식모형(학현사)
- SPSS를 활용한 조사방법 및 통계분석 제2판(학현사)
- SPSS/Excel을 활용한 알기쉬운 시계열분석(학현사)
- SPSS를 활용한 일반선형모형 및 일반화선형혼합모형(학현사)
- SPSS를 활용한 분할표의 분석 및 분산분석(지필미디어)
- SPSS를 활용한 앙케트의 통계분석(지필미디어)

e-mail: hjno@kyonggi.ac.kr

제2판 Excel을 활용한 경영과학

2008년 2월 11일 초판1쇄 발행
2016년 1월 20일 2판1쇄 발행

저　자 노형진
펴낸이 임순재
펴낸곳 **한올출판사**

등록 제11-403호
ⓘ②ⓘ - ⑧④⑨
주　　　소 서울시 마포구 성산동 133-3 한올빌딩 3층
전　　　화 (02)376-4298(대표)
팩　　　스 (02)302-8073
홈 페 이 지 www.hanol.co.kr
e-메　　일 hanol@hanol.co.kr
정　　　가 26,000원